文明吴都
鄂州市精神文明创建经验汇编

鄂州市精神文明建设委员会办公室◎编

中国出版集团
世界图书出版公司
广州·上海·西安·北京

图书在版编目（CIP）数据

文明吴都 / 鄂州市精神文明建设委员会办公室编 . —广州：世界图书出版广东有限公司，2012.12
　ISBN 978-7-5100-1317-1

　Ⅰ．①文… Ⅱ．①鄂… Ⅲ．①社会主义精神文明建设—概况—鄂州市 Ⅳ．①D648

中国版本图书馆 CIP 数据核字（2012）第 317160 号

文明吴都

责任编辑	孔令钢
出版发行	世界图书出版广东有限公司
地　　址	广州市新港西路大江冲 25 号
http:// www.gdst.com.cn	
印　　刷	鄂州市信谊印务有限公司
规　　格	787mm×1092mm　1/16
印　　张	30.5
字　　数	394 千
版　　次	2012 年 12 月第 1 版　2021 年 6 月第 2 次印刷
ISBN	978-7-5100-1317-1/D・0059
定　　价	88.00 元

版权所有，翻版必究

《文明吴都》编辑委员会成员名单

主　　　编：廖琼文
执 行 主 编：邱祥启
副　主　编：樊友琴　秦昌林
执行副主编：胡战军
执 行 编 辑：胡　涛

前　言

　　荷花依旧连天碧，正是秋光灿烂时。

　　在丹桂飘香的美好十月，在硕果累累的丰收季节，在全市人民"喜迎十八大，争创新业绩"的铿锵奋进声中，我们捧出了一道"精神大餐"——鄂州市精神文明创建经验汇编。

　　近几年来，在坚持改革创新、推进跨越发展、建设宜居宜业组群式大城市的伟大实践中，我市各级各部门深入贯彻落实科学发展观，大力推进社会主义核心价值体系建设，广泛开展群众性精神文明建设活动。从城市到乡村，从部门到行业，从机关到学校，从社会到家庭……文明城市、文明行业、文明村镇等三大创建活动如火如荼，讲文明树新风、学雷锋志愿服务、道德模范评选表彰、城乡一体共建文明等主题创建活动高潮迭起，创造出许多新办法、新举措，涌现出许多新典型新亮点，在吴都大地掀起了一股股文明浪潮，催开了一束束文明之花。我市连续五届获得省级文明城市荣誉称号，并于2011年12月一举摘得"全国文明城市提名资格"桂冠，全市还涌现出一大批全国和省、市级精神文明建设的先进集体。

　　为交流工作，总结成绩，分享经验，充分发挥先进典型的示范带动作用，我们组织编写了《文明吴都》一书。该书收录了部分单位在文明创建中的特色做法、典型经验和品牌服务，从不同侧面、不同角度介绍了各地各单位深化文明创建活动的实践探索和主要成果，展示了广大干部群众的精神面貌、思想境界和道德水平，供大家在工作中学习借鉴。

　　党的十七届六中全会对"推进社会主义核心价值体系，巩固全党全国各族人民团结奋斗的共同思想道德基础"做了全面部署,对深入推进群众性精神文明建设活动提出了新的要求;市六次党代会强调要突出灵秀宜居特色,创建全国文明城市,提升组群式大城市建设品质。特别是鄂州作为全省城乡发展一体化试点城市,全省"两型社会"建设示范城市,要做到"全省能领先、全国能借鉴",这就需要有凝聚人心的核心价值、引领人生的理想坐标、启迪心灵的精神生活,需要一种先进的文化和强大的精神力量去支撑和推动。新的形势、新的任务要求全市精神文明建设必须围绕中心、服务大局,有新的举措、新的作为。我们希望本书的出版,能够为大家提供借鉴和启示,为群众性精神文明创建工作打开一扇思索的窗口,拓展一个新的思维路向,提供一份可资借鉴的思想资料。

精神文明建设,只有更好,没有最好;只有逗号,没有句号。我们要在新的起点、新的阶段、新的征程,勇于实践、勇于开拓、勇于创造,努力开创全市精神文明建设工作新局面,为打造精神高地、建设"五个鄂州"提供思想保证、精神动力和文化环境,以更加优异的成绩向党的十八大献礼。

鄂州政府网、鄂州新闻网、鄂州市浩远文化交流中心为本书的出版和推广做了很多工作,深表感谢!

鄂州市文明办
2012 年 10 月

目 录

全国文明单位

高起点突破　全方位创建
　　——鄂州市审计局 …………………………………………（3）
深入开展文明创建　全面提升发展水平
　　——鄂州市烟草专卖局（公司）…………………………（8）
文明建设结硕果　地税发展谱新篇
　　——鄂州市地方税务局东城分局 ………………………（13）

省级最佳文明单位

文明花香溢盐业
　　——湖北盐业集团有限公司鄂州分公司 ………………（19）
唱响文明主旋律　塑造国税新形象
　　——葛店经济技术开发区国家税务局 …………………（24）
树文明新风　促优质服务
　　——鄂州市公安局交警支队车管所 ……………………（29）
精细服务奏响跨越发展主旋律
　　——鄂州市市容环境卫生管理局 ………………………（32）
能源明珠放异彩　文明花开别样红
　　——湖北能源集团鄂州发电有限公司 …………………（37）
务实求新抓创建　校园绽放文明花
　　——鄂州市新民街小学 …………………………………（42）
阳光财政惠民生　文明新风促和谐
　　——鄂州市财政局 ………………………………………（47）

打造"六型机关" 推进文明创建
　　——鄂州市出入境检验检疫局 …………………………………（52）
深入开展文明创建 努力彰显品牌形象
　　——湖北省电力公司鄂州供电公司 ……………………………（57）
税苑流韵千般秀 文明花开别样红
　　——鄂州市国家税务局 …………………………………………（61）
文明创建树形象 诚信服务创品牌
　　——鄂州市鄂城区长港镇中心卫生院 …………………………（66）
树国税形象 铸文明丰碑
　　——鄂州市华容区国家税务局 …………………………………（71）
让税徽熠熠闪光
　　——鄂州市地方税务局华容分局 ………………………………（74）
积极打造三张品牌 拓展文明创建成果
　　——鄂州市地方税务局葛店开发区分局 ………………………（78）
玉泉浇开文明花
　　——鄂州市玉泉自来水有限责任公司 …………………………（81）
与时俱进抓创建 沃土盛开文明花
　　——鄂州市国土资源局鄂城分局 ………………………………（86）
服务地方谋发展 文明创建谱新篇
　　——鄂州市地方税务局鄂城分局 ………………………………（91）
春风化雨 桃李芬芳
　　——鄂州市第一幼儿园 …………………………………………（96）

省级文明单位

唱响思想政治工作主旋律 谱写两个文明建设新篇章
　　——中国工商银行股份有限公司鄂州分行 ……………………（103）
创文明佳绩 树药监新风
　　——鄂州市食品药品监督管理局 ………………………………（108）

目　录

构筑和谐警营文化　推进公安文明建设
　　——鄂州市公安局 …………………………………………（113）
抓住关键环节　夯实创建基础
　　——鄂州市疾病预防控制中心 ……………………………（118）
润物无声　超越平凡
　　——鄂州市工商行政管理局城东分局 ……………………（122）
严管理打造硬队伍　抓创建唱响和谐曲
　　——鄂州市地方税务局西城分局 …………………………（126）
基层财政系统的一面旗帜
　　——鄂州市西山街办财政组 ………………………………（131）
从严治队锤素质　创新机制提效能
　　——鄂州市地方税务局稽查局 ……………………………（136）
文明创建常抓不懈　经营发展屡创佳绩
　　——中国工商银行股份有限公司鄂州分行鄂城支行 ……（141）
创先争优促和谐　校园奏响文明曲
　　——鄂州市吴都小学 ………………………………………（146）
浇文明之花　兴审计之业
　　——鄂州市鄂城区审计局 …………………………………（149）
团结拼搏讲奉献　务实创新谋发展
　　——鄂州市鄂城区新庙镇财政所 …………………………（153）
展示新形象　实现新发展
　　——湖北省电力公司鄂州华容供电公司 …………………（158）
财苑春潮涌　文明花盛开
　　——鄂州市梁子湖区财政局 ………………………………（163）
与时俱进抓创建　和谐兴税谱新篇
　　——鄂州市梁子湖区国家税务局 …………………………（168）

文明兴地税　人本促和谐
　　——鄂州市地方税务局 ···（173）
狠抓文明创建　力促交通和谐
　　——鄂州市公安局交警支队鄂城大队 ·····························（178）
今朝诚可贵　明日更辉煌
　　——鄂州市西山街道办事处石山中学 ·······························（182）
展红盾风采　创一流业绩
　　——鄂州市工商局葛店开发区分局 ··································（185）
营造和谐仁爱的乐园
　　——鄂州市实验幼儿园 ··（190）
谱文明之韵　铸地税之魂
　　——鄂州市地方税务局梁子湖分局 ··································（194）
让文明之花满园开放
　　——鄂州市妇幼保健院 ··（198）
树立港航海事形象　加快鄂州水运发展
　　——鄂州市港航管理处、地方海事局 ·······························（203）
税苑盛开文明花
　　——鄂州市国家税务局鄂城分局 ······································（208）
为民理财谋新篇
　　——鄂州市鄂城区汀祖镇财政所 ······································（213）

省级文明社区、省级、市级文明乡镇

巾帼英雄浇出文明之花
　　——鄂州市凤凰街道办事处澜湖社区 ·······························（219）
打造"六大环境"力促跨越发展
　　——鄂州市鄂城区新庙镇 ···（224）
干群齐动手　共建文明镇
　　——鄂州市鄂城区汀祖镇 ···（229）

扮靓吴都南大门
　　——鄂州市鄂城区泽林镇 …………………………………（234）
开展文明创建　服务发展大局
　　——鄂州市鄂城区花湖镇 …………………………………（238）
洁美碧石照眼明
　　——鄂州市鄂城区碧石渡镇 ………………………………（242）

市级最佳文明单位

内化于心　外化于行
　　——鄂州市人口和计划生育委员会 ………………………（249）
文明质监之花耀吴都
　　——鄂州市质量技术监督局 ………………………………（254）
以文明创建促进散装水泥发展
　　——鄂州市散装水泥办公室 ………………………………（258）
抓好政务公开　规范窗口运行
　　——鄂州市房地产交易所 …………………………………（263）
履职尽责　创先争优
　　——鄂州供电公司客户服务中心 …………………………（267）
以务实的作风提升服务水平
　　——鄂州供电公司电能计量中心 …………………………（272）
精心编织最后一道安全网
　　——鄂州市最低生活保障管理办公室 ……………………（277）
精心打造"文明之师"　大力建设"文化鄂州"
　　——鄂州市文化体育局 ……………………………………（282）
文明花开和谐校园
　　——鄂州市第一中学 ………………………………………（287）
让每一朵花儿都鲜艳
　　——鄂州市明塘小学 ………………………………………（290）

勇立潮头竞风流　和谐发展谱华章
　　——鄂州市东方红小学 ………………………………………（295）
强化文明创建力度　推动物流产业发展
　　——鄂州市物流发展局 …………………………………（300）
唱响精神文明新凯歌
　　——鄂州市中医医院 ……………………………………（305）
创和谐文明单位　展基层国税风采
　　——鄂州市国家税务局西城区税务分局 ………………（310）
校苑遍开文明花
　　——鄂州市第四中学 ……………………………………（313）
文明风吹满六中
　　——鄂州市第六中学 ……………………………………（318）
一年更比一年艳
　　——中国联合网络通信有限公司鄂州分公司 …………（323）
树文明形象　创服务品牌
　　——新华书店鄂州市分公司 ……………………………（328）
奏响文明曲　绽放文明花
　　——鄂州市国土资源局城区直属分局 …………………（332）
八项协调促发展　文明创建谱新篇
　　——鄂州市鄂城区人民检察院 …………………………（336）
树文明单位形象　办人民满意教育
　　——鄂州市鄂城区教育局 ………………………………（341）
营造文明团结警营　构建平安和谐鄂城
　　——鄂州市鄂城区公安分局 ……………………………（346）

市级文明单位

强力推进生态文明　助力建设文明鄂州
　　——鄂州市林业局 ………………………………………（353）

目　录

水美鱼跃唱丰年
　——鄂州市水产局 …………………………………………（358）

优化行业服务　打造"五型"房产
　——鄂州市房产管理局 ……………………………………（362）

文明创建真如铁　而今迈步从头越
　——鄂州市房屋产权登记发证办公室 ……………………（365）

满园盛开文明花
　——鄂州市卫生局 …………………………………………（369）

用心擦亮文明"窗口"
　——鄂州市光明大酒店 ……………………………………（374）

文明创建结硕果　物价工作上台阶
　——鄂州市物价系统 ………………………………………（378）

为流浪者营造温馨港湾
　——鄂州市救助管理站 ……………………………………（381）

强化精神文明建设　促进公共就业服务
　——鄂州市劳动就业管理局 ………………………………（386）

创新四项体系　实现五个提高
　——鄂州市道路运输管理处 ………………………………（391）

树精神文明新风　创行业管理佳绩
　——鄂州市公共交通客运管理处 …………………………（396）

城建文明花似锦
　——鄂州市住房和城乡规划建设委员会 …………………（401）

构筑安居屏障　共建和谐家园
　——鄂州市白蚁防治研究所、鄂州市房屋安全鉴定所 ……（406）

倡导行业文明新风　打造和谐民生交通
　——鄂州市交通运输局 ……………………………………（409）

"四抓四促"展形象　文明芳香飘城投
　　——鄂州市城市建设投资公司 …………………………………（414）
建设生态文明　打造宜居鄂州
　　——鄂州市环境保护局 ………………………………………（419）
深入开展文明创建活动　推进国土事业健康发展
　　——鄂州市国土资源局 ………………………………………（424）
沃土盛开文明花
　　——鄂州市国土资源有偿使用管理处 ………………………（429）
节约集约利用土地　助推城乡一体化建设
　　——鄂州市国土整治办公室 …………………………………（434）
汗水浇灌文明花
　　——鄂州市中心血站 …………………………………………（439）
时刻守候在生命的保障线上
　　——鄂州市医疗紧急救援中心 ………………………………（444）
狠抓文明创建　打造文明财政
　　——鄂州市鄂城区财政局 ……………………………………（449）
倡导文明新风　构建和谐环保
　　——鄂州市鄂城区环境保护局 ………………………………（454）
借力文明创建　给力和谐发展
　　——鄂州市鄂城区人民法院 …………………………………（458）
工贸新城春色浓
　　——鄂州市花湖开发区 ………………………………………（463）
文明之心常有　利民之事常为
　　——鄂州市鄂城区花湖镇财政所 ……………………………（468）

全国文明单位

全国文职干

高起点突破　全方位创建

鄂州市审计局

近些年来,我局始终坚持"高起点突破,全方位创建"方针,实现了基础建设大改善、干部素质大飞跃、审计事业大发展、社会地位大提升,有效地促进了审计事业的全面发展。2011年12月,我局再次蝉联

鄂州审计道德讲堂

"全国文明单位"荣誉称号。截止目前,我局已先后20届(次)荣获省、市级"文明(最佳)单位"。

突出主题活动　促进能力提升

我们坚持"一年一个主题活动",有计划有步骤地提升干部队伍素质,切实提高审计工作服务科学发展的水平。

2008年开展了"审计法规学习年"活动,提出了读一批书籍、讲一批课题、写一本学习笔记的"三个一"要求,以强化审计法律法规的学习和运用。全局50多名在职干部"每人一个课题,每周一次讲座",共举办专场讲课27场,择选讲稿40余万字编辑出版了《泉之源——审计理论与实务》一书。

2009年组织实施了"审计项目质量年"活动,进一步规范审计程

序,严格执行各项制度,加强审计工作检查督办,使审计质量大为提升。

在全局党员中还开展了"履职讲评"活动。全局46名党员联系岗位实际,采取"个人找、组织议、群众评"的方式,对照科学发展观的要求,查找差距,分析原因,明确方向。2009年5月22日至23日,市领导和全市第二批参学单位学习实践办主任分三批次到我局进行了现场观摩。

2010年开展了"审计能力建设年"活动,进一步提升全局审计人员综合素质,打造了一支思想作风硬、审计业务精、执法能力强的精干审计队伍。今年以来,我们借助省审计厅、市委党校干部教育平台和资源,将干部教育培训的重点放在经济责任审计、政府投资审计、信息宣传、统计工作、纪检监察和计算机等专业的培训,把审计业务培训和综合岗位培训结合起来,建立健全干部任职培训制度和在职定期培训制度,开展多方位、多层次、多渠道的教育培训,现已经选派20人(次)参加了学习培训。通过坚持不懈抓干部教育培训,极大地激发了审计干部队伍青春活力,为审计工作与时俱进注入了持久动力,有效地促进了审计事业的科学发展。

培育审计文化　创新审计理念

我们坚持党的建设与审计文化建设相结合,把党的理想、宗旨、道德转化为审计干部的基本理念,把党员标准、党员义务转化为审计干部的基本精神,把党性、党风、党纪转化为审计人员的基本守则,把党的建设的一些理论观点转化为审计干部的基本风尚,把选人用人的标准转化为使用干部的基本标准。

我们倡导数字文化,提倡做"数字"学问。审计文化的生命是数字文化,审计工作主要就是"盘"数字。它的工作对象是数字,它要说明的问题是数字,它能说清楚问题的也只有数字。以数字求真,以数字讲理,以数字说法,以数字服人,做到在数字中找问题,在数字中揭示规律,用数字衡量评价被审计对象。

深化创建内涵　增强创建活力

以"打造学习型机关,培养高素质队伍"为目标,坚持做到以人为本、以提高人的素质为核心要求,大力加强审计队伍建设。我们通过采取多种方式,对干部职工进行多层次、全方位的培训,全面提升审计干部队伍的整体素质。

紧扣全市中心工作,开展城乡文明共建活动。我局先后与蒲团乡的何桥村、泽林镇福利院、涂家垴镇花园村和市水泥厂开展了"城乡手拉手,工农心连心"等文明共建和扶贫帮困活动,共为乡镇福利院及特困户捐送款物10多万元,帮助梁子湖区涂家垴镇花园村开挖水井、水塘各17口,修建通村水泥公路5.5公里。2010年12月,我们专门筹措资金为沼山镇永塘村建立了留守儿童"爱心屋"和"红领巾书屋",安装了"亲情电话",并与11名特困留守儿童结对子,每年给予助学金1000元。2011年"六一"前夕,又邀请市东方红小学的3名优秀教师到永塘小学为孩子们讲课,让留守儿童们过了一个难忘而有意义的节日。2011年1月21日,我局与凤凰街办澜湖社区联手开展"城乡一体共创文明"主题活动,组织开展了"共建文明和谐家园"万人签名,为社区居民发放环保袋一万只。特别是在全省"三万"活动中,我们针对驻点村汀祖镇杨王村的实际情况,筹资10万余元,帮助该村10组拓宽村组道路路基。全村8口当家塘清淤、村庄环境整治等,解决村民出行难、用水难、生活环境差等问题。系列创建活动的开展,进一步发挥了我局全国文明单位的示范作用,切实放大了文明创建成果,使创建活动延伸到了社会、创建主体延伸到了市民。

组织开展"文明科室"、"文明审计组"评选,坚持定期开展"五好文明家庭"、"好孩子、好丈夫、好妻子"和"文明门栋"评选活动。我们注重把加强和改进未成年人思想道德建设纳入重要议事日程,纳入机关文明创建的必达目标。寒暑假期间在审计子弟中组织开展争当"小小楼栋长"和"社区文明小天使"活动,注重倡导科学、健康、文明的生活方式,以活动为载体培植全员共创意识,使创建工作从干部职工延伸到家属子女、从机关延伸到家庭。2011年5月省文明办以"鄂州市审计局开文明单位之先河,积极履行未成年人思想道德建设之责任"为题,向全省各级文明单位进行了推介,2012年2月我局荣获"全国未成年人思想道德工作先进单位"称号。

创新管理机制　服务地方发展

近两年来,我局根据新时期审计工作发展要求,对原有的规章制度进行了重新修订、完善,在此基础上根据新时期工作需要又新拟定了各项规章制度,先后制定了《鄂州市审计结果运用暂行办法》和《鄂州市国家建设项目审计监督办法》,且均以市委市政府文件形式在全市颁布实施。2009年又与市纪委、市委组织部、市监察局联合制定了《鄂州市市直部门单位廉政审计实施方案》。为切实规范政府投资审计,有效防控审计风险,我们结合鄂州实际,制订了《鄂州市审计局国家建设项目审计操作规程》等政府投资审计制度,并将其汇编成《鄂州市审计局政府投资审计管理制度》第一辑,2010年又编印了第二辑。今年4月中旬,又制定出台了《鄂州市审计局政府投资项目跟踪审计职责规范(试行)》。通过建立和健全各项规章制度,让制度做行为标杆,让制度规范程序,让制度防范风险,让制度约束一切不廉洁的审计行为,形成了用制度管权、按制度办事、靠制度管人的规范化的机关管理机制,促进了审计工作水平的大提升。

2012年上半年,我局坚持以科学发展观为统领,牢固树立科学审计理念,深入贯彻全国和全省审计工作会议精神,以提高审计干部整体素质和审计机关工作效能为着力点,不断创新管理机制,充分发挥审计推动完善国家治理的职能作用,努力服务"五个鄂州"建设,促进地方经济社会跨越发展。截止6月底,我局组织实施审计(调查)84项,占年度审计计划101项的83.16%,在预算执行审计中查处各类问题金额1.26亿元;提交各类审计信息被市级以上批示采用110余篇次。并在蝉联"全国文明单位"称号的基础上,今年上半年又先后荣获"全国未成年人思想道德建设工作先进单位"、"全省卫生先进单位"、"全省'三万'活动先进工作组"和"全市创先争优先进基层党组织"、"全市学习型党组织建设先进单位"。

深入开展文明创建　全面提升发展水平

鄂州市烟草专卖局(公司)

近年来,我局坚持"三个文明"建设一起抓,靠文明创建的渗透力,靠企业文化的吸引力,靠全体员工锐意进取的战斗力,企业各项工作一年一个新台阶,利税以年均两位数的速度快速增长,连续6年位居鄂州市纳税大户前6位,先后荣获"全国文

开展"知音三万行"活动,上门为零售户送法规送政策

明单位"、"全国精神文明建设先进单位"、"全国烟草行业企业文化建设先进单位"等荣誉称号,驶向了创新发展的快车道。

加强政治文明建设,为文明创建提供组织保障

近年来,我们注重从领导班子建设、民主管理、依法行政等方面入手,狠抓政治文明建设。

加强班子建设,提高战斗力。一是加强"四好班子"建设。围绕"政治素质好、经营业绩好、团结协作好、作风形象好",狠抓领导班子思想、能力、制度和作风建设。二是加强干部队伍建设。坚持正确的选人用人标准,严格推行干部民主推荐、竞争上岗,建立严格规范、富有活

力的干部任用管理机制。三是加强班子廉政建设。每年开好党组民主生活会,班子成员之间毫无保留地开展批评与自我批评,落实干部员工提出的意见和建议,做到班子成员互相支持不揽权,互相配合不推诿,互相补台不拆台,互相提醒不旁观,充分发挥领导班子的战斗力。

加强依法行政,提高公信力。加强规范执法,提高依法行政水平。修订完善了各项制度,进一步规范专卖执法行为;严格执行"一案一考评"制度,严肃专卖执法纪律,2011年以来未发生一起行政复议变更案件和败诉案件。开展卷烟打假、市场整顿专项行动,确保卷烟市场净化率达96%以上。开展"3·15"消费者权益日、"亲民热线"等活动,营造良好的烟草执法环境。

加强物质文明建设,为文明创建提供经济保障

我们把经济建设作为企业发展的第一要务,深化内部改革,突出卷烟经营,强化市场监管,狠抓基础管理,努力实现"卷烟上水平"。

深化内部改革,建设活力烟草。通过竞争上岗、双向选择、民主推荐等方法,合理配置各管理岗位和专业岗位人员,企业管理层级由3级精减为2级,在岗人员从2009年的212人减少为现在的164人,实现了扁平化管理。实施薪酬分配改革,建立了"分类管理、科学设岗、严格考核、落实报酬"的薪酬分配体系。开展卷烟物流试点改革,在省局的指导下,去年11月1日,武汉、鄂州"1+1"区域物流正式运行,为"1+8"武汉区域卷烟物流改革的全面铺开做了有益的探索。

加强卷烟营销,建设效益烟草。开展"135"营销工作法试点,优化系统流程,搭建电子商务平台,通过努力,目前全市网上订货户达2122户,占全市卷烟零售户的61.68%,超额完成了省局制定的目标。开展银联代收代付电子结算试点,目前有1373家零售户开通了代收代付电子结算业务。2011年,上缴税金突破亿元大关,达到10119万元,比上年增长13.29%。企业经济效益连续多年实现了两位数的增长,在新的起点上实现了新的跨越。

实施精细管理,建设规范烟草。一是推行全面预算管理。制定预算标准114个,明确开支科目185项,实行预算刚性管理和费用开支分级归口管理,取得了明显的效果。去年市公司三项费用率为6.06%,低于全省系统平均水平。二是开展全面审计工作。围绕工程投资、大宗物资采购、宣传促销等6个方面70个关键点开展全面审计自查,规范企业经营管理行为。三是推进"142"质量管理体系建设。作为全省行业"142"体系建设试点单位,我们建立了覆盖全部门、全岗位和全员的流程管控平台和员工工作平台体系,并于去年9月1日在全省行业率先上线运行。

推进自主创新,建设创新烟草。建立创新工作机制,开展科技创新活动,自主开发了"零售户自助式选烟平台"、"蜂巢式"货源供应管理系统和车辆管理平台系统,其中,车辆管理平台系统获得国家计算机软件专利证书。

加强精神文明建设,为文明创建提供有效载体

近年来,我们以"家"文化为依托,坚持不懈地抓好精神文明建设,利用各种文化载体,丰富拓展"家"文化内涵,以文化建设推动文明创建,以文明创建促进企业和员工文明素质的整体提升,为建设和谐烟草、和谐社会注入了新的活力。

以完善创建机制为重点,构建文明型"家"文化。建立和完善文明创建工作"四项"机制:一是建立文明创建组织管理机制。成立创建工作领导小组,明确工作职责,形成了局长(经理)总负责,分管领导重点抓,部门负责人具体抓,全体员工协同抓的创建工作格局。二是建立文明创建目标管理机制。制定文明创建年度工作计划和规划,明确文明创建内容、措施和目标,与经营管理工作同规划、同部署、同检查、同落实、同总结。三是建立文明创建活动保障机制。把文明创建工作与"创先争优"活动结合起来,从基层专卖管理所(市场部)、卷烟配送中心、电话访销室等"窗口"部门抓起,深入开展创建"文明单位、文明窗口、文明员工"活动。

以提高员工素质为支撑,构建学习型"家"文化。建立党组中心组和机关政治学习制度,每年组织开展员工岗位基本技能、质量体系操作知识、公文写作等学习培训,鼓励财务、审计、信息等专业人员参加技术职称考试,对具有高级技术职称的员工在干部选拔上优先使用。通过全省系统公开招聘适时引进各类人才,2009年以来共引进财务、法律、人力资源、新闻传媒等人才10名。目前,全市系统具有研究生学历和大专以上学历的员工分别占在职总人数的10%和55%,通过初级鉴定的有32人,中级的有109人,高级的14人,持证率为80%,员工履职能力进一步加强。

以打造服务品牌为重点,构建服务型"家"文化。坚持以社会主义核心价值体系引领企业文化建设,深入宣传省局"知行"文化理念。丰富拓展"家"文化内涵和外延,把企业文化建设的重点放在以"心手相连、快乐万家"为核心内涵的服务品牌创建上,在共享省局"知音"服务品牌架构基础上,吸收企业原有"快乐万家"服务品牌精髓,加快推进"知音"服务品牌建设,在全市系统深入开展"知音·三万行"(万名员工进万户入万店)活动。"家"文化和"快乐万家"服务品牌被市民评为"鄂州人最喜爱的100品牌"之一,成为了鄂州市一张靓丽的文化名片。

以创先争优为目标,构建争先型"家"文化。以国家局、行业的先进值为标杆,结合企业目前的对标现状,成立课题小组,查找差距和薄弱环节,广泛开展建标、对标、追标、达标、创标活动,去年在12项对标指标中,有10项指标优于全省系统平均值,其中有2项指标达到全省系统先进值,企业经济运行质量明显提升。

以增强凝聚力为根本,构建和谐型"家"文化。坚持以人为本,以提高员工幸福指数为核心,真诚关心每一位员工,建立员工生日档案,为员工送生日祝福；组织开展员工外出学习、老年避暑节、参观世博园等活动，凝聚员工思想；每年组织员工体检，定期为员工订做工作服，为全体员工办理社保、医保等"五险"，尽力为员工办好事、办实事；举办迎春文艺汇演、乒乓球、羽毛球、拔河、知识竞赛等文娱活动，让文化丰富员工生活，使员工生活充满文化；加大环境建设投入，改造员工办公、生活场所，美化、绿化、净化庭院小区，努力营造员工快乐工作、健康生活的环境；设立谈心室，掌握员工思想动态，激起了广大员工强烈的归属意识，形成了推动企业持续发展的源泉和动力。

以回报社会为责任，构建爱心型"家"文化。我们积极承担社会责任，每年坚持开展结对共建、扶贫帮困、救灾捐款、金秋助学等社会公益活动。2009年以来，我们每年资助2名"211"工程的贫困大学生，直至其毕业。与沼山镇夏咀村结成双联双创对子，开展"进农户、访民情、办实事、促发展"等活动，从资金、文明创建、党建工作等方面给予帮扶，计划两年共出资10万元帮助该村修建2700米长的灌溉水渠，目前已出资建成水渠830多米，第二期水渠正在建设中。今年初，我们共捐献爱心款12万元，资助了我市6名白血病儿童。几年来，共计捐款300多万元，塑造了讲责任、尽义务的社会形象。

文明建设结硕果　地税发展谱新篇

鄂州市地方税务局东城分局

喜领全国文明单位奖牌

近年来,我们分局以"文明管理,文明执法,文明服务"为标准,以"建设一流队伍、创建一流业绩、提供一流服务、提高机关文明程度"为目标,将精神文明建设贯穿于税收工作的全过程,形成了敬业奉献的税务职业道德风尚,文明和谐的税收征纳关系,积极向上的税收文化氛围和持续稳定增长的税费收入格局。我们分局先后6届(次)荣获省级"文明(最佳)单位",3次被共青团湖北省委授予"青年文明号",连续3届荣获"全国精神文明建设工作先进单位",2012年荣获"全国文明单位"荣誉称号。2011年被湖北省委和省地税局表彰为"先进基层党组织",承担的全国房地产税制改革试点工作得到了国家税务总局领导的充分肯定。

全员发动,扎实工作,奠定坚实的创建基础

建立创建格局,为创建工作奠定坚实的组织基础。我们坚持一把手亲自抓、负总责,分管领导具体抓,各部门配合抓,纪检监察督促抓的领导机制。同时,创建工作的每个层次、每个环节都有具体部门和具体人抓,做到了创建工作分级负责和全过程管理,形成了党、政、工、团齐抓共管,职工群众积极参与的创建工作格局。

广泛发动群众,为实现创建目标奠定坚实的群众基础。我们通过干部大会、座谈会、宣传栏、简报等形式,广泛发动,深入动员,使创建文明单位成为全局上下的共同目标,营造了"人人争当文明职工,全局争创文明单位"的良好氛围。

改进服务方式,为实现创建目标奠定坚实的社会基础。我们坚持以税收服务为平台,做到常创常新,主动为纳税人提供四种税收服务方式:对普通纳税户在办税大厅开设8个办税窗口,提供综合管理、申报征收、发票管理等办税服务;对具备初步计算机知识的纳税户,在办税大厅由专人辅导进行自助办税;对具有一定计算机网络应用水平并具备网上办税条件的,实行网上办税、网上开票;对部分难以进厅办税和不具备网络办税条件的,由税收管理员上门办税。

以人为本,强化素质,培育良好的机关风尚

抓党性教育,增强党员宗旨意识。我们坚持局领导每年至少讲一次党课的制度和党支部组织党员学习制度,积极开展"弘扬地税文化,争当优秀党员"的主题实践活动,组织党员干部到红安、麻城鄂豫皖革命根据地接受革命传统教育,着力增强党员干部的宗旨意识。

抓业务培训,增强干部学习意识。我们采取送出去学习、组织业务科长集中授课、开展网上练兵、实施业务竞赛等方式,开展有针对性的业务教育培训。大力实施"三个一"工程,即举办"每月一课",开展"每月一考",实行"每月一奖惩"。近年来,共组织培训170多期2600多人(次)。

抓创先争优,增强党员模范意识。我们以党员"亮身份、守承诺、作表率"活动为抓手,紧紧围绕"服务科学发展,共建和谐税收"的主题,把公开服务承诺贯穿于税收活动的全过程,扎实开展"一个支部一个

阵地,一个党员一面旗帜"等活动,促进全体党员在争创"五个好先进基层党组织"、争当"五带头优秀党员"的创先争优实践中,发挥先锋模范作用。近两年,先后有18名优秀党员受到上级表彰,2010年,我们分局先后在鄂州市和湖北省地税系统创先争优活动推进会上交流了创先争优活动经验。

活动引路,展现特色,塑造优秀的地税文化

积极开展"优秀党员示范岗"、"共产党员先锋岗"、"团员青年突击岗"、"平凡岗位奉献岗"等争创活动。我们从细化评先工作入手,把年度评选的方式改成为年初制定评选标准,每季度推荐公布候选人,年终公示总评的方法,从而把评比先进的过程转变为培育先进的过程、激励先进的过程。近年来,先后涌现出1个省级劳模、2个市级劳模、4个省级岗位能手,其他各类市级先进28名。

大力开展文化楼层建设,营造良好的地税文化环境。我们大力宣传地税精神、共同价值、税收理念和发展愿景。建成了由地域文化、党建文化、廉政文化、企业文化、税收文化和职工文化组成的文化楼层,制作了科室文化牌、个人文化卡、廉政文化室和文明园,形成了"小小办公楼,文化大课堂"的地税文化氛围。

以文体活动为载体,展现良好地税精神风貌。组织开展了野外拓展、越野长跑、棋牌比赛、乒乓球赛、拔河等各种体育运动会,以及书法、绘画、摄影、收藏、演讲等竞赛活动。成立了乒乓球、羽毛球、书画摄影、舞蹈队等6个兴趣小组,广泛开展小组活动,丰富干部职工文化生活。

贴近群众,构建和谐,营造良好的创建氛围

完善民主管理机制,推进政务公开。在制定税收执法和行政管理责任考核办法过程中,我们坚持事先主动倾听一线干部的意见和建议,把修订办法的过程转化为统一认识的过程,并将办法草案提交干部大

会讨论审议。由于办法制订过程得到干部的响应,在办法实施时,充分调动了广大干部的积极性和创造性。

关注民生,搭建沟通桥梁。我们积极开展"了解情况上门、听取意见上门、宣传税法上门、落实政策上门"的四上门服务,实行局长值班制度,每天一名局领导在办税大厅坐班,为纳税人提供主动、便捷的服务。实行"局长接待日"制度、月末恳谈会制度,将工作重心前移,畅通沟通渠道,认真倾听干部的意见和建议,集中干部智慧,架起了分局班子与干部沟通的桥梁。

开展分层次创建活动,营造全员创建氛围。我们大力开展单位创建国家级文明单位,科室创建省、市级文明窗口,窗口岗位创建省级青年文明号和市级文明优质服务窗口,个人创建人民满意公务员等群众性的文明创建活动,形成了具有行业特色和时代特征的创建氛围。我们分局办税大厅被团省委授予"青年文明号",被省地税局授予"最佳办税服务大厅",被鄂州市委市政府授予"文明诚信示范窗口"。

求真务实,同创共建,打造良好的社会形象

坚持开展税企共建活动。每年年初和年中,我们分局都会成立6个工作组,走访慰问纳税人,并认真听取纳税人对加强和改进税收工作的意见和建议,拟定税企共建内容,共叙税企鱼水情。

热心开展公益事业。我们积极开展爱心捐赠活动,如在汶川和玉树大地震等捐助活动中,党员、员工、女职工、团员青年纷纷参与捐助活动,四个层面的参与率都做到了100%,两次共募集资金45800元。

积极参加"进农户、访民情、办实事、促发展"活动。我们组成专班到临江乡黄柏山村开展民情调查,协助农民解决生产生活中的实际困难,为留守儿童捐书273册,赠送文化用品130件,为该村困难农民捐款12500元,建立了对口帮扶的密切关系。

省级最佳文明单位

文明花香溢盐业

湖北盐业集团有限公司鄂州分公司

湖北盐业集团有限公司鄂州分公司是一家有着光荣传统和深厚积淀的集体,公司自1979年成立以来,始终坚持以党的路线方针政策为指导,以认真维护、落实国家食盐专营政策为宗旨,以"诚实专营,保民

宽敞整洁的食盐仓库

健康"为使命,以"团结拼搏,拓业快上"为目标,以"内强素质,外树形象,追求卓越,争创一流"为文明创建主题,加快企业发展,建设健康向上的企业文化,构建和谐盐业企业,促进了三个文明建设的协调发展。我们每年完成各类盐购销1.2万吨,保证了我市107万人口食盐供应,满足了工农业生产企业用盐需求,盐业企业积极履行了盐风、自然灾害等特殊时期社会责任,义不容辞地保障全市人民吃上放心合格碘盐,为保障食盐民生工程做出了应有贡献。我们历年都能超额完成上级下达的各项工作任务,赢得了各级党委、政府的一致好评。通过广大干部职工不懈努力,我们先后荣获全国首批"食盐批发AAA级企业",蝉联两届省级"文明单位",蝉联三届省集团公司"先进单位",荣获省消费者满意单位、全省劳动保障最佳诚信单位、纳税先进单位、先进基层党组织、园林达标单位,三个文明建设结出了累累硕果,并把闪耀着光荣与

梦想的"云鹤"托向更加广阔的天空。

健全组织机构　规范创建管理

　　文明单位创建并不是只拿牌子,更是促进企业发展的有力推手,通过创建活动提高企业软实力,推动企业全面发展,实现"员工成长,企业发展"。为加强创建组织领导,我们成立了由党支部书记任组长,各相关部门负责人为成员的文明单位创建工作领导小组,领导小组下设工作小组,负责处理创建活动的日常事务。确定了"三结合"的文明单位创建工作思路,即:把文明创建与推动生产经营发展相结合,保证公司阶段性工作目标的实现;把文明创建与提高全员素质相结合,实施文化强企战略;把文明创建与环境综合治理相结合,全面美化司容司貌。全面推行创建工作责任制,把创建工作纳入全年考核指标中,把创建任务量化分解,责任到人,与各项业务工作同部署、同检查、同落实、同总结、同评比、同考核、同奖惩,使创建工作有组织、有计划、有检查、有落实、有总结,确保了创建工作的有效开展,形成了党支部书记全盘抓、分管领导具体抓、其他领导协助抓、各职能部门齐抓共管的创建工作机制。同时,结合公司生产工作特点和性质,制定了公司《文明单位创建工作规划和实施方案》,召开了创建工作动员大会,明确了创建工作任务和目标,并就创建活动的各个方面和每个环节提出具体实施意见和工作要求,做到了有目标、有计划、有措施,建立创建工作汇报会、情况分析会制度,推动创建工作不断深入。

坚持政治学习　提升创建水平

　　公司党支部加强学习教育,强化爱国主义、集体主义、社会主义教育,注重个人素质的提高。一是广泛开展争创学习型员工,促进职工技能素质和党员觉悟的提高。职工培训工作不断创新思路,采取了"走出去、请进来"的办法,先后组织职工赴青海、湖南、四川盐化集团等知名企业参观学习；结合建党 90 周年庆典，组织全员认真收看学习胡锦涛同志的"七一"重要讲话，举行建党 90 周年知识答题竞赛；组织中心学习组学习了习近平同志《关键在于落实》等文章，用先进的理论指导思想。二是抓好社会公德教育，积极开展以"学习道德模范，争做道德模范"为主题的教育活动，组织党员干部撰写学习心得体会文章，开展向省盐业系统先进模范人物李红彬、翟仁菊等同志学习的活动，开展党课教育，不断提高党员同志的思想素质和理论修养。广泛开展《公民道德建设纲要》学习活动，组织全体员工参与吴都道德讲堂活动，收看学习全国道德模范的先进事迹报告，引导广大干部员工树立正确的世界观、人生观和价值观。面对食盐专营改革的形势，深入细致地做好政治思想工作，帮助他们克服因循守旧、思想保守的意识，不断发挥优势，释放潜能，自觉推动科学发展。公司党支部积极倡导团队协作精神，开展业务能手评选，进一步提升团队协作能力；充分利用"七一"等节日开展了"党在我心中"、全体党员重温入党誓词、建党 90 周年演讲比赛、"我们的节日"——"五四"诗文朗诵比赛等活动，形成人人创先争优、积极向上的良好氛围。三是强化文明员工教育，引导广大员工牢固树立爱岗敬业、奉献企业的思想。开展了"在社会做一个好公民、在单位做一个好职工、在家庭做一个好成员"活动；组织党员干部参观革命老区、观摩先进事迹展览等，通过多种途径加强干部素质教育，增强爱国主义激情，树立社会主义荣辱观。把年度先进集体、先进个人的事迹制成展板，组织职工学习，在先进的感召下，全公司形成了比、帮、学、赶、超的良好风气。

强化责任意识　创建"四好"班子

创建文明单位活动的根本出发点就是要加强干部队伍的政治思想素质，强化责任意识。公司保持稳步发展，企业文明形象和综合实力不断提升，关键还在于有一个"好班子"。我们公司在抓各级领导班子建设方面,首先建立了公司党支部中心组、党支部理论学习组学习制度,组织开展党的大政方针、时事政策的政治理论学习,先后学习了科学发展观和胡锦涛同志在建党90周年的讲话,结合"解放思想大讨论"、"为民服务,创先争优"和"群众观点和群众立场"主题活动,收到了"两不误、两促进"的良好效果;在公司开通了征求意见电话,设置了征求意见箱,建立班子与员工之间的沟通平台。坚持年度民主生活会制度,开展积极的批评和自我批评,领导班子成员之间开诚布公,互相配合;支部每年都组织对部门领导进行考核,发现问题及时进行整改,使班子成员保持了廉洁奉公、敬业勤奋、团结进取的良好状态,增强了班子的凝聚力、号召力、战斗力。公司连续多年被省集团公司评为双文明先进单位。

参与城市创建　构建和谐企业

我们公司领导班子把提高职工的文明素质与改变环境面貌有机结合起来,使"自己的公司自己建、自己的面貌自己变"成为全体职工的自觉行动。推行新三"AAA"管理模式,要求经营有序,门窗洁净,地面清洁。对卫生区坚持分片管理、责任到人,强化环境卫生的检查,狠抓卫生死角的整治,在卫生责任区内,建立卫生值日制度,做到日清日洁。公司还加大了绿化基础设施投入,绿化覆盖率达30%以上,公司面貌向绿中求美、美中求精发展。公司开展了以"迎奥运、树新风、知礼仪"为主题的礼仪安全知识教育活动,对员工从"言、行、容、礼"四仪进行了统一规范,要求员工"树文明之容、言文明之语、行文明之礼、为文明之举",练好内功。以文体活动为载体,增强职工队伍的活力和凝聚力。为积极开展各项健康有益的文娱活动,公司建立了阅览室、会员活动室,积极参加集团工会组织的各项学习参观活动,丰富活跃了职工文化生活。为员工续签书面劳动合同,并办理了养老、医疗、生育、工伤、失业、住房公积金等社会保险,为员工解除了后顾之忧。我们公司围绕集团做大做强目标,始终坚持"想在先、干在前",加快了企业现代化建设的步伐,深入扎实推进食盐零售网络终端建设工作,片区客情关系和谐,食盐市场稳定有序,企业效益逐年提升。

狠抓质量安全　夯实发展基础

安全是企业发展的保障。建立健全安全生产责任制,我们公司坚持与各科室、配送站签订《安全目标责任书》,定期维修、更新配送车辆、灭火器材等消防设施,明确安全责任,使安全工作做到了时时有人抓,事事有人管。公司经常举行消防安全知识培训讲座,一年一个主题,防范于未然,公司未发生人员伤亡和公共财产受损等安全事故。

目前,我们公司食盐直达配送城乡覆盖率为100%,终端客户908家,公司"一站式"服务迎得了客户和消费者的一致好评。

唱响文明主旋律　　塑造国税新形象

葛店经济技术开发区国家税务局

近年来,葛店开发区国税局在市国税局的正确领导和开发区管委会的关怀指导下,以科学发展观和科学治税观统领税收工作,紧紧围绕"科学、规范、和谐、发展"的工作主题,一手抓税收工作,一手抓精神文明建设,摸索出了一条以精神文明创建促进国税事业持续发展,通过抓创建促规范、抓创建促服务、抓创建促发展的有效途径,促进了两个文明建设稳步协调发展。我局先后获得湖北省国税系统最佳纳税服务单位、第八届湖北省职工职业道德建设先进单位、鄂州市第三届"文明诚信示范窗口"等荣誉称号,连续六年被葛店开发区工委评为先进单位。

组织干部职工到革命圣地重温入党誓词

建立长效机制,筑牢创建基础

健全领导机制。我们把精神文明创建作为"一把手"工程来抓,成立了由一把手为组长的精神文明建设领导小组与文明创建工作办公室,将创建工作职责分解落实到各科室,在全局形成了各部门齐抓共管、干部全员参与的良好局面,为创建工作打下了坚实的基础。

健全创建制度。研究制定了《2009—2011年精神文明建设工作实施方案》,明确了精神文明建设的主要任务和基本要求,为精神文明创建工作指明了方向;制定了《开展腐败风险预警防控工作实施方案》、《加强作风建设年工作实施方案》,促进了文明创建活动稳步实施、蓬勃开展。

健全保障机制。成立了创建文明单位活动领导小组,指派专门人员组织开展各种基层文化、体育、宣传、娱乐活动建设,保证了精神文明建设的顺利推进。

规范税收执法,服务地方经济

大力组织税收收入,为经济建设提供财力保障。强化目标管理责任,与各科室(部门)签定了税收任务责任书;实行局领导挂点制度,协调解决征管工作中的困难;深入开展税收收入预测分析,预测税源的变化趋势;加强税收征管,牢固树立全方位税收观,抓大不放小,最大限度地限制跑、冒、滴、漏现象的发生。建局以来,连年超额完成税收任务,2011年度,累计完成国税收入27219万元,同比增收6522万元,增长31.51%。

规范税收秩序,为企业发展创造良好环境。我们实行了分类管理制度,对年纳税额在50万元以上的企业,实行跟踪管理。加强税收信用体系建设,通过征管软件对企业的纳税信誉情况进行实际评估。同时,加大了"四小票"协查力度,每年定期开展税收执法检查,通过组织税收专项检查,严厉查处虚开、倒卖、伪造增值税专用发票案件以及假申报、造假账等偷骗税案件,税收秩序得到有效规范。

强化执法监督,推进依法治税。加强税收执法监察,通过《税收执法监察子系统》,对税务干部在日常税收管理工作中的行为进行及时有效监督,树立税务干部的良好形象。

强化干部教育,激发内在动力

不断加强领导班子建设。局党组十分重视自身建设,以中心组理论学习为主要形式和基本途径,在抓好班子理论学习的同时,重视和加强对中层干部、党员干部理论学习的领导和帮助。认真贯彻民主集中制,严格执行党组议事规则,推进决策的科学化和民主化。坚持走群众路线,重视调查研究工作,通过召开民主生活会和各种座谈会以及走访活动,认真听取、征集、解决群众反映比较集中的问题。

不断加强党员队伍建设。三年来,发展正式党员4名、预备党员4名,为党组织注入了新鲜血液;在党员中开展党员政治"四个一"活动,即组织一次重温入党誓词、读一本好书、开展一次谈心、提一条合理化建议。

不断加强干部队伍建设。坚持每周学习制度,局党组以及全局干部职工深入学习党的政策理论,学习科学发展观和构建和谐社会的理论。把创建活动与学习贯彻《公民道德建设实施纲要》结合起来,引导干部职工树立正确的世界观、人生观和价值观。以"六员"岗位培训为抓手,加快培养税收管理、政策法规、财务会计、计算机等各类人才,逐步建立起一支专业齐全、素质优良、结构合理的人才队伍。

优化纳税服务,促进文明执法

深化办税公开。落实"文明办税八公开"的要求,将税收法规、责任窗口、办税制度、办税时限、服务标准、工作纪律、行政处罚和社会监督等对外公开,接受群众监督。

规范办税程序。通过实施优化办税服务流程特色项目,建立健全了各项工作规程,规范税务文书传递审批制度;实行限时服务,严格按照规定时间办结;认真落实"两个减负",简化审批手续,减轻纳税人负担,提高办税效率。

实行提醒服务。通过公告栏、电子显示屏、电话等形式对涉税事宜开展提醒服务,使纳税人可以及时了解税收政策信息,变事后处罚为事前提醒。

探索多元化申报新途径。针对申报大厅面积小,纳税户数多的现状,积极推行网上申报工作,使纳税人不出门便可完成纳税申报。

广泛开展税法宣传。坚持做好日常税法宣传;充分利用宣传栏及时宣传税收政策;利用每年开展"税法宣传月"活动,组织干部职工走上街头,发放宣传资料,接受税收政策等咨询。

通过为广大纳税人提供全方位、个性化、零距离的服务,我局精神文明创建工作赢得了上级部门和广大纳税人的广泛赞誉,2010年,办税服务厅被评为鄂州市第三届"文明诚信示范窗口"。

主动接受监督,发挥纪检监察职能

认真落实党风廉政建设责任制。层层签订《党风廉政建设责任书》,形成了"一把手"负总责,班子成员分工负责,纪检监察部门组织协调,相关部门各负其责的党风廉政建设领导体制和工作机制。

加强廉政教育。通过组织干部认真学习廉洁自律各项制度、观看警示教育片,引导干部树立正确的荣辱观、权力观,不断增强廉洁从税的自觉性;认真落实干部述职述廉制度。

加强内外监督。认真贯彻"一个办法和四个制度";建立廉政承诺书制度,与每位干部签订了《廉政承诺书》;建立了廉政预警制度,聘请了5名廉政监督员,采取定期召开座谈会、走访等形式,征求意见和建议;定期对预警信息进行采集和分析,提高廉政预警能力;严格落实领导干部个人重大事项报告、收入申报、述职述廉等制度;建立了个人廉政档案。建立了《纳税人投诉或举报登记簿》,公开受理纳税人投诉、举报电话。截止目前,没有一人有违法违纪行为。

拓宽创建渠道,展现文化魅力

积极开展精神文明创建活动。多年来,我们积极开展争创文明"窗口"、青年文明号等群众性的文明创建活动,涌现了全省纳税服务百佳标兵倪春枝、全省勤政廉政典型人物高传洲、因其具有高度廉政意识而受到全市通报表彰的先进个人汪萍等先进典型。

开展丰富多样的文化活动。以庆祝元旦、"三八"、"五一"、"七一"等重大节日为契机,积极开展形式多样的纪念活动,丰富了文化生活,振奋了团队精神。参加了全市国税系统"激扬青春、魅力国税"辩论赛暨"五四"运动纪念90周年纪念活动,并获得了第三名;在全市国税系统文明知识竞赛中获得团体优秀奖;选派戴琼斯在全市"我为两个率先做贡献"演讲比赛中获得三等奖;组织干部参加管委会组织的职工运动会。

积极参与社会公益事业。2009年,与葛店镇大湾村结成帮扶对子,指派一名党组成员定期走访该村,为村民们反映、沟通和解决各种实际困难。近三年来,全体干部坚持不懈地开展各项救贫扶弱活动,共为抗震救灾、扶贫帮困等社会公益活动捐款2万余元。

努力营造民主气氛。近年来,改造了职工食堂,改善了干部职工就餐的环境问题;维修了办公大楼,改善了办公环境;关心职工生活,干部住院、结婚、直系亲属病故等,都要看望慰问。领导班子用真诚的付出和人文关怀赢得了全局职工的爱戴和信赖,在全局营造了和谐、民主的氛围。

树文明新风　促优质服务

鄂州市公安局交警支队车管所

流动车管所送服务进乡村

市公安局交警支队车辆管理所全体民警不辱使命,恪尽职守,无私奉献,用辛勤和汗水换来全市的车辆安全,造福一方人民。我所先后被授予"全市最佳文明单位"、"全市行政许可示范单位"、"全市十佳文明诚信窗口"、"省级人民满意车管所"、连续两年"省级文明单位"等荣誉称号,一次荣立集体二等功,连续4年荣立集体三等功,2010又被公安部评为全省六个二等车管所之一。

班子带头,加强队伍素质建设

班子处处高标准严要求,带头廉洁自律,团结协作,科学决策,民主管理,充分发挥党组织的战斗堡垒作用。加强民警思想道德建设,提高队伍整体素质。在全体民警中积极开展党的基本理论、基本路线、基本纲领宣传教育,积极开展深入细致的思想政治工作,引导广大民警树立正确的世界观、人生观、价值观。通过举办培训班、开展岗位大练兵等活动,广大民警的爱岗敬业精神、服务意识和业务素质明显增强。

阳光操作,规范车管执法流程

车管所承担机动车注册登记、转移登记、驾驶证申领等27项行政许可业务。我们从每一个岗位入手,流程控管每一项车管许可业务,力求办事办证公开化、车管业务规范化。执法岗位均由民警负责,避免了非执法主体参与车驾管理。对考试员、检验员、档案员等业务岗位分别制定了20项岗位职责,并实行岗位分设,使受理、审核、考试、复核等每个岗位彻底分离,不得跨岗办理业务;实行交叉审批,凡是两个业务相连的岗位,由两名所领导分别审批,做到审批不经办,经办不审批。实行错办追究,因工作失误出现过错的扣发津贴、通报批评、公开检讨。实行电子监控,在每个窗口岗位上安装了高清晰度监控仪,较好杜绝了窗口民警检"人情车"、"关系车"等违规问题。全程智能检测。建成了智能化检测线,四个工位能快速、准确地测出数据指标,检车时间缩短到10分钟;建成了无纸化考试室和电子桩考仪,提高了准确率,杜绝了新增驾驶员考试中的人为舞弊问题。逐层严格把关。导入身份证识别系统、指纹比对系统、违章查询系统、盗抢车比对系统,严格把关。近年来,全市没有发生因车管民警工作失职或违规办理业务造成的交通事故。

严整内务,美化车管执法环境

车管所共栽种各种树木200余株,种植绿化草皮2000平方米,庭院内绿草如茵,基本建设成了绿色车管所。在办证大厅建成了大屏幕播放和触摸屏查询系统,实行"七公开",既向群众宣传车驾管理法律法规,又为群众提供车管业务查询。在办证大厅17个窗口安装、配置了计算机及打印设备,同时实现流水自动传递作业,形成了一条龙窗口自动化办公;在办证大厅、候考大厅设置了便民椅、饮水机和一次性茶杯,在办证处摆设了纸、笔、胶水,安装了组合式手机充电器。从所长到职工,每人划定卫生责任区,每天打扫环境卫生,每周五中午利用休息时间再进行一次卫生大扫除,做到地面无痰迹、无烟头、无纸屑、无灰尘、无垃圾杂物和墙面光、玻璃光、门窗桌椅光。

便民亲商,优化车管执法服务

重点推出了首问接待服务。群众来车管所办事,第一个被询问的民警,对属于自己职责范围内的事务,必须马上答复,立即办理;对不属于自己职责范围内的事务,必须积极协调。去年8月底,一个大学生在我所参加了驾驶员资格考试后回到学校,首问接待民警查知该生合格后,主动将制好的证件寄送给该生。重点推出了延时特办服务。车管人员延长服务时间或专门开设业务急办窗口,专门为外地群众服务。推出了退办说明服务。对群众提供资料、证明不齐全的业务,开具《退办单》,详细注明退办的原因和应当补充的资料,使群众在补齐后能够一次性办理完毕。推出了经常上门服务。对全市31家大型车属企业,每月主动上门,集中办理。为大型车属企业上门服务180多次,节约企业经费开支近60万元。

精细服务奏响跨越发展主旋律

鄂州市市容环境卫生管理局

近年来,市环卫局在市委、市政府和市城管局的正确领导下,紧紧围绕"建设一流队伍、提供一流服务、争创一流业绩"的奋斗目标,在工作中开拓创新,不断提升环卫精细服务水平,实现了环境卫生质量的提档升级,营造了靓丽、文明、有序、和谐的城市环境。

我局先后荣获"全国文明行业示范点"、"全国模范职工之家"、"全国环卫行业优秀集体"等国家级称号;局集体创作的"三字经"清扫保洁精细工作法被湖北省文明委推荐为"2010年湖北文明行业创建品牌案例",被中国环境卫生协会授予环卫行业创新奖;连续三届六年被中共湖北省委、湖北省人民政府授予"最佳文明单位"称号。

加强职工队伍建设,激发干事创业活力

我们注重加强职工队伍建设,通过开展丰富多彩、形式多样的主题活动,以目标鼓舞人,以信念凝聚人,以行动感召人,激发了广大干部职工干事创业的激情,为环卫事业的科学发展、跨越发展奠定了坚实基础。

固本强基,提升职工综合素质。为了适应新形势下环卫发展的需要,与鄂州大学联合办班,通过适当补贴学费的方式,鼓励职工积极参加大学专科和本科的学历教育,提升职工的知识水平;采取走出去的办法,奖励优秀环卫工人外出考察学习,借鉴外地的先进工作经验;邀请市法制办、交警支队的专家和领导为环卫执法人员、环卫局驾驶员开展法规培训,举行了"海青精细工作法"知识竞赛,不断提高职工队伍的业务能力。

关心职工,增强工作凝聚力。在同工同酬的基础上,实行特岗工资制,向一线最辛苦的岗位、向技术含量高的岗位倾斜,增加一线清扫、清运职工的特岗津贴;为计时工办理工伤保险和购买意外伤害险,提高计时工待遇;关心环卫职工家庭,为环卫子女购买医疗保险,实施金秋助学和扶贫帮困等活动;在重要节日为职工发放物资和资金,对困难职工进行走访慰问,让环卫职工深切感受到大家庭的温暖,增强了队伍的凝聚力。

倡导"五德",树立一流队伍形象。为了强化干部职工的责任心,激发职工干劲,出台了《鄂州市环卫职工职业道德行为规范》,大力倡导"五德",即:创新铸德,推选一流职业规范;教育培德,塑造一流职工队伍;实事树德,提供一流服务质量;典型扬德,培植一流行业精神;廉政立德,打造一流过硬团队。随着"五德"的创建,广大干部职工精神面貌和工作激情明显提高。

弘扬文化,激发无私奉献精神。围绕"创先争优"、建党90周年"净化城市、美化家园"主题教育进学校进社区、"环卫工人节"等主题,开展了丰富多彩的文化活动,激发职工热爱环卫、奉献环卫的精神。建设了职工活动室、展览室,配齐了各种电教设备,加强了阵地建设;开展环卫文化作品征集活动,建设"环卫文化走廊",举办了环卫文化作品展;利用"环卫之春"迎新晚会,调动职工新年奋斗的积极性;举办"感动环卫"和"工作没有任何借口"等事迹报告会,激发职工创先争优意识;谱写《环卫人》歌曲,全员歌唱,并组织百人合唱团参加全市建党90周年合唱比赛,荣获全市一等奖,增加了环卫人的职业自豪感,展示了鄂州环卫人的良好精神风貌。

打造环卫精细品牌,争创一流工作业绩

近几年来,我们通过改革创新,不断完善作业标准、督查方式、考核办法和奖惩机制,提高了环卫作业、管理和服务的精细化水平。

精心培育,树立环卫服务特色。为了加强环卫工作精细管理,我们成立了精细工作法领导小组,制定了《鄂州市环卫局精细工作法实施方案》,明确一把手亲自抓,分管领导具体抓,形成了各科室和基层单位齐心协力、上下联动的管理格局。将"湖北省劳模"王海青的清扫保洁工作方法整理创作成了"海青清扫保洁精细工作法三字经",同时,将垃圾清运、中转管理、垃圾处理、公厕管理、道路清洗等各个方面的工作标准、程序、要求都进行归纳总结,形成一系列的"三字经"顺口溜,并编印成册,人手一本,使环卫职工易学易会,便于操作。

载体推动,提升精细作业水平。以推广《精细工作法——三字经》为主题,连续三年开展了环境卫生优质服务竞赛、示范路创建、市容环境卫生精细服务竞赛活动。根据新的劳动定额和路段状况,合理定员,增加夜班清扫人员,试行24小时保洁制度;根据垃圾量及地段情况,分别采取了斗车清运、上门收集4种垃圾收集方式,完善了一级清运模式;根据路段情况,试行"人扫、机扫、冲洗"三位一体的道路清扫保洁作业方式,提高了路面环境卫生质量,有效地提高了环卫作业精细化水平。

推陈出新,完善考核奖惩办法。为加强对精细工作法的管理,建立起环卫工作绩效评价体系,制定了系数考核法等12个环境卫生质量管理办法,推行了单月排名奖、双月进步奖、滚动排名奖、全员质保金等6个奖励机制,提高了干部职工争创一流的积极性;出台了《鄂州市环境卫生精细化管理监督考核办法》,创立了"内部考核、外部评议、领导评定"相结合的百分制量化考核法,创建了精细工作考核计算机软件,依据考核分值,每天巡查打分,每月汇总评比,年终按分排名。这一措施,使环卫管理真正实现了精细化长效管理。

推进环卫城乡统筹,营造全民参与氛围

结合城乡统筹,加快一体化垃圾收运系统建设。根据"全域鄂州"的建设要求,组织专班开展城乡一体化垃圾收运系统建设情况调查,掌

握了全市21个乡镇和街办的人口分布、垃圾量、环卫基础设施等第一手资料;委托规划部门编制了《鄂州市城乡一体化垃圾收运系统规划》初稿,组成7个环卫工作服务指导组,对各区、乡镇环境卫生工作以及收运系统建设进行业务指导、协调和服务;按照城乡一体化垃圾收运系统"政府主导、条块结合、属地管理、群众参与"的思路,采取"农户分类、村组清扫、乡镇收集、区级转运、市(区)处理"的运行模式;按要求对各区、街办进行例常考核,一月一公示,双月一结算,通过市、区、街、镇(乡)考核奖励的方式进行资金补助,加快了城乡垃圾收运系统建设、运行、管理的步伐,进一步优化美化了村容镇貌,为建设洁净鄂州打下坚实基础。

结合综合整治,开展群众性卫生大清扫。以全省城市管理综合检查评比为契机,集中时间、集中精力开展大规模、群众性的治脏活动。在力量组织上,坚持全面发动,全民参与;在范围上,从大街到小巷,从办公生产区到居(村)民生活区、从地面到楼顶、从宽敞地带到角角落落、从市区到近郊;在标准上,强调不留一堆垃圾,不留一处卫生死角。近两年组织开展的一月一次"城市卫生日"环境大扫除活动期间,全市总计有18万人次、1000多车次投入治脏活动,共清运垃圾3万多吨,清除卫生死角360多处。

结合社会评价,增强全民环境意识。以市民需求和群众的满意度为导向,实行环卫工作开门办公、上门服务。在主城区大街小巷开展了"临街门店生活垃圾定点存放、定时收集、定人负责"的工作,与经营业主签订《定时收集生活垃圾协议书》,引导单位和经营业主自觉遵守市容环境卫生管理要求,逐步实现长效管理。在鄂州日报、鄂州电视台、鄂州新闻网相继开辟《环境卫生大家谈》、《环卫在行动》等监督性、言论性固定宣传专栏,加强舆论引导;开展环境卫生进社区、进学校活动,定期举办"环境卫生大家谈"座谈会,增强全民的环境卫生意识,全力营造了"讲究卫生光荣,破坏环境可耻"的浓厚社会氛围,使爱护公共环境逐步成为市民的自觉行为。

　　城乡市容环境卫生管理工作只有起点,没有终点。随着生活水平的提高,城乡居民的环境卫生要求也会越来越高,我们将以满足居民需求为目标,进一步深化精细管理、长效管理,进一步发动社会参与,全力打造城乡一体化的洁净城市,为建设灵秀鄂州做出新的贡献。

路面清洗作业

能源明珠放异彩　　文明花开别样红

湖北能源集团鄂州发电有限公司

湖北能源集团鄂州发电有限公司是湖北省内大型的现代化火力发电企业,是湖北能源集团股份有限公司的全资子公司。我们公司位于湖北省葛店经济开发区,是湖北省乃至华中电网的负荷中心和供电枢纽,同时担任长江三峡电站的调峰任务,是坐落在鄂东南大地上的一颗能源明珠。目前总装机容量180万千瓦,其中,一期两台30万千瓦全进口燃煤机组、二期两台60万千瓦国产超临界燃煤机组分别于1999年和2009年投入商业运行。

锅炉夜景

三期工程两台100万千瓦超临界燃煤机组已经列入了湖北省"十二五"发展规划。截至2012年7月底,我们公司累计发电536.2亿千瓦时,累计上缴各种税收16.2亿元,为鄂州市纳税大户。先后获得"全国精神文明建设先进单位"、"湖北省最佳文明单位"、湖北省"五一"劳动奖状、湖北省国有企业"创先争优"先进基层党组织等荣誉称号。

近年来,我们在湖北能源集团党委和董事会的正确领导下,在鄂州市委、市政府领导的亲切关怀下,坚持以邓小平理论和"三个代表"重要思想为指导,深入学习实践科学发展观,持续深入开展文明单位创建活动,使公司在提高生产经营水平、改革与发展等方面大步迈进,为建设和谐企业、实现国有资产保值创效提供了坚强的组织保证。

以人为本,筑牢文明创建根基

抓好"四好"班子建设。几年来,我们公司党委扎实开展"四好"领导班子创建活动:严格党委中心组学习制度,坚持抓好班子的政治理论学习,使得公司班子政治觉悟和素质得到了提高;坚持民主集中制原则,党委积极贯彻落实"三重一大"决策制度,不断完善党委议事规则和领导班子决策程序;坚持开好领导班子民主生活会,加强廉洁自律,深入扎实地促进了领导班子和干部队伍拒腐防变能力的提高。2010年至今,公司广泛开展了以"'四强四优'勇争先、立足岗位做贡献"为特色的创先争优活动,2012年又部署了"喜迎十八大、争创新业绩"主题实践活动,使得公司党政领导班子的凝聚力和战斗力明显增强。

打造全能型职工队伍。首先,严抓职工思想教育。我们公司以党支部为单位,组织职工深入学习中央及国家重要文件政策,学习实践科学发展观,贯彻创先争优活动精神,以党员活动室和党员责任区为阵地广泛开展文明创建教育宣传活动。其次,扎实推进一流班组的创建活动。每半年由公司工会牵头,组织班组建设领导小组及班组长协会对全公司班组创建工作进行检查、考核,并将检查情况在公司内部局域网上进行讲评、通报,一票否决、动态考核和末位淘汰,确保了一流班组的先进性和典范作用。第三,加强职工技能培养。积极开展小指标竞赛等各具特色、形式多样的劳动竞赛、技能比武活动。其中,由工会和团委联合发起、在生产和机关部门广泛开展的"导师带徒"活动,在五年内就使得百余位职工取得上岗资格或第二专业技能,不仅为公司二期工程投产培养输送了大量的技术人才,也在公司内部形成了"传、帮、带"的浓厚学习氛围。该活动品牌更成为了省内兄弟单位争相学习的模板。

强化管理,打造文明创建体系

加强监督,确保"安全双零"。公司坚持"安全第一、预防为主"的工作方针,每年层层签订安全生产责任书,进一步完善安全生产监控体系和责任体系,努力构建职工、设备、环境三者统一的安全长效机制。按照"有布置、有检查、有整改"的要求,积极开展春、秋季安全大检查和各项专业检查,查出的安全隐患列为整改项目进行整改,扎实开展各项反事故演习、人身伤亡抢救演练,将安全生产意识注入职工脑海。深入开展反习惯性违章工作,严格执行现场作业(操作)程序。通过不定期检查监督及按规定严格考核,进一步夯实了安全生产基础。截至2012年7月31日止,公司已经连续安全运行2084天,实现了长周期"人身伤亡事故为零和重大设备损坏事故为零"的双零目标。

双管齐下,提升经营水平。面对竞争激烈的发电形势及煤炭供应形势,我们一方面加强与省经信委、省电力公司和煤炭企业的沟通与联系,争取电量多发电,争取更多的机组"口粮"。公司两台600MW机组投产后,当年的煤炭需要量由160万吨左右增加到500万吨左右,在需煤量飞跃增长的情况下,仍确保了电力燃料的稳定供应,且仅2011年就创下年发电量98.56亿千瓦的良好成绩。另一方面,注重内部挖潜,实行精细化管理,发展循环经济。2010年以来,我们全面展开了对标管理工作,通过指标对标与管理对标,找差距、促生产。采取精心调整设备、优化运行管理、自主技术攻关等手段,使公司生产运营水平有了进一步的提高,机组主要经济技术指标,尤其是污染物排放指标屡上新台阶。2009年,公司成为省内首家成功实施原煤仓二次配煤试验的火电企业。同年,公司循环水尾水电站工程1#、2#机组全部并网发电,工业水循环利用率达到国家发改委火电清洁生产标准。2011年至今,公司先后实施了高压电机变频改造及30万机组热电联产的通流改造工作,在发电同时可向周边地区企业供热,积极响应了国家发改委的新能源政策。

注重环保,留住碧水蓝天。自投产发电以来,我们坚持走"企业与社会和谐共进,经济与环境协调发展"的新型工业化道路,把生态环境的优化作为环保工作的重点。"十一五"期间,我们自筹资金近3亿元投入一期、二期四台机组脱硫减排项目,成为湖北省首家现役机组全部脱硫运行的火电企业,为鄂州市控制二氧化硫排放总量、提前完成"十一五"节能减排目标做出了贡献。2012年6月,公司积极响应国家关于"全面开展氮氧化物污染防治"的政策号召,进行了3#机组的脱硝工程建设,并计划于"十二五"期间实现四台机组全部脱硝生产。

此外,我们对厂区绿化进行整体规划,改造中心草坪为中心花园,增加及调整灯光、景石、绿色覆盖率,使得厂区"绿满园",四季风景各有特色,创造了优美良好的工作和生活环境。

创新载体,丰富文明创建内涵

宣传企业文化,增强职工认同感。我们以湖北能源集团的"责任"文化,以"厚德重责、敦行致远、和谐共赢"的企业核心价值观和"立责于心,履责于行"的企业精神一以贯之,充分利用公司内网,宣传橱窗等文化宣传阵地,通过企业文化专题讲座等活动使"责任"文化在职工中"入眼"、"入脑"、"入心"、"入行"。同时,我们着力构建鄂电特色文化,编辑出版企业文化书,并先后选拔、培训了六名企业文化展室兼职义务讲解员,成为公司对外宣传和形象展示的重要载体。

满足群众需求,丰富职工文化生活。我们在丰富员工文体生活、培养员工高尚情操方面做了大量的工作。工会和团委充分发挥文化阵地优势,坚持开展小型多样、丰富多彩的文体活动,以满足员工的精神文化需求。先后主办"三八"女工公园郊游、职工摄影比赛、国庆60周年文艺晚会、扩建职工书屋、职工羽毛球及青年职工篮球联赛等。同时,我们还多次派队参加省企业团工委组织的乒乓球赛及团省委组织举办的"五四"青年歌会等对外文化交流活动,极大地丰富了职工文化生活,增进了企业活力和凝聚力。

履行社会责任,提升公司良好形象。继汶川地震献爱心、救助患儿伸援手后,我们又积极组织志愿者参与到城乡一体化和新农村建设中,资助鄂州庙岭镇新区建设,响应团省委"爱心电脑下乡村"的号召,向农村学校捐赠电脑。

务实求新抓创建　校园绽放文明花

鄂州市新民街小学

我们新民街小学创办于1939年,系湖北省首批合格实验小学。学校先后被命名为"全国现代教育技术实验学校"、"全国体育卫生工作先进单位"、"全国依法治校示范校"、"全国'双合格'优秀家长学校"、"湖北省综合实力50强学校"。

举行消防安全演练,强化安全知识

近两年来,学校以文明单位创建为契机,以全面提高教育质量为根本,不断深化教育改革,改善办学条件,提高师生文明素养,努力把学校办成具有"教学民主化、育人信息化、校园学习化"三大特色的荆楚名校。

加强组织领导,确保创建工作有序开展

作为一所连续九次获得"湖北省最佳文明单位"称号的学校,我们有着坚实的创建基础。工作中,我们把握时代脉博,不断加强组织领导,吐故纳新,把创建工作推向深入。

学校领导把创建"省级文明单位"作为学校的主要任务来抓,成立了坚强有力的创建工作领导小组,由书记、校长熊彩平担任组长。领导

小组"团结进取,真抓实干、集中决策、分工负责",校长全盘负责创建工作的规划和实施,分管副书记具体落实,各行政办公室通力合作。

领导小组制订了创建省级文明单位的规划和周详的年度创建工作计划,并组织人员按计划实施。发动全体师生员工积极参与,开展了"创文明班级,争当文明学生"、"创文明处室,争当优秀教师"的"双创双争"活动,把精神文明建设纳入常规管理的轨道,提高了精神文明建设的实效。

校领导班子以廉洁奉公、民主务实的作风,严谨治学的精神,赢得全校教职工的信任与拥护。大家心往一处想,劲往一处使,促进了学校创建工作的长足发展。

推进教学创新,塑造良好教风和学风

加强师德建设,提高教师师德素养。学校以师德师风建设为重点,不断提高教师的政治素质和业务素质。大力加强师德师风建设,以"树师德、正师风、做高尚的人民教师"为主题,组织全体教师学习 2011 年"感动中国十大人物"胡忠、谢晓君老师先进事迹。通过开展科学发展观学习实践活动、规范办学年活动、创先争优活动,制定教师师德规范考评细则,对每位教师进行量化考核,并纳入教师的个人师德档案进行管理。如今,老师们敬业爱岗、关爱学生,得到了社会的广泛赞同。

加强专业引领,提高教师业务素质。两年来,我们学校以构建一支可持续发展的"师德高尚、知识广博、教法精湛、善于创新"的教师队伍为目标,通过组织教师上示范课、优质课、研讨课、汇报课等多种形式,搭建"教学大比武"、"我在教学研究中成长"、"同课异构"研讨活动等平台,提高老师的专业素养。一是积极开展"课内比教学"活动,在教师中开展了以学科基本功和学科课堂教学为主要内容的训练和比赛活动。二是加强了对青年教师的培养,注重在用中训,在学中练,开展师徒结对活动,促进了青年教师的快速成长。三是开展了"四个一"活动,即读一本好书,上好一节公开课,参与一次课题研究,写好一篇教学案例或总结等活动,促进了教师专业成长。四是通过组织教师开展"校园网应用培训"、"课件制作培训"、电子白板应用培训、"如何说课"专题培训、教学研讨培训等活动,来提高教师的信息技术素养和技能。五是学校全体教师在实地家访的基础上,创新家访形式,积极推行利用互联网平台,搭建"班级 QQ 群"、"班级网站"、"班级论坛"等方式进行家访,实现家校交流全天候、无障碍,促进了家校之间的联系,搭建起爱心桥梁。

目前,一支学历达标、业务精良、师德高尚的教师队伍正英姿勃发,茁壮成长。在 105 名教师中,湖北省特级教师 1 人,中学高级教师 10 人,小学高级教师 63 人,受国家、省市级表彰的教师 60 余人。两年来,教师所执教的公开课,共有 12 人(次)获省、市一等奖;撰写的教学论文、教学设计、教学案例、制作的课件,荣获国家级、省市级奖共计 319 人(次);教师在市级以上教育刊物上发表教学论文共计 165 篇。

创新德育工作,提高学生文明素养

近两年来,我们学校德育工作的基本思路是:以活动为载体,以阵地为平台,以信息时代对学生习惯的影响为重点,研究新问题,探索新规律,总结新经验,不断提高德育工作的实效性。

首先是构建"三坚持、三增强"的德育工作新格局。一是坚持创新德育活动内容,增强德育工作的针对性。学校在积极开展上级部门安排的各种活动的同时,每月都组织富有特色的主题教育活动。二是坚持立体构建德育阵地,增强德育工作的实效性。学校坚持以"常规教育阵地"为基础,以"媒体教育阵地"为重点,以"环境教育阵地"为补充,全方位、多视角、多层次地对学生进行教育。"常规教育阵地"包括校会、晨会、班队会、品德与社会课,"媒体教育阵地"包括雏鹰电视台、七色光广播站、校园网站、《红领巾爱围棋》校报,而"环境教育阵地"则是

"无声胜有声"。三是坚持狠抓学生养成教育,增强德育工作规范性。两年来,通过开展"十佳少先队员"的评选,鼓励学生从身边做起。学校还通过坚持"值周中队"制度,"小白鸽"监督岗制度,日评洁齐美、周评红旗班,维护了校园干净整洁的环境;还通过升国旗,对学生及时进行爱国主义教育。

其次是学校社会联动,推进未成年人思想道德建设。为了促进学校与家庭的良性互动,学校成立了"新民街小学家长学校"、"新民街小学市民学校"。两年来,家长学校启动了"家校互访制度",开展了"家长接待日"活动,收到了很好的效果。我们学校与社会各界广泛开展"共建精神文明、共育'四有'新人"活动,大力实施"百万市民文明素质提升工程",积极开展"传唱优秀童谣做有道德的人"及"吴都美德少年"的评选活动。同时,学校也定期请交警、武警、消防、休干所等单位的同志来学校讲课、座谈,共同做好未成年人的思想道德教育工作,并针对校园防暴安全工作,加强了学校门前综合治理,聘请了保安,配备了各种防暴专用器材,实行外来人员登记制度、学生无缝对接制度等,收到了很好的效果。

其三是激发师生热情,整体推进"四城创建"工作。学校开展"四城创建"知识讲座,参加了"青春绿城"红领巾万人签名活动、全民环保启动仪式等,让教师、学生了解"四城"是指"国家园林城"、"国家环保模范城"、"国家卫生城"、"全国文明城",并介绍"四城创建"的工作目标。通过悬挂横幅和标语,制作宣传橱窗、在教室内张贴"四城创建"年历、办黑板报、召开主题班会,在七色光广播站和雏鹰电视台、校园网站上开设专栏等多种方式,在校园内营造良好的创建氛围。

优化办学环境,营造良好育人氛围

加强校园文化建设,让校园散发书香。近两年来,为了创建一个"散发书香"的校园,让师生养成多读书、读好书的良好习惯,我们学校为教师和学生定期推荐优秀书籍;组织教师开展优秀文章"品读"活动;组织学生开展"和书香作伴,与文明同行"征文、"我读书,我快乐,我成长"主题队会活动;评选"书香少年"、"书香家庭"活动,在活动中,孩子们读书的积极性提高了,读书的方法掌握了,个人素质也提高了。此外,学校还将精美的唐诗配画装框在各楼层的走廊上,同时倡导班级布置出有特色的教室环境。如今,无论学校的大环境,还是班级的小环境,无不散发出浓浓的文化气息,学生沉浸于中华民族浓厚的历史文化氛围之中,使校园成为学生的学园和乐园。

营造校园环境,展示办学成果。学校对校门装饰一新,并用闪闪发光的铜字制作校名,显得格外耀眼;对校园进行清理,拆除了破旧的花坛,新建了花岗岩的花坛;建造了新型停车棚,解决教师和家属的自行车、摩托车乱停乱放的问题,规范了学校秩序;对学校主教学楼的教室,进行了全面装饰,粉饰墙面、水磨地面、更换门锁等;结合现场管理对全校各教室、办公室进行了环境文化布置;学校还为教师办公室配备13乘教师用品存放柜,为全校各办公室配备了电热开水壶,为各处室配备了液晶电脑及激光打印机,添置了复印机,配备了11台收录放机以及数学专用教具,采购了10台液晶电视,先后配备了"笔记本"电脑20台,配备了电子白板系统1套,更换了34间教室的讲台,更换了700套钢制课桌椅,使学校环境焕然一新。

阳光财政惠民生　文明新风促和谐

鄂州市财政局

近年来，鄂州市财政局坚持以党的十七大精神为指针，牢固树立和落实科学发展观，以推进改革为动力，以服务经济为己任，以强化监管为手段，以队伍建设为重点，以争创"省级最佳文明单位"为目标，

全国部分地方财政部门两依示范点建设工作部署暨现场交流会在鄂州召开

把创建精神文明单位融入到财政发展改革的整体规划之中，以文明创建凝聚人心、引领创新、推动发展，把文明创建成果体现到生财、聚财、理财工作中，使全局队伍建设、机关作风、社会形象明显提升，文明之花香溢财苑。我局连续六届被省委、省政府命名为"省级最佳文明单位"，连续多年被市政府评为目标考核先进单位、社会治安综合治理工作优胜单位。

加强"阳光财政"建设，提高财政部门的公信力

我们把精神文明创建作为助推构建地方现代公共财政体系的强劲动力，转变作风、服务大局，着力打造"阳光财政"。一是推行"阳光补

贴"。积极宣传惠农补贴政策，公布监督投诉电话，并采取了"一卡通"的形式将补贴资金直接发放给农户，农民群众有什么疑问，可直接拨打监督电话，让农民群众对各种优惠政策清楚明白，使惠农补贴发放工作更加规范，更加"阳光"。二是推行"阳光预算"。充分发挥财政政策在扩内需、保增长、调结构、惠民生等方面的积极作用，突出民生保障，统筹城乡发展，全力推进综合改革，不断推进财政科学化、精细化管理，把有限的财力向"三农"倾斜、向民生倾斜、向教育及社会事业倾斜，努力让改革发展的成果惠及广大人民群众，让公共财政的阳光沐浴千家万户。三是推行"阳光支付"。全面推行国库集中支付改革，市直所有预算单位全部纳入了国库集中支付，建立了国库单一账户体系，实行收入直达国库或财政专户，支出直达商品和劳务供应者，提高了支付透明度和监控时效性，提高了财政资金使用效益。四是推行"阳光监督"。强化预算执行的全程监督，建立健全了事前审核、事中监控、事后检查的监督机制，加强了对部门财务收支行为的监督，进一步严肃了财经法纪。加强日常监督，强化专项检查，着力将财政监督工作寓于财政管理全过程，确保了财政资金使用安全、规范，有效维护了财经秩序和财政发展成果。

加强"六型财政"建设，提高服务经济的保障力

围绕精神文明建设，我们始终把创建"六型财政"（发展型、创新型、公共型、公平型、法治型、服务型财政）作为加强机关建设的目标要求，以"双提"（提升市民素质、提升城市品位）活动的有效开展为契机，坚持把队伍建设放在突出位置，从身边人和身边事着手，充分发挥榜样激励作用，挖掘工作中的模范人物和闪光事迹，在全市财政系统树立一批吃苦耐劳、创新进取、高效服务、热心服务的典型。紧紧围绕市委、市政府"两个率先"的发展战略，克难攻坚，团结拼搏，充分发挥财政职能作用，积极向上争取项目和资金，大力培植财源，狠抓税收征管，优化支出结构,深化财政改革,强化财政监督,整合财政资金全力支持城乡一体化建设,全市财政实力不断增强,财政改革不断深化,财政公共保障能力不断提升,各项惠民政策得到有效落实,财政管理科学化、精细化水平不断提高,为推动全市经济发展和社会事业全面进步做出了积极贡献。2011年,全市财政收入完成41.36亿元,首次突破了40个亿,同比增长31.5%;地方一般预算收入完成26.31亿元,同比增长40.9%。2012年元至6月份,全市财政总收入完成282619万元,为年度预算的59.0%,比去年同期增长23.5%,地方一般预算收入完成195045万元,为年度预算的64.8%,同比增长27.4%。

加强廉政文化建设,提高干部职工的免疫力

一是教育倡廉。"一把手"逢会就要强调:财政是高危职业,党风廉政建设是财政工作的生命线,对财政工作至关重要。告诫财政干部要时刻保持清醒的头脑,习惯在监督下工作,做到警钟长鸣。二是典型导廉。通过召开苏柳英先进事迹报告会、"学新庙、转作风、促发展"现场会等形式,以先进典型的一言一行感染党员干部。组织局机关干部观看廉政电教片,组织年轻干部接受红色教育,积极引导机关干部牢固树立马克思主义的世界观、人生观、价值观,以勤为本,以俭修身,以德律己,提高拒腐防变的能力和警觉性,防微杜渐,警钟长鸣。三是学习思廉。组织机关干部认真学习《中国共产党领导干部廉洁从政若干准则》、《从政提醒—党员干部不能做的150件事》,从而明确了哪里是"不能入"的禁区,哪些是不能触的"高压线",筑牢拒腐防变的思想道德防线。四是禁令促廉。严禁收送"红包"、严禁抹牌赌博、严禁公款吃请、严禁公款高消费、严禁公车私开。对照禁令,各级财政领导干部要做到率先垂范,作好表率;全市财政干部职工要严格自律,规范行为,以实际行动树立财政部门和财政干部的良好形象。五是文化育廉。扎实推进廉政文化进机关活动,将"是非明于学习,名节源于党性,腐败止于正气"、"权是双刃剑,荣辱一挥间"、"廉洁常挂心头,自律切莫放松"、"既要勤政又要廉政,既要干事又要干净"等警句在局办公楼、电梯显眼处进行宣传,以"润物细无声"的方式增强廉政文化的感染力。

加强财政文化建设,扩大文明创建的影响力

一是组织系列庆祝建党90周年活动。共征集征文33篇,在推荐上报省厅的征文中,《大伯心中的香格里拉》获得全省征文活动一等奖,《不屈的生命旋律》《脊梁》获得全省征文活动优秀奖。组织全市财政系统庆祝建党90周年演讲比赛,讴歌了财政人忠于职守、为民理财、不畏艰苦、无私奉献的职业操守。积极参加全省财政系统"薪火相传党旗红,为民理财谱新章"演讲比赛,我局荣获征文演讲比赛组织奖,王珣荣获演讲比赛优秀奖。参加全市"七月的颂歌"文艺晚会,我局表演的舞蹈《再唱山歌给党听》赢得了凤凰广场观众阵阵热烈的掌声。二是积极开展"双联双促"活动。始终坚持"六个到位",即:认识到位、责任到位、调研到位、建议到位、实事到位、纪律到位,引导全局党员干部转变作风、服务基层、联系群众,立足岗位创先争优。局领导身先士卒,靠前服务,5月16日,局长胡澜、副局长高平、纪检组长吴世毅带领机关干部深入到结对共建村——杜山镇路口村,为农户送去10吨化肥、30件农药,并现场分发到村组和农户手中。三是积极开展"三抓一促"活动。以"提能、提效、提神、提劲"为目标,以"五严"和"十二不准"加强纪律约束,要求全局干部职工增强政治敏感性,带头讲政治、讲党性、识大体、顾大局、守纪律,确保令行禁止、政令畅通,深入持久地对机关党员干部"庸懒散软"问题进行综合治理。大力倡导真抓实干之风,切实改进会风、文风、话风和事风,提高机关行政效能。四是积极开展"核心价值观在我心中"主题创建活动。通过开展"六个一"活动,即:提炼一套核心价值观、唱响一首行业歌曲、选树一批先进典型、制定一套行为规范、开展一系列创建活动、制作一部行业风采短片,激发和调动了全市财政干部的斗志和激情,提高了工作水平,优化了发展环境。

　　成绩属于过去,未来任重道远。我们全体干部职工一定努力破除松劲情绪,增强紧迫感;破除自满意识,增强责任感;破除畏难情绪,增强进取感,面对新形势、新任务,与时俱进,开拓创新,进一步提高认识、明确目标,加强领导、落实责任、规范管理、强化指导,选准载体、丰富活动,以人为本、常抓不懈,为促进全市财政系统三个文明建设再上新台阶而努力奋斗!

打造"六型机关" 推进文明创建

鄂州市出入境检验检疫局

我们市检验检疫局在推进文明单位建设中,紧紧围绕"提高队伍素质,提升文明形象"的目标,坚持以人为本,不断丰富和完善文明创建的内容、形式、方法和手段,不断

积极为进出口企业提供技术、检测、法律咨询服务

提高干部职工工作水平、服务水平和创优水平,干部的文明素质和单位文明程度迈上新的台阶,创建成果得到显现。2011年,我局连续第五次荣获"省级最佳文明单位"称号;近两年,先后有3人(次)被评为市直机关和湖北检验检疫系统优秀党员;2人(次)被评为湖北检验检疫系统优秀党务工作者。

打造学习型机关,提升职工文明素质

我们围绕总局"抓质量、保安全、促发展、强质检"总体要求,创建学习型机关,坚持做到集中学习教育与专题辅导相结合、进修培训和在职学习相结合、网络培训平台学习教育与开展读书学习竞赛活动相结合。目前,全局100%的干部获得了大专以上学历,85.7%的干部获得

了本科以上学历。21名编在职职工,先后有12人获得从事会计、资产评估、认证咨询等工作的资质,19人获得行政执法资格,14人获得检验检疫证书签字权。参加省局"岗位技能比赛"和鄂州市直机关干部职工技能大赛,获得服装检验岗位技能竞赛团体第一名,检务岗位技能竞赛优胜单位,8人次获得岗位技能竞赛一、二、三等奖。撰写论文26篇,7篇获奖,其中我局撰写的《加强作风建设是推进创先争优的重要保证》获中央国家机关"创先争优·理论与实践"优秀论文奖、全国质检系统"创先争优·理论与实践"论文一等奖和全国质检系统思想政治工作论文特别奖。

打造服务型机关,促进地方经济发展

我们出台支持鄂州市外向型经济发展及都市农业发展措施和服务大别山老区农产品扩大出口措施,发挥检验检疫把关服务职能,优化发展环境,促进地方外向型经济平稳较快发展。服务辖区重点项目、重点企业,提前介入,积极为进出口企业提供技术、检测、信息、政策、法律咨询服务,急事急办,特事特办,难事帮办,提供优质服务。帮助分析和解决企业所遇困难和难题,提出质量改进建议。擦亮窗口,推进窗口的规范化、标准化建设,夯实工作基础,提升窗口形象,展示文明风采。坚持"首问接待制"、"5+2"工作制和24小时预约报检制度。根据窗口服务特点,推出"五个一"的温馨服务模式,即:一张笑脸相迎;一把椅子让座;一杯热茶暖心;一声细语询问;一颗诚心办事。设立了"文明服务窗口"和"党员示范岗",统一制作了标识牌,主动接受服务对象的监督。开展"进农户、访民情、办实事、促发展"、"机关联基层、干部联群众,促科学发展、促社会和谐"等活动,干部职工下基层,进企业,入农户,找准企业、群众反映最强烈、最突出的问题,积极帮助基层群众和企业排忧解难。截止目前,我们共帮助辖区26家进出口生产企业建立质量管理体系,推进板栗示范区建设,促进蔬菜、蜂蜜、茶叶、粉丝、魔芋胶等出口。贯彻落实出口农产品、纺织品减免费政策,每年为辖区企业减免检验检疫费30万余元。大力推行原产地、普惠制工作,引导和帮助企业利用普惠制获得关税优惠,辖区企业每年在国外海关减免关税共300余万美元。

打造和谐型机关,营造舒心优美环境

全局上下以人为本,营造和谐氛围。局党组带头作表率,成员间敞开心扉、彼此信任,团结共事,形成了良好的工作氛围。充分发挥科长及业务骨干作用,重视年轻干部的培养。组织职工开展知识竞赛和唱红歌活动,丰富知识,抒发感情。积极向干部职工宣传健康知识,定期组织大家进行体检,建立个人健康档案。局领导坚持"三看望":职工家中有特殊困难要上门看望,职工生病住院要去医院看望,职工家属病重要上门看望,努力做职工的有心人、贴心人、热心人。着力开展机关庭院环境建设,按照花园式庭院建设目标,狠抓庭院的绿化、美化,营造绿色生态环境;认真落实门前"四包"责任制,抓庭院内外的整洁、亮化,营造人居活动环境;建成机关局域网,实现办公自动化,公文处理现代化,营造了高效工作环境;完善安保措施,营造了平安治安环境。

打造廉洁型机关,构筑干部防腐底线

通过警示教育,结合正反案例解析,组织干部参观全国检察机关惩治和预防渎职侵权犯罪展览,提高全体干部廉洁自律的自觉性。以《廉政准则》规范行为,解决为政不廉,行政不作为、乱作为等问题,坚决杜绝违法乱纪行为发生。从源头上预防腐败问题,推进机关学习、出勤考勤、车辆使用及检验检疫监管等制度建设,特别是严格执行检验与签证分离、检验与审核分离、计费与复核分离、证单保管与使用分离、案件调查与审查分离等制度,努力形成长效工作机制。加强内外监督,强化对各项规章制度落实情况的监督检查。利用公开栏、电子显示屏、网站等

形式,对外公开检验检疫收费标准、报检规定、办事程序,以及检验检疫人员工作纪律、岗位职责,加大社会参与监督力度,做到"早发现、早提醒、早纠正"。五是实施党员干部保先保廉工程,突出党员先进性,做带头履行者、忠实执行者、模范落实者。两年来,全局干部职工严格遵守党纪国法和廉政各项规定,未出现严重违法违纪问题。

打造节约型机关,强化节能减排意识

制定下发节能工作实施方案,在机关内部大力倡导厉行节约、反对浪费。抓好节约用电、用水、办公耗材、公车管理使用等工作,严格控制会议规模和数量,严格执行公务接待等相关规定,压缩办公、会议、接待、出差、用车等经费开支。实行了办公用品采购包干制,强化文印耗材管理工作。合理设置空调温度,节约照明用电,减少了办公设备待机能耗,优先采购节能效果明显、性能比较成熟的节能产品。加强对机关供水设施的日常检查和维护,杜绝跑、冒、滴、漏等现象。严格车辆维修管理,公务车辆实行定点维修、定点保险和定点加油,实行一车一卡加油制度,严格执行单车油耗定额。坚持用车登记制度和节假日封存停驶制度,做到了公车公用。近几年来,我局水、电、汽油和办公耗材费用得到有效控制,用于水、电、公务车辆耗油、办公耗材的总金额逐年降低。

打造效能型机关,彰显国检文明形象

近两年,我们狠抓进出口质量,严守安全底线,通过开展打击侵犯知识产权和制售假冒伪劣商品专项行动、出口食品安全专项整治行动、乳制品质量安全监督检查、严厉打击食品非法添加和滥用食品添加剂专项整治行动、进出口酒类质量安全专项行动等活动,强化检验检疫监管,确保辖区进出口质量安全和国门安全。两年来,检验进出口商品1.1万批,货值约4.1亿美元,检出不合格货物31批,不合格货值1470

万美元,截获假高粱、豚草、三裂叶豚草等外来有害生物84种(次),其中检疫性有害生物8种(次),防止了疫病疫情和有毒有害物质的传入传出,有效维护了进出口商品质量和辖区经济安全。

在履行职责的同时,我们还积极参与公益活动,以社会责任形象展示文明。一是开展扶贫帮困活动。两年来,采取争取上级资金、职工捐赠等形式,向扶贫点注入资金3.7万余元,捐赠农村实用书籍200余册。二是开展义务植树活动。投资1万余元,在迎宾大道南段指定责任区内栽种1100株马尾松、湿地松、女贞等苗木。三是开展志愿服务活动。局志愿服务队根据自身职能特点,利用"3·15"活动、市场抽查、专项整治等时机,向群众义务宣讲检验检疫法规,帮助群众识假防劣。志愿服务小队到拾荒女童小鑫宇家中慰问,看望其生病的父亲,送去慰问金。志愿服务队员利用节假日参加"麦田计划"活动,向山区贫困儿童献爱心。四是开展爱心捐款活动。干部职工每年自发开展向贫困家庭"送温暖、献爱心"捐款活动,经常帮助弱势群体,给他们捐款捐物。

深入开展文明创建　努力彰显品牌形象

湖北省电力公司鄂州供电公司

近年来,鄂州供电公司以"发展就是硬道理"的理念统领工作全局,逐步形成顽强拼搏创新业、齐心协力谋发展的生动活泼局面,先后获得"全国五一劳动奖状"、"全国精神

省市领导到供电公司视察

文明建设工作先进单位"、"全国工人先锋号"、"全国模范职工之家"、"全国青年文明号"、"全国青年安全生产示范岗"等称号;连续三届获得"省级最佳文明单位"、连续三届获得"湖北省思想政治工作优秀企业"称号。

开展文明创建,优化企业品牌形象

我们重新修订《鄂州供电公司文明建设管理办法》,提升文明建设工作考核的针对性和可操作性。落实省级文明单位结对共建文明新村活动的要求,组织4个符合条件的单位与相关行政村开展结对共建活动。响应市委市政府号召,鄂城公司代表我们公司深入开展"双联双促"活动,进一步深化和拓展了"三万"活动成果。加强员工"三德"

（即：社会公德、职业道德、家庭美德）教育，举办职工道德讲堂、开通企业文化手机短信课堂，开展企业文化环境示范工程建设。策划、配合开展"人大政协代表走进电力"、"安全生产伴我行"等系列"走进国家电网"品牌传播活动，积极彰显"国家电网"品牌形象。开展"全员素质提升工程"活动，整合公司"红领工程"建设、职工书屋建设、"全员阅读"活动等载体，引导公司全体干部职工自发学习业务知识和科学文化知识，提升自身综合素质。开展羽毛球联赛、书画作品展示、团队拓展训练等文体活动，丰富职工业余文化生活。积极参与全市文明餐桌行动，营造"文明用餐、幸福鄂州"的良好氛围。

履行电力职能，服务经济社会发展

我们积极向省电力公司争取项目，在建和落实项目建设资金12.7亿元（包含营销及智能电网投入资金4亿元），其中220千伏电网项目3个，110千伏电网项目5个，农网改造升级工程项目资金1.2亿元，小型基建项目资金1.5亿元。贯彻落实市委市政府对"五大功能区"的发展战略，全面推进电网规划对接。

落实市政府"十件实事"，实施农村电网升级改造民心工程。2011年投入7400余万元实施农村中低压电网升级改造工程，解决了16000多户居民用电质量问题，并对峒山、池湖等23个城乡一体化新社区进行配套建设。

2011年，我们公司完成售电量51.16亿千瓦时，突破50亿大关，同比增长11.06%；全社会用电量接近60亿千瓦时，"十一五"期间年均增长13.12%；鄂州电网最大用电负荷达93.2万千瓦，创历史新高，电网运行平稳，保障了全市电力可靠供应。2010年、2011年分别缴纳税金1.65亿元、1.2亿元，保持在鄂州市纳税大户前列。

公司投入450万元，配置1台应急电源车、2台带电作业车及带电作业工器具。2011年共实施35千伏及以上输电线路带电作业21次，

10千伏配网带电作业319次,超过往年历史总和,节约停电65489时·户,减少停电损失100余万元。全力保障了中央领导视察、市第六次党代会、市人大七届一次会议等重大活动、重要时期的可靠供电工作,荣获湖北省第十二届消费者满意单位称号。

创新服务理念,满足客户多元需求

我们以全域鄂州供电服务均等化为目标,以履行"四个服务"为宗旨,以落实"三个十条"为载体,在全省率先实现城乡供电服务一体化。积极推广"阳光365,满意100%"优质服务提升工程,打造"十分钟交费圈",编制《客户缴费指南》。提高电费社会化代收率,开通中百超市电费代收业务,继续推广银行批扣业务,力争再推广1万户。逐步实现营业厅无现金收费,把以前的收费转为咨询、报装。巩固月电量30万千瓦时以上用户实行分期结算和预付费的成果,确保月电量10万千瓦时以上用户全部实行分期结算和预付费。力争预收电费余额占月电费总额比重达到30%以上。

我们以履行"四个服务"为宗旨,以践行加强与集团客户沟通协商,推行集团客户电费集中结算模式。引入社保卡代缴电费。与鄂州移动合作,利用移动公司无线城市网,让电力用户通过手机上网能够实时查询电费,方便客户缴费。持续提升电能质量和可靠性指标,城市综合电压合格率达到99.90%,城市供电可靠率达到99.99%,农村综合电压合格率达到98.90%,农村供电可靠率达到99.85%,为广大用户提供安全可靠的电能供应。选派5名优秀干部、青年骨干到地方政府、部门挂职锻炼,主动加强沟通联系,了解政府招商引资动态和用电需求,形成常态对接服务工作机制。秉承"你用电、我用心"的服务理念,提高用电报装工作效率,开辟报装"绿色通道",推行片区经理制,实施领导包点、上门跟踪服务,报装接电完成率达到99.47%。

勇担社会责任,彰显"国网"品牌形象

2011年,在60年一遇的大旱面前,我们组建多支抗旱服务队,架设58台抗旱专用变压器,投入1000万元改造110千伏樊口变电站,提高樊口电排站供电可靠性;为花马湖电排站架设防汛专线,组织全市防汛重点用户进行应急演练,确保抗旱、防汛排涝工作顺利进行。

我们积极宣传贯彻"你用电、我用心"的服务理念,使"国家电网"品牌深入人心。引导员工牢固树立"诚信、责任、创新、奉献"的核心价值观,着力培育感恩文化,全心全意依靠员工办企业,营造和谐的内部环境。积极加强与地方政府和社会各界的沟通,争取理解、支持和优惠政策,营造和谐的外部环境。在地方经济社会发展的特殊时期、特殊事件上,能够创先争优、勇于担当、克难攻坚,积极履行社会责任。在服务地方综合改革示范工作中,主动、超前为全市重大项目落地提供充足可靠的电力保障,争取得到市委市政府和人民群众的高度认可。我们在构建"小而精、小而强、小而优"的发展新格局时,提升经济效益的同时,不忘履行自己"奉献清洁能源、建设和谐社会"的企业使命,积极参与扶贫帮困、抗洪救灾、农村结对救助、"5·20"爱心捐赠、救助失学儿童等系列社会公益活动,近两年来累积捐资捐款18万元,让社会共享我们公司精神文明建设取得的丰硕成果,展示了我们公司"国家电网"品牌形象。

税苑流韵千般秀　文明花开别样红

鄂州市国家税务局

近年来,我们国税局坚持以科学发展观为统领,以"为国聚财、为民收税"为宗旨,以"打造五型团队、创建一流业绩"为目标,抓住机遇,开拓创新,大力推进文明单位创建工作,取得了显著的成绩。

办税服务工作受到省市领导的充分肯定

依法治税:唱响"发展曲"

2011年,面对重点税源掉收、新增税源乏力、结构性减税等减收因素带来的不利状况,我们国税局迎难而上,按照"抓大管中控小"的税源管理工作思路,连年超额完成任务。2011年度累计组织国税收入196576万元,同比增长18.4%,增收30589万元;共办理减免税13773万元,办理出口退(免)税12844万元。全年税收规模接近20亿,超省分计划18.4%,超市分计划7.5%,实现了国税收入历史性的新跨越。同时,我们局从教育、制度、监督等方面入手,举办依法行政专题讲座和法治国税知识竞赛,树立秉公执法先进典型,选派区分局长参加省国税局依法行政知识培训,有效提升了依法行政的意识和能力;依托税收执法考核管理系统,修订完善日常工作考核办法,细化考核指标,优化评分标准,对执法事项采取考核与问责相结合的办法,形成了事前防范、事中监控、事后考核与问责的有效管理机制;针对岗位人员素质参差不齐、操作不规范的问题,实施"模板式"工作法,有效地推进了税收法制化建设。据统计,2011年全市年均执法正确率同比提高了0.15个百分点;年均准期申报率同比上升了2.2个百分点;全年累计查补入库税款9093万元,消化历史包袱6600万元,新增欠税为零。2011年度,我们局先后被授予全省国税系统市州经济税收分析优秀单位和综合绩效考核优胜单位荣誉称号,并连续五年被市委、市政府评为全市目标考核绩效评估先进单位。

优质服务:架好"连心桥"

在不断深入开展办税厅标准化建设的基础上,我们国税局通过明晰岗位职责、优化办税流程、完善领导坐班、绩效考核、奖惩激励、税容税貌、应急处理等管理制度,牢固树立"客户至上"的理念,积极探索"同城通办"办税服务模式,大力推行"免填单"服务,将71项涉税事项纳入服务范围,分别实行"免单"、"免填单"和"简化填单",切实解决纳税人填单烦、填表难的问题。同时,以"三问两访"活动为载体,广泛收集纳税人的意见与建议,及时处理12366转办事项;成立了涉税争议调解中心,筹建了由国税局、工商联和社会组织联合参与,旨在保护纳税人权益的"纳税人之家",畅通了维权"绿色通道";举办了税企互动的"税系民生,情满吴都"第20个全国税收宣传月活动。2009年,我们局获得了湖北省国税系统"纳税服务年"精品项目荣誉称号。2010年、2011年连续两年在全市行风评议和行评工作"回头看"活动中位居榜首。2012年,我们局城区办税服务厅被市委、市政府授予"青年文明号"和"女职工建功立业标兵岗"荣誉称号。

科学管理：加注"推进剂"

我们国税局以"制度＋科技"的工作方法，深入推进税收征管方式创新，提高管理信息化和税源专业化水平。通过依托税收风险预警防控管理系统，成立了税收风险监控和应对团队，加大税收风险管理理念在税收征管中的应用力度。结合纳税人税源规模、行业特点、风险等级、特定业务等指标，对纳税人进行科学分类管理；对重点税源实行集中管理，对一般税源实行分行业管理，对小型税源实行分区域管理，优化配置税收管理资源。同时，以解决征纳双方信息不对称问题为重点，规范数据信息采集、整理和录入，依托数据质量管理、税源监控分析等系统，推进税源与征管状况监控分析一体化建设，切实做好"政府领导、国税主抓、部门配合、信息化支撑"的涉税信息获取机制建设工作。积极做好与地税、工商等部门的登记信息交换比对工作，加强户籍管理。加强纳税评估工作的统筹管理，坚持各税统评原则，进一步完善纳税评估操作手册，使纳税评估工作常态化、标准化、规范化。近年来，我们局每年有一个特色项目被湖北省国家税务局评为精品项目。

励学敦品：照亮"智慧灯"

我们国税局始终坚持以人为本，着力打造学习型、实干型、创新型、廉洁型、和谐型的"五型"团队，全方位牢固了文明创建的基础。围绕提高队伍能力，构建了"四个四"教育培训体系，采取以考促学，以奖促学等办法，按月下达学习计划，按季进行检查考核奖惩兑现；开展了知识竞赛、有奖问答等活动，营造浓厚的学习氛围。围绕改善广大干部职工的精神面貌、作风纪律、工作效能，先后开展了创先争优活动、庆祝建党九十周年、实施"温馨家园"工程等系列活动，大力开展"四德"（社会公德、职业道德、家庭美德、个人品德）、"三讲"（讲政治、讲纪律、讲奉献）以及廉政警示教育。同时不断深化内控机制建设，加大违法违纪案件查处力度,突出"快、狠、准",强力推进治庸问责工作。2011年度,局长刘琼被湖北省委、省政府授予"三八红旗手"称号,我们局在全省税收业务能手竞赛中获得了团体二等奖的好成绩,有7人获得能手称号。近两年来,有近百余人先后被市委、市政府和市局授予"廉政标兵"、"纳税服务明星"、"优秀共青团员"、"我身边的好税官"、三等功等荣誉称号。

弘扬文化:打造"特色牌"

我们国税局针对税收行业特点,结合依法治税、精神文明建设等实际需求,以"团结奋进,健康快乐"为主题,从"亲爱"、"感恩"、"明礼"、"忠诚"等传统"家"文化中的基本理念出发,提炼出了"亲爱感恩、尽责忠诚、明礼守法"的鄂州国税"家"文化核心理念,凝聚人心,引领工作。精心筹划了"六个一"系列活动,即开展一场国税文化建设大讨论、初步构建一套税务文化规范体系、打造一个家园文化精品工程、搭建一个文化宣传网络平台、开展一组文化素质培训、唱响一首国税文化主题歌曲等六大文化活动,并通过在全市国税系统开展"弘扬国税文化,热心社会公益"系列有奖征文活动,进一步促进了国税文化建设活动向社会延伸。2011年度,我们局先后被市委宣传部授予"周周乐"广场文化活动先进单位,被市委组织部、市委宣传部和市直机关工委授予"全市纪念建党90周年系列文化活动"优秀组织单位。

同创共建:添加"新亮点"

我们国税局积极探索党建工作目标责任管理办法,建立党风廉政建设目标责任考核机制。强化班子建设,维护班子团结,发挥堡垒作用和模范带头作用。建立和完善青年志愿者的组织、管理和保障机制,传承和弘扬新时代的雷锋精神,多次组织学雷锋青年志愿者服务队到市社会福利中心开展志愿服务和爱心慰问,积极开展扶贫帮困与"三关爱"活动。注重发挥工、青、团、妇等群团组织的导向作用，逐步完善了"职工书屋"的功能定位，优化了乒乓球室、棋牌室、健身房、阅览室等活动场所，完善后勤服务、庭院绿化、综合治理等工作内容，积极开展丰富多彩、健康向上的文化娱乐竞赛活动。2009年，我们局被省委、省政府评为"全省群众性精神文明创建活动最佳文明单位"，获得了市级园林单位荣誉称号。2010年，我们局被市总工会授予工会工作先进单位称号，并在全市"我为两个率先作贡献"演讲比赛中获得组织奖。2011年，我们局先后被鄂州市"四城"创建工作领导小组评为城区"门前四包、庭院达标"管理工作先进单位，在全市"唱红鄂州·红歌献给党"庆祝建党90周年大型群众歌咏比赛中获得三等奖，被市委组织部、市委宣传部、市委统战部授予"纪念建党90周年先进成就展活动"优秀组织奖。2012年，在全省国税系统职工运动会（乒乓球赛）中，获得了组织奖和男子双打第四名，组队参加全市第十二届乒乓球比赛并取得团体及个人第四名的优异成绩。

近年来，我们国税局不断在强化创建意识、量化创建目标、深化创建活动、优化创建环境、细化创建资料上下功夫，做到了将创建工作与税收业务工作紧密结合，与纳税服务工作紧密结合，与党建工作紧密结合，与队伍建设紧密结合。2011年度，我们局首次荣获湖北省"五一"劳动奖章，被湖北省国家税务局授予年度综合绩效考核优胜单位，连续两年被省委省政府授予最佳文明单位，每年被评为全市"目标考核先进单位"、"社会治安综合治理先进单位"，市局党组中心组每年被评为"全市先进党组中心组"，系统文明创建实现了"满堂红"。

文明创建树形象　诚信服务创品牌

鄂州市鄂城区长港镇中心卫生院

长港镇中心卫生院医疗服务半径辐射周边7个乡镇,服务人口6万余人,医院年门诊量3万人(次),住院2600余人(次),业务收入530万元,是鄂州市和大冶市新农合、医保定点医疗机构。

参加义务活动

近年来,在各级党委、政府和区卫生局的正确领导下,在各级有关部门的关心支持下,我院深入实践科学发展观,突出为民服务宗旨,抓管理、正行风、强队伍、塑形象,呈现出了环境面貌持续改善、服务水平不断提升、两个效益稳步增长的良好态势。在推进医院工作整体协调发展进程中,我们始终坚持把文明创建作为提高职工素质、提升单位形象、推动医院健康发展的有力抓手,在不断地创建中推动着医院快速发展。2001—2010年连续五届被省委、省政府授予"最佳文明单位",2010年被省卫生厅授予"湖北省示范乡镇卫生院"。

组织领导坚强有力,创建工作部署到位

我院始终将精神文明建设作为实现医院可持续发展的一项重要工作来抓,将文明单位创建纳入全年工作计划,与临床医疗、公共卫生等工作同部署、同检查、同考核。一是加强领导,严密组织。成立了由院

长任组长,分管副院长为副组长,各相关科室负责人为成员的创建工作领导小组,制定了实施方案,细化了目标任务,明确了工作职责。二是强化宣传,营造氛围。院科分级召开了动员会,利用开设专栏、卫生院信息简报、悬挂公民道德规范等文明创建标牌等形式进行宣传,营造浓厚的舆论氛围。三是加强指导,注重督查。采取了定期与不定期检查、医院检查与科室自查相结合的方式,做到边查边改边提高,有力地推动了创建工作的深入开展。

围绕中心巧借载体,创建工作扎实有序

我院以干部作风整训为载体,狠抓职工思想教育。坚持开展政治理论学习,提升干部职工思想素质。以职业道德建设为重点,推动职工队伍的思想道德建设。进一步把职业道德教育作为加强医务人员队伍建设的重要内容和重要环节来抓,采取切实有效措施,教育和引导广大医务人员自觉履行《医师法》规定的职责和义务。在职工中深入开展职业道德、社会公德、家庭美德教育,积极建立与社会主义市场经济发展要求相适应的思想道德体系。

以"三好一满意"活动为载体,加强服务能力建设。一是加强人才队伍建设,力求工作质量好。既建立了长期化、制度化的岗位技能大练兵、大比武,又在"招聘、引进、使用"上做文章,建立了能够引得进、用得上、留得住的外源性人才引进机制,有效解决了人才紧缺、队伍脱接的现实问题。每月开展一次"三基"知识考试,每年开展全员岗位技能大练兵大比武活动4次,岗位技能操作合格率达到100%,组队参加市级医疗机构专业技术人员岗位技能竞赛,荣获全市医疗急救岗位技能竞赛团体二等奖、护理技能操作竞赛团体二等奖;选派年轻职工到市级三甲医院进修深造。医务人员的业务素质和技术水平明显提高。

二是立足群众需求开展工作,力求服务好。严格落实首诊、首问、首办责任制,坚持合理用药、合理检查、合理收费;农合科2名工作人员

主动放弃节假日休息,坚持实行全年无假日直通车报销。

三是实施双百考核机制,力求医德好。建立了以医疗质量、工作数量、社会满意度和岗位责任综合考核等为主的考核机制,取消了以医疗收入和药品提成为主的分配方式,加大了社会评价考核结果在个人收入分配中的所占比重和对违反行风管理制度行为的查处力度,进一步净化了行业风气,近几年未接到有关收受红包、吃拿卡要方面的投诉。

四是加强社会监督,力求群众满意。严格推行全员挂牌服务,医院大厅电子显示屏对服务项目和收费标准全部进行公开,让群众放放心心就医,明明白白消费。医院设立举报箱、公示投诉电话,聘请7名社会义务监督员,定期召开社会监督员座谈会,广泛征求意见,及时改进工作,不断地促进医疗服务工作与群众需求同步。

以"创先争优"活动为载体,助推各项工作大提升。在全院大力开展以"树立良好医德医风,忠诚服务人民健康"为主题的党员承诺服务、创建党员示范岗、争创先进科室、争做先进个人、"外学王争艳、内学王淑莹"争当健康卫士的争创活动,极大地激发了全体干部职工争先进、赶学比超的积极性,推动了全院工作的高效快速发展。全年共评选先进个人23名、先进科室6个、优秀共产党员2名、护理之星3人。

国家基本药物制度稳步实施。坚持药品零差率销售,降低药价、让利患者。所有药品网上集中采购,实行统一组织、统一监管。业务实现"三降一升":药品销售收入在下降、就诊费用在下降、住院病人在下降、门诊病人在上升,真正意义上达到了"群众得实惠,(卫生)事业得发展,政府得民心"的目的。

完善镇、村卫生服务一体化管理。全面实行了行政、人员、业务、药品、财务"五统一"的管理模式。2010年,率先在全市开展信息化建设,把财务、药品、合作医疗报销等整合到卫生院信息管理系统,同时加强了对卫生室的适时监管。

创新基本公共卫生服务模式,变被动服务为主动服务。全院有

92%的医务人员主动参加了家庭责任医生服务团队,并将基本公共卫生服务项目,定标定责到人,基本公共卫生服务实现居民全覆盖。通过上门随访、家庭病床、提供双向转诊跟踪服务等方式,逐步实现了每个居民都有一名责任医师的目标。今年已为1607名65岁以上老年人提供保健服务,管理、监测高血压病人1995人,糖尿病病人256人,重性精神病人76人。2011年荣获全市公共卫生服务工作一等奖。

贴近实际力求创新,品牌服务初显成效

我院按照讲实效、出亮点、重特色的创建总要求,结合医院工作特点,在全院扎实开展了全程无障碍服务,并将其作为医院的一项特色服务抓紧抓实,赢得了较好的社会效应。

抓便民服务。一是开设了职工食堂和病人自助厨房,添置了厨房用品用具,供病人免费使用;二是新建了洗澡堂,购置了饮水机,每个病房都安装了壁式空调,在门诊大厅安装了固定电话,供病人免费使用;三是为手术病人提供免费用车接送;四是对每位出院患者发放一张名片,将医院电话、部分医生手机号码留给患者,建立了简易的远程咨询平台,随时随地为群众答疑解惑。每位手术患者出院后,我们都会利用公卫下乡、电话等形式进行回访。

抓惠民活动。一是开展了送医送药送健康活动,每年对长港镇福利院老人上门进行1—2次全面健康体检,建立了慢性病档案,并赠送了部分治疗药品和1000元慰问金;二是积极开展妇女病普查,每年"三八"妇女节对长港镇2000多名妇女进行了普查,免费对她们进行了电子阴道镜、乳透及宫颈刮片检查,对查出的阴道炎、盆腔炎、宫颈糜烂等常见病予以及时治疗。

抓利民措施。一是争取国债资金175多万元,自筹资金200多万元,对门诊和住院大楼进行了改扩建,新增住院病床30张,完成了给排水系统改造、环境改造、健身场所建设、园林绿化工程,努力打造家庭式

病房、宾馆式病区、花园式医院。二是加快硬件设施建设步伐,投资150多万元,购置了电子胃镜、全自动牵引床、半自动生化分析仪、鼻内窥镜、数字摄影系统-CR等设备,满足了病人的医疗检查需求。三是聘请省市医疗专家来院开展食道癌根治术、胃癌根治术、白内障超声乳化+晶体植入术、全髋置换术等,在解决了部分疑难病人的就近医疗难题和病人看病贵的同时,也提高了医院的医疗技术水平。

近几年来,这项全程无障碍服务,赢得了辖区群众的广泛赞誉,群众满意率达98%以上。

树国税形象　铸文明丰碑

鄂州市华容区国家税务局

2011年,对于鄂州市华容区国家税务局来说,是被光环和荣誉紧紧拥抱的一年。这一年,梅花暗香,掌声响起,我局连续第六次荣获了"湖北省最佳文明单位"的称号。

组织参观革命烈士纪念馆

然而,鲜花和掌声不是从天而降的,在荣誉的背后,是我们局全体干部职工"树立科学发展观,坚持依法治税,科学管理,为纳税人提供优质服务"的艰辛历程。

人手过少,怎么办?
——依法治税,工作创新

华容区国税局作为基层国税局,也面临着人员流失严重,干部队伍高龄化的问题,全局包括局党组成员,只有 26 名在岗公务员。如何克服这一难题?我们用"依法治税,工作创新"八个字给出了回答。在"兴国税、强国家、富国民"的道路上,始终坚持把"依法治税"作为税收工作的根本,贯彻到"为人民服务"的实践中去。在"作风建设年"活动中,我们以省局8152服务运行机制为抓手,以大厅现有的三名工作人员来打造优秀办税服务厅,积极创新服务方式,简化办税流程,通过推行"一个办税厅办理、一个窗口受理、一站式服务、一次性办结"的办税服务新格局,解决了纳税人多头跑的现象,降低了纳税人的办税成本。

"治国之道莫先治人,育人之道莫先劝学"。治国如此,治税也如此。为了落实"依法治税"工作,我们近年来认真开展普法学习,每周一学,政治学习和业务学习并重,打造了一支德才兼备、素质过硬的治税队伍。在自身模范执法的同时,我们还大力向纳税人进行税收法规教育,帮助他们做到心中有法、言必及法、行必守法。

此外,通过积极制定税收执法责任制、文明服务责任制度、机关考勤制度以及党风廉政建设制度等制度和规范,克服了人手不足的困难,我们各项管理工作都迈入规范化管理轨道。

税源增加,怎么办?
——积极推行科学化、精细化的税收管理模式

近年来,华容区经济飞速发展,区内企业如雨后春笋般涌现,如何对不断新增的税源户进行有效管理?我们认为务实才能显效,创新才能发展。在信息化的浪潮中,积极探索税收管理新模式,实现了税收征管数据的集中管理,推行税款电子缴库方式改革,推广网上办税服务,逐步建立专业化管理。2012年,又试点推行税源分级分类管理的税收征管模式。实行多元化的纳税服务,建立"文明、公开、高效、公正"的办税规范,创建了纳税考核评价机制和纳税信用管理制度。

为了与纳税人建立畅通的信息渠道,广泛开展以"税收发展民生"为主题的税收宣传和纳税咨询服务,创建全局各科室共同参与,辖区纳税人全覆盖的超级QQ群,使纳税人及时了解到了税收政策的变化,得到税收相关问题的及时解答。

真心付出,换回的是真心回报。在政风行风评议活动中,纳税人普遍反映:"华容国税局执法规范,管理严格,服务热情,与群众贴得很近。"

税企矛盾,怎么办?
——优质服务,融洽征纳关系

在向纳税人提供全方位优质服务的过程中,我们成功地与纳税人之间建立"互信、平等、融洽、和谐"的新型税收征纳关系,为推进社会的和谐进步作出了应有的贡献。

在向纳税人提供立体的、全方位优质服务过程中,我们通过纳税服务大厅这一文明服务的窗口,严格实行挂牌服务、微笑服务;提供首问责任制、承诺服务制等一系列优质服务;对老、弱、病、残实行绿色通道服务,优先办税,最大限度地为纳税人提供办税方便。

在"为国聚财"的过程中,我们兼顾"想群众之所想,急群众之所急",通过不折不扣落实国家的税收优惠政策,扶持了下岗工人、受灾群众、困难职工等弱势群体;在各种扶贫救灾活动中,我局全年累计捐助达8000余元;在创建文化中心户的工作中,我们不仅捐献了电视机、音响、录像机等设备,还为中心订购了一百多本科技书籍和数份报刊,为构建"和谐社会"尽了自己的绵薄之力。

无边落木萧萧下,不尽长江滚滚来。告别辉煌的过去,如今的华容区国税正在筹划明天更为辉煌的蓝图。我们将坚持"以人为本",以建设"和谐国税"为目标,不断提升税收管理工作的层次和水平。同时,将"创先争优"、"治庸问责"的成效同当前的工作更好地结合起来,通过保持老一辈华容区国税局人"艰苦创业,无私奉献"的精神,贯彻与时俱进的税收文化理论,为新时期的税收事业提供不竭的精神动力,促进局内干群关系、税企征纳关系、区内兄弟部门的和谐共处。而这一切,正是华容区国税局连续六届、十二年荣膺"省级最佳文明单位"的精髓所在。

让税徽熠熠闪光

鄂州市地方税务局华容分局

2006年,鄂州市地税局华容分局实施扁平化管理时,地税收入不到4000万元,基础工作相对薄弱,系统综合考核始终处于"副班子"位置,2011年,实现税收收入21800万元,年度目标考核在全系统名列前茅,2012年上半年实现税收

华容分局干部在流动纳税服务车内为纳税人服务

收入13000万元,是什么样的魔力让其在短短的5年时间内实现了如此神奇的跨越?从我们华容地税人以两个字作答:奋进。奋进是一种追求,树地税形象,立地税精神,干地税事业,创一流业绩是它最好的诠释,奋进是一种奉献,它凝聚着华容地税全体干部职工无数的心血和汗水。奋进是一种境界,它昭示着华容地税人立足今天,而志存高远,奋进更是一段艰辛的路途,只有迈着一个个坚实的脚步,才能走向成功的彼岸。

思想是行动的先导

五年来分局先后经历了三届领导班子。人变了,但精神没有丢,作风没有变,支部一班人前赴后继,以身作则,率先垂范,以奋进为号召,

以团结为根本,始终把文明建设摆在重要议事日程,三个文明一齐抓,不断优化工作机制,将创建工作贯穿于税收工作始终,不断赋予地税文明创建以时代内涵,构建了一把手亲自抓、分管领导具体抓、职能科室重点抓、相关科室配合抓、全局上下共同抓的创建机制,确保了创建工作有领导、有组织、有计划、有步骤、有措施地规范运作。同时深入开展"为文明创建献计策、为华容地税添光彩"大讨论,广泛宣传了文明创建知识,充分调动了全员参与的创建热情。结合实际,将创建工作纳入年度工作目标管理,使创建工作与税收工作一起布置、一起检查、一起考核,推动全局文明创建活动的深入开展。

以强有力的政治思想工作统领全局,不断提高干部职工整体素质,夯实文明创建基础,始终是我们分局工作的首要环节

在班子建设上,坚持中心组理论学习制度,联系实际深入开展调查研究。坚持民主集中制原则,自觉接受群众监督。积极维护班子团结,做到思想上合心、工作上合力、行动上合拍。加强年轻干部的培养,注重专业搭配、优势互补,大力选拔工作实绩好、个人素质优、群众威信高的年轻干部进入科室领导岗位,形成合理梯次,增强了队伍活力。坚持以人为本,深化地税文化建设,积极发挥学习、制度、情感、激励、宣传、活动"六个平台"育人作用,努力实现强干部素质、聚队伍合力、提工作效能三大工作目标。广泛开展创先争优活动,积极挖掘先进人物、先进事迹,树立各方面的先进典型,认真开展"创先争优力争四个一流"、"讲党性、重品行、树表率"等活动;组织全体党员公开创先争优承诺,自觉接受干部群众监督,促使党员履行诺言,切实起到先锋模范作用;完善《督查工作制度》、《考勤管理办法》和《全员绩效考核办法》,细化考核指标,认真落实各项内部管理制度,优化干部教育培训,不断增强教育培训的实效性;在全局范围内推行启发式、榜样式、动态式等多种学习方式,开展大练兵、大比武的全岗位学习活动,以比促练,以考促学,使年轻干部逐步达到"精一岗,会二岗,懂三岗"的要求。不断创新和丰富文化活动形式,加强工、青、妇、团组织建设,积极开展"书法绘画摄影作品征集"、"廉政警句格言签名留言"、"趣味运动会"、"知识竞赛"等丰富多彩的活动,陶冶干部情操,营造了爱岗敬业、务实创新、团结和谐"的工作氛围。

坚持信息管税、依法治税、廉洁从税不动摇,实施科学管理,是我们创先争优的秘诀

五年来,面对不断变化的税收工作新形势,始终坚持"聚财为国,执法为民"的宗旨和"均衡入库、持续增长、优化结构、调控有力"的组织收入四位一体目标,严格落实各项税收政策,加强税费种管理,强化重点税源监控,加强经济税收分析预测。以开拓创新的精神,勤奋务实的工作作风不断争创新的工作业绩。税收征管跃上新层次。征管四率考核始终在全市地税系统名列前茅,税收收入一年一大步,一步一重天。2010年过亿元,2012年过两亿元。

结合实际,打造纳税服务品牌,是我们始终不懈追求的目标

坚持以服务民生为重点,紧紧围绕"五税"战略,与时俱进、开拓创新,突出时代特色、实践特色、专业特色,深入探索纳税服务的内在规律,以信息化、社会化服务为依托,不断扩大纳税服务的覆盖面和影响力。加强办税服务厅规范化建设,完善服务设施,大力推行"一窗式"办税、"首问责任制"、"限期办结制"。进一步完善了办税服务大厅服务设施,不断优化办税环境。开通热线咨询电话,创新办税温馨提示方式,深入开展税收咨询工作,把"贴近社会"、"贴近经济"、"贴近工作"的要求落到实处。在不断提供优质、高效纳税服务的基础上,认真贯彻落实各项税收优惠政策,积极扶持企业做大做强,深入开展"税干进企业"、"专题税企沟通会"等专项活动,努力为企业爬坡、过坎、转型、过冬带来及时雨和春天的希望,确保企业获得实实在在的实惠,进一步增强了相关经济实体的自我发展能力,为地方经济的持续、健康、快速发展创造了宽松环境。积极推行"新办企业办税辅导日"、"值班分局长接待日"、"重点税源企业座谈会日"和"最新税收优惠政策宣讲日"等"四个日"税收服务制度,深入开展零距离服务,深入企业一线,因地制宜提供特色服务,实现了纳税服务向社会化、个性化、专业化的转变,进一步和谐了征纳关系。

　　我们华容地税是一支充满朝气的队伍,领导年富力强,干部风华正茂。自1997年以来已连续六次被省委、省政府授予省级最佳文明单位称号,2008年档案管理荣升省特级,2010年被授予全省卫生先进单位,多次被评为全市、全区先进基层党组织。在各种文体比赛活动中,获奖无数,我们忠于事业,勤奋工作,热爱生活,在未来的岁月里,一定会在成功的道路上一路高歌猛进。

积极打造三张品牌　拓展文明创建成果

鄂州市地方税务局葛店开发区分局

近年来,葛店开发区地税分局通过不断强化责任、凝聚合力,创新方式、优化服务,开拓创新、完善管理,积极打造"人文地税、效能地税、和谐地税"三张品牌,促进文明创建工作不断向前发展,推动全局税收工作再上新台阶。分局被省委、省政府授予省级最佳文明单位称号,并荣获国家级"青年文明号"等多项荣誉,干部队伍显示出蓬勃的生机与活力。

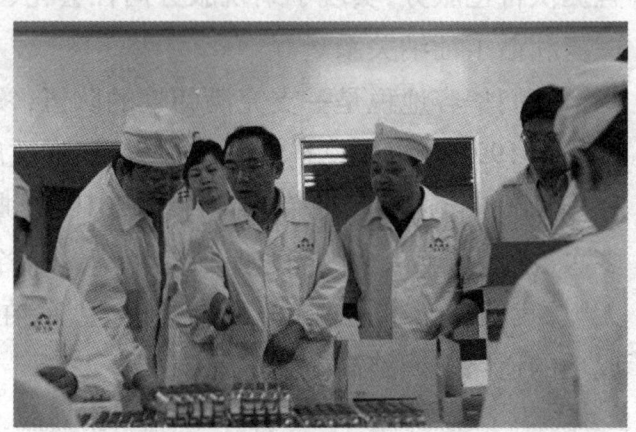
局长夏鸿敏到爱民制药有限公司了解生产情况

创新兴税思路,精心打造"人文地税"品牌

针对税务工作法制性、政策性强的特点,我们创新文化兴税工作思路,以地税部门文化建设促进税务干部队伍建设,精心打造"人文地税"品牌,丰富创先争优活动载体。

一是引入地税价值理念,营造文化氛围。坚持"聚财为国、执法为民"的宗旨,用"团结、奉献、务实、超越"的地税精神增强组织凝聚力、向心力,以地税道德行为规范提升广大党员干部职工素养,以地税文化内涵陶冶基层干部职工情操,以地税发展前景激发干部职工工作热情。通过建立干部职工活动中心,开展学习成果展示、文艺节目展演、地税文化征文等活动,通过组建读书、摄影、羽毛球、乒乓球兴趣小组等方式,增强了组织活力。

二是规范地税行为举止,树立部门形象。以深入开展创先争优活动为契机,一方面加大税务服务硬件建设,保障办税场所和服务窗口设施齐全、整洁有序、规范运作;另一方面更加注重提升税务服务软件水平,狠抓地税干部队伍党风廉政建设,专门在窗口部门和一线单位开辟廉政文化专栏,制作警句牌,树立"以廉为荣、以贪为耻"的良好风气,并在服务窗口设立了党员先锋岗和党员示范岗,让广大干部职工在本职岗位上比服务、比贡献,努力向纳税人展示文明执法、服务至上、业务过硬、作风优良的税务机关形象。

服务发展大局,努力打造"效能地税"品牌

围绕服务地方经济发展大局,我们致力于优化投资发展环境,用"效能建设"提升文明创建工作成效。今年以来,开发区投资发展环境进一步得到改善,在外人员回乡创业热情持续高涨,地方税费收入高速增长。

一是加强内部管理。引入指纹考勤系统,每日公示,有效解决了上下班迟到早退问题。实施了办公自动化管理,提高了办文办事效率,在办税服务厅设置了"语言禁区",要求税务人员一律使用文明用语,做到纳税服务"五办四声",即当天的事情当天办、紧急的事情立即办、复杂的事情协调办、份外的事情协助办、一切事情依法办,对纳税人要来有迎声、问有答声、走有送声、疑难有回声。

二是狠抓对外服务。坚持"始于纳税人需求,终于纳税人满意"服务理念,制定了延时服务等纳税服务措施。进一步简化办证审批程序,有效减少了纳税人办税时间,提升了纳税服务水平。严格定税审批制度,从源头和机制上预防腐败行为,避免暗箱操作和"人情税"、"关系税"的发生,实现税赋公正公平。积极推行网上咨询、申报、缴税等事宜,极大地方便了纳税人。

三是拓展政策应用。自觉把地税工作置于经济社会发展大局中谋划、落实和检验,努力拓展有利于地方经济发展的各项税收政策的应用,为开发区产业结构升级"引路"、为企业自主创新"助力"、为服务全民创业"尽力",争当服务发展的主力军。

注重以人为本,潜心打造"和谐地税"

文明创建活动开展以来,我们以"群众得实惠"为创先争优的基本落脚点,植入以人为本、共建共享"经济蛋糕"的理念,潜心打造"和谐地税"。

一是落实各项税收优惠政策,积极出台惠民举措。一方面积极落实有关下岗失业人员和残疾人创业的税收优惠政策,让利于民。另一方面不断出台便民举措,方便纳税人办税,针对餐饮、娱乐行业所需发票较多、纳税成本高等特点,我们在这些行业安装税控装置,变定额发票为卷打式发票,一方面在源头上控制税收,一方面又减少了纳税人纳税成本。

二是发挥党员先锋模范作用,用典型引导激励人。通过开展上党课、重温入党誓词、开展党小组活动等方式,加强党员干部的党性修养,充分发挥党员的先锋模范作用,有力地带动了全系统干部职工立足岗位创先争优。通过开展岗位能手、服务明星等争创活动,挖掘身边的先进事迹,用身边的人身边的事教育身边的人,激励广大干部职工学先进、赶先进、超先进,形成地税系统想事、干事、成事的生动和谐局面。

我们以文明创建为先导,坚持"聚财为国,执法为民"的理念,提出"五个一流"的新一轮发展思路:即以提高素质,转变作风为重点,塑造一流的队伍;以健全机制,提高效率为内容,打造一流的管理;以助推经济,构建和谐为目标,提供一流的服务;以完善功能,树立形象为基础,营造一流的环境;以履行职责,服务发展为根本,创造一流的业绩。葛店地税人将"百尺竿头,更进一步",在社会各界的鼓励和支持下,高起点审视、高标准规划,继续深入持久地开展文明创建活动,促进文明创建工作再上新台阶,为了实现葛店开发区地税事业的新一轮大发展奠定坚实基础。

玉泉浇开文明花

鄂州市玉泉自来水有限责任公司

问渠那得清如许，为有源头活水来。过去的一年，经过鄂州玉泉人的努力，我们公司各项工作取得了长足进步。通过改扩建水厂、建设加压站、延伸供水管网等方式，鄂州城乡一体化格局基本成型；通过不断完善供水工艺，自来水管网水质综合合格率达到100%；通过文明创建、党风廉政建设、创先争优、治庸问责行动，公司面貌焕然一新……

湖北省委常委、原市委书记范锐平到收费大厅检查城乡供水一体化工作

践行社会责任　致力城乡供水

水是万物之本，水是生命之源。鄂州市玉泉自来水有限责任公司是城区唯一的一家国有供水企业，日供水能力为18万吨。近年来，我们致力城乡供水一体化建设，为构建和谐的供用水环境，担当了国有企业应有的社会责任。

从2007年开始，我们根据鄂州市委、市政府的要求，统筹规划，因地制宜，大力实施城乡供水一体化工程，通过改扩建水厂、建设加压站、延伸供水管网等方式，推进鄂州城乡一体化进程。

我们依托雨台山水厂及凤凰台水厂延伸供水主管网，投入800多万元对泽林加压站进行易地重建，使泽林、程潮、碧石等地的工矿企业和居民生活用水得到安全保障。

此外，我们先后铺设了燕矶至沙窝、蒲团至庙岭、杜山至沼山、长港至太和、太和至宅俊等五条供水主管网，建设了燕沙、庙岭、长港、长岭、宅俊等五座加压站，累计完成投资4200多万元。

为架构城乡一体化供水抢修服务水平，我们专门成立了管线所，并配备了多功能抢修车，确保在接到报修电话后，城区30分钟、城郊50分钟内赶到现场处理，DN600以内的管网抢修不超过24小时，DN600以上的管网抢修不超过36小时。

通过以上工程的实施，我们的供水规模、安全供水保障能力得到大幅提升。目前，除主城区外，新庙、燕矶、沙窝、汀祖、蒲团、长港、沼山、长岭、宅俊、太和、庙岭等乡镇已用上了优质的自来水，鄂州城乡供水一体化格局基本形成。

完善供水工艺　　提升服务质量

我们紧紧围绕"安全、优质、高效"的中心工作，牢固树立"诚信为民、涌泉相报"的企业宗旨，不断完善供水工艺，提升服务水平和服务质量，以优良的水质和良好的服务回报社会和用户。

我们先后投入资金4000多万元，对开发区水厂进行了扩建、对太和水厂制水工艺进行了完善，对凤凰台水厂一期工程进行了改造，保证出厂水质。

2007年我们玉泉公司投入200多万元，完善化验室检验设施、设备，经湖北省质量技术监督局计量认证，成立了湖北省城市供水鄂州水质监测站，负责并定期对源水、出厂水和官网水进行检测，检测项目由原来的29项升格为41项，具备了检测国际水质指标的能力。

通过检测显示,自来水管网水水质综合合格率达到100%,管网压力合格率达到到99.4%,设备运行完好率达到98%以上,确保鄂州全市人民喝上了放心的自来水。

在提升服务水平和服务质量方面,我们玉泉公司积极开展社会服务承诺,推行首问责任制、限时办结制、责任追究制等制度,减少办事环节,缩短办事流程,提高了办事效率。

我们还创新服务理念,提升窗口形象。近几年,先后投资新增了凤凰、樊口、泽林、程潮、葛店开发区、太和等营业收费网点。同时,开展"预存水费业务"、"找零结存业务"及"短信通知业务",大大方便了客户缴费。

强化党风建设　改革创新发展

历年来,在上级党委的正确领导下,我们玉泉公司党委始终坚持以"三个代表"重要思想为指导,全面贯彻落实科学发展观,大力加强思想建设、组织建设、作风建设、制度建设和反腐倡廉建设,党组织的凝聚力、创造力和战斗力明显增强,广大党员的先锋模范作用得到较好发挥,各项工作协调发展。

在加强理论学习,提高党员队伍素质方面,我们公司党委按照"突出重点、把握实质、注重实效、促进工作"的原则,把理论作为切入点,狠抓了党员干部职工的思想政治教育工作。

通过开展党员承诺、践诺、评诺、党员示范岗和向我身边的先进人物学习等活动,党员干部作风改变明显转变,企业党建工作得到进一步发展。

为了保证党风廉政建设责任制工作顺利开展,公司党委认真学习贯彻《中共中央关于加强新形势下党的建设若干重大问题的决定》精神,制定了《鄂州市玉泉自来水公司纪检工作要点》、《领导班子成员党风廉政建设岗位职责》等制度,不断完善厂务公开工作,加强重点岗位廉政风险检查防范,从源头上建立起反腐倡廉的制度体系。

借楚天杯东风　炫玉泉水品牌

近年来,我们玉泉公司以"楚天杯"和文明创建为契机,以"优质供水、安全供水"为理念,以实现城乡供水一体化建设为目标,全面加强各项供水管理工作,取得了显著成效。

鄂州市"楚天杯"创建动员大会召开之后,我们玉泉公司迅速行动,成立了以党委书记、总经理吴应洲为组长,总工程师孙柏海为副组长,相关部门科室负责人为成员的创建工作领导小组,做到组织机构落实、人员落实、职责落实。

在水质监测和安全供水方面,我们狠抓各项措施的落实,认真做好优质供水服务和规范化管理,配合相关部门抓好节约用水和自供水管理,为保障城乡居民、企事业单位生产、生活用水,为鄂州市争创城市规划管理"楚天杯"做出了较大贡献。

安全重于泰山,我们在单位内部签订了质量管理目标责任书的同时,还签订了安全生产、综合治理责任书,并做好考核奖惩兑现。公司制定了安全生产规程、岗位责任制及相关的安全制度,主要设备、保养落实到人,由公司安全生产领导小组定期不定期检查考核,发现事故隐患及时整改,避免了灾害、责任事故的发生。

我们玉泉公司还建立了水源安全保障体系,不定期对水源保护区内污染物进行清理,并协同环保、环卫、城管、公安等部门加强管制。在公司制定的《鄂州市城市供水安全保障应急预案》中,对水源、供水设施、管网、传染病等突发性重大特大事件的抢险救援,指定了应急组织机构及应急处理措施。由于管理严格,检测规范,安全措施到位,近年来,未发生一起供水安全事故。

抓好文明创建　培育企业文化

历年来,我们公司始终坚持"内抓管理,外塑形象"的原则,狠抓队伍建设,提高干部职工整体素质,每年与公司各基层单位签订双文明建设责任书,将生产经营目标任务与精神文明建设指标同部署、同安排、同检查、同考核,有力地推进了文明创建工作。

一是依托《玉泉报》大力宣传党的方针政策,报道公司先进代表、岗位能手典型事例,努力营造企业新风尚。

二是开展丰富多彩的文娱活动。公司党委以"创五好,促和谐"为目标,开展"党员示范岗"、"党员结对子"等特色主题活动,组织各支部开展"创星级服务"、"创优质农村饮水工程"、"夕阳红"等活动。

三是开展送温暖活动。公司建立《困难职工互助金制度》,帮助困难职工解决实际问题,坚持慰问生病住院职工,坚持逢年过节走访退休职工、军转干部。同时还积极为玉树地震灾区人民捐赠特殊党费。

四是积极开展结对共建活动。积极与临江乡新港村开展了新农村结对共建活动,开展村小学校园整治,村庄绿化、村水利设施修建等工作,免费为村小学接通自来水,并捐赠200余本课外书籍和体育用品。

五是积极开展军民共建活动。自1995年我们与鄂州军分区结为共建单位以来,每年开展军民共建联谊会。"八一"建军节期间,为军分区运送慰问物资。近五年来,先后被省委、省政府授予"军民共建红旗单位"、"拥军爱民先进单位"称号。

我们的实干和业绩得到了各级领导和部门的肯定。玉泉公司先后获得了"全国青年文明号"、"市级行风评议合格单位"、"市级先进基层党组织"、"鄂州人最喜爱的100品牌"等称号;连续两届蝉联"省级最佳文明单位"称号。

与时俱进抓创建　沃土盛开文明花

鄂州市国土资源局鄂城分局

近年来，市国土局鄂城分局在区委、区政府和市局党组的正确领导下，在市、区文明委的大力支持下，坚持以邓小平理论和"三个代表"重要思想为指导，以科学发展观统揽全局，紧紧围绕鄂城经济发展大

举办大接访活动

局，始终将文明单位创建工作贯穿于各项工作之中，以"树立一流形象、建设一流队伍、明确一流目标、创造一流业绩"为创建目标，创新思路，强化措施，开创了国土资源管理工作的新局面。2001 年以来，我们分局连续五届保持了"省级最佳文明单位"荣誉，近年来又荣获"全省国土资源系统依法行政先进单位"、"全省国土资源系统先进集体"、"全省地质灾害防治工作先进单位"、"全省国土资源信访工作先进单位"称号，连年被评为"全市国土资源管理工作先进单位"、"全区三个文明建设先进单位"。

夯实基础，以人为本抓创建

组织领导及时到位。我们坚持文明单位创建工作"一把手"负责制，成立了由局长为组长，其他班子成员为副组长，各股室负责人为成

员的创建工作领导小组，制定下发了《文明单位创建规划》，从健全组织领导、完善相关制度、加强道德教育、促进业务工作四个方面明确了考核标准和责任人。

制度建设及时到位。坚持把文明单位创建工作与国土资源管理业务有机结合起来，近年来，先后制定完善了《目标管理制度》、《信访工作制度》、《重大事项内部会审制度》等5大类40余项制度，内容涵盖了工作的方方面面，通过坚持用制度管人管事，用制度规范言行，干部职工精神面貌焕然一新，有力地促进了各项工作的顺利开展。

宣传教育及时到位。在创建过程中，我们开展了形式多样的宣传活动，刷写宣传标语，悬挂宣传横幅，利用局门户网站发布创建活动宣传图片及信息，图文并茂、内容详实，为全局干部职工提供了一个学习、了解、把握"精神文明"知识的平台。同时，对创建活动中涌现出的先进个人，及时树立典型，正确引导，营造了良好的创建氛围。

廉政建设及时到位。近年来，我们严格落实党风廉政建设责任制和"一岗双责"，认真抓好领导干部廉洁自律工作，突出抓好重点工作、重点环节的监督，组织开展了治理商业贿赂和重点工程领域专项治理工作，从源头上防止腐败行为发生。在年初召开的区纪委会议上，分局被授予优秀单位称号。

硬件建设及时到位。为塑造文明机关形象，我们先后投入了50余万元，优化办公环境，为各股室配备了微机，开通了局门户网站及政府主干网，提高了办事效率。筹措资金6万元购置了硬盘录像机、摄像头，对局机关院内进行全天候24小时录像监控。设立治安值勤岗，明确专人值班，双休日、节假日实行24小时值班制度，有效防止了各类事故的发生。

基层建设及时到位。积极筹措资金，统一为各所配置了电脑、打印机、照相机和办公用车等办公设备，有效地改善了乡所办公条件，全区12个基层国土所、矿管站中10个达到规范化建设标准。与此同时，还统一印发了《全区国土资源所制度汇编》，制定了首问负责制等20余项规章制度，统一制作，规范悬挂，工作中时刻保持自警、自律、自省、自励。

塑好形象，内强素质抓服务

增强班子团结，凝聚合力。一是抓好班子示范带头作用。实行局领导"蹲点负责"制度，重点工作班子成员带头靠前指挥，冲锋在前，身体力行，时时处处发挥模范带头作用，从而在广大干群中树立了威信，增强了凝聚力和向心力。二是认真执行民主集中制度。明确凡属贯彻上级重大决策和部署、全局性重大问题，一律由局党总支集体研究决定，不搞"一言堂"。三是坚持民主生活会制度。班子成员之间积极开展批评与自我批评，谈缺点、查原因，达到了解决问题、沟通思想、谈心交心、增进理解的目的。

加强队伍建设，提高战斗力。一是主动学习，建设学习型机关。领导班子成员带头学习，带领大家认真学习中央精神和国土资源法律、法规及土地新政，实现了理论学习深层化、业务学习系统化。二是解放思想，建设创新型机关。结合"创先争优"、"作风建设年"活动，开展"新解放、新跨越、新崛起"学习活动，"我局要发展，我应怎么办"解放思想大讨论。三是改进作风，建设服务型机关。我们把改善办公环境让职工满意、服务态度让群众满意、办事效率让企业满意、执法监察让社会满意，作为改进机关作风，提高执行力的突破口，强化责任意识和效率意识，连年在市、区行风评议中位居前列。

创新载体，丰富文化生活。借助庆祝建国60周年、全国"土地日"等重要时机，开展"大地飞歌"合唱比赛、土地日宣传暨民主评议政风行风工作征求意见、射击比赛等活动，活跃了职工的文化生活，陶冶了职工的情操。

成绩斐然,尽心尽责抓管理

扎实、生动的文明创建活动,凝聚了人心,鼓舞了士气,有力地促进了各项工作扎实开展,谱写了国土事业的崭新篇章。

用地保障更加有力。近年来,我们采取提前介入、主动服务的工作思路,在较短时间内,完成了元隆生态园、建华管桩、华美创意园等重点项目建设用地资料组卷上报工作任务,确保了重点项目及时落户。按照"严控总量,盘活存量"的原则,大力开展汀祖、长港等三个砖厂增减挂钩工作,获取项目用地指标1000多亩。在继续用足用活国土政策的同时,坚持内外协调、上下衔接,争取各种途径,共争取新增建设用地指标近2000亩,较好地满足了全区经济社会发展用地需求。

项目管理更加规范。在落实土地整理项目上,我们一方面进一步完善项目委托乡镇实施的管理制度,加大对项目实施情况的督查力度,及时提供技术上的支持和服务,在全市土地整治项目规范管理上起到了"示范带头"作用,受到了徐绍史部长的高度赞扬。另一方面严格落实耕地"占一补一"制度,2011年顺利完成了涉及汀祖、碧石渡、花湖等六个乡镇、13个行政村建设规模2140亩、投资总额581万元的占补平衡项目,新增耕地2080亩,大大缓解了全区新增建设用地指标不足的难题。

矿管举措更加务实。加大矿山动态巡查力度,采取定期、不定期的方式对辖区范围内矿山企业安全生产的监督检查,较好地维护了矿产资源开发秩序的稳定。此外,我们还进一步加强辖区内地质灾害防治工作的组织、协调、指导和监督管理,完善群测群防网络,切实做到地灾隐患早发现、早报告、早处置,截止目前,全区未发生一起因国土部门监管不力而造成人员伤亡事故。

卫片执法更加完善。一是加大动态巡查力度,继续推行基本农田保护动态巡查区域制度，健全监察网络，做到"早发现、早报告、早制止"，确保违法用地行为遏制在萌芽状态。二是认真开展卫片执法检查工作。作为2010年度卫片执法检查的"配角"，我们协助市局对全区疑问图斑进行了核查，督促违法用地企业进行整改，并将资料报至省厅，顺利通过了检查验收，实现了"零谈、零问责"。作为2011年度卫片执法检查工作的"主角"，应对严峻考验，我们积极争取地方政府重视，开拓创新，多措并举，先后建立了土地矿产卫片执法检查工作共同监管、挂点、督办责任机制，明确了责任分工，变被动执法为主动督办执法，采取"八个一批"的有效措施化解全区违法用地，取得了阶段性成效。

　　服务质量更加优质。一是推进土地利用总体规划修编有新成效。在完成区级土地利用总体规划修编的基础上，扎实开展了乡镇级土地利用总体规划调整修编，预计2012年底可以完成此项工作。二是推进地籍业务工作有新成效。顺利通过二次调查检查验收，圆满完成了2011年度土地变更调查任务。三是推进档案规范管理有新成效。以档案管理省一级复查达标为目标，不断提高档案管理工作水平。

服务地方谋发展　文明创建谱新篇

鄂州市地方税务局鄂城分局

我们在争创文明单位的过程中，从七个方面着力，坚持内强素质，外树形象，积极开展全方位、多层次的文明创建活动，树立了良好的社会形象，提升了文明创建水平。

党员干部到城市福利院送温暖

以人为本，夯实创建基础

我们分局领导团结干部职工，坚持人是单位生存发展最重要因素的观点，积极做好干部职工的经常性的思想工作和管理工作，以交流促沟通，以真情鼓舞人、以教育激励人，营造了和谐地税的氛围。局领导经常组织干部职工交心、谈心，了解情况，消除隔膜。做到"五必访"、"四关心"，即婚丧嫁娶必访、生病住院必访、生儿育女必访、家庭困难必访、思想有情绪必访，关心干部职工生活、学习、工作、进步，让分局干部职工感受到地税大家庭的温暖，有力地促进了各项工作的开展。我们采取"走出去，请进来"的方法，关心干部的成长进步，先后组织税收新政策和税收征管流程控制系统培训10余期，培养出了一批税收业务骨干和企业税款会算能手。

开拓创新,强化征管手段

2012年宏观经济形势异常复杂、严峻,鄂城区主要行业中房地产业受国家宏观调控影响,发展势头受限;采矿业在国际整体矿产业走势下行的大背景下,矿石单价仍未回涨,鄂城区各大矿企出矿量也大幅下降;税收政策方面揭开了增值税、营业税调整以及房产税改革试点的新篇章。我们在新形势下,在征管手段上不断创新,在贯彻省局推行的"先办后审、快办快审、即办即审"新型征管模式基础上,建立严谨的限时办结制。开发了税收征管流程控制系统软件,引入了第三方监督机制,通过信息化方式保障新制度的贯彻,达到了规范行为和自我考核的目的。

多点着力,打造"迎创"新典型

一是"抓作风、抓环境、抓落实、促跨越",即对外营造文明环境,提高服务质量,做到文明执法,热情服务;对内开展岗位培训,组织干部报考注册税务师、注册会计师等专业考试,提升干部队伍业务素质。开展自查自纠,健全明察暗访、履职问责、考核奖惩等长效机制,巩固治庸问责工作成果。二是"学党史、知党情、跟党走",开展革命传统教育,增加党员党性意识;开展以"传承雷锋精神,争当志愿先锋"为主题的学雷锋树新风系列活动,引导地税干部弘扬雷锋服务人民、助人为乐的奉献精神,服务基层,回报社会。三是"双联双促",在巩固和扩大"三万"活动成果的基础上,深入走访分局定点的三个村镇,到一线去探访群众,问需于民、问计于民、问效于民,做实事,出实力。

锐意创新,拓展服务内涵

我们全力做好三个服务:在服务地方党委政府上争主动。加强与地方党委政府的沟通,多主动,多交流,把地税工作融入到地方党委政府工作之中，寻求地方党政领导的关心、重视和支持。今年在区委、区政府的大力支持下，我们与区国税局、财政局、工商局等多家单位在法治宣传、非正常户清理整顿、清理欠税等工作中联合行动，取得奇效；在服务地方经济发展上加措施。认真执行和落实好各项税收优惠政策，特别是综合运用减税政策加大对扩大内需、转变发展方式和结构调整的支持力度，大力培植地方经济税源，做大做强全区经济"蛋糕"；在服务纳税人上动真情，用实力。我们在现有的条件上，从纳税人角度出发，对办税服务厅进行了标准化升级改造，设置了导税员岗位，更新了办税服务厅中的服务设施，如叫号机、服务评价器、政策宣传屏、绿色通道等，努力让纳税服务硬件达到"顶配"，形成服务"品牌"，以扩大社会影响、提升地税形象。我们还顺应纳税服务信息化、税收征管方式现代化、地税文化内涵多样化的发展趋势，打造"云服务"信息服务平台、"云服务"税法宣传渠道、"云服务"志愿者队伍，实现立体式、多样化、全覆盖的税收"云"服务。

规范管理，探索发展新路

我局以明确分工、职责到人，健全制度、规范操作，强化监督、严格追究为管理重点，以实施工作目标、量化绩效考核和争创文明单位活动为抓手，不断地规范化管理。采取完善的绩效考核机制，构建了内部管理的基础平台；通过开展公开选拔、竞争上岗的办法，激发了广大干部积极上进的进取心；通过评选能手、标兵活动，发挥了业务骨干的工作热情，营造了潜心钻研税收业务的良好氛围。通过积极探索财务管理新举措，强化和完善了财务监督，既提高了经费的使用效益，更是从源头上控制了不廉洁行为；通过强化两权监督，进一步健全了内部监督制约机制。积极探索干部职工个人考勤和岗位考核办法，利用绩效体系落实税务工作人员经济奖惩，落实过错责任追究制度，以激励先进，鞭策后进，弘扬正气，激发了干部职工内在的活力。

以学促行,绘制法治地税新篇

我局作为全省创建法治地税的试点单位,一直将创建工作放在全年各项工作的中心,在注重按方案按步骤实施的基础上,更强调将法治地税创建工作融入实际工作当中。突出法治重点,着力抓好结合,实现整体推进,形成了法治单位创建的合力。上半年,我们尤其注重将法治单位创建与六五普法工作、推行行政执法责任制、税法宣传工作相结合,围绕规范执法,加强法制教育培训力度,提高税务人员法律素质和依法行政的能力。今年4月,分局联合鄂城区国税局在泽林镇联合举办了以"税收·发展·民生"为主题的税收宣传活动,重点宣传了营业税、增值税起征点调高与企业所得税的联动关系,以及个人所得税扣除额调高等新内容。

提升层次,再掀文化建设高潮

我局围绕"遵德守法,求和兴税"的地税文化核心价值理念,大力宣传"与时俱进、开拓进取、团结奋斗、自强不息、公正执法、廉洁奉公"的地税精神;大力宣传"依法治税、从严治队、科技兴税、科学管理"的治税理念;大力宣传"尊重个性、开发潜能、倡导竞争、崇尚创新"的人才理念;大力宣传"心系纳税人,服务在地税"的服务理念;大力宣传"爱岗敬业、廉洁奉公、勤征细管、精通业务、诚实守信、文明服务"的职业理念,积极培育干部职工的共同价值观。通过一系列可视化的形式,使分局充分展示了有看相、有音像、有形象的地税特色,表达、反映、折射了地税机关的税收思想、管理理念、审美情趣和价值取向,提高了全体干部职工的素质,营造了良好的纳税环境,拉进了税企之间的距离,打造了鄂城地税的文明品牌。

扎实的创建活动带来了丰硕的创建成果,一方面税收业务工作实现了跨越,我局1997—2012年年年圆满完成了市地税局和区委、区政府下达的税收任务,且收入质量和收入总量显著提升,为地方经济发展和地方经济建设作出了积极的贡献。另一方面地税事业也得了新的推进,我局先后被省局授予全省地税系统"先进基层党组织"、全省地税系统法治单位创建工作"先进集体";连续四年被授予"省级文明单位",2009—2010年晋升为"省级最佳文明单位";被市委市政府表彰为"综合治理先进单位"、"文明诚信窗口";连续四年被评为全市地税系统"红旗单位";鄂城区"先进单位"、"先进基层党组织"、"目标考核先进单位"、"创先争优先进基层党组织"等。

春风化雨　桃李芬芳

鄂州市第一幼儿园

开展丰富多彩的幼儿活动

这里是我市对外的窗口,这里是幼儿成长的摇篮。鄂州市第一幼儿园作为我市规模最大的一所全日制公办幼儿园,践行"让健康赞美生命,为成长搭建阶梯"的办园理念及"管理为本,有序为先"的办园思路,遵循"服务社会,方便家长,发展幼儿"的服务宗旨,在建设一个好班子、塑造一支好队伍、创办一所好园所上做文章,在提高保教质量,规范园务管理,打造特色精品上下功夫,使幼儿园各项工作向规范化、精细化、个性化方面发展,使省级示范幼儿园的创建成果,在保持中巩固,在巩固中发展,在发展中提高,在提高中创新,一年上一个新台阶。我园先后荣获全国创新学习型学校研究基地、湖北省教育科研实验学校、湖北省教育科研50强学校、档案工作目标管理省特级、湖北省最佳文明单位、湖北省幼儿教育先进单位、湖北省卫生先进单位、湖北省示范家长学校、鄂州市收费信得过单位、市级园林单位、人口与计划生育工作先进单位、先进基层党组织、鄂州民生最具影响力品牌、绿色生态校园、先进团组织、规范办学年先进单位等荣誉100余项。

抓好党建，强化管理聚人心

抓学习，提高党员综合素质。我们邀请市委党校教授讲党课，让全体党员学党史、知党情，增强党的纯洁性。党支部组织了部分党员干部和教师观看了《忠诚与背叛》的电影，使党员教师接受了一次深刻的理想信念教育和廉政教育。召开了"解放思想、赶超跨越、构筑精神家园"专题讨论会暨"六查六看"民主生活会，提高认识，统一思想，转变观念，切实增强了基层党组织的战斗力，提升基层党组织和党员在人民群众中的威信和形象。

抓表率，发挥党的先锋作用。在幼儿园的各项工作中，共产党员做到以身作则和率先垂范，今年5月30日中午，骄阳似火，在书记、园长占小玲的带领下，园领导和部分老师手拿扫帚，顶着烈日在幼儿园进行卫生大扫除，清除污物，冲洗地面，经过大家近3个小时的辛勤劳动，终于使幼儿园焕然一新。党员干部、教师吃苦在前、工作在前，赢得了老师们的一致赞扬和好评。

抓职责，发挥党的建设作用。明确党组织的职责，在幼儿园工作中，党组织协调工会和教职工之间的关系，极大地调动教职工的积极性。召开教职工代表大会，总结了近几年发展情况，提出了未来的三年规划。大会还答复了教职工提案27条。讨论中，代表们对我们近年来的工作及未来的发展提出了许多宝贵的意见和建议，认真履行了代表的职责，充分发挥了教代会"民主决策、民主管理、民主监督"的参政议政作用，也充分体现了广大教职工的主人翁责任感，这对于促进一幼的发展具有重要意义。研究围绕我市教育工作会议精神，制定了《市一幼现场管理时间表》，确定了2012一幼"双十"事，即办"十件实事"、开展"十个一"活动；制定了现场管理的目标要求，达到"七个0"和实现"三即三现"等。

勇于创新,幼教工作显特色

积极进行环境创设。为了给孩子创设健康、和谐、安全、优美的育人环境,根据幼儿园的统筹安排,进行了各班环境创设评比。老师们积极响应号召,严格按照要求进行了班级环境创设。通过评比,各班的环境得到很大的改观,老师们的教育观念得到转变。"六一"前夕,还根据园长的要求,对大厅的墙角进行了设计、装饰,为大厅增添了几分亮丽,几分童趣。

积极开展教研活动。按照幼儿园的园务计划和教学部门的工作计划,开展了健康领域的教研活动。全园共有27名老师参加了此次活动。大家从活动的选材到程序的设计,再到活动的准备及实施,每个环节每个细节都尽量考虑周到,充分体现了老师们对教研活动的高度重视及强烈的爱岗敬业精神。坚持进行了每周一次的业务学习,采取集中培训、分组讨论、网络学习等多种形式,先后学习了《幼儿园教育指导纲要》、《立体化课程主题包资料》、《贯彻纲要精神,提高教育质量》等内容,使老师们的专业知识及时进行了更新。另外,还积极进行了国家级信息化课题的申报工作。

注重开展幼儿活动。仅2012年上半年,就开展了2次幼儿大型活动。一次是4月28日的"迎阳光五月,做运动宝贝"大型春季运动会,一次是5月底的庆"六一"活动。本学期的运动会,打破以往常规,将全园幼儿及家长带到凤凰广场去开展。规模宏大、组织严密、家长参与度高、幼儿积极性强、宣传效果好,得到家长及广大市民的高度赞扬。5月30日的"我们一起成长"大型汇报展示活动和5月31日的"欢乐淘宝街,今天我当家"亲子购物活动,让所有家长、幼儿、老师都耳目一新,在幼儿园搭建舞台,给孩子提供了展示的平台。购物活动中,市长韩进也参与其中,和孩子们一起共度"六一"儿童节。同时,还参加了市教育局团委组织的"六一"汇报演出,我园的童话剧《为梦想加油》获得了领导及观众的阵阵掌声。

努力做好家长工作。调整了家长委员会,并及时召开了家委会会议,和家长们一起探讨了幼儿园方方面面的工作,听取了家长们的建议和意见,为幼儿园的发展,为构建促进孩子发展的家园共育模式奠定了良好基础。在开学初,以班为单位召开了家长会,向家长宣传了幼儿教育的相关专业知识,提出了家园合作的相关要求,为一学期工作的顺利开展打下了基础。针对部分家长幼教知识薄弱,不了解幼儿发展需要的实际情况,召开了中班家长会,展示了大班的数学活动《有趣的单双数》,占小玲园长及时进行了评课,并做了幼教专业知识的讲座。建立了一幼家长QQ群,在群里发布每周教学计划、每周食谱等内容,并及时解答家长的相关要求及疑问,增进了家长对幼儿园工作的了解。

积极参加各类竞赛活动。积极参加上级部门组织的各项竞赛活动:一是参加了"童画之星·第六届世界华人幼儿创意美术大赛",共组织160幅作品参赛;二是参加了"绿色全友,我的伦敦冠军梦——全友家居儿童绘画大赛",共有4幅作品参赛;三是参加了黄鹤美育节的活动,分别准备了绘画作品、文艺节目以及教学活动参赛;四是参加了市教研室组织的全市幼儿教师语言类基本功竞赛的展示。

活动丰富,文明创建树新风

开展学雷锋活动。以教育局团委"学雷锋树新风"主题实践活动为契机,号召团员青年要具备强烈的责任感和使命感,立足岗位,刻苦钻研,努力学习,实现自身价值,大力倡导青年职工学习雷锋精神。

组织实施"呵护成长,一幼有爱"的爱心慰问活动。此次爱心慰问活动得到老师们、小朋友们、家长们的大力支持。部分一幼的小朋友们、家长志愿者们精心准备了各种节日礼物带到福利中心,和那里的老师、小朋友们庆祝"六一"国际儿童节。

帮助城市福利中心布置环境。6月9日,市一幼的党员、青年教师、志愿者们来到城市福利中心进行环境创设。本次环境创设主要为室内环境。一幼的教师们从孩子的兴趣、需要出发,精心准备设计方案。通过近一天的制作,教师们用自己灵巧的双手,完成了各种美丽的吊饰、墙饰。老师们也希望通过大家的努力让福利中心的孩子们在这样一个温馨、美丽的环境中成长,让他们的童年和其他正常孩子一样无忧无虑、健康快乐!

开展户外集体活动,增强团队意识和合作精神。4月29日,全园45名教职工赴西山开展了"素质拓展显风采、团结协作提能力"户外拓展训练活动。此次活动让教职工进行了一次心灵的洗礼和意志的磨砺,并达到"磨练意志、陶冶情操、完善自我、熔炼团队"的目的。

发展未有穷期。我们一幼人将站在新的历史起点,抚今追昔,踩下管理创新、科学发展的油门,春风化雨,桃李芬芳。

省级文明单位

黄帝内经素問

唱响思想政治工作主旋律
谱写两个文明建设新篇章

中国工商银行股份有限公司鄂州分行

近年来,中国工商银行鄂州分行按照省分行党委要求,立足经营发展和队伍建设的实际,坚持以人为本的理念,把思想政治工作融入员工工作、学习和生活之中,有效促进了业务经营和精神文明建设

积极开展银企赶集　服务鄂州实体经济

的协调快速发展。2009—2011年经营绩效考核水平连续三年排名全省市州行前三甲。信贷投放连续三年保持高位增长,各项贷款增长1.7倍,余额跃升到同业第1位。各项存款余额实现三年翻番,增长1.2倍,稳居同业第2位。拨备前利润和中间业务收入分别较2008年增长1.5倍和3.8倍,人均创效和人均中间业务收入跃居同业首位。内控案防工作连续22年实现了低风险、零案件、零事故的目标,内控评价等级达到一级水平。在客户和地方党政部门中的形象不断提升,先后被授予"总行学习型组织先进单位"、"湖北省五一劳动奖状"、"湖北省文明单位"、"全国模范职工之家"、"湖北省良好银行"、"省分行'四好'班子进步奖"、"鄂州市支持地方经济发展先进单位"、"鄂州市守合同、重信用企业"、"鄂州市十佳诚信满意单位"和"鄂州市现代服务业十强

企业"等荣誉。

转观念,变思路,全力推动跨越发展

用远大目标鼓舞人。我们结合实际确立了"跨越发展、做大规模、争先进位"的奋斗目标,并坚持把省分行党委的提出的"四大愿景"战略目标和我市"五个鄂州"建设目标紧密结合起来,科学制订三年发展规划,提出未来三年力争各项业务指标实现翻倍,率先在全省系统实现"四大愿景"目标,努力把我行打造成"五个银行",即系统内精品银行、同业中最具竞争力银行、社会公认度最高和客户首选银行、员工发展最有信心和最有希望银行、员工家属最具期盼和最有幸福感银行。

用先进理念引导人。教育引导全行员工牢固树立"高目标带动大发展"、"做快做大做强做实"和"有为才有位"的观念,增强了全行干部员工"不负重托、不甘落后、赶超先进、争创一流"的工作热情,使我行在短短三年时间内发生了深刻变化,实现了"再造一个鄂州行"的发展目标。

用解剖"麻雀"的方法帮促人。市行党委逐个听取基层单位班子汇报,用解剖"麻雀"的方法,帮助各行、各部门细算客户资源、目标市场、经营发展"三笔账";引导干部"少讲劣势、多讲优势,少讲客观原因、多讲主观努力不够,少讲困难、多讲办法途径",从而解开了管理人员思想上的"死结",鼓舞了全行干部员工的斗志,树立了勇往直前的信心。

抓班子,带队伍,构建和谐文明银行

注重加强班子建设。我们坚持开展"四好"班子创建活动,以"四好"班子建设带员工队伍建设,加强班子间团结协作,做到思想同心、目标同向、工作同步,既分工负责、认真履职,又整体联动、协同配合,在重大事项和重点工作上班子成员都率先垂范,起到引领作用。通过集中举办讲座、请专家辅导、开展调查研究和解放思想大讨论和组织党员干部赴井冈山、韶山接受革命传统教育等形式，进一步增强各级班子的党性修养，拓宽了发展视野。在民主管理上，我们建立和完善了市行和支行两级公开制度，每年至少召开一次职代会，建立了上情下达、下情上递的信息管理机制，及时反映员工心声。三年征集员工提案62份，合理化建议108份，每年集中解决员工关心的实事和好事，保持了队伍思想的纯洁性和稳定性。在全行党员中开展以"比学习，创一流素质；比团结，创一流团队；比干劲，创一流风貌；比服务，创一流形象；比工作，创一流业绩"为主题的"五比五创"活动，全行党员积极亮明身份、亮出承诺，在创先争优的氛围中自觉接受熏陶和锻炼，党员的示范带头作用得到发挥。如在2011年全市"金保工程"竞标工作中，我们克服种种不利因素，以不达目的绝不罢休的勇气和毅力被市政府专家评审组所打动和折服，不仅使社保资金专户开立在工行，并且从他行手中争揽到城区标段总额70%的市场份额。今年上半年我们又以支持地方经济发展各项指标考核居同业第一名的成绩，夺得了保障性住房建设资金专户。同时公积金余额和归集额、委托贷款以及财政性存款继续稳居市场龙头地位。

注重加强员工队伍建设。采取请进来与走出去相结合、模拟银行与在线辅助系统相结合、上级行集中培训与送教上门相结合、学习与考试相结合的"四结合"方式，不仅拓宽员工教育渠道，而且也提高员工综合分析能力和营销能力。通过开展读书、荐书活动，将《赢在执行》、《赢在细节》等系列丛书分发给员工阅读，使大家在耳濡目染中受到执行文化的感染，在不知不觉中增强了执行意识。请党校教授解读《鄂州发展战略》，请武汉大学经济学院副院长、博士生导师、教授讲授《金融工程与创新》，请省政协办公厅党组书记、主任对李鸿忠书记在省委十次党代会上的报告作辅导解读，开阔了员工视野，提升了员工理论素养，促进了经营管理水平提高。及时发现身边的典型，让大家学有榜样、赶有标杆，先后推出了徐德超、汪娅娅等先进典型人物，并分别被授予"鄂州市劳动模范"和"鄂州市十大杰出青年"称号。

注重加强人文管理。我们始终坚持以人为本，把员工的冷暖挂在心上，使广大员工感受到大家庭的温暖。坚持"一必访、二必贺、三必谈"制度——员工生病、家中有困难必访；员工生日、子女上大学必贺；员工岗位变化、有思想问题、业务出差错必谈。每年为全行员工进行体检，每年夏季发放高温津贴和防暑降温物资，每年冬天送温暖、发放烤火费，每年举行全行员工迎新茶话会、组织女职工和先进职工代表外出疗养，"三八"妇女节给全行女员工送上一束鲜花和一封慰问信。对16个网点进行改建，修建了职工餐厅，增添了就餐设施，聘请专业厨师。积极开展丰富多彩的文体活动，每年举办"工行迎春晚会"，举行"秋季职工运动会"，丰富员工的文化生活。

寻载体，拓领域，丰富文明创建内涵

建好"职工之家"。我们坚持以创建"模范之家、民主之家、温馨之家、和谐之家、安全之家"的标准，全面推进国家级"模范职工之家"创建步伐。做好"职工之家"、"五簿"、"三档"、"三册"的整理建档工作。建立了职工图书阅览室、荣誉室、羽毛球馆、乒乓球室、棋牌室、员工健身室、健身气功练习点等活动场所。在有条件的两个支行建起了"职工之家"。2011年11月我行被授予"全国模范职工之家"称号，成为全市唯一一家获此荣誉的单位。

创好企业文化标杆网点。把企业文化标杆示范网点建设与网点标准化建设和优质服务标杆网点建设结合起来，将企业文化核心内容上墙入目，利用图表、专栏等形式展示网点发展历程，勾画网点发展愿景，还将《企业文化手册》制作小卡片随身携带，让企业文化理念深入人心；在客户经理中建立"汪娅娅理财室"；在员工中开展每月一次的"服务明星"评选活动，将服务明星照片上榜上墙；在营业网点大厅和办公场所摆放了各类植物和花卉。2011年,我们有两家支行被省分行命名为"企业文化标杆网点"。

抓好"细胞工程"。广泛开展文明部室、文明行员、文明家庭、文明楼栋、文明庭院、"青年文明号"、"党员示范岗"、"优质服务样板网点"等创建活动。鼓励员工在各自岗位上建功立业,开展"流动红旗柜"、"服务明星"、"揽存状元"、"营销能手"等专项评选活动,使文明创建工作同业务发展有机结合起来,相互促进,相互推动,共同发展。通过加强"细胞工程"建设,涌现出一大批受上级行和省市表彰的先进单位和先进个人,2011年有3家单位被授予"湖北省文明单位",6家单位被授予"鄂州市最佳文明单位",从而推动了全行整体形象和市场竞争力的提升。

创文明佳绩　树药监新风

鄂州市食品药品监督管理局

近年来,我局坚持以科学发展观和十七大精神为指导,立足部门实际,突出职能特点,通过扎实开展省级最佳文明单位创建活动,形成了具有自身特色的创建工作机制和文明成果,实现了用文明创建引领食品药品监管事业发

努力打造法治药监、文明药监

展,用文明创建保证全市人民饮食用药安全的良好局面。

抓目标定责任,把好创建"方向盘"

我局始终将精神文明建设作为加强队伍建设、提升监管服务水平、推动事业发展的重要载体,并将创建"省级最佳文明单位"作为必达目标纳入年度重点工作深入推进。一是围绕目标定思路。我们严格按照省级最佳文明单位的要求,突出部门职能,细化目标,确定了以"公正执法,热情服务"为主题,以"抓精神文明建设,树立药监形象,确保人民群众饮食用药安全,促进医药经济健康快速发展"的工作思路,对创建工作进行统筹安排,全面部署。二是围绕目标定责任。争创之初,我局就成立了以局长熊福安任组长,副局长梁莉莉、童桃红任副组长,相关

科室负责人为成员的创建工作领导小组,并成立了综合协调、宣传报道和后勤保障等3个工作专班,将争创任务分解落实到责任领导、责任部门和责任人员,夯实了创建工作基础。三是围绕目标抓宣传。凡是召开局工作会议都要将精神文明建设作为一项重要内容进行宣传发动。同时,利用我局主办的"鄂州食品药品监管网"和"鄂州食品安全网"、电子显示屏、宣传专栏等阵地,大力宣传文明创建的目标、任务及要求,营造了文明创建工作人人知晓、人人重视、人人参与,创建成果人人共享的良好氛围。四是围绕目标抓落实。我局始终将争创省级最佳文明单位工作纳入年度目标管理,并结合部门实际,制定了创建规划和年度创建计划,将文明创建与食品药品监管职能工作相互渗透、相互结合、相互嫁接,做到一起部署、一起检查、一起落实,融为一体,确保创建工作健康、稳步、有序、有效推进。

抓班子带队伍,建设创建"主力军"

精神文明建设活动是一项系统工程,需要每一位干部职工积极参与、全心投入。因此,在创建工作中,我们始终把加强班子和队伍建设作为推动创建工作深入开展的前提基础和关键环节狠抓落实。一是以班子建设为龙头,发挥模范带头作用。近年来,局领导班子始终把自身建设作为创建工作的首要任务,不断完善局党组和局领导班子议事规程,在重大问题上坚持集体领导,民主决策。班子成员时时处处严于律己,模范带头,要求工作人员做到的,领导干部首先做到,要求工作人员不做的领导干部首先不做,努力营造风清风正、和谐干事、积极进取、奋发向上的工作氛围。二是以队伍建设为基础,优化工作作风。近年来,我们以制度作保障强身健体,建立并完善了64项机关管理、行政执法和廉洁从政制度规定,优化了工作作风,实现了用制度管人、管事、管权。同时,坚持以教育为依托内强素质,围绕"六条主线",先后开展了26次教育活动,激发了党员干部甘于奉献、勇争一流的斗志和激情。

三是以廉政建设为保障,筑牢安全防线。我们高度重视反腐倡廉工作。首先,通过每年召开干部职工述职述廉大会、层层签订廉政责任书等形式,强化廉政责任,让干部职工"不敢腐败";其次,通过健全行政审批受理、审评、审批"三分开",行政执法立、审、查、缴"四分离",行政责任问责和"一案一评"等制度,以及开展岗位腐败风险排查等工作,强化对权力的监督和约束,让干部职工"不能腐败";再次,是通过开展"撰写廉政体会"、"食品药品安全关联生命、食品药品监管情系万家"演讲比赛,发放廉政台历,播放廉政温馨提醒,建设廉政书屋等教育活动,牢筑了干部职工的反腐防线,让干部职工"不想腐败"。

抓职能强监管,唱好创建"主旋律"

严格监管、文明执法,是食品药品监管部门文明创建工作的主题,也是文明创建工作的落脚点。因此,在创建省级最佳文明单位活动中,我们努力打造法治药监、文明药监、和谐药监、创新药监,用工作实绩提升文明创建水平、展示文明创建成果。一是大力开展市场整治,努力打造法治药监。近年来,我们认真履行监管职能,针对群众反映的非药品冒充药品、医用口罩、乳品市场、"地沟油"、"毒牙菜"、"瘦肉精"、"问题胶囊"等食品药品安全问题,先后牵头组织农业、水产、质监、工商、卫生、教育等部门开展了15个方面的食品安全专项整治,集中力量进行了20余次药品市场专项执法检查,有效净化了食品药品市场,保障了群众饮食用药安全。二是不断提高服务质量,努力打造文明药监。我们积极探索优质服务的新路子,推行了"无情监管,有情帮促"的监管模式,先后出台了一系列文件规定,全面落实帮扶责任,细化各项帮扶措施,努力为企业发展提供高效优质的行政服务。我们先后开通了服务投资、行政审批和企业送检等"四条快速通道",3次对行政审批许可进行提速,受理时限平均压缩了三分之一上,并在市行政服务中心设立了服务窗口,实行"一个窗口对外、一站式受理、一条龙服务",推行了承诺服务、限时服务、预约服务、上门服务和跟踪服务等举措,提高了服务效率,优化了发展环境。三是深化惠民便民举措,努力打造和谐药监。我们积极发挥职能优势,围绕"四个中心",开展了一系列惠民便民服务和社会公益活动。以消费维权为中心,开展了普法宣传、送法下乡、免费为群众清理家庭小药箱、实行"消费者如买到假药我局先行赔付全额购药款"等活动,引导企业为消费者兑换了价值近万元的常用药品,深受群众欢迎;突出部门职能,以保护未成年人为中心,开展了校园及周边食品安全环境整治、药监开放日等活动,努力为青少年健康成长营造良好的饮食用药环境;以结对共建文明新村为中心,开展了结对共建活动;以扶贫帮困、奉献爱心为中心,开展了党组织共建、送温暖献爱心等活动。四是积极开展示范创建,努力打造创新药监。我们克服没有区级监管部门的实际,积极推行了"一杆子插到底"的工作方法和"片警式"监管、"挂牌监管"、错时打假等工作机制,在企业推行了驻厂监督员制度、药品生产企业QA(即质量管理)小组制度、基本药物电子监管等一系列工作举措,并在全市积极开展了创建"省级食品餐饮消费安全先进区"、"药品安全示范区"、"规范药房"和"示范药店"等活动,都收到很好的效果。

抓载体创特色,提升创建"新内涵"

近年来,我们凝心聚力开展精神文明创建活动,形成了具有部门特色的创建机制和监管文化。一是建立活动阵地,完善"三室"建设。我们狠抓投入,先后建成了以健康教育、卫生教育和思想教育为主的市民学校;以法律、历史、文学、药学和勤廉知识读本为主的职工图书室;以乒乓球室、多功能会议室、荣誉室为主的职工活动室,完善了配套设备,做到了活动有场所、有设施、有保障,为文明创建积极创造有利条件。二是突出部门特色,打造"四香"机关。我们突出部门特色,努力唱响鄂州药监"四香机关"的文化品牌。邀请省市知名书法家书写40余幅监管格言悬挂在办公室内,建成了长12米的廉政文化长廊,用"墨香"敲响警钟,防微杜渐;开展读书活动,建成了职工图书屋,购置近千套图书,用"书香"感染思想,净化心灵,形成了具有部门特色的监管文化。三是加大硬件投入,加快"五化"建设。我们在经费十分紧张的情况下,列支近20万元专项经费,开展了室内外环境美化、绿化、净化、硬化和亮化工程,制定了一系列卫生管理、绿化管理等制度,为干部职工办公、群众办事营造了温馨、舒适的环境。四是创新活动载体,开展"六个"评选。我们先后在机关内开展了文明科室、文明窗口、文明员工、文明家庭、优秀党员和廉政勤政先进典型的推荐和评选活动,我们把每一项评选活动当作是一个强化文明意识、增加文明知识、提升文明内涵、展示部门文明形象的载体,以点带面,整体推进。局机关先后有20余人(次)受到各级部门表彰,我局也连续三年被评为"全省食品药品监督管理系统先进集体",并先后荣获"全省卫生先进单位"、"全市安全生产先进单位"、"全市社会治安综合治理优胜单位"、"全省法制宣传教育和法制建设先进单位"等称号,文明创建成果显著。

构筑和谐警营文化　推进公安文明建设

鄂州市公安局

近年来，我们公安局坚持以科学发展观统领公安工作，扎实开展全警性文明创建活动，以建设一支文武兼备的高素质公安队伍为目标，切实加强社会主义法治理念教

在凤凰广场举办"警营开放日"活动

育，牢固树立执法为民思想，把构筑和谐警营文化作为公安队伍正规化建设的重要内容和基础，充分发掘鄂州悠久历史的深层文化内涵，精心实施公安文化品牌，努力打造具有文化底蕴、时代特征、公安特点、鄂州特色的先进警察文化，不断提高队伍的文化素质和品位，进一步增强了公安机关的凝聚力、吸引力和亲和力，促进了公安队伍建设和公安工作，涌现了以书法家李冬青、作家彭祖贻为代表的一批警界文化精英，推出了一批警察文化精品。

狠抓"三个统一"，树立警察文化理念

统一思想认识。我们市局充分认识到警察文化建设是实践"三个代表"重要思想，继承、发展、创新三国吴王古都优秀传统文化和现代先

进文化,锻造鄂州公安警魂,保持队伍旺盛生命力,实现公安事业可持续发展的关键因素。特别是以"文化育警"为核心的公安文化建设,既是新世纪公安机关实现指挥管理现代化、设施装备现代化的重要基础,也是在新形势下加强和改进公安思想政治工作,实现警察公共关系交流互动的新途径,更是公安队伍正规化建设发展的必然取向,必须将其作为一项战略性事业统筹规划,长抓不懈。为此,我们市局专门成立了湖北省公安文联鄂州分会领导班子和工作专班,将有各方面特长的民警凝聚起来,集中力量抓好警营文化建设。

统一建设规划。制定了《全市公安文化建设工作规划》,提出"文化建设保障投入、文化形式推陈出新、文化交流内外互动、文化培育广泛长效、文化内容兼顾实战、文化内涵彰显特色"的警察文化建设六大原则,营造了全局抓"文化育警"的浓厚氛围。同时,结合鄂州公安历史文化渊源、现实文化行为等,将鄂州警察文化概括为"忠诚奉献、果敢智慧、为民执法、敢为人先"的鄂州警察文化精神,将鄂州警察文化界定为荆楚警察文化和具有悠久历史的吴都地方特色文化的重要组成部分,提出了建设"以职业精英文化为代表,以警营群艺文化为基础,以社会先进文化为补充的吴都警察文化圈"的口号,明确了警察文化建设的基本方向。

统一考评管理。将"文化育警"作为全市公安机关"一把手"工程,将其相关内容进行量化,纳入到全年网上等级考核管理体系,与公安业务和队伍建设的其他工作同部署、同考评、同排位、同奖惩,促进了全局警察文化建设的蓬勃开展。

实施"三项工程",打牢警察文化基础

每位普通民警既是文化建设的参与者,也是文化建设的受益者。我们坚持以人为本,把民警素质教育放在文化建设首位,组织开展了以树立正确的世界观、人生观、价值观为核心的政治思想素质工程,提高

民警实战能力为核心的社会人文素质工程建设。

建设政治思想素质工程。在开展民警核心价值观教育活动的同时，坚持每年在全市公安机关开展政治理论学习教育，每月制定学习计划，打牢队伍政治思想基础，从整体上提高全局民警的政治思想水平。

建设警务科技素质工程。实行"每月一训"制度，将全市公安民警分成12期，全员参训、轮值轮训，每月一期、每期15天，领导带班、封闭管理，半天学习训练、半天巡逻防控，使全局45岁以下民警98%以上能进行网上实战，大部分基层所队民警会使用科技设备勘查现场、提取物证，提高了警务科技应用水平，队伍警事技能、业务素质显著提升。

建设社会人文素质工程。先后开展了全警阅读月、"与党同呼吸、共命运、心连心"征文活动、"向党献礼"主题演讲赛等系列活动22次，引导民警工作之余多上书桌少上酒桌，多钻课桌不钻牌桌。与此同时，市局长期设立民警子女成才奖，共颁发子女成才奖500余人，吸引了更多的民警子女、家属加入到警营文化建设的行列中来，使越来越多的民警得到良好的学风家风熏陶，成为文武双全的多面手，增强了队伍的人文综合素质。

打造"三大板块"，丰富警察文化内涵

找准文化建设的切入点和突破口，构建完善的警察文化体系，对于丰富警察文化的内涵具有重要意义。我们市局结合实际，将文化育警与公安业务和队伍建设工作有机统一起来，倾心打造三大警察文化板块。

打造平战结合的警体文化板块。依托全局各类体育爱好者组织和基层实战警种单位，开展了乒乓球、篮球、羽毛球、环城长跑、女警健身等一系列警体活动，产生了一批在全市公安机关有较大影响的警体赛事。如每年选择1至2个重点，举办全市公安体育运动会，至今已举办19届，每次都吸引全局近25%的民警参加。巡警支队每年举行一次巡

警防暴警事技能大比武，年年吸引兄弟单位民警观摩。

打造雅俗共赏的群艺文化板块。充分发挥特长人才多、群众基础好的优势，举办书法、绘画、摄影展览、公安文艺汇演活动，鼓励民警"走出去"，积极参与鄂州市"周周乐"广场文艺汇演等群众艺术活动，力求月月有动作，年年有特色，用丰富多彩的警营群艺活动吸引民警参与到公安文化建设中来。

打造异彩纷呈的精英文化板块。在全市公安机关建立了四类公安人才库，在书法、绘画、摄影、文学创作等领域，发掘、培养了书法家李冬青和作家彭祖贻、宋俊生、沈汉涛等一批高层次的文化精英。市局政治部民警沈汉涛，业余时间坚持文学创作，先后出版长篇小说三部，共计80余万字。鄂城分局民警李冬青被中国名家书画院授予"2008奥运书画风云人物"称号。国保支队政委夏汉洲的国画《涛尘图》入选湖北省美协美术作品展览。交警支队民警张宏斌摄影作品荣获全省公安机关摄影展三等奖。鄂城分局退休民警彭祖贻再度出版长篇小说二部，并荣获了金盾文学奖。

力求"三个效应"，彰显警察文化功能

力求激励民警创优争先的文化效应。我们坚持对先进典型实行重点培养，继全国公安系统二级英模姜延安之后，又推出了社区民警"老黄牛"吴丰炳这一在全省有影响、过得硬的先进典型。市委、市政府和省公安厅先后作出了向吴丰炳学习的决定，成为了全省和全市公安战线的又一面旗帜。坚持对典型不求全责备，及时奖励实绩突出的单位和个人，培育新的先进典型亮点。青年民警陈晋立足看守所管教平凡岗位，十年如一日，勤恳敬业，任劳任怨，先后获取各类刑事案件线索368条，破案230起，市局将其作为又一基层先进典型重点进行培养，使典型富有鲜明的时代特色。

力求提高队伍整体素质的文化效应。实施"文化育警"工程，激发

了广大民警的求知欲,营造了良好的学风。近三年来,全局75%以上的中青年民警通过在职自修取得了本科学历,14名民警取得硕士学位或在读研究生,5名民警在首次全国司法统考中通过考试,全市公安机关在各级各类文体比赛中获奖54项,队伍整体素质不断提高,违法违纪现象逐年减少。

  力求服务公安业务工作的文化效应。由于大力培育敢为人先的警察文化理念,广大民警的工作责任心和进取心不断增强,促进了公安业务工作的全面发展和进步,打击管理和服务水平不断提升,确保了全市社会政治持续稳定,"命案必破"、"打黑除恶"、派出所工程建设、公安信息化建设、执法规范化建设居全省前列,没有发生在全省有影响的重特大恶性暴力案件和影响全市、全省大局的治安问题,为加快建设富裕型小康鄂州创造了良好的社会治安环境。

抓住关键环节 夯实创建基础

鄂州市疾病预防控制中心

近年来,我中心坚持以"三个代表"重要思想和科学发展观为指导,狠抓三个关键环节,努力向四个目标迈进,积极开展精神文明创建活动,有效地促进疾控事业又好又快发展。

加强组织领导,夯实创建基础

一是我们把精神文明创建工作当作落实科学发展观、构建和谐疾控中心的重要任务来抓。通过开展创"学习、团结、勤政、廉洁"四好班子活动,抓学习转观念,抓班子求实干,抓组织强党建,抓队伍促发展,增强执政为民的意识,提升精神文明建设理念。领导班子坚持贯彻民主集中制原则,分工合作,党、政、工、青、妇齐抓共管。精神文明创建活动形成了"上下联动、横向互动"的格局。

二是加大经费投入。凡是用于精神文明建设的投入,例如职工队伍建设、中心形象建设、中心文化建设、品牌工程建设等开支只要是必需的、合理的中心都大力支持,一路绿灯。每年为党、政、工、青、妇单列预算,专款开支。近5年来,中心用于精神文明建设的开支已超过了200多万元。

创新活动载体,丰富创建内涵

我们以开展主题活动为载体,把疾控文化建设与创建文明单位有机结合,开展形式多样的创建活动,既培育了富有特色的疾控文化,又增强了单位凝聚力,塑造了单位新形象。

构建疾控文化体系,增强职工凝聚力。文化建设是中心精神文明建设的核心。2010年,我们开展了疾控文化建设大讨论,凝聚了疾控精神(求真务实、团结创新)、疾控理念(诚实守信、爱岗敬业)、疾控目标(创规范疾控、建高效团队、促服务均等、保大众健康)等疾控文化。同时,导入视觉识别系统,规范工作人员着装,推行各岗位服务规范,提高职工的职业素质。

营造创建氛围,提高职工参与意识。我们在全中心开展了争创"青年文明号"、"巾帼建功示范岗"、"王争艳工作室"活动,在党员中开展了争创"党员先锋示范岗"、"党员示范窗口"活动。开展了"文明科室"、"文明职工"、"文明家庭"评比活动,鼓励干部职工树立"争位子、创牌子、夺旗子"的意识,充分激发和调动干部职工的创建热情。

丰富创建形式,提高创建效果。创建文明单位,不能光是说教。我们的做法是将创建与活动结合,因地制宜,每年都开展篮球、羽毛球、乒乓球、拔河、长跑、跳绳等一些小型比赛活动,让职工都能参与。我们还组织职工开展了野外拓展训练,组织职工开展骑自行车低碳出行、倡导健康理念、宣传结防知识等一系列活动,既增强了职工的团队意识,又提高了职工的集体荣誉观。其中,低碳出行活动,由于创意新颖,《鄂州日报》在头版进行了报道,最近多家单位积极效仿。另外,我们还组织职工开展了"喜迎十八大爱我中华"摄影图片展,大家的参与激情也很高。这些活动的开展极大地丰富了干部职工的业余文化生活,进一步调动了干部职工的积极性,增强了队伍的亲和力、凝聚力和战斗力。

投身社会公益活动,树疾控良好形象。近年来,我们开展多层次、多角度的对口帮扶工作,不只是给钱就完成任务。我们组织中心职工走村入户,到对口帮扶村开展摸底调查,体验农村生活,帮助制定扶贫攻坚计划,派专人到乡村蹲点,请水利专家指导挖好当家塘、请农业专家指导改良农作物品种、转变耕作方式,组织职工为村小学捐书625册、捐款5000多元,在全市扶贫攻艰评比活动中,中心总是名列前茅。

中心鼓励职工文明创建从自己做起、从当下做起、从小事做起。针对现代社会，职工居住分工散、邻里之间老死不相往来的现状，中心妇联提出"拜访我的邻居，关注我的亲人"，要求职工给邻居送一张联系卡，主动搞好邻里关系，在中心开展评选"好儿媳、五好家庭"等活动，效果也非常好。

今年中心有一名职工家里种的梨子丰收了却卖不出去，中心工会先是帮助联系超市出售，但联系未果，最后中心决定，买下了这3000多斤梨子，发给职工防暑降温。用实际行动帮助职工。近几年来，中心先后为受灾、下岗职工、扶贫村以及贫困家庭捐款近10万元。

深化文明创建，推动疾控发展

文明创建活动的深入开展，极大地激发了干部职工履行职能，无私奉献的积极性，"以人为本，以德为魂，服务群众，奉献社会"的理念正在形成，各项工作呈现良好的发展势头。

近年来，全市传染病疫情形势整体平稳，一类疫苗接种率一直保持了较好水平，突发公共卫生事件应对有序，特别是在人感染高致病性禽流感、疟疾、手足口病防控等工作中，判别及时准确、处置及时高效。

基本公共卫生服务项目及重大公共卫生项目稳步推进，疾控参与基本公共卫生项目的话语权不断提升，全市疾控项目的经费分配都是以我们的督导和考核结果作为主要的发放依据。在日常工作中，我们积极探索和思考基本公共卫生服务逐步均等化的服务模式，尝试了使用公共卫生服务券的办法，创造了补供方与补需方相结合的新模式，较好地调动了基层医务人员的积极性，同时也使有限的经费效用最大化。在服务方式上，我们组建了全科型公共卫生服务团队，开展定期和不定期的技术指导和督导，既减轻了基层接待负担，又提高了工作效率。

实践证明，精神文明创建与业务工作同等重要，相辅相成，共同推进了中心持续健康发展。自2002年以来，中心从负债1300多万元到现在收支基本平衡,办公面积从原来的2000多平方米到现在的16000多平方米,固定资产原值从原来500多万元到现在的3600多万元,财政拨款从原来的每年不足100万元到现在的700多万元。

通过文明单位创建活动,中心诚信形象进一步确立,社会各界反响良好,显现了较好的社会效益。中心连续三届荣获"市级最佳文明单位",两届荣获"省级文明疾控中心"的荣誉称号;去年还被省委省政府授予"省级文明单位";被省卫生厅授予"先进基层党组织"、"卫生应急先进集体"、"地市级甲等实验室"、被省总工会授予"省级模范职工之家"荣誉称号。市相关部门还分别授予"市级青年文明号"、"新长征突击手"、"青年岗位能手"、"妇联组织建设示范点"、"巾帼建功示范岗"等一系列荣誉称号。我们中心何利生同志被评为全省"十佳疾控卫士"。

支持低碳环保——赛成绩 展风采爬山比赛

文明单位创建,是一项长期的工作,贵在持之以恒、常抓不懈,文明意识的增强也是一个反复教育、不断培养的过程。下一步,我们努力的目标:一是抓教育,解决干部职工心力的问题,创建学习型疾控中心;二是抓管理,解决干部职工心疲的问题,创建服务型疾控中心;三是抓环境,解决干部职工心态的问题,创建和谐型疾控中心;四是抓发展,解决干部职工心虚的问题,创建创新型疾控中心。

润物无声　超越平凡

鄂州市工商行政管理局城东分局

开展食品快速检测　确保食品安全

鄂州市工商行政管理局城东分局——一个朝气蓬勃、团结奋进的光荣集体,现有干部职工91人。几年来,在市委、市政府及市工商局的正确领导下,不断加大文明创建工作力度,深化文明创建内容,不懈追求,不断超越,取得了三个文明建设的丰硕成果。分局机关自1996年以来连续八届被评为省级文明单位,下辖凤凰工商所、古楼工商所被评为市级文明单位。

以过硬的综合素质激发创建动力

多年来,我们以开展作风纪律整顿、推进治庸问责工作、创先争优、喜迎十八大、争创新业绩等活动作为提升队伍素质的重要举措,推动分局系统干部队伍作风纪律转变和队伍素质提高,坚持以过硬的综合素质激发着创建动力。分局认真执行教育培训制度、"三会一课"、周四学习日等制度,提高干部政治理论素养。通过市委党校干部培训、收看省局法制大讲堂节目、举办"以案说法"、"一月一法"、"案例评析"等活动,加强业务技能培训,增强依法行政意识。同时,强化作风纪律整训工作,先后开展队伍作风纪律整训、创先争优、三抓一促等主题活动,通过"创建六型机关"、"市场主体评工商"、"为市场主体办实事"、"重点企业大走访"、"创先争优群众评议"等方式问需于民、问计于民、问政于民,动真情、出实招,解民忧、帮民困,锤炼为民、务实、清廉的作风。在重点企业大走访活动中,分局系统干部参加大走访活动共21人,发放工商部门支持企业发展所制订的商标发展战略、股权质押等政策宣传资料200余份,召开座谈会16场(次),收集意见建议6条。通过走访,帮扶1户企业申报了商标注册,1户企业变更了商标注册,帮扶8户企业规范了经营行为,受到企业的好评。在党员评议活动中,分局各单位分别召开群众评议会4次,参加评议的党员、干部、监管服务对象共计121人,评议党组织5个。

以丰富的活动载体增强创建活力

几年来,我们认真贯彻文明单位重在创建的原则,充分运用各种活动载体,广泛发动群众参与,在活动中教育干部、锻炼队伍、检验成果,不断提高文明创建水平。

采取有效行动,积极配合市委、市政府开展"四城联创"活动。分局各所与市城管办配合取缔市区主要街道占道经营行为,对不具备营业条件的和有碍市容观瞻的,不予发证登记;全面规范和清理临街商业门店牌匾和户外广告及各类"小广告"、标牌、条幅,依据统一规划和设计方案,对建筑立面和沿街广告、灯饰进行整治,确保街容市貌整洁。

开展诚信创建活动。建立企业信用信息数据库,对所有内资企业进行诚信分类;深入开展"守合同重信用"企业创建活动;引导经营者树立诚信经营理念,推动文明诚信市场的建立。

构建文明环境。开展市场秩序优化行动,通过加大"扫黄打非"和网吧市场整治力度,为广大青少年营造健康的成长环境;通过加强广告监测体系建设和日常监管,打击虚假违法广告,推动公益广告发展,营造文明诚信的商务环境；通过开展严厉打击传销、规范直销执法行动，营造安定和谐的社会环境。开展放心消费保护行动，履行《食品安全法》赋予的监管职责，构建流通环节食品安全监管长效机制，营造安全放心的消费环境。

参加社会公益活动。组织开展爱心捐助、关爱弱势群体、下岗职工再就业等扶贫帮困、送温暖献爱心活动。着力抓好古楼街办南门村的帮扶工作，推进社会主义新农村建设。

开展"工商开放日"活动。为了进一步密切工商部门与人民群众和社会各界的沟通和联系，分局以分局机关和三个工商所为单位，以"综合开放日"、"执法办案开放日"、"服务企业开放日"和"市场监管开放日"为主题，分别举办四次"工商开放日"活动。通过该活动的开展，得到广大人民群众的一致好评，树立了良好的部门形象。

以优质的服务扩大创建影响力

分局的基本职能是维护市场秩序，目的是促进服务和发展。几年来，在创建活动中，我们注重文明建设成果的转化，坚持把文明创建活动有机地融入到工作中，把服务发展作为工作的出发点和落脚点，采取多项行之有效的措施，全力服务地方经济发展。

强化市场准入服务。分局全面实行"一审一核"，办理企业登记，当场受理。对重点项目和企业实行直通车服务，做到随到随办，确保办事快捷，服务畅通。如分局凤凰工商所得知香港尖沙咀永久性居民彭某想在南浦路开一家加盟店后，主动与其联系，从政策宣传、门面的租赁、体检、申办食品流通许可证到营业执照发放全程参与指导，并免费送营业执照服务，这也是目前第一例香港永久性居民在我市从事个体经营。《鄂州日报》、《楚天都市报》对此事进行了专题报道。

实施帮扶服务。分局积极开展"重合同守信用"活动，提升企业形象。为进一步促进企业信用建设，营造"诚信光荣，失信可耻"的信用氛围,形成良好的市场竞争和交易秩序。对"守合同重信用"企业认定这项工作的开展,我们高度重视,加强领导,精心组织,严格认定标准,确保"守合同重信用"活动质量,不断提高"守合同重信用"企业公信力。通过这项活动的开展,有31家符合条件的企业被命名为市级"守合同重信用"企业。同时,积极开展非公有制经济创先争优活动,充分发挥党组织和党员在推动非公有制经济组织发展中的先锋模范作用,鼓励、支持有一定经济实力和发展潜力的个体工商户转型登记为私营企业。今年以来,共引导帮扶12户个体工商大户成功转型登记为私营企业,在个私协会员中新发展共产党员7名。

抓好监管服务工作。我们在强化服务的同时,加大对违法违纪经营者的查处力度,为守法经营者提供更好的法律保护,通过公开、公正文明执法,维护了广大消费者的合法权益,规范了市场经济秩序。

总之,通过几年的不懈努力,我们城东分局精神文明建设取得了显著成效,干部队伍的精神面貌和机关作风有了明显改善,有力地促进了各项工作顺利开展。但精神文明建设的创建活动是无止境的。在今后的工作中,我们将以科学发展观为指导,认真总结经验,继续发扬良好的工作作风,求真务实,开拓创新,不断巩固、扩大精神文明建设成果,为构建和谐社会和促进地方经济持续、稳定、健康发展再创佳绩,再立新功,以更加饱满的精神状态迎接党的十八大胜利召开。

严管理打造硬队伍　抓创建唱响和谐曲

鄂州市地方税务局西城分局

近年来，我们西城分局紧紧围绕省局"依法治税、信息管税、服务兴税、人才强税、廉洁从税"的工作思路，结合分局工作实际，探索性地引入品牌理念，延伸品牌内涵，努力打造一支学习型、创新型、服务型、效能型、节约型、廉洁型的高素质文明队伍，先后荣获市级文明单位、省级文明单位称号。

请社会各界走进地税了解地税

严把管理关：实现队伍素质新提升

我们分局因税源特点所致，收入总额占全市地税系统总收入的三分之一，每年能否圆满完成收入计划，不仅直接影响全市地税系统的整体工作，而且还关系到全市的经济建设大局。任务之艰巨，压力之大，可想而知。几年来，分局上下不辱使命，把大力组织收入摆在中心地位，并作为立局兴局的第一要务狠抓落实，保证了收入任务的圆满完成和稳步增长，为鄂州市"两型社会"建设提供了可靠的财源。

实行民主管理。支持工会认真履行教育、维护、建设和参与的职能，定期召开干部职工代表大会，由全体会员集体审议年度工作报告。

凡遇重大事项时，分局党总支充分征求全体会员的意见和建议，认真研究，科学决策。凡有新的方案和制度出台，都要组织职工代表根据学习的结果，对照方案和制度认真斟酌，提出修改建议，使广大干部职工的合法权益得到维护。保证干部职工参政、议政，建立工会会员代表联系会制度，通过召开联系会、碰头会以及开通电子邮箱等形式，激发全体职工的参与热情。在全局开展献计献策活动中，收到干部职工提交的合理化建议60余条，有10余条被采纳并实施，充分发挥了工会会员的主人翁作用。分局还号召广大税务干部在内网广开言路，踊跃投稿，通过征求意见信、网上论坛等形式，为干部提供反映心声的平台，畅通民意表达的渠道，使干部大胆表达真实想法。年终，党组成员向会员述职述廉，接受民主评议。

加强税收管理。制定重点税收管理办法，对重点税收实行集中分类管理，细化税源户籍管理、行业税收分析、纳税评估等内容，建立动态评估模型，并运用模型开展评估，公平企业之间的税负，使分局所辖税收近几年保持持续稳定增长。保企业就是保税收，鄂州银泰百货在2008年成立之初就遭遇金融危机，连续亏损数年，分局了解到企业经营情况后，帮企业找对策，召开专题会议，帮企业申请到连续三年困难性减免土地使用税和房产税96万元，帮企业渡过了难关。

创新执法管理。发挥管理立局品牌的辐射和扩散效应，采取完善岗责体系、优化业务流程、相对集中税收行政执法权等办法，强化税务干部依法征税、规范执法意识。一是创新行政运行机制。实行涉税事项限时办结制，对有明确期限规定的及时办结；对没有明确期限规定的，结合实际确定一个合理的期限，限时办结。二是加强税收信息化建设，创新税收管理方式。推广应用税收执法管理信息系统，把税务干部的执法行为置于网络的监督之中，比如运用"税收征管平台"、"发票管理平台"、"考核系统"等，对干部执法过程和工作质量进行监控，严格考核。

强化服务管理。按照规范、便捷、高效、文明的原则,以始于纳税人需求、基于纳税人满意、终于纳税人遵从为目标,以保护纳税人权益为主线,以规范办税服务大厅建设为突破口,不断转变纳税服务理念,提升纳税服务水平,推进纳税服务创新,树立西城纳税服务品牌。

一是规范纳税服务标识,方便纳税人办税。我们分局多次邀请市局领导及专业人员到现场指导,对办税服务厅内外部标识、设施进行了规范。舒适、温馨的办税服务厅,既满足了纳税人办税的功能需求,又满足了纳税人轻松愉快办税的精神需求。

二是规范窗口职能设置,提供全能服务。按照"窗口受理,内部流转,限时办结,窗口出件"十六字目标,建立"一窗多能"模式,力争达到"一窗式"服务要求,把纳税人的外部传递,变成税务机关的内部流转。规范了导税服务、纳税联系卡服务、延时服务、预约服务、增值服务等10条服务项目,还根据需要,为部分特殊群体纳税人(伤残人士、返程农民工等)设立了"绿色通道",尽可能方便纳税人办税,最大限度地满足纳税人办税的需求。

三是规范制度建设,提升服务标准。进一步细化办税服务厅标准化建设实施步骤和办税厅工作制度,加强办税服务厅与相关业务部门的衔接与协调,建立办税服务厅有序、顺畅的业务运转机制。以制度考核办税人员的业务量、服务质量、纳税人满意度,从而提升纳税服务标准。

四是强化服务礼仪,提升服务水平。从开具一张税票、一句温馨提醒、一次预约、一条短信做起,增强与纳税人的交流,杜绝"门难进、脸难看、话难听、事难办"现象,切实转变工作作风,提高工作效率。通过不断加强礼仪培训,大厅服务得到纳税人的一致好评。

五是落实优惠政策,切实为纳税人服务。广泛开展到学校、到企业送政策活动,宣传政策、解读政策,把国家制定的有关税收优惠的具体内容与申请办理减免税的资格条件、程序步骤予以公示,切实帮助企业与下岗失业人员等用足用活用好现有优惠政策。

六是深入开展税收宣传活动,让更多人了解地税。在鄂州职业大学、相关企业、樊口小学、部分家庭开展了以"税收·发展·民生"为主题的税法宣传,以及邀请社会各界走进地税的"地税开放日"活动,进一步密切了地税部门与纳税人和广大人民群众的关系,让社会各界零距离接触地税,夯实了税企双方诚信合作的基础,增进了社会各界对地税部门的了解,树立了良好的地税形象。

狠抓建设关:树立优质服务新品牌

抓领导班子建设。我们分局结合"治庸问责"、"喜迎十八大,争创新业绩"、"三抓一促"、"民主评议政风行风"等主题活动,认真开展领导干部作风建设。在作风建设活动中,针对当前存在的精神疲软、动力不足、活力不够等问题,通过班子成员间交心谈心,召开专题会议等形式,剖析了思想根源,提出了整改措施并积极加以整改。领导干部作风建设活动的开展,使分局领导干部廉洁自律意识得到进一步提高,领导干部从政行为得到进一步规范。班子成员之间互相信任、互相团结,领导班子的凝聚力、向心力、战斗力明显增强。

抓各项制度建设。制度是各项管理的基础,近两年我们分局共修订了六大类100多项制度。一是完善学习制度,倡导全局干部自觉加强学习,形成以学立德、以学增智、以学助业的良好氛围;二是完善政务管理制度,提高领导班子、各科室负责人及广大干部发现问题、研究问题、解决问题的能力;三是健全财务管理制度,提高资金的使用效益,防范财务及廉政风险;四是完善纳税服务制度,从制度上保障为纳税人提供优质、高效、满意的纳税服务;五是修订考核办法,分岗位、分职能进行全员绩效考核。通过狠抓各项制度的落实,分局呈现出齐心协力、共谋发展、昂扬向上的新局面,初步形成以"制度管人、制度议事、制度激励人"的制度化管理模式。

抓党风廉政建设。我们分局始终高度重视党风廉政建设责任制的落实，坚持以"带好队、执好法、收好税、服好务"为重点，实行"三个结合"：一是廉政建设与税收工作相结合，保证"两制"的真正落实；二是定期考核与专项工作检查相结合，把责任落实和风险防范渗透到各项工作之中；三是廉政建设责任制与"创先争优"、"治庸问责"、"政风行风评议"等主题活动相结合，及时解决存在的问题。为增强党风廉政建设的感染力和吸引力，我们分局不断丰富教育载体和内容，请退休老干部讲传统教育课，组织全体干部观看廉政教育片《忠诚与背叛》，警醒干部职工自觉筑牢防腐防变防线，保持共产党员的纯洁性。

抓学习型机关建设。按照"注重综合素质、提升岗位能力、创新培训方式、实施全员培训、促进终身学习"的思路，坚持日常学习制度，鼓励大家充分利用信息网络技术积极参加省局网上税校学习，引导干部职工利用计算机网络平台，开展互动学习、研讨交流。

敢闯敢拼的西城地税人，将不断开拓创新，劈波斩浪，激流勇进，奋力前行，在服务鄂州经济发展的浪潮中，谱写出新的恢宏篇章！

基层财政系统的一面旗帜

鄂州市西山街办财政组

鄂州市西山待办财政组是三届省级文明单位,是鄂州市基层财政系统的一面旗帜。西山待办财政组在市文明办和街道办事处的正确领导下,抓住创建省级文明单

财政组干部职工看书学习蔚然成风

位的契机,以服务发展为第一要务,用足、用好、用活财政职能,坚持监督、管理与服务并重,着手建设文明、廉洁、勤政、高效的基层财政队伍。几年来,西山财政组多次受到省委、省政府、省财政厅、市委、市政府、市财政局以及其他部门的表彰,2007 年被鄂州市妇联授予"巾帼示范岗",2005 年起连续三届获评省级文明单位;2006—2011 年在全市乡镇街财政组(所)目标考核中连续名列前茅。

财源建设试身手,经济发展显奇功

刚刚过去的 2011 年,是实施"十二五"规划的开局之年。我们财政组积极协助街道办事处,以科学发展观统领全局,大力实施"三个依

托"战略,精心打造"两园"发展平台,全力以赴抓发展,千方百计保民生,实现了经济社会平稳快速发展。全年实现地区生产总值15.7亿元,同比增长14.5%;财政收入11096万元,一般预算收入3721万元,同比增长18.1%。一年来,我们主要做了以下工作:

保持经济平稳增长。面对各种严峻形势,我们千方百计破解发展中遇到的难题,经济发展呈现良好态势。工业经济运行良好,产业结构进一步优化,全街规模以上工业增加值2.69亿元,同比增长20.9%。技术改造步伐加快,企业完成更新改造投资4500余万元。高新技术增加值占工业增加值的比重达到68%。第三产业增加值5.34亿元,增长21%,第三产业增加值占GDP的比重额达到34%。商贸流通业日益繁荣,实现社会消费品零售总额13.5亿元,增长22.7%。

增强经济发展后劲。2011年,我们积极协助街道办事处狠抓龙头项目引进,抢抓重点项目建设,签约项目个数、项目投资总额都取得了历史性的突破。全年引进项目20个,工业项目13个,三产业项目7个,包括新引进投资额6.8亿元的循环经济产业园、2.8亿元的耐炉材料工业园二期、1.2亿元的新型建材、1.4亿元的腾辉机械、30亿元的意邦环球商业广场、2.3亿元的大通物流园等9个亿元项目。

实现城区环境一体化。财政组挤出资金82万元,在江碧路、寒溪路修建景观围墙3.7公里,改造房屋立面1.3万平方米。按照沿江风光带风格,对建设西街进行综合改造。规范石山路各门店的招牌。新建墓碑石刻和洗车点两处市容疏散场所。累计投入配套资金200余万元,改造9条背街小巷。

通过抓财源建设,促经济发展和社会发展,确保了政府机关和部门的正常运转,确保了基本建设资金的投入,确保了干部教师工资的足额发放和政策性增资的兑现,保持了稳定发展的局面,为构建和谐街道奠定了坚实的基础。

改革创新严管理,优化服务为百姓

为适应新形势,我们不断探索财政监督管理的新思路新办法,推进财政"四项改革",拓宽监督管理覆盖面,服务财政管理对象,落实国家惠民政策,服务农民、服务居民,做到管理与服务并重。

高度重视和加强农村会计服务中心工作,不断探索完善村级资金、村级账务的"双代管"模式,严格操作程序,确保规范运作。在实行"双代管"的过程中,始终坚持核算主体不变、资产所有权不变、代管不越权;统一财务制度、统一会计核算、统一财务票据、统一资金管理、统一财务公开、统一管理档案,并定期定点向社会公开村级账务明细和资金使用情况,增强了村级财务透明度,提升了农村财务管理水平,为防范腐败发挥了重要作用。

不断完善管理办法,坚持统一核算、集中支付、细化预算、规范收支、全程监控的工作方针,在创新管理方式、拓宽管理空间上做了富有成效的探索,将财务集中核算面从街直部门延伸至各个中小学、社区服务中心七个居委会。学校、居委会所有收入一律纳入财政专户管理,财政组对学校、居委会财务收支、票据和资产等进行统一管理,强化财政监督和管理。

积极推进财政四项改革,初步达到"四个规范",即:通过实行部门预算改革,规范了预算编制行为;通过探索国库集中收付办法,规范了财政收支行为;通过实行政府采购制度改革,规范了财政资金使用行为;通过实行收支两条线管理改革,规范了依法行政行为。

按照国家有关惠农补贴政策,认真做好对种粮农民实行粮食直接补贴,在每年四月底以前将粮食直补资金直接存入农户的"财政涉农补助资金活期储蓄存折"中。2011年全街粮食直补4.23万元,农业综合补贴19.58万元,已全额发放到农民手中。同时,我们在家电下乡补贴中为农民提供便捷服务,全年累计登记农民购买家电 21680 台,共计销售额 5446 万元,补贴金额 708 万元。准确、及时、优良的服务得到了广大农民的一致好评。

我们建立健全了城乡居民合作医疗实施方案和有关管理制度,有关人员深入村组、社区、学校、幼儿园及企业,加大宣传力度,帮助居民在看病就医的过程中掌握利用好合作医疗的政策。

齐心高唱文明曲,群策群力谱新篇

文明创建拉开帷幕。我们制定了《财政组文明创建规划》、《财政组文明创建实施细则》,在文明创建中确立了坚持以人为本,强化干部素质;着眼经济全局,科学公正理财;立足优质服务,塑造一流形象,努力建设一支政治坚定、业务精通、作风严谨、言行文明的财政干部队伍。围绕创建规划,建立健全了领导机制、责任机制、投入机制和激励机制等各项保障措施,使创建工作有计划、有目标、有措施、有落实,保证了文明创建工作有条不紊、紧凑高效地开展。

四项教育贯穿始终。一是强化基础理论教育,认真组织干部职工学习"三个代表"重要思想和"科学发展观",不断提高干部职工政策理论水平。二是强化业务素质教育,鼓励干部职工通过函授、自修等形式参加各层次学历教育,进一步改善了干部队伍的学历结构。目前财政组 17 人中已有 16 人具备大专以上学历,45 岁以下的干部职工已全部达到计算机应用能力初级以上水平,财政干部的专业技能和工作水平有了较大提高。三是强化职业道德教育,结合开展扶贫解困、对口支援等活动,将西山街道华光村作为"帮扶联系点",与西山街道八一社区贫困党员、贫困居民结成"帮扶对子",每年为养老院孤寡老人捐款捐物。四是强化廉洁勤政教育。通过听报告、看录像、剖析典型案例等形式,教育干部职工筑牢思想防线,提高拒腐防变的能力。

开展主题活动如火如荼。我们结合"创先争优"和民主评议政风行风工作,积极开展"青年文明号"、"巾帼文明示范岗"和"五室四栏"三大主题活动。组织干部职工开展乒乓球比赛、文艺汇演、歌咏比赛等活动,陶冶了干部职工的道德情操,树立了财政干部良好的精神风貌。财政组加大投入力度,建设"五室"(荣誉室、档案资料室、党团活动室、图书阅览室、文体娱乐室),开辟"四栏"(岗位责任栏、目标考核栏、政务公开栏、宣传报道栏),工作、学习环境和办公条件得到较大改善。

通过开展文明创建活动,我们制定了财政行业规范,推行了部门服务承诺制、首问负责制和岗位责任制,发挥了"青年文明号"和"巾帼示范岗"的文明示范作用,展示了财政组"团结拼搏进取"的精神风貌和"廉洁务实高效"的工作作风,"公平公正公开"的办事原则和"文明热情礼貌"的服务态度。

从严治队锤素质 创新机制提效能

鄂州市地方税务局稽查局

人们把赞许的目光投向我们地税局稽查局,是因为坚持"为国聚财,执法为民"的方针,认真开展"依法、公开、文明、高效"稽查执法活动,不断完善和改进税务稽查机制,每年圆满完成了稽查工作任务,

全体党员参观革命老区,接受传统教育

取得了令人称赞的业绩和荣誉:多次被鄂州市地税局授予"红旗单位"、"先进单位"称号;多次被评为市级"最佳文明单位";连续5届被湖北省委、省政府授予"省级文明单位"称号;被团省委授予"青年文明号"称号;档案管理被评为"省特级";被省地税局授予"先进集体"、"十佳基层单位"称号。

从严治队:锻造高素质干部队伍

近两年来,我们局创新思想教育方式,从严治队,打造了一支各方面过得硬的干部队伍。

实施"四项"规范,提供优质高效服务。

上岗规范。稽查人员进户稽查必须统一税服、出示税务检查证。同时,着装做到整齐、干净、不与便服混穿,不留长发、胡子等。上岗后

坚守岗位,严格执法。

环境规范。有固定服务办公场所,醒目的单位名称牌匾,院内、室内整洁,物品摆放有序。墙壁上悬挂稽查流程图。

管理规范。对待每一个纳税人礼貌热情,对那些一时认识不清的纳税人耐心解释,说服教育,做好转化工作,不耍态度、摆架子。同时,建立整套严密的内部工作流程,做到操作方便,忙而不乱,有序高效,既讲原则,坚持实事求是,廉洁公正,又周到服务,不给纳税人额外的负担。

语言规范。使用规范的文明服务用语和忌语,做到用精炼的语言说明问题,用文雅的语言说服他人,用礼貌的语言感化纳税人,用公示栏公开税收政策和服务承诺。

运用"五种"方法,塑造文明新人。

思想道德约束人。以爱国主义、社会主义、集体主义教育为核心,着重构筑五条防线:一要耐得住艰苦,发奋图强,励精图治,保持作风上的纯洁性。二要顶得住歪理,提高政治鉴别力和政治敏锐性,决不人云亦云,随波逐流,保持思想上的纯洁性。三要经得住考验,正确对待改革中利益关系的调整、职务的变动、岗位的交流和权力的分配,带头讲风格、守纪律、作奉献,保持政治上的纯洁性。四要抗得住诱惑,严于律己,秉公执法,自觉过好名利关、权力关、金钱关、亲情关和美色关,保持品质上的纯洁性。五要管得住小节,管住家属和子女,从吃、住、穿、行、个人爱好等方面管好自己的行为小节,保持行为上的纯洁性。

地税文化感染人。我们局充分利用现有条件,办好板报、墙报、简报,经常开展各种竞赛活动、评选活动、文体活动、创优活动与立功活动等。通过这些健康愉悦、丰富多彩和生动活泼的文化传播,寓教于知、于美、于乐,使干部的精神境界得到净化,得到提高,得到美的熏陶和享受。

排忧解难关心人。我们局领导经常听取群众呼声,关心疾苦,广泛开展"七必谈",即:干部思想变化、争嘴吵架、入党提干、奖励晋级、批评处分、职位变动和工作出问题时,必与当事人谈话;"八必访",即:干部遭遇天灾人祸、生病住院、婚丧嫁娶、精神不振、家庭纠纷、婚恋矛盾、因公出差、生活遇到困难等,必作家访,及时把党组织的温暖送到干部职工的心坎上。

突出表率塑造人。对全局干部突出表率作用教育,做好五个表率:即高举旗帜,坚定信念,做政治合格的表率;拒腐防变,慎独自警,做廉洁自律的表率;遵纪守法,严格要求,做依法治税的表率;深入实际,不尚空谈,做善谋实干的表率;钻研业务,追求卓越,做精通业务的表率。

警钟长鸣警醒人。我们局以一些违法违纪大案为内容,开展警示教育。同时结合省、市系统内查处的违法案件,联系本部门、本单位和本人的思想实际,举一反三,深入讨论,对照检查,不断积累经验,吸取教训,引以为戒。

近两年来,我们局严把"六关",不断创新稽查机制,大大提升了稽查效能。

严把稽查选案关。实行选案工作委员会集体选案,采取人机结合的方式,合理、准确地选择和确定稽查对象。如今年,我们局把稽查选案范围放在近三年未稽查的重点户、交通运输企业、股权转让、资本交易项目、房地产和建筑安装企业等行业。

严把实施检查关。实行主查员制度,两人进户,调查了解被查对象的相关情况,熟悉相关税收政策,制定相应检查方案。实行柔性执法,开展查前约谈,允许纳税人自查自纠,督促其自觉履行纳税义务。

严把依法审理关。实行审理委员会集体审案,补税5万元以内的由审理科负责审理,补税在5万—30万元的由稽查局审理委员会审理,补税30万元以上的报市局审理委员会审理。同时,实行审理时限制,规定审理完成时限,规范各环节资料移交移送程序,提高了工作效率。

严把案件执行关。在执行中着重解决：更改税款所属期限，规避加收滞纳金；查补税款按退补的差额入库，可能造成税款级次的混淆；查补税款定性罚款不多，发挥稽查威慑作用不够等问题。严格按征管法规定执行，不因执行难而擅自降低处罚标准。

严把文书案卷关。实行稽查文书规范化管理，规范稽查文书式样、制作、发放和送达。制定稽查文书范本，将44种对外执法文书和15种对内管理文书汇编成册，稽查员人手一本，对照填写；税务稽查案件终结后，在稽查各环节形成的各种资料由稽查人员整理，于结案后60日内交管理审理科立卷归档。稽查案卷根据选案类、检查类、审理类、执行类以及其他资料进行归类，并按被查对象分别立卷，统一编号，做到一案一卷、目录清晰、资料齐全、分类规范、装订整齐，大力推进了稽查工作的规范化。

严把稽查质量关。实行严格的效能考核，具体规定了稽查业务工作岗位的岗位职责、基本要求、目标效果、时限要求、工作流程，并依据岗位职责制定了绩效考核办法，奖勤罚懒，奖惩兑现，解决干与不干一个样、干好干坏一个样的问题。同时，大力推行稽查能级管理，调动干部工作积极性。

高悬三面明镜：塑造"廉洁型"税务机关

古代官员升堂办案，堂中挂"明镜高悬"牌匾，以示清廉公正。我们局高悬三面明镜，鉴照全局干部廉洁的群体形象。

第一面明镜：监督岗位行为——一条防腐链，一张回执卡。

一条防腐链。我们局实行选案、稽查、审理、执行四分离，使各环节相互监督，相互制约，并成立了案件审理委员会，制订了执法责任制和错案追究制，重点查办税务稽查过程中的违规违纪行为。

一张回执卡。我们局实行稽查事先告知制度和廉政回执卡制度。稽查事先告知制度就是：在案件稽查前，将稽查人员下户稽查的执法依据和工作纪律告知被查单位,请纳税人协助防范稽查人员在办案过程中的违法违纪行为。廉政回执卡制度就是:在案件稽查终结后,由纳税人根据事先告知的内容,按期如实函告局纪检监察部门。每月再由局纪检监察干部,对各科已结案案件的廉政情况随机抽查,并在全员大会上进行通报。

一条防腐链,一张回执卡,从源头上消除了腐败现象,促进了工作效率、执法水平、办案质量的提高。近几年,我们局结案率、入库率、处罚率分别达到100%、98.8%、98%。

第二面明镜:监督家庭行为——一本廉税手册,一份廉政公约。

一本廉税手册。我们局每年都要给干部家属赠送市局监察室编印的《地税人员廉洁治税手册》,动员干部家属认真学习,使家属在知法、懂法的同时,自觉守法,并成为廉政建设的"义务宣传员"。

一份廉政公约。为创建好家风,我们局领导与干部家属签订以勤政廉洁为主要内容的《廉政建设综合治理公约》,从而极大地提高了家属的廉洁自律意识。近两年,有8名干部家属拒收纳税人送来的礼金及购物券。

第三面明镜:监督社会行为——一个询问电话,一处活动场所。

一个询问电话。弄清干部八小时以外在哪里,在干些什么,是我们局对干部社会行为进行跟踪管理的一种最直接、最及时的工作作法。局领导干部经常性在晚上或节假日打电话到干部家中,查询干部行踪,了解干部活动,以便对干部的社会行为进行有效监督。

一处活动场所。为拓展干部八小时以外的活动空间,丰富职工的业余生活,我们局配置了娱乐生活设施。这些作法曾被省纪委、市纪委、市委组织部简报转发,《中国纪检监察报》、《湖北日报》也作了专题报道。

文明创建常抓不懈 经营发展屡创佳绩

中国工商银行股份有限公司鄂州分行鄂城支行

中国工商银行鄂州分行鄂城支行位于鄂州市古城南路85号,是鄂州分行辖属的一家支行,也是鄂州工行资产负债总规模最大的支行和全市金融系统规模首屈一指的网点之一,主要服务对象是包括市级财政及市直预算单位在

文明服务

内的近400家企事业单位,以及4.3万多个人客户。近年来,按照市分行党委要求,我们积极响应市委、市政府号召,着力开展文明单位创建,经营发展屡创佳绩,实现了精神文明和物质文明建设协调快速发展。2011年,我行各项存款余额较2009年翻了近一番,全行占比达26.24%,净增额占比35.21%,余额和净增额在全行14家支行中均位居第一位;各项贷款余额三年增长了4.7倍,全行占比11.19%,实现净投放全行占比13.20%,余额和净投放均居全行第四位;实现营业利润全行占比30.77%,居全行第三位,是2009年末的1.7倍;连年实现安全经营无事故无案件。在业务经营取得巨大发展的同时,精神文明建设成绩斐然,先后获得市工行先进单位、市文明服务示范窗口单位、省工行先进单位和省级文明单位等光荣称号。"两个文明"的协调进步,是我

行坚持实行"一二三工程"的结果。

转变一个认识

面对金融业竞争日趋激烈的形势,如何能在竞争中长期立于不败之地,是我行历届负责人摸索思考的主要问题。银行业是服务行业,要做大做强,在市场竞争中抢得先机,首先是要赢得客户,而文明单位、优质服务,无疑是吸引客户、留住客户的制胜法宝,这也是上级行始终倡导的主要经营理念之一。行班子迅速统一认识,并在集体中大造声势,反复重申,文明创建活动,不是"务虚",不会耽误时间,更不会阻碍发展,而是"磨刀不误砍柴工";大力倡导员工立足本职,积极投身文明单位创建活动。一是营造气氛推动人。深入开展"讲职业道德、建诚信窗口、创文明行业"活动,使员工融身于文明氛围,逐步变表象认识为内心认知。二是现身说法触动人。组织员工学习经营发展先进行、优质服务标杆行员工的精神面貌,以现实中的活教材触动员工。三是以身作则带动人。行班子成员带头参加学习,与员工一起在会议和学习过程中交流心得,注重日常与客户、与员工交流的言谈举止细节,从而使全体员工的文明意识上升到了自觉的高度。

改善二个环境

如何营造一个优良的环境,满足不同阶层客户的需求,是服务行业的必修功课之一。我们一直致力于与时俱进改善服务环境。

首先,改进服务硬件的设施设备。以 2010 年市分行按照总行网点最高功能定位等级——财富管理中心的标准对我行进行整体装修改造为契机,因地制宜、集思广益,在广泛听取员工和客户意见建议的基础上,不断加大投入,改进和悉心维护服务设施设备。一是向上级争取添置了 4 台 24 小时自动存取款设备、1 台自助查询转账设备、1 台网银自助设备、1 台登折机、1 台服务专线电话、2 名大堂客服人员,有效地分流了30%以上的客户,解决了客户排队难的问题;二是配置了复印机、点(验)钞机、饮水机、电视机、沙发等,极大满足了客户等候和办理业务的需要;三是聘请了保安人员,配置了叫号机,不仅有效维持了大堂秩序,而且为客户增强了安全感;四是聘请了保洁人员,在营业时间不间断进行清扫,保持大堂内外干净整洁;五是维护好照明和绿化,进一步为客户营造爽心悦目的环境。

其次,营造友好互利的人文环境。一是每天早上第一件事就是召开晨会,重温文明服务用语和行为,准时开门迎宾,"欢迎光临"、"您走好"温暖客户的心;二是员工坚持统一着装、面带微笑、双手递接,对大额存取现金的客户进行友情安全提示,充分体现了员工对客户的尊重和责任心;三是员工对自助设备不分昼夜地维护,及时排除故障,使之正常运行率常年达99%以上,极大方便了客户;四是门楣显示屏不断滚动产品信息、银行业监管规定和公益广告,大堂宣传折页和公告牌也常换常新,使客户金融需求有参考、银行服务有监督,同时还倡导了和谐社会和文明礼让;五是坚持互利共赢的理念,要存款、要营销产品,但从不勉强客户、为难客户,更不去欺骗客户,特别是在理财方面,更是悉心为客户着想如何在其风险承受范围内获取更多收益,深得客户信任;六是提高责任心,及时张贴风险提示,提醒客户不要上当受骗。如今年8月一名员工在巡查柜员机时发现一名女性客户边打电话边操作机器,且操作画面是英文,遂及时劝止其继续操作,并耐心向其讲解各种可能的骗术,使该客户幡然醒悟,避免了3000元的损失。人文关怀既体现在对待客户,也体现在员工之间。在我行班子成员的倡导和带领下,员工们在工作中、生活上互相帮助,亲如兄弟姊妹,银行内外体现出了一派和谐文明的气氛。

把好三个关口

发展缓慢或不发展,是对社会的不负责任,更是对员工的不负责任。银行作为特殊企业,"发展是第一要务,安全是第一责任"。面对快速发展的经济和日益复杂多变的社会形势,我行努力把好发展关、风险关和廉洁关,连年实现又好又快发展。

在抓发展方面,一是秉承上级行先进的经营发展理念,用远大的目标鼓舞人,用先进的理念引导人,用"解剖麻雀"方法帮促人,使员工职业生涯有希望、努力发展有目标、战胜困难有信心;二是不断修订完善绩效考核制度,使之成为引导和促进发展有力的指挥棒,鼓励和鞭策员工一心一意谋发展,有效克服了人浮于事、慵懒散漫、随遇而安的作风,全行上下形成了"学比赶超"的良好氛围。近年来,我行的快速发展,得到了市分行上下的一致肯定。

在风险防控方面,我们一是抓好员工的学习,通过每日晨会、每周例会、月度风险防控暨险情要情分析会等方式,组织员工学制度、学文件、分析案例,认真领会风险防控的内涵和日常运行主要风险点以及防范风险的措施手段,扎实开展"十项全行性专项整治活动"。二是把各项风险防控职责分解落实到人,按周通报、按月奖惩,使员工人人身上有担子,人人身上有责任。三是激发员工责任感和荣誉感,定期分项目把运行和风险防控结果予以通报,采取纵向与兄弟行比较、横向与同事比较的方式,使员工清楚认识到自己的短处和履职的不足,并帮助其加以克服和弥补,同时,把好的做法、获得的进步与员工一道交流和分享,使员工工作有激情、有信心。通过以上措施,我行克服业务量一直高居全行第一的困难,运行和风险防控水平跃居全行前列。

在廉洁自律方面,我们一是坚持创建"四好班子",带好队伍。班子成员带头干实事、干难事、挑重担、勤俭节约、不搞吃拿卡要,严格遵守总行下发的《管理人员廉洁从业若干规定》,在员工中树立领导干部勤政廉洁的良好形象。二是按照上级行布置,积极组织员工学习《员工违规行为处理规定》,扎实开展《"学制度、遵规章、防案件"内控案防专题教育》、"查三违"(违法套现、非法集资、违规担保)、"第七个党风廉政建设宣传月"、"案防责任制落实年"等活动,并大力组织员工参加上级行"案防警示教育"活动,帮助员工端正态度、纯洁思想。三是根据上级要求定期开展员工思想行为排查,采取自查和互查的方式,对涉嫌"黄赌毒"、与有劣迹的社会人员来往、与客户关系异常、收支明显不符等10种行为和动态实时监控和排查,始终保持对案件防范的高压态势,使我行多年来一直保持"零事故、零案件"。

如今的鄂城支行,文明单位的牌匾悬挂在最显眼处,时时警醒员工,让文明创建工作深入人心,因为大家都知道,文明能创造和谐气氛,员工和客户都能身心愉快;文明能促进发展,实现集体和个人共同进步!只有你我文明、大家文明,才能共创美好和谐社会!

创先争优促和谐　校园奏响文明曲

鄂州市吴都小学

鄂州市吴都小学是一所兼具古典气质与现代特色的市直学校,学校占地25亩,现有教学班43个,学生3068人。建校10余年来,学校坚持"求真、求实、求新、求美"的办学理念,年年唱新曲,曲曲谱新章。

举行教师趣味运动会

强化素质,创先争优,增强队伍战斗活力

在学校书记、校长陈中林同志的带领下,班子成员团结协作,全体教职工合心、合力、合拍,成为创建文明校园的主力军。

我校充分发挥"一个支部一个堡垒"、"一个党员一面旗帜"的作用,大力开展以"四比四争"(比作风争一流,比学习争先进,比创新争贡献,比服务争上游)为主要内容的创先争优活动,在全校形成"比学赶帮超"的文明创建热潮。

我校始终将师德教育放在教师队伍建设的首要地位,结合治庸问责活动,深入开展师德师风教育培训,重点加强时政学习、教育法律法规的学习,加强职业道德教育,认真执行教师行为规范"八要八不准",严格遵守"五条禁令",促进教师为人师表、爱岗敬业。几年来,学校没有发生一例教师违反师德师风现象,师德考核合格率100%。

我校高度注重教师的专业发展。每年举行"教师专业化发展月"活动,经常性开展"一课多讲"、"同课异构"等校本教研活动,为不同教师提供不同的专业发展支持。仅2011年度,教师在各级刊物发表文章20余篇,优质课、论文和教学设计获省级以上奖励60余人次。

以德治校,共创文明,形成良好道德风尚

我校以培育有理想、有道德、有文化、有纪律的社会主义"四有"公民为目标,加大思想道德建设力度,使全校师生的文明素质有明显提高。

我校以品德课教学为主阵地,其他学科为辅阵地,强化课堂教学中思想教育的渗透功能,大力开展爱国主义教育、唯物辩证法教育和心理教育。学校结合全市"树、创、献"活动,大力开展社会公德、职业道德和家庭美德教育,塑造新时期文明形象。通过开展"文明年级组"、"文明班级"、"文明家庭"、"文明教师"、"文明学生"、"文明家长"的评比,不断培养新的文明细胞,形成新的文明活力。学校先后开展了雷锋小队进社区、向国旗敬礼、做一个有道德的人、爱心图书漂流、城乡少年手拉手、争当小志愿者等活动;举行了喜迎"十八大"诗歌朗诵比赛和演讲比赛、"小百灵杯"读书比赛、"迎新春,催新苗"书画展、教职工趣味运动会、红歌比赛、迎新春大联欢等活动,让全校师生在参与中体验,在实践中成长,努力让学校精神文明建设再上新台阶。

聚焦课堂,实施教改,稳步提高教学质量

我校以现代教育质量观为准绳,深化"自主、合作、体验、发展"教学模式,实践和探索师生互动、问题抛锚、合作探究、实践感悟等多种课堂教学策略,采取形式多样的教学手段,让学生置身于教师精心创设的各种真实有趣的情景之中,有效提高了学生参与学习的主动性。

我校开展了以"创新教法、推门听课"为主题的"课内比教学"活

动。各年级组、各学科教师积极钻研课标教材,更新教学理念,创新教法,创造了一个个设计巧妙、构思新颖、生动活泼的课堂。

我校充分利用现代信息技术资源优势,从外延的硬件建设转向内涵的"软件"建设,不仅把信息技术作为认知的工具,还将信息技术有机融合在各科教学过程中,使信息技术与学科课程结构、课程内容、课程资源以及课程实施融合为一体,提高了课堂教学的实效。

美化校园,加强环保,创设和谐育人环境

我校始终把校园绿化美化工作纳入文明创建整体规划之中,坚持开展养花种草、植树造荫,绿化面积近5000平方米。学校将国学经典、教师寄语上窗上墙,将各种名贵树木挂牌认养,同时定期更换宣传板报、橱窗。经常开展"环保从我做起,从一点一滴做起"、不乱丢垃圾、节水、节电、废物回收利用等活动,向学生宣传节水、节电重要性,在每个班级配置监督员,做到教室、办公室人离灯熄。学校将卫生区包干责任到班,严格每日三扫、班级轮流监督制度;厕所、食堂、餐厅卫生安排专人负责,给师生创造了一个洁净的学习、生活环境。

群策群力,综合治理,打造真正平安校园

我校注意协调社会、学校、家庭三方面的力量,通过组织公安、司法、交通、街道、电信等部门联合开展法制宣传教育活动,实行刷卡入校制度,形成教育的三位一体的合力和网络。通过国旗下讲话、红领巾广播、七色光电视台、宣传窗、黑板报等渠道,营造安全教育氛围。在"5·12"、"11·9"等特殊日期,举行防震、消防演习,使学生掌握逃生与自救的方法,不断提高了学生的安全意识和避险本领。

学校文明创建工作是一项长期的系统工程,功在当代,利在千秋。今后,在市文明办和市教育局的正确领导下,全校师生员工将再接再厉,开拓创新,谱写吴都小学教育事业的新篇章!

浇文明之花 兴审计之业

鄂州市鄂城区审计局

近年来，鄂州市鄂城区审计局坚持不懈抓创建，与时俱进促发展，把精神文明建设作为审计机关的"保障工程"来抓，使文明创建工作与审计监督工作互相促进，共同提高，努力实现"数字里面创业绩，算盘子上显民生"的审计新理念。

接受红色教育

强化主体，合力创建

多年来，我们以造就政治坚定，思想过硬、业务精干、作风优良的审计干部队伍为目标，把践行"三个代表"重要思想，实现科学发展，"创先争优"作为一项长期的战略性任务，坚持不懈抓创建，践行职责为民生。

强化主体作用。为切实解决机关业务工作和创建工作一手硬一手软的问题，彻底改变过去只有副职干部负责创建的工作形式，强化党组织主要领导的作用，确保"一把手"全面负起创建工作职责。设立"党员先锋岗"、"党员示范岗"和"党员责任区"，发挥党员干部在文明创建、创先争优活动中的主体作用。

强化制度建设。多年来,我们先后制度和完善了党组织议事决策、党务公开、党员发展、党员干部述职述廉、重要情况通报、党员干部服务承诺、党员行为准则等系列规章制度,进一步强化了党员约束机制,使全体干部做到依规办事,以制立行。

强化教育培训。每年春季组织党员集训,组织党员学党章、学条例、学法规,强化党员政治理论学习,提高党性修养。同时,制定教育培训计划。创新形式全面落实学习教育计划,以"讲"促学,以"赛"促学,以"考"促学,以"查"促学。通过学习,大家"为谁审计"的理念进一步明确,"审计什么"的问题进一步明确,"用谁审计"的问题进一步明确。建立使用人才激励机制,使全局党员干部的综合能力在学习中不断提高。

强化活动载体。坚持抓好"四个一"活动,即:开好一次民主生活会,组织一次党员履职讲评会,组织一次由人大代表、政协委员参加的政风行风评议会,建立一个结对帮扶基地,实现班子联促、队伍联带、工作联动、业绩联创。

讲评结合,崇德尚善

2012年以来,我们努力拓宽创建形式,开辟"道德讲堂",以"身边人讲身边事、身边人讲自己事、身边人教育身边人"和讨论现象、评议行为等形式,深入开展思想道德教育。"道德讲堂"已开讲八期,讲"感动中国"人物事迹2期,讲"身边人"的事迹2期,讲革命励志故事2期,其他内容2期。

一是拓展形式,突出"六个我":我听,听取先进事迹宣讲;我看,观看短片、情景剧表演等;我讲,干部职工自我宣讲道德故事;我议,讨论现象,评议行为;我选,由干部职工推荐评选先进人物;我行,学习先进人物优秀品质,将其转化为自己的行为。

二是丰富内容,突出"四讲"。讲礼仪,以社会公德为核心,包括文明礼貌、助人为乐、爱护公物、保护环境和遵纪守法等;讲诚信,以职业道德为核心,包括诚实守信、爱岗敬业、办事公道、热情服务、奉献社会等;讲和睦,包括夫妻和睦、孝敬长辈、关爱孩子、邻里团结、勤俭持家等;讲友善,包括友善互助、正直宽容、明礼守信、热情诚恳、自强自立等。

三是精心安排,突出目标。年初,将道德讲堂活动计划和安排细化,逐一排出日程,包括时间、主讲人、讲授内容、参加对象范围等。通过开展扎扎实实的宣讲活动,努力实现道德讲堂的目标:形成"好人好报"的社会共识;推动"知行合一"的道德实践;营造"崇德尚善"的浓厚氛围;建设"美好和谐"的社会环境。

文明审计,依法履职

审计是国民经济的"卫士",是领导决策的"眼睛"。我们坚持与时俱进,不断创新,充分发挥审计"四员"作用,即当好经济运行的"监督员",经济发展的"服务员",领导干部经济责任审计的"裁判员"和重大经济案件的"侦察员"。

特别是近年来,围绕"透明政府"建设,加大了财政财务收支方面的"打假治乱"力度,围绕"责任政府"建设,加大了干部经济责任审计力度,围绕"服务政府"建设,加大了审计执法和审计服务工作力度。多年来,坚持执审为民,算盘子里显民生;坚持依法审计,数字里面创业绩。

2011年,全局完成中央项目3个,省级项目4个,完成市区级重大审计项目28个,查出各类违纪违规问题资金9580多万元,责令上缴财政资金1100多万元。2012年上半年,出色地完成了地方政府债务审计、畜牧水产养殖户救灾贴息贷款的审计调查、地方政府债券专项审计、农村中小学校舍安全工程债务情况专项审计调查等4项审计工作任务,得到了鄂城区区委、区政府和市审计局有关领导的好评。2011年我局荣获了全省地方政府性债务审计锁定工作质量二等奖。

盘活载体,丰富活动

多年来,我们按照文明创建工作"三贴近"的要求,结合机关实际,以引导人、鼓舞人、提高人,增强集体凝聚力为目的,努力盘活创建载体,不断丰富创建活动。

深入开展创建活动。开展了创建文明股室、文明家庭、文明庭院、文明个人活动,制定了详细的评选办法和量化打分标准,激励全局干部家属遵守《公民道德规范》和《市民公约》,争做文明市民。

坚持党的组织活动。坚持"三会一课"教育活动,坚持半年一次民主生活会,每年"七一"评选表彰优秀党员,激励广大党员干部牢记宗旨、勤政为民、敬业奉献,争做政府放心的审计员、人民满意的公务员。

坚持开展"评优"活动。每年年终,全局都要开展优秀审计项目、优秀审计组长、优秀审计小组和最佳审计能手评选活动,激励广大审计员努力学习、勤奋工作,在审计实践中提高审计质量,当好经济卫士。

开展业余文化活动。利用节假日在机关干部中有计划地开展书画、球赛、登山比赛等健康有益的活动,努力营造审计机关互帮互助、关系和谐、人心稳定、积极向上的良好氛围。

团结拼搏讲奉献　务实创新谋发展

鄂州市鄂城区新庙镇财政所

财政部领导视察新庙财政所工作

近年来,新庙镇财政所在镇党委、政府的正确领导和市区财政部门的大力支持下,坚持以"文明理财,优质服务,科学发展,争创一流"为宗旨,狠抓收入征管,优化支出结构,强化资金监管,深化财政改革,加强队伍建设,有力促进了新庙社会各项事业的全面发展。我所连续四届获得"省级文明单位"称号,2010年12月被国家人力资源和社会保障部、财政部联合授予"全国财政系统先进集体"光荣称号,并连续5年获得市、区财政系统年度目标考核第一名等荣誉。

切实履行财政职能,全面提升财政管理水平

我们围绕"培植税源、科学征管、精细理财"的工作思路,以财源培植为抓手,以强化征管为手段,以提高财政保障能力为目标,通过强有力的财政保障措施,有力地促进了全镇经济社会平衡健康发展。

培育税源经济,确保财政增收。按照镇党委、政府确定的发展经济

目标计划,我们积极配合参与实施,对项目建设、招商引资、基础设施配套建设列入财政预算,为引进大项目、实现大发展提供最优的发展平台,同时确保政府激励企业发展的各种优惠政策、资金足额到位。鼓励企业进行技术投入,优化产品结构,防止产品单一,防范市场风险,在扶持财源项目建设上发挥导向作用、聚集作用。牢固树立税源意识,扶持企业做大做强,整合各方资源,大力培植基础财源和递补财源,增强财政发展后劲,促进财政收入稳定增长。2011年全镇实现财政收入4201.62万元,同比增长19.89%,年均增长29.1%。2011年上半年已完成财政收入2995万元,占年度预算的55.5%,比上年同比增长17.7%。

注重两税征管,强化综合治税。我们经常与国税、地税部门进行沟通,了解收入进度,分析全镇税收情况,剖析结构状况,分析收入增减变化原因,一起认真研究全镇两税收入结构特点,强化镇财政收入中支撑税种和主导收入,促进财政收入实现快增长,努力提高地方一般预算收入占财政总收入的比重,将发展经济、经济增长成果及时体现到财政增收上来。2011年两税收入占财政收入比重为98%,比上年净增2个百分点。

推行"双代理"模式,规范村级财务管理。2007年,由市纪委牵头,在市、区经管局的具体指导下,新庙镇在全区率先实行村级财务"双代理"新模式,实现了村级财务科学规范化管理,强化了民主监督,促进了廉政建设,推动了债务化解和村级经济的健康发展。2009年我们将该模式成功向组级财务管理延伸,通过钱账双代管,村组财务管理达到了"七个统一",即统一委托程序、统一资金管理、统一会计核算、统一财务制度、统一财务公开、统一票据管理、统一档案管理,较好地解决长期以来存在的组长、出纳、会计一肩挑,"包包账"、"白条子"入账,滥支乱报现象,促进了村组财务管理制度化、规范化、法制化、科学化。2008年、2009年分别被农业部授予"村务公开、民主管理先进单位"、"农村集体财务规范化管理示范单位"。2009 年,时任市委书记范锐平专门就新庙镇村组级财务"双代理"的先进经验,作出了向全市推广的重要批示。

加强精细化管理,提升科学理财水平。2011 年新庙镇财政所被市、区财政局确定为"乡镇财政科学化精细化管理示范单位"。我们紧紧围绕"收入怎样上台阶,支出怎样来保障,发展怎样上水平"三大主题,推进改革,创新机制,优化服务,在财政科学化精细化管理方面进行了大胆的实践和有益的探索,取得了初步成效,并受到市、区财政部门领导的充分肯定。

加强干部管理教育,全面提升队伍整体素质

注重学习,提高素质。每月坚持不少于 3 天的政治业务学习时间。每人每年学习笔记不得少于 2 万字,学习心得不得少于 5 篇。在业务学习上紧跟时代步伐,全所干部在较短的时间内达到了"三会"(会用电算化记账、会查账、会审核报表)和"三懂"(懂得用电脑账务处理,懂得利用财务软件管理,懂得财务制度)的目标。如今,全所的账务处理已实现电算化管理。

转变作风,树立形象。通过学习革命先烈、英雄人物的感人事迹陶冶情操、净化心灵,使每个党员始终保持党的先进性。不断深化文明办公,以微笑、热情、周到的服务来树立财政干部的新形象。大力开展创先争优活动,牢固树立服务第一的观念,认真落实首问负责制,做到来者温馨,去者满意,有效地克服工作中的"懒、散、拖拉和推诿"现象,提高了工作效率。

团结一心,率先垂范。我所始终保持团结拼搏的优良传统,形成支部一面旗,党员一盏灯,人人为集体,个个添光彩的良好氛围。许多同志在平凡的工作岗位上默默耕耘,忘我奉献,无怨无悔。老党员、副主任方金树同志,30 余年来,他踏遍了新庙镇的每一个角落,把所有的青春和汗水献给了这片深情的土地。为做好农民负担卡和惠农资金的发放,节假日,他骑着自行车走家串户,调查走访,到田间地头核算数据。在新庙镇的历次各级惠农资金检查中,无一例差错,多次受到全国、全省表彰。今年,市、区财政部门以及本地政府,把他的先进事迹作为典型进行了全面宣传。正是有了像这样的老同志,他们的奉献精神不断激励年轻同志虚心学习、刻苦钻研、积极向上、勤奋工作。

规范制度,强化责任。我们在建立健全和完善所内各项规章制度的同时,还建立了公开问责制度、工作点评制度和监督评议制度,并将整改落实情况予以公开,接受监督。问责方式有提醒、批评教育、责令检查、限期整改、通报批评、诫勉谈话等形式;对中心工作、阶段性工作等实行层级点评、定期点评、专题点评、跟踪点评等,对落实不到位并影响工作推进的相关人员进行责任追究;完善作风建设监督网络,建立健全明查暗访、举报投诉机制,设立专用举报电话和投诉信箱,将明查向民查延伸。通过制度建设,确保各项工作和管理做到规范化。

营造氛围,促进和谐。近几年来,我们在各级举办的乒乓球、羽毛球、象棋、歌咏、演讲比赛中多次获得大奖,多次在鄂城区举办的"好歌献给党"歌唱比赛中获奖。这些文娱活动的开展,丰富了职工的文化生活,促进了团结与和谐,增强了支部的向心力、凝聚力。

着力推进文明创建,全面提升财政部门新形象

加大投入力度,打造硬环境。2003年以来,我们先后筹措资金80余万元,对所办公、宿舍大楼进行改建、扩建和装修,对庭院进行绿化、美化,添置了健身器材。购置了崭新的办公桌椅、档案柜及电脑、打印机等,为干部职工创造了良好的工作条件和生活环境。为方便群众办事,我们还成立了便民服务大厅。

加强行为规范,提升软实力。为使干部职工行为有规范,干事有规章,要求干部职工上班时做到人人着装整洁得体,精神饱满,礼貌热情;

工作时做到坚持原则,依法办事,客观公正,方便群众。积极倡导"六个一"即:一张笑脸相迎,一杯清茶暖心,一把椅子让座,一腔热情服务,一身正气办事,一句好话送行。同时,面向社会推行政务公开和服务承诺,实行全天候服务。

  开展公益活动,塑造新形象。近年来,我们想群众所想、急群众所急,先后为贫困村、组出资3万元支持新农村建设。2009年与将军村六组结对共建省文明新湾示范点,出资5000元为该湾建设文化长廊和娱乐设施。我们每年为福利院老人献爱心,送去米、油等物资,为贫困学生送去价值近1000元的图书和学习用具,经常组织给灾区、特困户捐款,每年义务帮扶一名孤寡老人和一名在校贫困生。切实为群众办实事、做好事,深得群众的赞许和好评,树立了良好的财政形象。

展示新形象　实现新发展

湖北省电力公司鄂州华容供电公司

华容供电公司在市公司党委和华容区委、区政府的正确领导下,坚持以科学发展观统领全局,认真贯彻落实市公司工作部署,立足新起点,围绕新目标,展示新形象,实现新发展,较好地完成了年初确定的各项目标任务。

华容供电公司员工笑脸

文明创建深入推进

我们及时调整文明创建工作领导小组,认真制定落实公司文明创建工作计划,定期召开党政联系会议,研究部署文明创建工作。投入资金加大环境治理力度,生产生活环境得到明显改善。2011年,我公司再次荣获省级文明单位称号。

学习实践活动成效良好

按照"党员干部受教育、科学发展上水平、人民群众得实惠"的要求,我们坚持"做实事、讲实际、求实效",做到了精心组织,有序推进。一是认真制订学习计划,落实学习内容,撰写了学习笔记,促进了理论水平的提高。坚持月度政治理论学习,积极组织领导干部和部分党员、中层干部、风纪监督员,参加鄂州供电公司中心小组学习和培训活动,2012年组织党员干部学习培训近200人(次)。二是大力开展调研活动,全面把握了基层班组的实际情况。支部成员经常深入基层,针对安全生产、经营管理、电网建设、队伍建设以及多产业发展等方面工作进行调查研究,掌握实际情况。三是广泛征求意见和建议,认真召开了专题民主生活会。认真执行《周一班子成员碰头会》制度,充分发挥每一个成员的作用,重大问题提交集体讨论、决定,保证各项决策的民主化、科学化。四是认真梳理了职工建议和意见以及职工反映的热点难点问题,有步骤地实施了整改工作。活动中班子成员撰写调研报告5篇,征求意见20条,职工评价满意率100%。

组织建设得到加强

我们切实加强支部党组织建设。一是召开党建工作会议,传达市公司2012年党建工作会议暨反腐倡廉工作会会议精神。二是狠抓基础管理及日常工作,以省公司党支部管理手册2012年版为党建基础管理标准,全面完善更新党建基础信息管理。三是全面加强新闻宣传工作,召开新闻宣传工作座谈会,制定了基层通讯员及主要责任人的责任制度。2012年新闻宣传工作市公司排名上升到第五名。四是积极开展创先争优主题实践活动,启动了"五查五看"活动全体党员、支部制定了承诺,并在网页及宣传栏上进行了公示。深化"红领工程"建设,在公司范围内广泛发动,深入挖掘身边的"红领故事"并完成了上报工作。五是重视党员发展工作,加强对入党申请人和积极分子的培养,认真开展组织发展和培养工作。2012年,通过组织推荐、群众评议和组织考核吸收两名同志为预备党员,一名同志按期转为正式党员,确定了二名同志为公司积极分子。

认真开展民主评议党员工作。依据民主评议党员程序,公司在职党员认真填写《民主评议党员情况登记表》;下发《支部、党员征求意见表》,征求支部建议6条;组织部分职工、党员对公司在职党员进行了评分;公司主要领导分头到各单位部门开展党员交心谈心活动,加强了沟通,增进了了解,肯定了成绩,指出了不足。根据职工群众意见、"三评"结果及评定标准,结合党员日常表现,推选出3名优秀党员,其他48名同志为合格党员,无不合格党员。

落实完善党员责任区。划分了17个党员责任区,并与责任区责任人签订了责任状;结合"三节约"活动,号召党员发扬我党艰苦奋斗的优良作风,在"三节约"活动中争做带头人。

行风建设得到提升

我们开展多项活动大力加强行风建设。一是组织领导到位,及时调整了行风建设领导小组,召开党政联系会议安排部署行风工作,将行风建设和优质服务指标作为站所、部室业绩考核指标。二是加大营业窗口建设改造力度,投入20多万元改造部分供电所窗口。三是学习教育到位,注重职工思想政治教育和法制教育,防止影响公司形象的重大事件发生。四是宣传措施到位,积极开展"优质服务日"、"青春光明行"等宣传活动,深入客户,了解客户的需求,征求客户的意见和建议,帮助解决用户的实际困难。五是以供电服务"十项承诺"和员工服务"十个不准"、国家电网公司供电客户服务标准等内容为主,组织开展营销业务知识月考活动,通过该项活动进一步提高了工作人员的服务水平和服务效率。

我们积极加强与地方政府的沟通协调工作,为保障市公司与葛店开发区战略协议的顺利实施,华容公司领导班子多次上门服务,倾听政府意见和用户声音,积极解决当地政府在配网建设规划、用电报装、杆线迁移、征地拆迁中的电力建设政策等困难和问题,得到各级政府的高度肯定。

我们组织召开了行风建设及优质服务专题会议,会议专门邀请公司监察部、营销部、客服中心95598工作站等相关部室负责人,专门就华容公司存在的服务问题进行剖析,并就最大限度地缩短抢修时间开展了专项探讨。公司还组织华容供电所与客服中心远程服务班开展"结对子"活动,通过该项活动进一步提升了公司基层单元服务能力,公司服务质量显著提升,华容公司超时工单降至零起。

为进一步树立供电企业良好形象,优化供电环境,促进供电服务行风建设,2012年7月,公司领导班子亲自带队,组织部室对7个供电服务窗口单位进行明察暗访,采取"访、查、问、看"的方式对供电窗口服务行为"挑刺",以自查自纠为突破口,以落实整改措施为落脚点,不断改进工作作风,提升供电优质服务水平。

廉政建设持续深化

根据人事变动我们及时调整了"党风廉政建设领导小组",并下设办公室,明确了小组成员、办公室成员工作职责。坚持实行党风廉政建设目标管理制度,将党风廉政建设工作纳入领导班子的重要议事日程,经党政联系会研究,按照分工不同,对班子成员廉政指标分解到人,确定了单位(部门)廉政建设责任目标、明确了检查考核形式;树立"干事、干净"的理念,开展反腐倡廉"反违章"活动;有序进行"小金库"账外账和"工程建设"场地专项清理规范工作;认真开展效能监察工作,督促和配合业务部门开展高损台区的降损工作,并取得实效;开展废旧物资效能监察工作,促进相关制度的进一步完善。2012年公司党风廉政建设工作完成确定的目标任务,被市公司评为"先进单位"。

群团工作有声有色

加强了工会建设。我们认真履行工会职能,民主管理工作得到加强,职代会制度得到落实。各类文体活动全面展开,举办了华容公司首届"创优杯"职工篮球联赛,取得圆满成功,积极组织参加市公司各类劳动竞赛和体育竞技,积极承办了鄂州供电公司职工技能运动会农电类竞赛,均取得较好成绩。加强了班组建设,创新创效能力得到提高。将班组建设活动与"安全班组行"、"一流班组创建"、"师带徒"等紧密结合,开展各项创建工作,强化了班组建设和基层职工履职能力。蒲团所、华容所荣获"省公司一流班组"称号。

  我们通过开展红色教育、拓展训练、座谈演讲等活动,引导广大团员青年树立正确的世界观、人生观、价值观。不断加强"岗、队、号、手"创建;召开了纪念建团90周年暨青年大学堂,举行了超龄团员退团仪式;开展了"传递书本,共享知识"活动,号召广大团员青年每人捐赠2—3本书籍,集中充实到公司的职工书屋,实现图书内部定期流动。蒲团所被评为2012年市级青年文明号,一位职工被评为"省公司优秀团员"。

财苑春潮涌　文明花盛开

鄂州市梁子湖区财政局

走进梁子湖区财政局,宣传标语鲜明醒目,政务指南一目了然。干净整洁、绿化美化的工作环境,让人感到无比的清爽;公开透明的办事作风,高效快捷的办事效率,热情周全的服务态度,更让人倍感温馨,宾至如归。

接受市民编制查询

近年来,我们以文明单位创建为载体,以"建一流班子,带一流队伍,创一流业绩"为目标,围绕财政中心工作开展文明创建工作,春华秋实,连上台阶。2011年,累计完成财政收入23240万元,占年初计划19000万元的122%,同比增长63.7%。2012年1—7月全区累计完成财政收入16614万元,同比增长7.1%。我局连续6届获得并保持"省级文明单位"称号,多次获得全区民主行风评议第一名,先后获得省市区表彰奖励50多项。增长速度、各种荣誉,无不业绩骄人;不懈追求、持恒创建,无不活力四射。

"充电"学习,掀起"你追我赶"新风气

创建学习型机关,让知识来助跑。在我局,学习已蔚然成风。

我们开设有财政讲堂,每隔2周进行一次业务辅导。除了聘请专家讲课外,局里还采取抽签排序的方式,由一个业务股室选派一名青年干部给局机关干部职工上业务辅导课。此举,不仅锻炼了青年干部的才干,更在机关内部掀起一阵阵业务学习的热潮。

　　"局里给我们青年干部展示自我的平台,我们当然要珍惜,给自身加压,不断学习。"今年8月15日,轮到行政政法股股长邱雪梅讲行政政法业务课,她从树立财务管理工作新思维,适应公共财政科学化精细化管理新要求,提高财政资金的使用效益,降低行政运行成本,保证财政资金安全运行等方面,做了深入讲解,得到大家的认可,自己也更有信心了。

　　我们还建有以"五个一"为主要活动内容的道德讲堂,通过唱一首好歌、看一部短片、诵一段经典、讲一个故事、作一番点评;和我听、我看、我讲、我议、我选、我行"六个我"讲堂形式,取得了"身边人讲身边事,身边人讲自己事,身边事教育身边人"的良好效果。活动开展以来,促进了干部职工"比学赶帮超",不断增长了才干,提高了综合素质,全局先后有20多人在市级以上各项活动中受到表彰和奖励。

　　"我们这次能在全区唱红歌比赛中取得好成绩,全靠局里组织的唱一首好歌培训呀!"年轻女干部熊桂英在获奖后感慨不已。

　　我们的业务知识竞赛比武一个接一个。辩论赛、抢答赛等,丰富多彩、生动活泼的学习形式得到大家的欢迎和赞许。今年,我们相继举办了非税收入征管辩论赛、财会业务知识、电子公文应用知识竞赛,还有调研成果交流。"你追我赶"的良好学习氛围,提升着大家的学习兴趣。

　　学习氛围日益浓郁,一批"学习之星"、"学习型家庭"相继涌现,我们先后还捧回了全区唯一的"高级学习型机关"、"全市先进党委(党组)学习中心组"等荣誉。

结对帮扶,构建"双联双促"暖人心

救济帮扶,是我局献爱心、受教育、尽职守的"双联双促"生动实践。通过调查摸底,我们确定了东井村、农科村、花园村、大垅社区等7个社区(村)为联系点,有31名干部职工报名参加区志愿者服务队。

今年"三夏"时节,农科村抢割抢收一片繁忙,我局8名志愿者冒着酷暑,帮助农民抢摘莲籽,成为一道动人的风景。

7月2日,我局12名志愿者在局长方文滨带领下,举着红旗,打着横幅,自带铁锹、扫帚等工具来到东井村,打扫卫生、清理杂草、捡拾白色垃圾,向广大村民倡导文明新风,倡导绿色消费,倡导村民以主人翁的姿态投入到"清洁家园、和谐乡村"的行动中去,共同打造整洁秀丽的生态宜居家园。

今年以来,为将结对帮扶工作落到实处,局领导4次深入到花园村调研,多次和村两委成员召开党建联席会议,共同谋划结对帮扶工作。一是帮助花园村摸清全村5700亩林地面积,并进行确权发证,有效地推动了土地流转。二是采取"培育亮点,以点带面、整体推进"的办法,发挥林木种植大户示范作用,先后带动18户村民参与林地承包,流转面积2270亩。三是鼓励农户集中连片流转土地,扶持种田大户尹权亮承包水田160亩。四是帮助花园村向外发布招商信息。在我们的帮助下,今年3月,花园村成功引进武汉兄弟置业有限公司来村创办高端苗圃花卉园,实现了经济效益、生态效益和社会效益三赢。

树文明新风,打造"健康向上"好家园

我局文明单位创建,从每一个细微环节抓起。加大资金投入力度,改善办公条件,对机关进行更新改造,实现无纸化办公,美化绿化楼院环境,营造了优美的工作生活环境。图书室存书2000余册,制作文明警示牌20余块,文体活动室宽敞明亮,所有这些都为创新活动载体,积

累"文明细胞"建设提供了有利条件。

积极开展"说文明话,办文明事,做文明人"活动。我们倡导干部职工和家属在家庭、在单位、在社会要善于使用文明语言,礼貌待人。深入开展"文明股室"、"文明标兵"、"文明家庭"等创建活动,使文明创建活动延伸到全局的角角落落。

熊胜洲,老职工、农村股股长。他家中上有八十多岁的老母,下有刚刚几个月的孙子,全家四世同堂。熊胜洲夫妇尊老爱幼,和睦相处,多年被单位评为"五好文明家庭"。办公室主任陈绪启提起他,赞不绝口:"一个八口人的大家庭,多年来和和睦睦、互相尊重,在局大院里起到了榜样作用。"

刘绪新副局长在每天晨练中看到居民们健身活动形式单一,萌发了在居民中推广太极拳的念头。他自购音响设备,免费教大家学习太极拳。每天早晨,青峰山健身场上,随着太极拳伴奏乐曲的播放,一位位太极拳爱好者跟随着刘局长,动作缓慢、走圆划弧、屈膝坐髋、刚柔相济,成为青峰山上一道靓丽风景线,成为社会和谐的亮丽名片。

我们以活跃职工文化生活为切入点,先后组织了"爱国歌曲大家唱"歌咏比赛,"三八"节登山比赛。在"五一"、"五四"期间,组织干部职工举行羽毛球、乒乓球比赛活动。今年7月上旬,举办了"核心价值观在我心中"主题演讲赛,干部职工踊跃登台演讲,展示了新时代财政人的崭新形象。

一个个健康向上的文明创建活动,陶冶了干部职工的情操。全局干部职工远离牌桌、酒桌,文明、向上的生活情趣逐渐养成,焕发了活力与青春,找回了健康与乐趣。

廉政文化,坚定"廉洁自律"好法则

有人说,常在河边走,哪有不湿鞋。但我局干部职工人人时刻紧绷一根弦,牢牢把着廉政这道关口。

"见利不亏其义,见财不贪毫分。亏义之利绝不可取,微毫小贪必铸祸根。"如此别有新意的廉政短信,我局干部职工每月都能收到。一条条廉政短信,传达着警示的信息,令大家时刻保持清醒头脑。

2010年起,我们在实行廉政建设"十个全覆盖"、"廉政风险点控制"制度后,又从实际出发,采取有效措施,全面推行财政国库集中收付制度改革,建立内部控制制度和约束机制,做到会计审核、核算、资金的支付分离操作,特别是在国库资金的拨付上,采用"五人联审"制度,即先由中心核算会计录入财政支付凭证,再由主管会计审核通过,然后报中心主任签批后,由资金会计负责打印,再由中心资金部主任加盖印鉴并将财政支付凭证交付用款单位。通过各岗位的互相牵制,因而从制度上和源头上保证了国库资金的安全。

身边的榜样可以引领人、鼓舞人,身边的案件可以警示人、教育人。我们组织干部职工向全国涌现出来的廉洁先锋学习,将近年来财政系统受到查处的案例编辑成册,作为廉洁教材。每年还组织干部职工下农村接受艰苦教育,或进监狱接受警示教育。

廉洁文化的种子在这里播洒,也在这里开花结果。近年来,我局多次被评为全省财政系统和全市纪检监察工作先进单位。

激越与平凡都是从容,我们的文明创建之路,充满着激越、充满着平凡,在从容走过这段文明创建之路后,过去的酸甜将被溶进我们财政局厚重的文化,沁入每个干部职工的心田。我们会在收获荣誉之冠后,仍将筚路蓝缕、孜孜以求,让文明之花在财苑竞相怒放、长盛不凋!

与时俱进抓创建　和谐兴税谱新篇

鄂州市梁子湖区国家税务局

近年来我们局围绕"税收经济和谐发展、征纳双方和谐共处、干部队伍和谐奋进、机关社会和谐相融"的创建目标,始终不渝地坚持两手抓,做到两手硬,在创建文明单位系统工程中,一步一个脚印向前迈进,一步一个台阶地

参演的诗朗诵《我骄傲 我是国税人》荣获全市一等奖!

向上攀登,取得了丰硕成果:连续多年被市国税局、区委、区政府授予"红旗单位";2009—2010年度被省政府授予省级文明单位称号;2010年被省社会治安综合治理委员会、湖北省人事厅授予社会综合治理先进单位;2011年获得"全市五四红旗团支部"荣誉。收入年年超额完成收入任务,2011年完成各项税收收入7400余万元,是2010年的1.6倍,取得了超计划、超同期、超历史的好成绩。

创新工作思路,以国税核心价值观指导文明创建

一是建长效机制,夯实文明创建基础点。局党组明确提出了"围绕税收抓创建,抓好创建促税收"的工作思路,把精神文明创建作为"一把手"工程来抓,成立了由一把手为组长的精神文明建设领导小组与文

明创建工作办公室,将创建工作职责分解落实到各科室,在全局形成了各部门齐抓共管、干部全员参与的良好局面,为创建工作打下了坚实的基础。研究制定了《2011—2012年度文明创建工作实施方案》,明确了创建的主要任务、基本要求和工作目标;制定了《关于开展腐败风险预警防控工作实施方案》《加强作风建设年工作实施方案》,促进了文明创建活动稳步实施、蓬勃开展。

二是践行国税核心价值观,唱响文明创建主题曲。以国税道德行为规范提升广大党员干部职工素养,以国税文化内涵陶冶基层干部职工情操,以国税发展前景激发干部职工工作热情。特别是今年以来,我们以"喜迎十八大,争创新业绩"为主旋律,通过建立国税干部之家,开展学习成果展示,组织文艺节目汇演,参加"家文化"征文,组建学雷锋青年志愿者和大学生村官协税志愿者并开展扶贫帮困献爱心和进企入户税法宣传等活动,拓宽丰富文明创建载体,增强了创建活力,弘扬了创建主旋律。

三是规范税干言行举止,构筑文明创建高标准。自2011年以来,我们以深入开展治庸问责、创先争优和行风评议等活动为契机,一方面加大税务服务硬件建设,保障执法岗位和服务窗口设施齐全、整洁有序、规范运作;另一方面,更加注重提升税务服务软件水平,狠抓国税干部队伍党风廉政建设,专门在纳税服务窗口和办公场所开辟廉政文化专栏,公示《国税干部行为准则》,制作党史宣传文化墙,悬挂廉政建设警句牌,设立党员先锋岗和模范示范岗,在窗口单位每季度评选服务明星,让广大干部职工在本职岗位上比服务、比贡献,努力向纳税人展示文明执法、服务至上、业务过硬、作风优良的税务机关形象,为文明单位创建构筑了较高标准。

狠抓核心业务,以国税工作新业绩推动文明创建

一是强化内部管理,抓各项制度建设。完善学习制度,倡导全局干部自觉加强学习,形成以学立德、以学增智、以学助业的良好氛围;完善政务管理制度,提高领导班子、各科室负责人及广大干部发现问题、研究问题、解决问题的能力;健全财务管理制度,提高资金的使用效益,防范财务及廉政风险;完善纳税服务制度,从制度上保障为纳税人提供优质、高效、满意的纳税服务;修订考核办法,分岗位、分职能进行全员绩效考核。通过狠抓各项制度的落实,全局呈现出齐心协力、共谋发展、昂扬向上的新局面,初步形成了以"制度管人、制度议事、制度激励人"的制度化管理模式。

二是优化对外服务,规范办税流程。坚持"始于纳税人需求,终于纳税人满意"服务理念,制定了限时服务、延时服务、微笑服务等纳税服务措施。进一步简化办证审批程序,有效减少了纳税人办税时间,提升了纳税服务水平。严格定税审批制度,从源头和机制上预防腐败行为,避免暗箱操作和"人情税"、"关系税"的发生,实现税赋公正公平。积极推行网上咨询、申报、缴税等事宜,极大地方便了纳税人。

三是主动牵线搭桥,拓宽服务渠道。自觉把国税工作置于经济社会发展大局中谋划、落实和检验,努力拓展有利于地方经济发展的各项税收政策的应用,为梁子湖区产业结构升级"引路"、为各乡镇经济规模增量"助力"、为企业产品研发"献策"、为服务农村自主创业"牵线",为落实优惠政策"尽力",争当服务地方经济发展的排头兵和主力军。

注重以人为本,以国税家文化建设促进文明创建

一是在三月份学雷锋日组织机关干部参加学雷锋青年志愿者活动。3月5日,志愿者自发分批到扶贫联系点刘斌村上门慰问贫困家庭,送去粮油生活必需品,帮助老人打水做饭,收拣衣物,清扫卫生。其后,志愿者又来到梁子湖码头沿岸,清扫垃圾,疏通沟渠,平整道路,植树护堤,为春日的梁子湖增添一片新绿。

二是在4月份税收宣传月启动大学生村官协税志愿者活动。我局联合区委组织部、区团委在全区范围内招募大学生村官组成协税志愿队并举行启动仪式。为志愿者举办一期税收知识和操作技能培训,邀请志愿者参观区局纳税服务厅,并与前来办税的企业人员交流和学习。经过培训和熟悉,志愿者基本了解和熟悉了税收基本政策和办税基本流程和操作技能。4月21日,十余名大学生村官协税志愿者走上街头,深入农户,下到厂矿车间,重点针对涉农企业和农村自主创业青年,开展声势浩大的税法宣传和纳税辅导活动,得到了梁子湖区社会各界和区委、区政府的一致好评。

三是为庆祝建党91周年和迎接党的十八大胜利召开,我局因地制宜精心制作了一期党史宣传专栏,并于七一之前启动了党史宣传文化墙揭幕仪式。该专栏共14画卷,覆盖自1—3楼4面墙,呈阶梯递进式悬挂,以办公楼楼梯间净白墙面为背景依托,以党的一大至十七大历史演进为内容,以图文并茂画廊式的视觉艺术为美感,生动再现了中国共产党91年的奋斗历程,清晰勾勒了中国共产党救国、建国、治国、兴国的大政方略,集中诠释了中国共产党一以贯之并不断升华的光荣和梦想,成为广大党员和干部学习党史、缅怀英烈、洗涤灵魂的重要思想教育阵地。党史文化墙一经推出,吸引了系统内外广大党员干部纷纷前来参观学习。

近两年来,我们以打造和谐国税、温馨家园为创建主题,注重家文化建设,在税收征管、国税文化和文明创建方面取得了丰硕成绩。我们两次夺得全市系统绩效考核流动红旗;1人被评为"廉政标兵";1人被评为"纳税服务标兵";1人被评为"我身边的好税官";1人被评为"全市优秀团员";3人次分别被评为全区先进工作者和优秀共产党员;在2011年全市国税系统春节联欢晚会优秀节目评选中,我们参演的"我骄傲,我是国税人"诗朗诵节目被评为一等奖;在2012年4月份税收宣传月全市纳税人国税知识电视竞赛活动中,我们组织参加的中非矿业代表队一举夺得了团体和个人双第一名的佳绩,取得了良好的社会效果。

　　文明创建乃系统工程,创无止境。我们在总结前段时间阶段性的成果基础上,提出了"五个一流"的新一轮发展思路:即以完善功能,树立形象为基础,营造一流的环境;以提高素质,转变作风为重点,塑造一流的队伍;以健全机制,提能增效为内容,强化一流的管理;以助推经济,构建和谐为目标,提供一流的服务;以履行职责,科学发展为根本,创造一流的业绩。我们将"百尺竿头,更进一步",在社会各界的鼓励和支持下,高起点审视,高标准规划,高强度推进,继续深入持久地开展文明创建活动,促进文明创建工作再上新台阶,为实现梁子湖区国税事业的新一轮大发展再鼓干劲,再吹号角,再做冲刺,再起征程。

文明兴地税　人本促和谐

鄂州市地方税务局

近年来,我们地税局以邓小平理论和"三个代表"重要思想为指导,牢固树立科学发展观,坚持"聚财为国,执法为民"的治税理念,以创建为先导,强素质、抓管理、讲服务、树品牌,把文明创建融入到全局

地税红歌唱不尽

各项工作的全过程中,使文明创建工作在创新中不断发展,显示出蓬勃的生机与活力。我们局连年圆满完成税(费)收入任务,先后被各级领导机关评为行风建设、优化环境、支持下岗职工再就业、先进基层党组织、理论学习等先进单位。2008年,我们局被省委、省政府授予省级文明单位,各基层分局都相继获得省级文明单位、省级最佳文明单位荣誉称号,其中东城分局获得了国家级文明单位称号,葛店分局获得国家级"青年文明号"称号。

加强组织领导,营造创建氛围

我们通过成立领导小组,组建活动办公室,层层设立机构,广泛宣传发动,构建文明创建的工作网络,筑牢文明创建的阵地,为开展具体创建工作打造了坚定的基础。领导挂帅,成立文明创建领导小组,建立

文明创建领导责任机制。局长担任领导小组的组长,领导班子成员任副组长,科室和分局负责人为成员,负责整个创建工作的指导、协调、监督和检查评比工作,下设文明创建办公室,由相关科室和分局工作人员组成,负责具体的创建工作,形成机关科室全力配合、各分局鼎力参与的创建氛围。各分局成立相应的组织机构,负责分局文明创建工作,分局长为第一责任人,上对领导小组负责,下要组织安排好本单位的创建工作。广泛宣传,普造声势。制订下发了《鄂州市地方税务局争创省级文明单位活动实施方案》,印发了《鄂州市地方税务局文明税干守则》手册等宣传资料,建造了地税文化建设长廊,机关各科室、办公大楼楼道悬挂和张贴了各种奋发向上、为民服务的名言警句、优秀诗词等,营造了文明创建的良好氛围。

重视基础建设,完善硬件设施

硬件是文明创建的基础。在各级领导的大力支持和全局税干的共同努力下,结合地税文化建设,我们局对市局机关和各分局的办公环境进行了改造。而今,在以信息化、高效化为主线的办公理念下,办公条件焕然一新。建立起了花园式的办公小区,建成了以信息化为支撑的无纸化办公网络,制订和细化了内务管理责任制度,开设了健身房、活动室、图书室等休闲活动场所。同时加大了基层建设投入,本着外观与实用并重的原则,对各分局的办公场所和办税服务大厅进行了美化、亮化、绿化。将局域网络、电脑设备一直延伸到最偏远的农村分局;改造职工食堂,改善食堂伙食,实行劳务外包,聘请省内一流物业公司对办公大楼进行管理,为全局税干创造了良好的工作和生活环境。

强化队伍建设,建立激励机制

加强两级班子建设。坚持每季两次的中心组学习,做到学有计划、学有记录、学有心得;组织召开民主生活会,认真听取干部职工和纳税人的意见建议,形成整改方案,并狠抓落实,同时坚持每月一次局务会和不定期的局长办公会议制度,坚持重大事项召开全体税干大会制度,进一步增强局领导班子的决策能力、决断能力和执政能力,形成了一个团结谋事、合力干事的领导集体。规范了中层领导班子的考察和选拔任用工作程序,制订了《鄂州市地方税务局中层干部公开选拔方案》,建立了能者上、平者让、庸者下的选人用人机制。今年年初,我们局开展了一次局组建以来规模最大、规格最高的公开选拔中层干部活动,通过报名、资格审查、笔试、面试、竞争演讲及民意测评各个环节,择优选拔了4名中层正职、4名中层副职进入新的领导岗位,激活了干部队伍活力,让年轻的干部有想头、有奔头、有干头。

搞好教育培训,提高人员素质

以"创建学习型组织"为契机,提出"主题教育重点抓、政治业务学习定期抓、网上学习时时抓"的教育培训思路。首先是突出主题教育。2010年,我们局以"创先争优"活动为重点,加强干部政治理论学习,全局党员分两批参加教育活动,每批教育活动分为学习动员、分析评议、整改提高三个阶段,成立了专门的活动领导小组和办公室,重点抓好干部政治思想教育、职业道德教育、人生理想信念教育,组织集中封闭学习40个小时,记心得笔记50多万字,心得体会350余篇,得到了上级组织部门的充分肯定,局直属机关党委被选为创建"党建工作先进单位"试点单位。继续开展"每日一题、每周一课、每月一考"的岗位练兵和业务比武活动,开办了各类培训班,如OA系统办公培训、核心征管软件培训、网上办税培训、网络发票应用知识培训、《公务员法》专题培训等等,同时与上海交大合作,举办一期为期6天的地税干部高级研修班。此外,还依托鄂州市远程教育培训系统,开通网上学习、网上讨论、网上考试通道,使得整个教育培训走上规范化、便捷化、网络化轨道,有效地提高了干部职工队伍素质。

开展有益活动,丰富创建载体

首先是在系统内开展了"百万市民素质提升"活动,制订了活动方案,成立了活动领导小组,并在全局上下进行广泛宣传。开展了文明知识大学习、身边陋习大整治、市民教育大宣传、道德规范大实践等活动。其次是开展形式多样健康向上的文体娱乐活动。由工会、共青团牵头,积极开展羽毛球比赛、篮球比赛、拔河比赛、演讲比赛、歌咏比赛、读书比赛和兴趣小组活动、志愿者协会活动等等,丰富职工文化生活,展现干部职工风采。其三是开展献爱心扶贫活动。为体现对员工的关怀,经常性地开展送温暖、献爱心活动,每年初局党组、工会都要走访慰问生活上有困难的同志,每逢干部生日、婚丧喜事等,都会送去组织上的关怀,让他们感受到组织的温暖。两年来,我们局先后开展扶贫帮困、抗灾救灾、金秋助学等活动,筹集资金 40 余万元。同时,积极开展党建扶贫活动,2009 年,为了落实市委市政府"两个率先"、城乡一体化建设的要求,我们局对口扶贫涂家垴镇南阳村,与东沟镇茅圻村建立城乡一体化共建村,两年来,我们局投入近 20 万元,为南阳村新修了一批基础设施,为茅圻村改善了办公条件。市局机关党员干部还捐款 1.9 万元,让南阳村 3 名贫困学生圆了大学梦。2011 年,在"三万"活动中,为对口单位临江乡黄柏山村挖"当家塘"、修缮校舍,共投入资金近 30 万元。

狠抓规范管理,优化服务环境

提高大厅功能,窗口服务夺"牌子"。对全系统纳税大厅进行了标准化升级改造,新大厅各种便民设施一应俱全,成为纳税人办理涉税事宜、了解税收政策的好去处。我们局将"纳税服务示范窗口"和"纳税服务明星"的奖牌纳入动态管理,由纳税服务对象评分,每季度评比一次,得分前 2 位的大厅和前 4 位的大厅人员入选。对所有大厅人员进行了大规模的礼仪培训,在成果汇报会上,他们的精彩表现得到了省局和全省同行的高度评价;提高辅导水平,税收筹划送"方子"。2012年以来,我们局分别举办了税收筹划和税、会差异及风险规避培训班,组织专家向市内100多家企业的财务负责人手把手传授,指导企业合理合法节税,帮助纳税人加强财务管理,避免因"被动偷税"而受到处罚;提高办事效率,涉税事宜减"单子"。2012年,两次大幅度精简各税种纳税申报表,推行全市统一的申报表,暂停使用14种分税种申报表,极大地减轻了纳税人的申报负担。为方便我市改制企业下岗职工、灵活就业人员个人缴纳社保费,我们局多次与相关部门协商,实施个人缴纳社会保险费方式改革,缴费人只凭《职工养老保险手册》直接到就近的银行各网点,便可完成所有手续,极大地方便了纳税人。

狠抓文明创建　力促交通和谐

鄂州市公安局交警支队鄂城大队

近几年来,我们大队坚持以深入开展文明单位创建活动为载体,突出抓好职业道德教育、行业示范活动、公安文化建设和交警本职工作,使文明创建成为全队工作争一流、民警创满意的有效途径,得到

民警姜延安护送放学的学生

社会各界的广泛赞誉。目前大队 2 个单位被授予全国青年文明号;先后有 6 名青年民警荣获了省、市十大杰出青年奖;连续三届产生了共青团全国代表大会代表;陆续被公安部授予"全国老年维权示范岗"、被省公安厅授予"抗雪灾、保畅通先进单位称号";2006 年"五一"期间,我们大队荣获"全省五一劳动奖状"、民警姜延安荣获"全国五一劳动奖章"、王新春荣获"鄂州市劳动模范";2007—2008 年、2009—2010 年度连续评为省级文明单位等荣誉称号;被评为"2010 年全国公安机关机动车涉牌涉证违法行为专项整治行动成绩突出集体";被省厅警卫局授予"全省交通警卫工作红旗单位";连续被省交管局评为"2010 年、2011 年度全省道路交通管理工作先进大队";大队女警护卫队被省妇联授予"2011 度湖北省三八红旗单位"。

以职业道德教育为抓手，强化基础建设

加强职业道德教育，是文明单位创建活动的有力抓手，是文明单位永葆先进性的思想源泉，我们始终把加强民警职业道德教育作为创建的重要内容。面对人多、面广、工作难度大的实际，我们把思想教育放在首位，组织民警深入学习"三个代表"重要思想、胡锦涛同志关于社会主义荣辱观的重要论述、社会主义法治理念教育知识、社会主义新农村建设基本知识和《公民道德建设实施纲要》，开展"三项教育"、端正执法思想教育、社会主义法治理念教育等大讨论活动，通过开展丰富多彩的活动，引导广大民警牢固树立执法为民的理念。为增强活动效果，我们邀请全省十大荆楚爱民警官、全市道德模范吴丰炳同志作专题道德讲座，他用质朴的语言、详实的事例和真挚的情感，向大家阐释了什么是最简单的道德；把身边典型姜延安先进事迹编印成册，相互学习。同时采取"换位教育"的方式，组织民警以"当一天驾驶员、当一天售货员、当一天推销员、当一天服务员"为主题，到多佳集团、雅惠茶餐厅、新世界商厦、长港农场等单位去亲身体验劳动，增强民警责任意识和奉献精神。许多民警深有感触地说："通过换位思考，深刻体会到了群众的辛苦，了解了自身的不足，'人民警察为人民'应当成为我们的自觉行动。"通过引导民警在实践中加强自我锻炼和修养，使职业道德规范深深烙在民警心中，为促进文明创建工作深入开展打下良好基础。

以行业规范管理为抓手，突出形象建设

队伍规范化管理既是提高队伍整体素质、提升队伍良好形象的一种有效手段，同时也是文明单位创建活动的重要措施。交警是一个城市的形象窗口，我们从以下几个方面进行了规范：一是从警容风纪抓起，规范服务形象。我们制定了《执勤民警行为规范》等制度，以制度来规范工作。同时，在工作场所醒目位置进行公开承诺：民警八小时工

作期间一律着警服,保持警容严整,不得留长发、胡须,不得在外露的腰带上系挂钥匙、手机等饰物。为了使岗、点成为传播精神文明的窗口,我们还规定民警在执勤岗位上禁止抽烟、禁止接打电话、禁止闲聊。二是从窗口单位抓起,规范服务行为。我们将窗口民警的姓名、照片、岗位职责、举报电话公布上墙,将上级收费项目及标准公布上墙,严格规定收费标准。大力推行首问负责制,引导和方便群众办理相关业务,进行限时办结。三是从先进典型抓起,规范服务水平。以文明诚信窗口、青少年维权岗、青年岗位能手、十大杰出青年等活动的评选标准为对照,进一步规范广大民警的服务水平,激励广大民警爱岗敬业、乐于奉献、争先创优。以姜延安、卢云、王新春、周钢为代表的先进典型和以西山助学岗、女子交警班为亮点的服务岗位为对照,用典型引路,推动整个队伍服务水平的不断提高。

以公安文化竞赛为抓手,提高素质建设

加强公安文化建设,是抓好文明单位创建活动的有效载体,强化公安阵地教育是抓好文明单位创建活动的有力平台。在创建中,我们以大练兵活动为契机,结合自身实际,利用备勤和业余时间,有目的、有步骤系统地对全队民警进行了队列队形、擒拿格斗、手势指挥、车辆驾驶、体能素质等科目的训练,通过狠抓警事训练,增强了队伍的战斗力。在全省第十二届运动会射击比赛公安类竞赛活动中,中队民警吕立作为鄂州市公安局四名射击队员之一参加了比赛,一举获得地市组女子个人速射(PPC)第六名。与此同时,我们还积极鼓励民警参加各种大学本科以及交通管理、计算机、法学等专业学习,在时间和工作安排上对他们给予优先照顾。近年来,我们组建了内部局域网,建成了警官阅览室、电脑学习室,经常组织民警开展摄影、乒乓球、足球比赛等形式多样的文娱体育活动。通过活动的开展,一方面拓展了创建活动的内容,另

一方面丰富了民警的业余生活,有力推进了公安文化建设,有效推动了文明单位创建活动纵深发展。

以交警本职工作为抓手,促进畅通建设

文明单位创建活动的根本目的是为了促进业务工作的发展。在创建活动中,我们把文明创建活动与做好本职工作有机结合起来,通过抓好业务工作为创建活动注入新的内容和动力,通过巩固创建活动推进交管业务的深入开展。在构建"平安鄂州"、"和谐鄂州"的进程中,我们以创建"平安畅通县区"和实施城市"畅通工程"为突破点,开展了系列专项整治工作。如摩托车专项整治、"三超"专项整治、"涉牌涉证"车辆整治,以及"防事故、保安全、保畅通"的秋季战役专项整治行动。在交通安全"五进"宣传活动中,我们以"护学"工作为重点,通过各种形式的宣传教育,让交通法规常识逐渐深入学生们的脑海。通过开展"小手拉大手"活动,促使每个小家庭带动社会这个大家庭,推动全市交通环境和谐发展。与此同时,我们还配合有关部门开展"文明劝导员"及十大不文明行为整治活动,营造人人争做合格市民,个个争创文明大使的良好氛围。通过强化车辆驾驶人的管理,强化交通安全知识的宣传,有力压降了交通事故,提升了城市畅通功能,改善了城市交通环境。

今朝诚可贵　明日更辉煌

鄂州市西山街道办事处石山中学

我们中学现有学生2500人，教职工172人，占地面积80亩，总建筑面积13746平方米，现代化的教学楼、科教楼、学生公寓、学生餐厅气势恢宏。校园内建有标准运动场、足球场、篮球场、乒乓球台，各项体育器材配备齐全。学校绿

组织学生参加养老院德育基地实践活动

化覆盖率达60%以上，实现了校园的园林化、庭院化、卫生化。

我校高度重视人文建设，着力"塑造人格、启迪心智、成就未来"，用精神点化精神，用智慧启迪智慧，用生命培育生命，积淀了厚重的文化底蕴。多年来，校班子建设始终坚持"求真务实、率先垂范、德业双馨"的目标，以"先进理念、精湛业务带动人，以朴实作风、高尚人格感染人，以一流水平、严格管理协调人，以团结协作、务实奉献赢得人"，带领学校一步步跨进了全市强校之列。

我校教育教学管理自始至终坚持"一个中心、两个基本点"，即坚持"以人为中心，关注学生的生命成长和教师的专业发展。"在学生的成长过程中，以《中学生守则》、《中学生日常行为规范》为标准，高起点、严要求、严管理，日积月累，使学生养成良好习惯。我们不断深化内

部改革,激发内部活力,坚持"创名校、树名师、育英才"为内容的办学方向,努力形成了"爱岗敬业、率先垂范、严谨治学、诲人不倦"的优良教风和"立志、勤奋、博学、创新"的浓厚学风,使"求真务实、开拓创新、团结协作、精益求精"的石中精神不断发扬光大。

我校本着"以人为本,和谐发展"的先进办学理念和"夯实基础,培养能力,开拓创新"的办学宗旨,始终坚持走科研兴校、教研兴教,减轻学生负担,提高教育教学质量之路,全面贯彻党的教育方针,积极推行素质教育和教育教学改革,把继承传统与改革创新结合起来,致力培养高素质的创新人才,让每一位学生的个性和才能都能得到最大限度的发展,让每一位学生都能在石中校园内享受到成功的喜悦。学校创设条件让各科组进行课题研究,组织学科骨干教师参加培训,积极鼓励教师大胆改革,勇于创新。目前,学校承担国家级课题实验两个。

我校坚持德育为先,推动校园文化建设。我们把加强德育队伍建设作为提高德育工作质量的抓手。加强德育队伍建设的重点是加强班主任队伍建设,班主任通过培训实行竞争上岗。政教处制定了详细的《班级考核细则》、《安全考核细则》、《班主任工作量化考核细则》、《班主任、教师岗位末位淘汰办法》等一系列规章制度,对班主任加强管理与培训。学校政教处开展主题班会课比武、班主任经验交流等活动,切实加强了德育工作的针对性和实效性,充分调动了广大教师开展德育研究的积极性。同时,引导全校班主任教师深入了解当代学生思想现状,发现、探索、思考教育工作的新情况、新问题,创新德育教育理念,提高了班主任工作能力。这支纪律严明、勤奋爱岗的班主任队伍,成为学校一道亮丽的风景,他们深受学生爱戴,深受社会好评,他们是学校各项工作蒸蒸日上的强有力保证。

我校注重学生行为习惯的养成教育。学校志愿者服务队一直以实际行动传承着尊老敬老的优良传统,长期坚持到西山街道敬老院开展看望老人的公益活动,为孤寡老人们解决生活上、心理上的困难,让学生懂得感恩,尊敬父母、老师以及关心他们成长的人,珍惜他人劳动成果。学校举行大型《感恩,我们要行动》感恩教育报告会,报告会场面感人,师生、家长潸然泪下,学生深受教育。

学校经常开展学雷锋实践活动,学生志愿者利用周末走出校门,分别到城区万联超市、银泰百货、雅惠美食城前的十字路口做交通协管员,维护交通秩序,倡导文明交通,为提升百万市民素质尽微薄之力。学校团委组织学生志愿者到鄂州火车站(德育基地)进行社会实践活动,打扫卫生、帮助旅客。举办这类活动,一方面强化了学生志愿者服务社会的理念,另一方面,也让在校学生更好地体验社会生活,增强学生的社会实践能力,同时也为创建和谐社会贡献一份力量。

我校特别注重学生的安全教育,定期邀请卫生局、派出所、交警中队领导来校开展卫生、安全知识讲座,让学生知法、懂法、守法,珍爱生命、安全出行。定期开展安全疏散演练,让广大师生更深入地了解消防安全知识,提高自救互救能力。通过各种教育活动,增强了全校师生的安全意识。

近几年,我们学校不断加强管理,创新求实,办学水平不断提升,教学质量稳步提高,一直名列全市前茅。2010年中考,考入鄂高素质班19人,升入鄂高90人,居全市首位;2011年中考,考入鄂高素质班20人,升入鄂高93人。2012年中考,考入省重点高中素质班25人,其中武汉空军雷达学院少年班预录4人,升入鄂高85人。

我校其他各项工作也取得了优秀成绩。学校先后获得了"湖北省文明单位"、"国家教育部英语实验学校"、"湖北省安全文明学校"、"省三八示范岗"、"市教育人事改革先进单位"、"市工会先进单位"、"市妇女工作先进单位"、"市绿化模范单位"、"中考五率评估先进单位"等荣誉。

今朝诚可贵,明天更辉煌。我们将继续发扬艰苦奋斗的精神,不断拼搏,不断前进。

展红盾风采　创一流业绩

鄂州市工商局葛店开发区分局

我们分局现有干部职工22人，下辖葛店工商所，负责开发区辖区728户企业、1578户个体工商户（含食品经营户203户）的市场监管和行政执法工作。

我们在市工商局和葛店开发区工委、管委会的正确领导下，以邓

强化市场监管

小平理论和"三个代表"重要思想为指导，全面落实科学发展观，狠抓"三个文明"建设，坚持"两个第一"的工作理念，切实履行工商职能，全力服务地方经济发展，连续四届获得市级"最佳文明单位"称号，2011年获得鄂州市第三届文明诚信窗口称号，2010年度被评为湖北省文明单位。

加强领导，夯实精神文明建设基础

我们高度重视文明单位创建工作，一是加强领导，完善了精神文明建设的领导机构，建立健全了党组统一领导，"一把手"负总责，分管领导具体抓、各科室配合抓的领导体制和工作机制。二是广泛宣传，使干部职工认识到精神文明建设的重要性，是促进"三个文明"建设的有效

形式,是造就有理想、有道德、有文化、有纪律的干部队伍的重要途径,增强了全员参与的积极性和主动性。三是统筹规划,制定了《葛店开发区分局精神文明建设工作方案》,明确了指导思想、工作目标、措施和要求,做到工作有安排、有落实、有检查。四是完善机制,健全并完善了精神文明建设目标责任制和考核评估机制,明确了责任和任务,量化指标,严明奖惩,一级抓一级,并将精神文明建设纳入全年工作的重要内容,签订目标责任书,年终统一考核,保证精神文明建设取得成效。

提升素质,打造一流干部队伍

一是抓好干部队伍建设,狠抓干部队伍勤政、廉洁和能力建设,系统内形成了团结奋进、开拓创新、争先创优的良好局面。二是抓学习培训和人才培养。认真开展了"工商系统岗位能手大比武"、"法制大讲堂"等活动,使分局机关做到学习加强、勇于创新、服务优质、效能提升、廉洁勤政、勤俭节约,干部职工做到"六能"、"六会"。三是抓党风廉政建设和反腐败工作。开展"廉政风险点防控",创建廉政文化园地,认真落实党风廉政建设责任制和"一岗双责",坚持民主集中制,进一步深化政务公开,加强对权力运行的监督和制约。以行政效能建设为重点,紧紧围绕建设法治型工商、服务型工商、责任型工商和效能型工商,努力改进工作作风,优化发展环境,做到执法为民。近年来,分局系统干部职工在党风廉政方面无一起违纪违规事件。

齐心协力,积极推进思想道德建设

我们大力开展"六型机关创建、"、"创先争优"、"四优窗口创建"、"党员示范窗口"和"五好家庭"评选等活动,深入贯彻《公民道德建设实施纲要》,围绕"弘扬传统文化、增强道德观念、倡导家庭美德"主题,通过设立"道德讲堂",组织"喜迎十八大配乐诗朗诵"、"廉政文化书画比赛"等,开展了形式多样的学习宣传和道德实践活动,发挥党员干部在道德实践中的表率作用,在全分局内进一步形成了崇德向善、团结友爱、勤俭节约、敬业奉献的良好社会风尚。同时,充分发挥工、青、妇等群团组织的作用,积极开展各类文体活动,丰富职工生活,陶冶干部情操,培养健康有益的生活情趣。

不断创新,全力推进开发区跨越式发展

全国首推市场主体异地冠名,促进武汉城市圈发展。我们积极促进武汉城市圈改革试验区发展,根据葛店开发区发展实际,经多次向市工商局汇报并与武汉市东湖开发区工商分局沟通,2007年获省工商局批准,同意武汉市工商局、鄂州市工商局关于武汉东湖开发区与湖北葛店开发区市场主体准入一体化的意见和建议。两区(武汉东湖开发区与湖北葛店开发区)实现市场准入政策一致、市场主体登记一体化,实现无差别、无缝隙对接,实现两区各类市场主体平等竞争,推动两区经济共同发展。武汉高科表面处理工业园有限公司在鄂州葛店开发区获执照并揭牌,成为第一家冠名"武汉"的企业,也是省内第一家以异地行政区划打头冠名的企业。

实施"零收费"工程,营造更加宽松的发展环境。自2012年5月1日起,我们在全市率先开展免收工业性项目注册登记费,实行公司制企业"零首付"、市场准入"零门槛",进一步完善"一站式"服务、全程跟踪服务、限时办结服务三项服务制度,为辖区市场主体提供优质、高效、便捷的服务。今年五月和六月这两个月,新增市场主体105户,同比增长47%;新增注册资本(金)1.4亿元,同比增长53%;累计为25户工业性项目企业免收各类工商规费6万余元,引来了华商国力生物产业园、湖北科技企业加速器等投资逾亿元大型工业性项目2家,吸引投资逾35亿元。

完善品牌梯次培育机制,深入推进商标品牌战略。我们以重点商标联系点企业为切入点,明确专人,重点跟综,开展"靶式服务",积极指导支持区内企业"三名"商标申报工作。积极开展商标注册行政指导,今年上半年共对园区10户新发展注册商标8件;盘活闲置注册商标1件,建立重点商标联系点企业6家,指导人福药业等8家企业开展了知名、著名商标申报工作;同方泵业、爱民药业两家企业已签订中国驰名商标的代理申报协议,取得了驰名商标申报开门红。同时,建立"三名"商标梯次培育、扶持、服务机制,目前已形成同方、爱民、人福为第一梯队,康源、神珑、科贝为第二梯队的较为完整的驰名商标梯次培育体系。

依法行政,营造公平竞争市场秩序

强化市场监管,进一步加大专项整治力度。一是进一步创新网格监管模式。通过推行服务群众热心、解释咨询耐心、登记指导细心、柔性执法暖心、消费维权倾心等"五心工作法",延伸服务内涵,全面提升服务市场主体发展的能力水平。二是深入开展市秩序优化行动。今年上半年共检查经营户1131户,发放宣传资料180份。开展了一系列专项整治行动,抽检农资商品3个批次,重点商品36个批次,有效地规范了市场主体经营行为。

强化行政执法,进一步加大查处违法经营力度。我们加强法制工商建设,严格执法监督,认真落实行政执法"三制",制定了《开发区分局加强行政执法工作的意见》。突出重点抓宣传、学习教育,突出行政指导,实行轻微违法行为"首次不罚"原则,进一步规范和强化行政执法工作。今年上半年共立案查处商标侵权案件1件、广告违法案件13件、违反食品安全法的案件17件,无一起经行政复议或诉讼,大力维护了公平竞争的市场秩序。

保障民生,维护安全放心消费环境

食品安全常抓不懈。我们围绕食品安全监管"5个100%"和1个有效解决的工作目标,积极开展食品检查、抽检及专项整治行动,今年上半年共出动执法人员336人次,检查食品经营户3776户次,检查乳制品经营者2522户次,办理含乳制品《食品流通许可证》26份,开展食品快速检测132个批次,有力保障了辖区市场消费安全。同时新发展食品安全示范店10家,开展食品质量监测48个批次。

消费维权不断深化。一是进一步加强消费维权知识宣传教育,全面落实"消费维权六个看到"的要求。今年上半年共发布消费警示信息9条,发放宣传资料200余份。二是继续大力推进12315"五进"工程,完善基层维权网格建设,上半年新设公共服务企业等维权站23个。三是切实提升申投诉处理率、投诉案源转化率、投诉调处成功率。今年以来共受理调解消费者投诉26件,已成功调解26件,调解成功率达100%,为消费者挽回经济损失6.93万元;快速处置1起"食品购假工商先赔"案件。

文明单位建设是一项长期而系统的工作。我们通过省级文明单位的创建,带动了全分局各项工作的开展,也使广大干部职工的工作热情和积极性得到很大的提高,精神面貌焕然一新。下一步,我们将进一步深入做好省级文明单位创建的各项工作,全力促进地方经济社会跨越发展。

营造和谐仁爱的乐园

鄂州市实验幼儿园

大班毕业感恩汇报演出

我们幼儿园创建于1952年,是鄂州最早开办的一所公立幼儿园,是一所拥有光荣历史、优秀传统的省级示范性幼儿园,也是一所与时俱进、充满现代气息的幼儿园。我们紧紧围绕"喜迎十八大,争创新业绩"的工作主线,以认真贯彻落实全市文明创建工作会议精神为工作主抓手,把现场管理与幼儿园精神文明单位的创建工作相结合,与提高幼儿、教师、家长的精神品质相结合,真抓实干。在日常工作中,不断摸索现场管理的方式方法,将完善和制定现场管理制度作为安全管理的基础,以做好现场管理工作为载体促进园所安全、规范发展。坚持师德师风建设工作,杜绝幼儿园教育"小学化"倾向,以"在快乐中,我们和孩子共同成长"为信念,积极营造快乐、健康、仁爱、自信的教育氛围。在各级领导的重视关怀下,在领导班子带动下,全园教职工深入落实"五禁止"要求,勤奋踏实、践行承诺、快乐工作,使得各项工作井然有序、生机勃勃,并取得一些可喜成绩,先后被评为国家级语言文字规范化示范校、省级文明单位、市教育工会工作先进单位、市先进基层党组织、"安全文明校园"、人口计划生育先进单位、中小学后勤保障与管理工作先进单、"放心食堂"、"文明宿舍"、绿色生态校园、"绿色学校"、"窗明几净学校行"活动合格单位等等。

快乐中工作，班子协作心手牵

一个单位管理的好坏，一定程度上取决于班子成员相互协作的质量；一个单位风气的好坏，同样也取决于班子成员正气相连的影响。班子成员之间相互配合和协作，做到常通气，常联系，常协调，常补台。班子之间经常主动地把自己分管工作中的主要情况以及下一步的工作考虑等及时向班子其他成员进行通报，虚心听取意见、建议，互相支持和配合。班子成员之间团结融洽，以诚待人，相互尊重，严以律己，宽以待人，每一次上级会议后，园领导首先将会议精神传达给班子成员，并认真将会议精神要求细化责任到每个人，每一次，大家都会热情承担属于自己管理范围的任务，团结协作、保质保量完成工作的态度让彼此感动，也感染着每一位实幼人。在班子成员的感召下，每位教职工在工作中兢兢业业，大家互帮互助，有商有量，整个实幼充满了活力和团结。

活动中成长　拨亮思想闪光点

我们以"喜迎十八大，争创新业绩"为主线，开展了系列活动：党支部组织全体党员到市第一幼儿园参加听党课——《保持党员纯洁性》，开展"我们就是榜样"共青团学雷锋活动，帮助退休老教师做卫生；开展"满怀感激话实幼"教职工讲述身边感人故事活动，历时四个小时，全员参与，老师们讲出了实幼的真、善、美，讲出了心中的感激，讲出了对实幼美好明天的期盼；观看电影《远山》，认真写好一篇观后感；在市教育局组织的"大家唱，大家跳"的活动中，全体园务会成员都参与了演出，《红梅赞》、《绣红旗》的演出，赢得了赞誉，并被选送省里参赛；定期召开家长委员会，分别就师德师风建设、专业成长、后勤保健、幼儿伙食等家长普遍关注的工作，向各位家长汇报，赢得大家的赞赏；开展了"防止小学化倾向暨走出学前班误区"家庭教育讲座活动，刘菊莲副园长通过具体生动的教育案例,帮助家长建立正确的幼儿教育观、幼儿发展观;开展了"快乐感恩飞翔暨大班毕业典礼"活动,三个大班的孩子和老师们精心排练的节目,赢得了广大家长阵阵掌声;在中大班开展了"小手牵大手,文明一起走"主题实践活动,号召幼儿争做"文明小公民、环保小公民",让他们懂得保护环境人人有责,把体会变成行动;开展"我运动、我健康、我快乐"亲子游戏;教师还带领幼儿到观音阁公园捡垃圾,使幼儿在实践中提高自身的道德素养,内化德行。在实幼,每天都能感受到幼儿向老师、长辈主动问好(道别);上下楼梯不推、不挤;不乱扔、不采摘、不乱吐、不乱画,养成把纸屑、果皮、包装袋放到垃圾桶和随手拾废物的好习惯。

学习中进步,绽放时代文明

教师是幼儿的一面镜子,教师应成为幼儿的终身楷模。我们坚持不懈地抓师德教育,号召每位教师要为人师表,在文明礼仪方面给幼儿示范作用,处处做出表率,以自身良好的精神风貌,严谨的治学态度,激励幼儿,陶冶他们的情操。近年来,我们制订了"幼儿一日活动管理流程"、"教学老师一日活动现场管理工作流程"、"保育教师一日工作流程",并严格了岗位职责与分工,流程细化到每分钟,进一步规范了教师的教育行为,加强了一线教师的工作责任心。在落实师德"五禁止"的同时,结合我园的幼儿教师"十要十不要",进行全体教师师德承诺,学期结束时,全体教职工都认真进行了一学期"守承诺、快乐工作"师德师风情况小结,老师们都深刻感受到"因为遵守承诺,所以使工作更快乐"。在践行承诺同时,我们组织全体一线教师,认真学习了全市中小学教师专业发展三年行动计划,鼓励教师终身学习,制定"一对一拜师"帮扶计划;组织全园教师参加2012年"全省幼教专家巡回讲学"活动,老师们认真听取省幼教专家的理论讲座并联系自身实际教学撰写心得体会,促进教师教育理念提升。在全园开展的"课内比教学"活动中,采取园内学科带头人示范引领在前,全体教师随后积极参与比武,展示了一节节好课,每一位教师都有了不同程度的进步。工作中的进步,工作中的快乐,成了我园教师的职业新风采。

进取中提升,彰显文化特色

教科研是立园之本、兴园之策、强园之路。一直以来,我们以教研促发展,不断深化课程改革。本着从"问题入手,需要出发,专题牵引,注重实效"的思路,积极构建互动式园本教研平台。一是专题讨论平台,将一日活动中教师困惑的问题以及在管理中发现的问题交给大家共同研讨,丰富教师的保教工作经验;二是反思发展平台,把反思教学实践作为园本教研最基本和最普通的方法来抓,要求教师在每一节教学活动、每一次观摩活动及开学一周后的常规等及时进行反思,提高教师理论水平;三是观摩评价平台,定期组织全园教师观摩专题活动,由执教者讲解活动思路、目标要求,观摩者评价活动得失,对积极发言者给予加分奖励,真正使教研活动落到实处,使优质资源得到交流与分享,逐步打造出一支结构优良、业务素质能力较强、整体水平较好、充满活力、具有创造能力、能适应幼教发展的教师队伍。

百年大计,教育为本。为了进一步规范管理,我们在实践中探讨现场管理,根据"五常"管理即:工作常组织、天天常整顿、环境常清洁、事物常规范、人人常自律的原则,一个个管理细则的不断完善,一份份职责的落实到人,做好每一件简单的事成了全园教职工现场管理实践的共识。

文明管理、文明教学、文明学习、文明生活,是实幼始终坚持的方向。精神文明重在建设,贵在坚持,今后我们将在新的起点上创新规划,再接再厉,虚心学习,继续为精神文明建设作出不懈的努力。

谱文明之韵　铸地税之魂

鄂州市地方税务局梁子湖分局

近年来,我们分局以邓小平理论和"三个代表"重要思想为指导,牢固树立科学发展观,坚持"聚财为国,执法为民"的治税理念,紧紧围绕抓收入这一中心工作,大力开展税法宣传,深化税收改革,积极探索社会主义市场经济下

举办税法知识讲座

的税收征管模式;不断加强队伍建设,提高干部职工的两个素质,增强队伍的战斗力和凝聚力;充分发挥党员干部的堡垒作用,大力发扬民主,充分调动干部职工的积极性和创造性,使文明创建工作取得了成效。

一份耕耘,一份收获。近年来,梁子湖地税事业得到了突飞猛进的发展,税收收入连年超额完成任务,多次被市地税局评为"红旗单位";连续9年被梁子湖区区委、区政府评为"先进单位";连续四届被市委、市政府评为市级文明单位;2007年被评为省级档案达标荣誉单位;2011年荣获省级文明单位。

建立健全文明创建机制

我们始终坚持以邓小平理论和"三个代表"重要思想为指导,深入

开展学习实践科学发展观活动,以提高干部队伍综合素质和打造整体文明型、节约型地税为主线,以创建省级文明单位为动力,以促进地税各项工作、争创一流业绩为目标,深入开展群众性精神文明创建活动,集中展示全体干部职工昂扬向上、锐意进取的精神风貌和与时俱进、勇于创新的良好形象,切实增强全局的向心力、凝聚力、创造力和战斗力,为推动梁子湖地税工作的健康发展提供强大的精神动力和思想保证。

为加大文明创建力度,成立了由局长吴海南任组长,其他班子成员任副组长,各科室负责人为小组成员的文明单位创建工作领导小组,形成了上下联动,责任明确的工作格局。

我们认真制定创建规划和实施方案,精心组织实施,于2009年初制定了文明单位创建工作实施方案及创建工作要点,对全局的省级文明单位创建工作进行统一的安排和部署,确定了创建省级文明单位目标。

实际工作中,我们大力改善办税服务厅条件,改进服务手段,提高服务质量。在分局办公楼一楼办税服务厅设置信息公示栏,发布涉税办税办事指南,宣传地税工作政策及公共信息,进一步推进政务公开;制作全局办公区域平面图,增设来访接待休息席,方便办事群众;在办税服务厅墙上设置政务公开宣传栏,注明工作人员的姓名、职务、职责、联系方式等,方便群众办事,便于群众监督。

文明创建和一流的政务管理相结合

一流的工作业绩是创建省级最佳文明单位的重要条件,也是梁子地税人一贯孜孜以求的目标。

多年来,我们始终坚持深化税收征管和人事制度机构改革,扎实推动新一轮税制改革的顺利进行。一是按"科学化、精细化管理"的要求,依托信息技术优势平台,全面深化税收征管改革,促进税收征管年年有突破;二是以岗定人、定责,按上级统一部署,结合单位实际,积极稳妥地搞好人事制度机构改革,为税收事业提供强有力的人才支撑。

健全和完善各项工作机制。一是加强局机关自身建设。继续坚持和完善加强自身建设和理论学习机制、地税工作运行机制、创先争优机制,靠制度管人管事,做到文明规范、公开透明、务实高效。二是建立健全创建工作机制。完善创建工作目标管理责任制和责任追究制,促进各项工作台阶、上水平。平时注意收集创建资料,做到创建档案齐全规范。三是开展经常性的法制教育,引导干部职工认真学法、严格守法,懂得用法,增强遵纪守法的意识,劝导他们在法律范围内解决矛盾纠纷,维护自己的合法权益。四是落实社会治安综合治理各项措施,定期对办公区安全保卫、卫生、消防等情况进行检查,发现问题,及时整改,确保无责任事故发生,干部职工中无违法和严重违纪案件发生,确保全局的和谐与稳定。

文明创建和地税文化建设相结合

我们始终把文明单位创建和地税文化建设相结合,安排经常性文化活动,既丰富了文明单位创建活动的内容,又促进了地税文化活动的深入开展。

近年来,我们组队参加各级机关组织举办的羽毛球、乒乓球、围棋比赛等,陶冶了情操,促进了干部职工的身心健康;利用节假日召开老干部座谈会,向老干部汇报分局工作,向老干部拜年并发放慰问金。两年来,共看望生病住院干部20余次,看望干部家属住院7人次,看望困难职工8人次。每年组织干部进行体检,开展向干部贺生日鼓干劲活动,在干部生日时送上生日礼品;在局里建起乒乓球室、阅览室等,丰富了干部业余文化生活;开展"扶贫帮困献爱心"活动,每年均组织干部职工向需要帮助的人捐款捐物,传递真情,奉献爱心;扎实推进"三万"活动,为对口扶贫单位——太和镇吴伯浩村脱贫致富谋策、出力、筹财;组织开展全局学习贯彻《公务员法》知识竞赛。我们将文明创建活动和学习培训活动结合起来,突出"学习贯彻《公务员法》,稳步推进"依法行政";积极开展争创"文明科室、文明家庭和文明个人"活动;及时修订、增设了文明用语、文明禁忌和行为规范准则,形成人人讲文明,人人争做文明人的良好风气。

文明创建和税收中心工作紧密结合

在省级文明创建的过程中,我们始终坚持与税收中心工作紧密结合,切实推进税收工作的全面开展。加大对组织收入工作的考核力度,确保全面完成各项税费目标任务。坚持"抓早、抓紧、抓实、抓成效"的组织收入工作思路,逐级签订税收目标责任书,实行机关科室与绩效挂钩,千方百计调动干部职工抓收入、保增长的积极性,促进税收收入的稳步增长。加强重点税源监控管理和税源分析工作,建立健全税源管理的长效机制。召开专题会议,制定重点建设项目税源监控工作办法,实行重点项目跟踪管理,完善重点税源管理目标考核细则,严格跟踪管理。加大社保费和各项基金的征收力度,确保费款及时征收入库。积极推进税收执法责任制考核,强化税种管理,全面提升税收征管工作质量。

全局干部职工上下一心,坚持以组织收入中心,通过优化服务,强化征管,严堵漏洞、深挖税源增长点,按照"抓早、抓紧、抓实"的工作要求,坚持税费同征管,使得税收收入年年有大增长、年年有大突破。

文明创建工作是一项系统的工程,只有不断加大文明创建工作力度,才会取得丰硕的成果。我们分局干部职工表示,将铆足一股劲、拧成一根绳,以创建"省级最佳文明单位"为目标,继续坚持"聚财为国、执法为民"工作宗旨,不断创新工作思路,鼓足干劲,大干实事,不断提高文明创建水平,努力开拓梁子湖地税工作的新局面。

让文明之花满园开放

鄂州市妇幼保健院

我们妇幼保健院始建于 1952 年,有着 50 余年发展历史,是我市唯一的一所集保健、医疗、预防、教学、科研、培训、计划生育技术指导和婚前医学检查等为一体的三级优秀妇幼保健机构。近几年来,医院

已连续举办鄂州市五届健康孕妈咪比赛

荣获省级文明单位、国家级"巾帼文明示范岗"和"湖北省健康教育示范医院"等称号,连续三年获市级"先进基层党组织"荣誉。

组织领导有力,打牢三个基础,为创建工作提供政治保障

1. 广泛宣传发动,打牢思想基础。我们医院多次召开科主任、职工大会进行宣传发动,提高职工对创建工作的认识。文明单位的创建是医院管理是否上水平的重要标志,是一项长期、复杂和艰巨的工作,贵在坚持,重在落实。基于此认识,医院领导班子专门研究了关于创省级文明单位的具体措施,提出了"树立一流理念、装备一流设施、培育一流职工、实施一流管理、创建一流医院"的"五个一流"的战略规划。

2. 领导重视,精心组织,打牢组织基础。医院本着三个文明同时规划、同时部署、同步抓落实的原则,成立了由院党政主要领导亲自挂

帅、班子成员具体分工负责的文明单位创建工作领导小组和工作专班，确保创建活动的班子、分工、计划、措施、经费全面落实。对照考核标准制定了文明创建规划和具体实施方案，将文明创建工作与业务工作合并起来，一同部署、一同考核、一同督办检查，各科室实行科主任负责制，明确创建任务、目标，层层抓落实。具体做到"三个同步"：一是部署同步，二是检查同步，三是总结评比同步，从而使三个文明建设互相促进，协调发展。

3. 建章立制，打牢机制基础。近几年来，我们把创建活动的总体要求渗透到从严管理、规范管理、科学管理之中，用制度建设推进医院规范化管理。一是建立健全各项规章制度，实行岗位责任制，将相关法律、法规等汇编成册发放给每位职工，做到有章可循，按制度办事。在创建过程中文明创建领导小组坚持一周一检查通报，一月一考核奖惩，一季一评比，一年一表彰，使创建活动走上了规范化、制度化、系列化轨道。二是引入激励机制，对文明考核结果实行"两挂钩"，即：文明创建考核结果与职工的使用和干部的任免直接挂钩、与干部职工的收入直接挂钩。在每年一次的干部考评中，把文明创建工作纳入重要考核内容，对抓文明创建工作不力的干部除给予经济处罚外，连续三个季度没有起色的实行诫勉，不予提拔重用。干部职工的奖金收入随文明创建考核结果，每月浮动，奖罚逐月兑现。

抓好四个服务，全面提升服务水平和能力

在创建过程中，我们规范各种管理，多项措施并举，抓好服务环境、服务质量、服务态度、服务基层，全面提升医院服务水平、能力和形象。

1. 狠抓硬件建设，以人为本，营造良好的服务环境。随着医疗市场激烈竞争的态势和医疗保健服务的人性化和个性化特点，我院积极从改善妇女儿童及病人的就医环境入手，体现以人为本，以病人为中心的服务理念，投资约100余万元添置腔内B超、彩色乳腺诊断仪，手术

室新添了无影灯、多功能手术台等万元设备五件,妇科新引进了腹腔镜、无痛人流技术等。积极争取政府支持,投资1100万元对原住院部进行改扩建,新增用房面积达2100平方米,并对原住院部进行全面内外装修,科学规划,统一布局,设立中心供氧、中心负压等医疗辅助设施,为全市妇女儿童提供了一流的住院环境。

2. 狠抓内涵建设,以医疗质量为重点,提高医院的服务水平。我们把抓质量、重安全放在首要位置来抓,建立质量控制网络系统,层层抓落实,责任到人,做到事前、事中、事后质量全程控制,严把各个关键环节,做到万无一失。先后开展了百日优质服务竞赛活动,护理部举行了岗位练兵、理论知识竞赛等活动,行政、后勤部门进行了零投诉活动。全院医务人员开展各种培训活动达1000余人次,护理部重视"三基"训练,规范护理操作规程,推行"一对一"全程助产服务、无缝护理、新生儿游泳等特色服务,深受群众的好评。医务科每季开展一次住院病历检查评比活动,直接与工资奖金挂钩,其书写合格率达100%,甲级病案率达98%,护士"一针见血"成功率达95%,院内感染控制率明显下降,无严重差错和事故发生。

3. 狠抓行风建设,推行文明诚信服务,改善服务态度。医疗卫生部门是精神文明建设的窗口行业,我们制定了职业道德建设方案,成立了职业道德建设领导小组,坚持把职业道德建设工作同年初的工作计划、经济目标任务、医疗质量目标等一起布置、一起考核、一起检查,真正实行一票否决制,直接与奖金挂钩。

针对少数科室存在有"吃请"、"私收费"和"开单提成"等重点问题,我们成立督查小组,严格实行责任制,要求各科室自查自纠,找出存在的问题,制订有效的改进措施,并与医务人员签订了拒绝红包、回扣、开单提成责任书。

开展讲诚信守承诺服务。推行医疗服务零投诉,医患之间零距离,医院管理零缺陷,救护车免费接送孕产妇及儿童入院,建立医患反馈卡、上门服务、跟踪服务,建立保健信息档案,后勤人员下科室、下送物品,及时为临床科室进行水电维修等,这些措施和服务深受社会和病人的好评。

4. 强化公共卫生职能,全力服务基层。积极争取保健方面的政策支持,拓宽保健有偿服务范围,先后开展了全市机关企事业单位的女职工妇女病普查普治工作,年人次达 7000 余人,与市教委一起加强对全市集居儿童系统保健工作,建立了集居儿童管理健康档案,增加了儿童保健项目,从一般儿检到眼保健、口腔保健、心理保健及营养保健等,免费为幼儿园、学前班、小学生进行查牙防病的宣传教育。加强了围产期保健及高危孕产妇的跟踪和随访工作,使城区孕妇住院分娩率达 100%。与此同时,每年派出专职妇幼保健人员 50 余人次下乡指导,每年投入基层保健经费 10 万元左右。

以活动为载体,突出三点,广泛开展群众性精神文明创建活动

在创建活动中,我们以构建和谐社会为出发点,以建功立业、服务社会为着力点,以促进医院文化内涵建设为结合点,广泛开展了岗位建功、群团共建、扶贫帮困、文体娱乐等一系列活动,不断提高社会服务功能,提升医院文化内涵,形成了具有自身特色的创建机制。

1. 以育人创业为着力点,广泛开展立足岗位创业建功创建活动。广泛开展技能比赛、岗位练兵活动,加强职工的技能培训,全面提高全体职工的岗位技能和创新本领。将创巾帼文明示范岗、青年文明号、青年岗位能手、五好家庭等这些活动贯穿于文明创建工作中去,先后建立了以妇产科为代表的 10 个文明科室,以保健部为代表的三个省级、国家级巾帼文明示范岗。

2. 以构建和谐医院为结合点,群团积极共建,普及健康知识。为了提高市民健康水平,普及健康知识,积极开展文明共建,结合医院自身特点,院健教科、院工会、院团支部深入社区、学校、农村进行健康教育,举办"青少年健康教育行"、"关爱未成年人思想道德建设"、"爱滋病知识演讲比赛"等大型活动。

3. 以打造健康向上的医院文化为切入点,用积极的文体活动占领职工业余文化的主阵地。医院在资金困难的情况下,建立了职工之家和市民学校,提供了活动场所和设施。组织"演讲比赛、文艺晚会"等健康向上的文娱体育活动,活跃职工业余文化生活,占领职工的思想文化阵地。

通过积极开展文明单位创建活动,全院干部职工精神焕发、面貌一新,三个文明协调发展,创造了良好的社会效益和经济效益。医院年门诊量达8万人次,住院人次9000人。分娩人数连续五年居全市首位。开展妇科及外科手术逾千例,业务收入连续五年以20%速度递增,就诊病人满意率达95%以上。

树立港航海事形象　加快鄂州水运发展

鄂州市港航管理处、地方海事局

近年来,我们坚持围绕湖北水运"服务提升年"总体目标,按照"思想领先、工作争先、业绩创先、作风率先"的要求,转变工作作风,优化发展环境,狠抓工作落实,促进我市交通行业精神文明建设工作跨越发展。

执法人员上船进行汛期安全检查

打牢创建基础

在文明创建工作中,我们实行"一把手"负责制,将创建工作纳入全局工作规划,列入总支重要议事日程,并围绕中心工作坚持做到同规划、同部署、同检查。成立了以一把手为组长,处(局)领导为副组长,各处室负责人为成员的文明创建领导小组,下设创建办公室和目标考评小组。充分发挥党支部的阵地优势和党小组的作用,认真组织学习十七大精神、邓小平理论、"三个代表"重要思想、"八荣八耻"以及科学发展观等。实行宣讲员讲课和定期检查讲评等制度,坚持集体学与个人自学、学理论与学政策、学业务与学先进"三结合",在提高干部职工综合素质上,做到"五有四落实",如:有计划,有阵地,有资料,有记录,有心得体会。先后组织学习《行政许可法》、《港口法》、《湖北省港口管理条例》等行政法律法规,提高执法人员行政执行力。

加强水运建设

为改变我市水路交通基础设施发展相对滞后局面,更好地服务武汉城市圈经济建设,我们提出了我市水运依托武汉新港发展,确立"港口布局合理,港区分工明确,航道干支相连,船舶江海直达,管理信息高效,把鄂州港建设成为武汉新港三大核心港区之一"的发展目标。我们大胆解放思想、抢抓机遇,一如既往地发扬敢为人先的开拓精神,按照"一区、一城、一园、四港"的规划格局,加大招商引资力度,组织"百家知名企业新港行"、"武汉新港企业联合会投资模式研讨会"等一系列招商活动,实现了港口建设投资渠道和主体的多元化。

截至 2011 年底,港口基础设施投资额达 12 亿元,港口吞吐量以每年递增 30% 的速度不断增长,码头规模、泊位数量、投资总额都在全省名列前茅。去年,武汉新港鄂州港建设项目 15 个,投资总额达 119 亿元,基础设施建设投资额达年计划的 122%,完成份额全省排名第二。

经济效益的提高给安全监管提出了更高的要求,为保障内河运营安全管理,我们在全省率先完成了内河渡口达标改造工程。自筹资金 660 万元,对全市 47 处渡口进行改造;筹集资金 120 万元,对 6 处长江渡口进行改造。全市渡口达标改造完成后,极大方便了人民群众高效便捷出行。投入 100 万元,率先在全省建设梁子湖动态监视系统,对湖区 30 多艘客船全部安装 GPS 全球卫星定位系统,在长岭、梁子岛两个码头安装视频监视器。通过该系统可以实时监控梁子湖水运秩序,保障湖区水运安全。全市水路交通创造了连续 31 年无安全责任事故的纪录。

深化文明创建

我们围绕文明创建指标,制定了一系列相关制度,积极开展各项活动。走进办公楼,从标语到创建专栏、从礼仪规范到道德讲堂,到处都充满文明的气息。我们定期邀请各届专家领导讲课和指导工作,全处(局)干部职工的创建意识和责任意识不断增强,营造了浓厚的创建氛围;认真落实《公民道德实施纲要》,利用板报和网站进行广泛宣传,自觉践行"20字"公民基本道德规范,并纳入处(局)文明管理目标考核内容。坚持考评制度,定期对全处(局)文明创建工作以处室为单位实行百分制考评,并结合考评对文明创建工作进行总结讲评;开展"四创一争"(创文明机关、文明科室、文明家庭、文明标兵,争当人民满意的公务员)、"两讲一树"(讲文明、讲礼貌、树新风)创优争先活动,近两年共评选表彰文明示范窗口4个、文明标兵8人,增强了全处(局)干部职工的争先创优意识,鼓舞了士气。今年以来,共组织集体学习6次,组织交流学习心得5次,观看电教片1部,党课教育2次,提供信息报道15篇。为构建服务型、学习型港航海事机关,我们建立学历、职称奖励激励制度,大力支持在职教育,通过在职学习,先后有23人取得了本科学历、31人取得专科学历。通过开展水路交通科技项目,培养了4名高级工程师,15人考、评上中级职称。

为创造更舒适的服务环境,开展了站所硬件环境建设,张贴了标志标牌,配备了便民设施,优化了窗口办公环境;建立健全了相关制度,对照"六型窗口"创建工作,五丈港、梁子湖港航管理所制定严格的工作纪律,从严落实考勤、值班、请销假等相关制度,保证各项工作的有序运转;简化办事程序,提高服务质量,坚决杜绝"生、冷、硬、横"的作风;公开"办事依据、办事程序、办事时限、办事结果"等行政行为相关事项,制订GPS船舶动态监管、首问负责制、一站式服务等制度,不断规范行政行为。

为美化市容市貌,我们组织义务劳动260人次,组织无偿献血42人次;为推进未成年人教育,开展活动3次,组织知识竞赛3次。积极开展"湖北港航海事文化月"系列活动和我市"解放思想、构筑精神高地"活动。围绕这一系列活动,优质完成了省局、市局两级演讲比赛、水运发展论文撰写、成果展设计、网上知识竞赛等活动,并获得多项殊荣。

今年以来,开展了以争当优秀共产党员、文明职工,争创文明科室为内容的"双争双创"活动。上半年,涌现出优秀共产党员3名,文明职工6名,文明科室1个。积极开展了扶贫帮困、奉献爱心活动,两年来,我处(局)同小港村结为联系单位,帮扶该村寒门学子,定期上门看望孤寡老人与留守儿童,积极帮助困难群众,捐献各类物品150多件,筹措扶贫资金和捐款超8万余元,树立起扶危济困、奉献爱心的良好形象。认真履行市文明委成员单位职责,认真践行创建全国文明城市的评选测评体系标准,先后8次组织180余人次上街进行市民文明公约宣传及文明交通劝导等活动,处(局)班子成员在各项活动中以身作则、率先垂范,充分发挥了示范带头作用。

实施廉政工程

在廉政建设方面,我们继续保持高压态势,加强"廉政阳光工程"创建,全面落实《廉政风险防控手册》,形成源头治理、全面覆盖的良好态势。通过开办"道德讲堂"、建立志愿服务队等形式,提高职工思想道德素质,让他们在实践中陶冶情操、提升境界,增进道德修养。按照"廉政港航海事三做起"活动的要求,党总支认真开展了五个一活动,即开展一次党总支中心组学习、一次领导班子成员勤政廉政谈话、一次领导干部勤政廉政自行自纠教育、一次"情系民生在行动"、一次"情系民生、勤政廉政"典型宣传活动。还坚持党风廉政建设一岗双责制,强化各级领导廉政责任。积极开展民主评议政风行风活动,邀请市人大代表、政协委员、群众代表、服务对象20多人,开门见山地对我市水运发展、行政执法、服务质量等方面广泛征求意见,印发《征求意见函》

150份,征求意见36条。设立举报箱和举报电话,推行承诺服务制度,拓宽了社会监督渠道,实行监督社会化。

在今后的工作中,我们将紧扣形势发展要求,努力提高创建工作水平,为促进"三个文明"建设协调发展,构建和谐社会做出更大的努力。

税苑盛开文明花

鄂州市国家税务局鄂城分局

开展学雷锋献爱心活动

我们局在市国税局、鄂城区政府的关心指导下,在市区文明委的支持和具体帮助下,在狠抓税收收入工作的同时,下大力气加强"三个文明"建设,积极开展了争创省级文明单位活动。在工作中,我们坚持以文明创建活动为载体,认真实践新时期税收经济观,融会贯通地贯彻落实"依法治税、从严治队、科技加管理"工作思路,坚持用强大的思想政治工作作保障,做到心往高标准上想,劲往高标准上使,工作往高标准上抓,队伍往高标准上带,处处规范管理,严格要求,使文明创建活动取得了十分明显的成绩和进步。我局被湖北省委、省政府授予"全省文明行业先进单位"称号,被市委、市政府授予"市级最佳文明单位"称号,被湖北省授予"税源管理最佳单位"称号。

健全创建机制,强化创建工作组织领导

一是成立创建活动领导小组。我们成立了由"一把手"任组长,分

管局长为副组长,各科室负责人为成员的创建工作领导小组,领导小组下设办公室,负责处理创建活动的日常事务,为创建活动的开展提供了组织保障。二是全面推行创建工作责任制。把创建工作作为"一把手"工程,将创建任务量化分解,责任到人,纳入年终目标管理考核,使创建工作形成了"一把手"全盘抓、分管领导具体抓、其他领导协助抓、各职能科室齐抓共管,一级抓一级、一级带一级、一级对一级负责的创建工作机制。三是制定创建活动规划。结合税收工作的特点和性质,我们结合实际,制定了《鄂州市鄂城区国税局2011—2012年度文明创建工作规划》,提出了切实可行的创建思路,着眼长远的创建目标,具体量化的标准,使创建活动做到有目标、有计划、有措施、有效果。

以创建为动力,促进税收任务全面完成

我们以文明创建活动为载体,激励干部同心同德,努力提升团队竞争能力,坚持按照市国税局和区政府的要求,认真贯彻落实税收工作十六字方针,坚持依法组织收入,坚决不收过头税,做到应收尽收,保证了税收收入连年快速增长。

推进依法治税。一是开展税法宣传。围绕"依法诚信纳税、共建小康社会"主题,广泛开展税收宣传月、法制宣传日、税法知识培训班和评选表彰依法诚信纳税人等活动,每季编印200余册最新税收政策汇编赠送给纳税人,确保了税收宣传的及时性、广泛性。二是加强执法监督。2011年,我们推行了税收执法责任制。通过完善岗责体系、理顺工作流程、强化执法考核等措施,执法人员的责任意识明显增强,执法过错行为明显减少,执法行为进一步规范。三是开展税收秩序整顿。近两年,我们先后开展对矿石采掘、废旧回收经营、房地产、农副食品加工和个体"双定"户等行业的税收秩序整顿,共查补税款2000余万元。

严格税收征管。一是强化征管质量考核。依托税收征管信息系统,加大催报催缴力度,严格执行"先滞纳金、后税款"的入库程序,辖区内纳税申报率、税收入库率均在95%以上,征管质量大幅提高。二是强化重点税源监控。全区年纳增值税50万元以上31户重点企业和年纳企业所得税20万元以上5户重点企业均被纳入重点税源监控系统进行监控。依托重点税源监控系统、省局税收监控平台,加强对重点企业税收分析,当各项财务指标一旦出现异常,相关重点企业将被第一时间纳入纳税评估,确保重点税源及时足额入库。三是有针对性开展纳税评估。根据税收分析结果,继续完善人机结合的评估选案方法,大力实施纳税评估,强化税源管理。近两年,完成纳税评估150余户,累计补税1000余万元。四是加强行业税收管理。近年来,我们针对辖区内废旧回收、矿石采掘、钢材商贸、房地产、农副食品加工等主要行业不同特点,分别采取了"以票控税、委托代征、税负预警、定期巡查、纳税评估"等措施,促进了辖区内主要行业税收增长。

坚持以人为本,努力提升队伍整体素质

创建文明单位活动的根本出发点就是要加强干部队伍的政治思想素质,强化公仆意识,牢固树立全心全意为人民服务的思想。

推进班子建设。班子成员十分注重加强自身学习和修养,充分发挥模范带头作用,坚持以科学发展观统领全局,自觉增强公仆意识、创新意识和效率意识,做到既分工协作,又团结和睦,班子的凝集力和战斗力大大增强。

强化教育培训。认真落实"一日一题、一周一课、一月一训、一季一考、年终评比"等岗位练兵活动,先后开展了《公务员法》、新《企业所得税法》、增值税基础知识等为主要内容的税收管理员培训和全员考试,提高干部业务素质。近年来,我局先后有6人获得市级岗位能手称号,4人获得省级岗位能手称号,1人获得注册税务师资格。

加强党风廉政建设。认真落实党风廉政建设责任制,全面推行廉政谈话制和诫免制度,对廉政纪律教育做到逢会必讲,警钟长鸣,先后

组织干部集中收看警示教育片《人生的败笔》、《马德落马》等,从思想上筑牢拒腐防线。

创新服务理念,优化纳税服务

为了全面优化纳税服务,我们在税收工作中,提出了"机关为基层服务、基层为纳税人服务、各项工作为经济建设服务"的基本要求。深入开展了如何优化纳税服务的大讨论,促进了干部观念的"三个转变",即征管理念由基本上不相信纳税人到基本上相信纳税人的转变,工作职能由管理打击型向管理服务型的转变,服务层次由"被动适应型"向"主动提供型"的转变,增强了纳税服务的责任意识。

搞好政策服务。两年来,我局累计为综合资源利用企业和出口企业办理退税2000余万元;免费为下岗人员办理税务登记50余户次,共1500余元;免费向纳税人提供各种表证单书2000余套(本)。

搞好办税服务。我们在推行税收约谈、纳税评估等办法的基础上,积极拓展电子办税服务平台,目前共实行网上申报240户,占一般纳税人总户数70%以上,大大提高了办税效率。我们还在每月申报期内推出办税厅午间值班制度,为广大纳税人尤其是乡镇纳税人提供了人性化服务,深受纳税人好评。

加强综合治理,推动文明建设全面进步

综合治理是一项系统工程,我们坚持做到党、团、工、青、妇一齐上阵,齐抓共管,保障了各项综治工作的落实,丰富了创建内涵,推动了精神文明建设等各项工作。

加强社会治安管理,优化办公秩序。制定了《文明办公规定》,对办公秩序、门卫值班、车辆、财务室的管理都作出了明确的规定,使内部管理工作得到进一步的加强,年年都被鄂城区评为综合治理先进单位。

积极开展讲文明树新风活动。近年来,我们积极参加市有关部门

开展的创建文明城市、卫生城市和讲文明、献爱心等社会公益活动,并坚持开展评选文明单位科室、优秀税务工作者和五好家庭等活动,使干部职工道德素养得到提升,讲文明献爱心蔚然成风。我们先后成立了篮球队、羽毛球队和乒乓球队,并开展经常性的活动,活跃了机关文化。我们还十分注重关心困难群体,对干部做到了大病必探、困难必帮。两年来,区局和干部职工共向系统内外困难群体捐款捐物10余万元,密切了党群干群关系,促进了社会和谐。

积极创造优美的工作环境。近年来,我们加大基础设施建设和管理,落实内部卫生制度,实行了垃圾袋装化管理,在机关办公场所放置了花木,亮化和美化了工作环境。两年来,投入资金20余万元对办公楼进行了整治,为干部职工提供干净整洁的办公环境。同时对各楼层防盗网进行了加固,在重点部位安装了防盗门和监控器,对110联网监控系统进行了维护,强化了安全防范措施。

为民理财谋新篇

鄂州市鄂城区汀祖镇财政所

近年来,我们财政所坚持以人为本,建立长效机制,提高行政效能,着力打造活力、民生和实力财政,将文明创建融入财政各项工作中,为民理财谋新篇,三个文明建设取得骄人成绩。财政收入持续大幅增长,公共财政体系日

给福利院老人送温暖

趋完善。2010年,全镇财政收入完成12653.72万元,2011年实现财政收入15229.74万元。连续三届被市委、市政府命名为"市级最佳文明单位",连续四届被区委、区政府命名为"区级最佳文明单位",连续三年被市委、市政府命名为"全市社会综合治理先进单位",被市财政局评为"目标考核优秀单位",连续两届被省委、省政府评为"省级文明单位"。

拓展职能,狠抓收入

我们积极履行财政职能,优化制定相关财税政策,大力支持财源建设,狠抓组织收入工作。首先,从巩固壮大支柱产业上下功夫,强化主体支撑作用。通过财政担保、贴息、奖励、以存促贷等方式,积极为中小

企业融资，加快工业企业技改升级，促进了中小企业持续健康发展，扶持了矿产、铸钢等一批优势骨干企业做大做强。在矿产、铸钢等支柱产业快速发展的带动下，全镇工业经济增长加快，主要经济指标持续回升，整体经济形势发展良好，带动了财政收入不断增长，带动了与之关联的增值税、企业所得税大幅增收。

在抓重大项目上下功夫，夯实财源发展基础。我们配合镇委、镇政府"一主四园"转型跨越发展思路，打造生态人文旅游品牌，发展特色农业产业等重点工作，在夯实项目承接硬件平台基础上，积极帮扶项目，加大招商引资，全力推进项目建设，着力创造经济发展新业绩。围绕打造"湖北旅游示范镇"目标，力争建成中国移民祖先文化第一镇。快速推进四峰山景区华兆山庄、东方山景区清水湾度假村等景点建设；加快推进集镇规划改造步伐，营造旅游发展基础环境。推进都市休闲农业发展。培育"生态畜禽、花卉林木、绿色蔬果、有机水产"四大特色产业和"精品粮油"传统产业，通过现代都市农业产业园建设，带动规范化农产品基地和龙头企业发展，逐步形成特色鲜明的区域性主导产业和优势产业。加快建设10万只山坡鸡养殖项目，形成旅游产品加工产业集群。着力扶持发展一批较高档次的特色文化餐饮业，进一步配套和完善全镇文化旅游产业基础要素。积极履行职能，参与招商引资、引进项目等工作。认真研究项目实施过程中的财税政策，为项目建设提供政策服务和资金需求，有力地支持了全镇经济结构调整和升级，增强了财源的造血功能，为财政收入的顺利完成提供根本。

在抓征管措施上下功夫，确保实现应收尽收。我们积极和有关部门协调配合，切实履行协税护税职责，协同财办、协税组积极配合市区税务部门，开展税务清理行动，采取天天抓收入、旬旬赶进度、月月查落实的办法，加大稽查力度，严厉打击偷税漏税行为，加强对重点企业、重点项目的税收征管，确保了各项税收和非税收入及时足额入库。

重视管理,提升水平

我们高度重视管理工作,开拓创新谋发展,着力提升财政科学化、精细化管理水平。精细化管理是人本管理,我们严格按照区财政局制定的首问负责制、限时办结制、责任追究制、一次性告知制等制度要求,改善工作人员服务态度,提高工作人员的服务水平和质量。在广泛调查研究和充分征求服务对象意见的基础上,科学设置行政事业单位资金拨付流程,村级财务结算流程,村级资产、资源处置流程,惠农补贴调查、核实、发放流程,家电下乡补贴申报拨付流程,退耕还林补贴资金发放流程,为广大人民群众和服务对象提供方便、快捷的服务。在规范工作流程的基础上,建立健全岗位责任制度、预算编制及资金核拨管理制度、会计核算制度、民主理财制度、岗位责任制度、百分目标考核奖惩制度等,切实提高我们科学化、精细化管理水平。

倾注"三农",服务民生

今年以来,我们根据党委、政府安排,积极筹措资金3000万元,以解决群众最关心、最直接、最现实的利益问题为重点,大力实施民生工程,完成"一园两场三港四楼五路"十五件实事,真正让群众共享改革发展成果。投入200万元,完成矿山森林公园绿化植被工程。筹资200万元在王寿村建设一个占地20亩的建筑建材专业市场,将分散经营的建材经营户集中到建材市场中来。总投资2300万元的汀祖综合市场已于2006年建成,但因办证问题一直闲置,计划协助投资方完成相关证件的办理工作,让广大农贸商品经营户入驻经营,活跃汀祖农贸市场。投入52万元,完成清淤泉塘、前坝、后坝三条主要港道的清淤工程,确保安全度汛。筹资1200万元,开发汀祖转盘北楼和经贸服务中心办公楼,兴建100套廉租房和泉塘中学综合楼。筹资1400万元,完成白凿山路路基成型和创业大道延伸工程硬化、东方大道(洪山路至汀祖创业园)、凤凰山路(汀祖创业园内龙转头至创业园1号工业区)硬化以及陈泉路拓宽硬化。同时,拟兴建磨石山至大泉路、刘畈村至黄石发展大道和桂花村至城区迎宾大道三条新路,打通外联通道。

勤抓载体,夯实基础

首先,我们通过整治所容所貌,进一步塑造财政干部文明理财、优质服务的良好形象,让干部职工真切感受到工作环境的显著改善,进而自觉养成良好的文明习惯,起好表率作用。另外,还从美化环境入手,重新修葺了绿化带,种植花草等,基本上实现了春有花、夏有阴、秋有果、冬有青的要求。其次,为丰富广大干部职工的业务文化生活,积极开展各种群众性文体活动,选派选手参加全镇迎"五一"首届乒乓球比赛活动,并代表财贸总支夺得本届乒乓球比赛活动的"道德风尚奖";精心参与全镇迎"七一"书香古镇文化、全民阅读演讲比赛活动。这些活动的开展,增强了干部职工的凝聚力和向心力,文明之花香溢全所。

省级文明社区，省级、市级文明乡镇

巾帼英雄浇出文明之花

鄂州市凤凰街道办事处澜湖社区

来过鄂州的人知道,跨过如同彩虹一样的南浦虹桥就进入了鄂州城南新区。在城南这块新开发的城市土地上,诞生出一个年轻的社区——鄂州市凤凰街道办事处澜湖社区。我们在街道党工委和办事处的正确领导下,在市文

辖区居民参加文明城创建活动

明委的大力指导下,一举夺得"省级文明社区"的奖杯。一群巾帼英雄们是如何用勤劳的汗水浇灌文明社区之花呢?

发动全民,整体创建

我们社区地处鄂州市城区南部,北临碧波荡漾的洋澜湖,东临风景秀丽的莲花山辖区,总面积1.2平方公里,辖区内有3家行政事业单位、2家企业单位、3所大中专院校;33个居民小组,党员1286人、辖区总人口8276人,总户数5646户。

近年来,我们结合社区和小区的实际情况,广泛深入地进行宣传发动,经过不懈努力,辖区内单位、住户的创建参与率均达到100%。一

是会议宣传。每周召开一次居民小组长和居民代表会议,及时将上级创建精神传达给居民群众,同时研究分析创建过程中发现的各种问题,部署下一阶段的创建工作。把创建工作抓在平时,使创建成为辖区居民日常生活中必不可少的课题之一。二是阵地宣传。充分利用宣传橱窗、板报、横幅等宣传阵地,在社区、小区内广泛布置创建专栏,大力宣传创建文明社区的重要意义,经常发放创建宣传资料,增强了居民群众对创建工作的认识,提高了他们参与创建的自觉性。三是入户宣传。我们深知创建必须依靠群众的道理,把宣传发动工作做到社区和小区内每一个居民户家里,通过不厌其烦的引导和形式多样宣传,使辖区居民群众对创建工作产生了极大热情,他们以各种形式支持和参与到创建工作中来。一些退休老干部主动请缨,帮助居委会发放宣传资料,引导小区居民,主动与不文明现象作斗争;一些企事业单位、个体业主慷慨解囊,主动出资帮助居委会添置办公设施、创建资料等;也有一些居民自愿组成义务卫生监督员队伍,自觉地维护小区的环境卫生,形成了齐抓共管、合力创建的生动局面。

以人为本,和谐创建

我们以创建省级文明社区为抓手,以服务居民为宗旨,从群众反响最强烈的事做起,从居民最需要解决的问题抓起,为辖区居民办实事、办好事。主要做到"五抓":一是狠抓环境整治。社区与小区物业管理部门一道出资聘请了12名卫生保洁员,对小区进行卫生保洁,每天坚持保洁时间在12小时以上,对小区内道路、绿化带、楼道、宣传栏和公共场地进行清扫,及时清运生活垃圾,实现了垃圾袋装化达100%、生活垃圾日产日清清运率100%的"双百"目标。二是狠抓绿化管理。在小区建成之初,我们就与物业管理公司一起,按照规划要求建成小区绿化带,小区绿化面积近3万平方米,绿化覆盖率达38%,主要分布在楼群四周及小区中心广场。聘请绿化看护员,定期对草坪、花木进行修剪,保持了绿化带的整洁、美观。三是狠抓基础设施建设。作为新兴社区,在人手少、困难多的情况下,我们积极争取街道办事处和辖区房地产开发商的支持,多方筹措资金,建成了80平方米的居民活动室、30平方米的老年活动室、30平方米的青少年活动室和阅览室、40平方米的警务室、120平方米的卫生服务站、4个不锈钢宣传栏、500平方米的健身场地。四是狠抓社区居民服务。我们成立了社区服务领导小组,组建了一支拥有150多人的社区志愿者服务队,建立了20个社区服务网点,每月组织开展一次义务为民服务活动,帮助小区居民,特别是孤寡老人、烈军属、残疾人、特困户等群体,解决力所能及的问题,为下岗失业人员提供就业培训和就业机会。五是狠抓平安创建。我们紧紧围绕创建最安全小区的目标要求,把维护小区稳定作为一项重要实事来抓,配合辖区内的物业公司加强人防、物防、技防力度,着力构建小区五大防控体系,即电子监控系统,安装了33个摄像头,对各小区内所有平面进行24小时监控;在各小区四周的围墙都安装了红外线报警设备,一旦发现可疑人员翻越围墙,系统立即自动报警;每个住户家中都安装了报警器,住户一旦发现异常,就可按下报警器,与监控室的值班人员进行对话;保安巡更系统,对小区进行24小时的巡逻值勤。几年来,各小区内未发现一起治安案件和刑事案件,确保了小区居民的生命财产安全。

强化领导,有序创建

在文明社区创建过程中,我们始终坚持"四有",为创建顺利进行提供有力保障。一是有组织。成立了创建工作领导小组,形成了支部书记负总责,居委会主任、副主任、委员分工负责的创建领导机制,在小区内成立相应的创建工作领导小组,由物业管理部门负责人挂帅,居民小组长、居民积极分子为成员,责任到人,形成了两级工作网络,为创建工作的顺利开展提供了有力的组织保障。二是有规划。为了使创建工作如期进行,我们多次召开居委会干部、居民小组长、物业管理部门负责人会议,共同研究制订了社区和小区的创建工作规划,组织与会人员一起就创建的指导思想、工作措施及目标步骤等进行讨论,并将规划的讨论稿公布在宣传栏中,供小区居民参考,请他们建言献策,提供宝贵意见。最后综合全体居民的意见,修改形成符合实情、符合民意的创建工作规划。三是有经费。几年来,社区和小区在创建方面共投入资金近300万元,主要通过"五个一点"落实创建经费,即:市财政划拨一点,街道办事处出一点,社区居委会和小区物业管理部门自筹一点,结对共建单位赞助一点,辖区企事业单位和个私业主捐献一点。在上级部门、辖区群众、社会各界的大力支持下,确保了创建经费的落实,为创建工作提供了有力保障。四是有措施。在创建过程中,通过开展结对共建、联创共建、集中整治等活动,采取全民动员、全民参与、舆论推动等措施,做到创建工作件件有落实、事事有交待。

内容丰富,综合创建

我们社区依托有效平台,开展内容丰富的创建活动,实现文明社区综合创建。

深入开展市民素质教育活动。积极利用市民文明学校,聘请相关专家、教师,紧密结合当前形势和居民思想生活的实际问题,每半个月开展一次市民素质教育活动,把国家大政方针、国内外大事、省市最新动态、公民道德标准、与创建有关的各种常识作为学习教育的重要内容,广泛印发市民教育读本,使小区居民群众的政治素质和思想意识全面提升。

深入开展"四进"社区活动。充分利用小区宣传栏、文化活动站、图书室、市民文明学校、科普课堂等载体,与市有关职能部门一起,大力开展科技、文化、法律、卫生四进社区活动,宣传普及科学知识、文化知识、法律知识和卫生常识,由于"四进"社区活动得到了有关部门的大力支持,活动搞得非常成功,小区居民表现出了极大的参与热情。我们顺势组织他们成立了秧歌队、舞蹈队、健身队等等,开展形式多样的特色活动,形成了"四进"社区活动热潮,丰富了小区居民的生活。

  深入开展文明评比活动。考虑到小区内多层住宅楼较多的特点,我们进一步延伸工作触角,大力发展楼道文化,在小区的多个住宅楼道内布置了法制宣传、廉政文化、家庭文化、道德规范、学习园地等专栏,既形成了独特的小区风景线,又有效地提高了市民素质,并且逐步形成了澜湖社区的特色,即文化型特色社区。在市、街有关部门的指导下,我们制订并出台了文明楼院、文明家庭评比办法,每2年开展一次文明楼院的评比活动,每年开展一次文明家庭评比活动,社区109幢楼院及全体居民户都参加了评选活动,共评出18幢文明楼院、580户文明家庭。

  如今,社区实现整体创建、和谐创建、有序创建、综合创建,绽出了耀眼的文明之花。2008年以来,社区后获得全国商业示范社区、湖北省充分就业社区、湖北省百佳社区居民委员会、湖北省卫生社区、鄂州市文明社区、市级模范职工之家等荣誉称号。

打造"六大环境"力促跨越发展

鄂州市鄂城区新庙镇

一家家企业走进园区、一个个项目开工建设、一幢幢新楼拔地而起、一条条公路宽敞平坦……置身于新庙29平方公里的土地上,一股豪情油然而生。这个依城傍江的城郊乡镇,从镇区到农村、从企业到田间,各行各业都展现着勃勃生机——山绿了、水清了、路宽了、村美了、家富了……

我镇"文明乡镇"创建工作始于2000年,在全镇人民的支持、参与和努力下,已经连续四届被市、区委、政府命名为"文明乡镇"。但镇党委、政府始终坚持工作不松、标准不降、力度不减,着力打造和优化"六大环境",积极打造宜居宜业和谐乡镇、魅力乡镇,并成功创建了2008—2010年省级"文明乡镇"。

强化总体部署,打造氛围浓厚的创建环境

首先,健全组织机构。我们成立了由"一把手"担任组长,镇党委委员及村、部门主要负责人为成员的文明创建工作领导小组,强化了创建工作的组织领导。全镇各创建单位相应成立了创建工作领导小组,构建了健全完善的组织网络。同时,在2008年初就制定了《新庙镇2008—2010年度省级"文明乡镇"创建规划及实施方案》,为文明创建工作的顺利开展理清了思路、明确了措施。其次,优化政务环境。自2009年以来,投入20多万元,在完成镇便民服务中心建设的基础上,全面推进了7个村级便民服务室建设,实现了镇、村两级便民服务网络体

系的"全覆盖"。同时,全面清理行职权,共审减行政许可事项15项,非行政许可事项5项,设计、编制工作流程图29个,使流程更加优化、办事更加便捷。第三,创新服务载体。深入推进"创先争优"活动,广泛开展"亮身份、守承诺、作表率"活动,机关干部作风明显转变,"为群众解困、为基层解难、为企业解忧"蔚然成风。在全镇组织开展机关干部"进农户、访民情、办实事、促发展"活动和"进工厂、下工地、访客商、促发展"活动,真做"保姆"、真心服务、真干实事,实现了农业春耕、工业生产、项目开工的"开门红"。同时,深入开展了"服务年"活动,各级党组织向社会作出优质服务公开承诺,党员干部主动深入基层、深入企业、深入群众上门服务。

立足宜居宜业,打造整洁优美的生态环境

一是推进村庄整治工程。采取"村为龙头、组为关键、户为基础"的创建模式,三年累计投入850多万元,深入开展了"清洁乡村、美化家园"活动。通过整治,先后有文塘村富家畈、英山村汪家垱、将军村黄泥塘、文塘村竹林湾等湾组成为了全区乃至全市村庄整治新的典范。2008年以来,全国人大、财政部、公安部、发改委有关领导、时任省委书记罗清泉及新华社、中央电视台、人民日报等中央八大媒体先后到我镇视察调研、采访报道新农村建设有关工作。二是推进集镇建设管理。我们累计投入530多万元,完成了桥洞、茅草、文塘三大集镇环境整治改造工程,同时完善管理机制,加强集镇管理,使集镇特别是桥洞集镇的面貌焕然一新。三是推进新社区建设。自2009年以来,借助多项省、市重点工程在我镇开工建设之机,启动了水月农村新社区和文塘城市新社区建设。四是推进环境保护工作。大力开展"五小"等污染企业的整治及关停工作,共整治污染企业18家、关停"五小"企业13家。先后抵制了总投资额达6亿多元的化工、印染、模具等8个污染项目。

提升服务水平，打造跨越发展的经济环境

我们十分注重培育亲商文化，不仅出台和完善了招商引资、项目建设优惠政策，建立了镇领导挂点重点企业、"一把手"外出招商、重点项目"保姆式"服务等制度，营造了开明开放的政策投资环境。同时，通过大力调整工业结构，加快服务业发展，提升第三产业比重，加大科技投入，进一步提高了经济跨域发展能力。近年来，我镇先后共引进大项目、好项目30多个，投资总额达50多亿元。特别是2011年以来，共新引进项目13个（包括工业项目6家、房地产项目3家、五星级酒店项目2家、物流项目2家），其中投资过亿元项目9个，总投资额达30亿元，同比增长276.7%。截至目前，曼晶大酒店、高泽物流、金刚石科技园、冠华家私城、安泰药业、大通物流、银海龙辰等11个项目已动工建设。

坚持以人为本，打造保障有力的民生环境

一是落实强农惠农政策。全面推行组级财务"双代管"机制，严格实施义务教育经费保障新机制，清理整顿涉及农民负担的各种收费。同时，严格落实强农惠农政策，三年来共发放各项强农惠农资金和"以奖代补"资金600多万元。二是创新计生奖扶措施。三年来，全镇有513户家庭享受奖励扶助政策，共发放各类计生奖励资金89.7万元。同时，我镇还为新婚夫妇、新生育家庭、重点流出人员及计生贫困户送出礼品及物资500多份、话费3万余元，"一对一"结对帮扶15万余元。三是强化社会救助管理。三年来共落实农村低保1406户、1787人和城镇低保1191户、1210人，发放低保金共计236.9万元，有效保障了全镇困难群众的生产生活问题。同时，大力实施"阳光工程"，全镇共举办水产养殖、科学种田、畜禽养殖、林果栽培、外出务工能力及创业创新等方面的技术培训班18场（次），培训农民5000多人（次），帮助700多名

农民和返乡农民工走上了脱贫致富之路。四是健全医疗保障机制。大力开展了城乡居民基本医疗保险扩面征缴工作,进一步缓解了群众看病贵问题。自开展新农合工作以来,全镇参保群众53105人(次),共征缴资金150多万元,2010年参保率更是实现了100%。投入资金90多万元,着力改善基层医疗卫生条件,其中投入20多万元改造了5个村级卫生室,投入30多万元购置了半自动生化仪等先进医疗仪器,投入40多万元完成了镇卫生院改扩建工程。五是完善教育教学条件。全镇共筹资600多万元,重点推进了新庙中学寄宿制改造工程及洪港小学、英山小学的危房校舍改造工程。

崇尚文明新风,打造健康向上的人文环境

我们积极推进文明创建活动的纵深开展,在全镇范围内广泛深入开展了"文明单位"、"文明学校"、"文明村组"、"文明和谐家庭户"、"五好文明家庭户"、"十星级文明户"等评选活动,形成了融洽和谐的良好风尚和人文环境。三年来,全镇共评选出"文明单位"16家、"文明学校"3所、"文明村组"15个、"文明和谐家庭户"35户、"五好文明家庭户"21户、"十星级文明户"52户。同时,不断强化公共文化设施建设,提高公共文化服务质量,先后完成了镇综合文化中心改造工程,全镇现共有各类文体服务设施30多处,在全市率先实现了村文化活动中心和农家书屋"全覆盖",形成了"镇有站、村有室、组有户"的文化网络。

注重标本兼治,打造和谐稳定的社会环境

以开展社会治安综合治理"四大"(大宣传、大排查、大调解、大整治)活动和"两实"(实有人口、实有房屋)全覆盖工作为重点,以创建"法治新庙"、"平安乡镇"为目标,充分发挥综治维稳中心作用,整合综

治办、信访办、协调办、司法所、派出所等部门的资源和力量，严格控制非正常越级上访，畅通信访渠道，规范信访秩序，最大限度地减少了不稳定因素。三年来，全镇没有发生一起重大群体信访和治安事件，有效维护了社会和谐稳定。同时，积极开展"安全生产月"、"五小"及"三合一"场所消防检查、企业整治等专项活动，不断加大企业生产安全、消防安全、交通安全、食品安全等工作检查力度，收到良好效果。三年来，全镇没有发生一起重大安全生产事故，有效保障了经济社会的平稳健康发展。

新社区建设如火如荼

干群齐动手　共建文明镇

鄂州市鄂城区汀祖镇

我们镇以打造旅游文化强镇为契机,以村庄整治、美化家园为突破口,以学雷锋和志愿者行动为载体,以环境保护和生态文明建设为重点,通过充分发动群众,全民齐动员,干群齐动手,全面促进了文明创建,全镇的精神文明建设步了崭新的天地。

以村庄整治、美化家园为重点,创建文明生态示范村

从去年12月开始,镇政府采取"点、线、面"相结合,全面推进村庄环境整治工作。点:就是高标准建设的试点湾,全镇19个村,大村定两个试点湾,小村定一个试点湾。线:就是村辖区内主干道及进湾公路。面:就是除试点外,其他以"三清"为主的湾组。每年从财政拿出200万元用于奖励镇域内自然湾的村庄环境整治,奖励标准分为一档、二档、三档,各自然湾具体奖励数额依照档次标准计分而定。镇政府力图通过试点湾的示范作用,推动全镇205个自然湾三年内全部达到村庄整治、美化家园标准。

以日常保洁为重点,实现垃圾处理常态化。明确"户打扫、湾集中、村清运"的卫生保洁工作思路,各村均聘请了专门的保洁人员对村湾卫生进行定期打扫,其中,王边、丁坳等村示范湾配有垃圾桶近百个,建垃圾池60多个,形成了卫生保洁长效机制。各村示范点的卫生情况较之前已有了明显改善,全镇80%的示范湾都能做到水清路净、村容整洁。

广泛发动群众参与,量力而行抓美化。各村在开展村庄环境整治活动时,量力而行,充分尊重群众意愿,从不花钱的事情抓起,从少花钱

的项目干起,创新机制,努力解决村庄整治的资金问题。充分发挥群众主体作用,根据群众意愿,一些湾采取群众自愿捐资出小头、老板捐资出大头的方法筹集整治美化资金。通过市场运作"筹",引导农民"投",盯准项目"干",办几件农民得实惠的实事、好事。

到目前,全镇修环组路5170米,其中硬化1300米,建花坛58个,建垃圾池68个,购置垃圾桶96个,建活动广场14个,砌塘护岸1000米,新装路灯50多盏,建公厕11个,栽树531棵,总投资240余万元。

亮点之一:"小手牵大手"推动村庄整治。这几天,是家住丁祖村陈家边的三年级学生丁洁3个月来心情最爽的几天,母亲饶家翠辞掉深圳的工作回家了,不再担心家里没人打扫卫生,不用面对贴在门上的"不清洁"而发愁了。

去年12月,镇党委书记余建兵看到村庄内外垃圾遍地,杂草丛生,决心发动全镇开展村庄整治行动。每周一督查,每月还要组织党政班子深入各村进行督导,大会通报督导结果。

清扫一次容易,保持清洁很难,改变成年人的卫生习惯更难。陈家边的办法是"小手牵大手",组织小学生每天下午放学后,对各家卫生保洁情况检查评比,在每户门前贴上"最清洁"、"清洁"、"不清洁"。这样一来,孩子们督促大人不要乱堆、乱放、乱贴、乱挂,全家逐渐养成了定时打扫、整齐摆放,改掉乱丢乱扔的坏习惯,个个门上贴的不是"最清洁",就是"清洁"。丁洁父母远在深圳打工,家里只有行动不便的奶奶陪伴,家门上一直贴着"不清洁",丁洁天天着急。得知丁洁家的实际情况后,镇驻丁祖村工作队四处打听适合中年妇女工作的岗位,终于在汀祖创业园一家公司找到了一份仓库管理员工作,马上与丁洁母亲联系。母亲一回来,屋里屋外清扫个遍,将家里随意摆放的物件重新拾掇整齐,在房屋后载上樟树、红叶石兰。贴了几个月的"不清洁"被"最清洁"代替,丁洁终于能在同伴面前抬起头了,她心里能不爽吗?

亮点之二:以村庄整治、美化家园促进文明建设。村庄整治美化家园活动为文体活动提供了活动场地,促进了文体活动的开展,目前,汀祖群众性文化活动十分丰富,群众的文明素质得到普遍提高。

我镇桂花村一名大学生今年6月29日在参加全民阅读演讲比赛中这样描述她眼里的所见所闻:

"曾几何时,在一些人的眼里,汀祖到处都是矿,到处都是沆沆洼洼,环境脏乱差。汀祖性格耿直素质不高,文化生活单调,抹牌赌博的人多。

谁能想到,如今的汀祖发生了天翻地覆的变化。在试点湾的带动下,全镇100多个自然湾先后普遍开展了村庄整治、美化家园活动,湾内道路、活动中心等场所有专人打扫,垃圾集中定点清运,湾内道路硬化,环境美化,路灯亮化,生活环境优美,另人赏心悦目。

生活环境变好了,老百姓的心里乐开了花,富裕起来的农民在腰包鼓起来之后,也开始追求精神文化生活啦。全镇建起了100多个活动广场、灯光篮球场,有120支舞蹈队,20多家腰鼓队、铜管乐队、民间乐队。

入夜,爱运动的男人们有的在活动中心打球,有的利用健身器材活动活动筋骨;女人们跳起了广场舞,优美的舞姿吸引了大批的群众观看。像我们桂花的上畈湾,每天晚上有四五十名妇女在篮球场跳广场舞,抹牌赌博的少了,家庭越来越和睦了,女人也越来越健康,越来越苗条啦!"

深入开展学雷锋活动,组织志愿者行动,促进学雷锋活动常态化

近年来,结合村庄整治、植树造林、慰问五保老人和留守儿童等活动,我镇学雷锋活动小组坚持长年开展活动,大活动两个月一次,小活动月月有。去年以来,学雷锋小组先后为贫困户捐款2万元,到各湾组参与美化家园、打扫卫生26次,参与人数300多人;慰问五保老人3次,参与人员35人;慰问留守儿童一次,参与人员50多人;植树造林100亩,参与人员200多人;关爱育龄妇女为妇女儿童义诊两次,参与志愿者12人。

扎实推进"百万市民素质提升工程"

城乡一体、共建文明,不仅要美化农村,更要注重提升农民。我镇通过扎实推进"百万市民素质提升工程",全方位教育,用市民理念教育农民。一是注重教育引导人。发放《鄂州市民文明礼仪手册》、《文明创建知识教育读本》500余册,提高了村民的文明素质。二是繁荣文体熏陶人。开展"城乡文明手拉手、共建文化中心户"活动,传统民风民俗活动常年不断,全镇有舞蹈队120多支,群众广场舞、打腰鼓、篮球赛等文体活动经常开展,丰富和活跃了群众精神文化生活。今年"五一"政府组织了乒乓球比赛活动,"七一"举办了全民阅读演讲比赛活动。五月四日,镇党委、镇政府表彰了全镇转型创业十大青年明星。各项活动的开展,提升了市民素质,活跃了文化生活。

全力推进乡风文明建设

为倡导文明新风,建设和谐家园,大力推行乡风文明理事会活动,通过学习借鉴外地经验,在刘畈村开展试点工作,采取党员群众推荐、村两委会审查、反复酝酿、党员群众代表表决方式,选举产生理事会成员。目前,刘畈村乡风文明理事会在村两委的领导和指导下,积极开展工作,发放、张贴乡风文明倡议书500余份,公推公选"十佳婆媳"20名、"五好文明家庭"10户,组织群众开展各项文娱活动6场次,满足了群众的精神文化需求,改变了村民的精神面貌和生活方式,推进了乡风文明建设。

强化监管,重拳整治,全力抓好环境保护和生态文明建设

加强污染防治和源头管理,开展小选厂专项整治行动。今年3月31日至4月10日,在区环保、安监、土地、监察、经信、公安、工商等七个部门的精心指导下,镇政府组织了大规模拆除行动,共出动执法人员100多人次,出动执法车80余台次,调用大型挖掘机1台、30吨吊车1

台、铲车2台、平板汽车12台、氧割设备5台(套),强制拆除了30家非法小选厂,并通过了市区检查验收,得到了市委、市政府领导的高度赞赏,小选厂专项整治工作取得了阶段性胜利。

30个试点湾实行垃圾户清扫、组集中、村清运

扮靓吴都南大门

鄂州市鄂城区泽林镇

近年来,我们镇党委、政府始终以邓小平理论和"三个代表"重要思想为指导,深入落实科学发展观,大力开展创先争优活动,紧紧围绕市委、市政府建设"两区一市"和区委、区政府建设"两城一带"的目标,围绕"三区一化"发展思路谋篇布局,抓住重点工

群众文化活动丰富多彩

程不放松,调优结构促转变,统筹城乡促发展,改革创新增后劲,全镇综合实力显著增强、经济社会全面发展、人民生活明显改善,文明城镇创建工作深入开展,取得了实效。

加强领导,完善机制,形成强大创建合力

我们镇党委、政府始终把创建文明村镇工作作为促进物质文明建设的基础工程、作为扩大对外开放的形象工程、作为践行"科学发展观"的民心工程,精心组织,周密部署,切实加强领导,确保工作到位。一是思想认识到位。怎样看待文明村镇创建工作,把它放在什么位置,这是很重要的。如果把它放在一个可有可无的位置上,文明村镇建设就肯定搞不好。近年来,在文明村镇创建活动中,镇党委、政府把创建活动当做党政工作的一件大事摆到议事日程上,当作促进本地区经济

和各项事业发展的强大动力来抓，为创建文明村镇工作的顺利开展奠定坚实基础。二是组织领导到位。镇党委、政府把精神文明建设和创建文明村镇工作列入经济社会发展总体规划，纳入决策范围，摆上议事日程。成立了以镇党委书记为组长，镇党委副书记、镇长为常务副组长，党委副书记、宣传委员为副组长，党政办、城管中队、宣传、国土所、团委、妇联等相关部门负责人为成员的文明小城镇创建工作领导小组。建立了党政"一把手"亲自抓、分管领导具体抓、班子成员共同抓的领导机制，健全了有人管事的领导体系和有人干事的工作网络。三是宣传发动到位。每年年初专门召开全镇精神文明建设工作会议，把创建文明村镇作为一项重要内容进行部署和安排。同时，加大宣传力度。通过板报、报纸、新闻等各种载体，大力宣传创建文明村镇的目的、意义、阶段工作重点及要求，营造了浓厚的舆论氛围。四是责任机制到位。结合《泽林镇创建文明村镇实施方案》的要求和我镇实际，制定了《泽林镇创建文明村镇工作规划》，并把目标中的具体要求和各项任务分解落实到责任单位和责任人。五是资金投入到位。结合适应市场经济的要求，我们建立了财政拨款、单位出资等多渠道、多层次的创建工作投入筹资机制。镇政府在财政极为困难的情况下，对精神文明建设的投入逐年增加，创建文明村镇所需经费和重大开支及时研究、及时审批、足额到位，从而在资金上确保了创建文明村镇工作的顺利开展。

抓住中心，富民强镇，为创建工作奠定坚实基础

近年来，我们紧紧扭住经济建设这个中心，把发展经济作为头等大事来抓，围绕"三街三区"（三街：桐城农家乐一条街、楼下汽修汽配一条街和泽林餐饮、商贸一条街；三区：江碧路泽林商贸区、迎宾大道中心商务区、兴业大道物流园区），构筑产业发展新框架，谋划经济发展新格局，形成了镇域经济齐头并发之势。工业由单一的传统建材企业发展为多元的新兴科技产业，包括冶金铸造、建筑建材、矿产采掘、轻工纺织、商贸物流等。全镇规模以上企业17家,2011年,纳税在1000万元以上的企业有2家,纳税在100万元以上有7家,纳税在50万元以上的有15家,共引进12家物流企业。财政收入大幅跃升,2011年财政收入完成1.016亿元,首次突破亿元大关,比2010年增长26.4%。以武黄高速与鄂州大道对接为契机,规划中的工业园区与建设中的物流园区遥相呼应,必将为泽林乃至城区经济注入新的活力、打造新的亮点。实践证明,搞文明村镇建设与抓经济发展二者是不矛盾的,两者互为目的,互为动力。

以人为本,以德治镇,不断提高公民思想道德素质

我们多层面、多形式地开展了各类思想道德教育实践活动,努力提高全镇干部群众的文明素质,增强他们参与创建文明村镇工作的积极性和主动性。第一,坚持不懈抓教育。一是突出政治理论教育,围绕社会主义精神文明建设的目标和任务,把深入学习邓小平理论、"三个代表"重要思想、科学发展观、十七届三中、四中、五中全会精神作为重要工作来抓,通过报告会、入村宣讲、座谈会、培训会等形式,用科学的理论武装全镇人民;二是突出公民道德教育,认真学习宣传贯彻《公民道德建设实施纲要》,通过粉刷张贴标语,散发学习手册、出板报等形式,使基本道德规范和社会公德、职业道德、家庭美德等规范家喻户晓、深入人心;三是突出科技文化教育,充分发挥镇党校、文化中心、农业技术培训班等学习阵地的作用,广泛开展科学技术、科学思想的教育,在全镇形成"学科学、爱科学、讲科学、用科学"的良好氛围。第二,破除陋习树新风。在全镇长期开展"讲文明,树新风"等系列活动,努力营造良好的社会氛围。一是抓好村民文明言行的规范活动,倡导文明习惯养成,大力倡导"学习、开放、创新、超越"的新时期时代精神,有力地促进了公民文明素质的提高;二是抓好扶贫帮困活动,2011年,共发放各项惠农资金329.6万元,发放各类低保金410多万元,发放各类优抚

金、临时救助金32多万元，改造土坯房119户；三是抓好移风易俗活动，提高广大群众对科学文明的认识，破除封建陋习，在全镇大力提倡"婚事新办、丧事简办、喜事省办"的社会新风。第三，丰富群众文体活动，积极开展丰富多彩的文体活动，寓教于乐，既满足群众的文化需求，又提升群众的生活品位。一是大力发展文化事业，加强镇文化站及村级文化活动室建设，深入村社开展活动，丰富了群众的文化生活；二是大力发展体育事业，认真贯彻落实《体育法》和《全民健身计划纲要》，在全镇形成了一个全民健身、全民运动、全民参与的热潮。第四，树立典型抓示范。在道德实践中注意总结培育推广有教育意义的先进典型，用身边的典型事例和榜样的力量来教育人、鼓舞人、带动人，总结推广了泽林村创建市级文明村的好做法、好经验，通过典型引入、辐射带动了公民道德实践活动的深入开展，使全镇干部群众的文明素质有了很大提高。同时，把小城镇建设作为创建文明村镇的一项硬性指标切实抓好，兴建专业市场，加快旧房改造，规范集镇管理，集镇面貌焕然一新。

抓住载体，有机结合，深化基层创建活动

我们始终把群众性精神文明创建活动作为创建文明村镇工作的重要内容，在镇级开展了创建"文明村"、"文明单位"活动，在村级开展了"十星级文明户"的评创活动，提高了全镇干部群众的文明素质和文明程度。在争创"文明村"、"文明单位"过程中，坚持以优质服务为重点，以"为人民服务，树行业新风"为主题，不断提升服务水平。在全镇先后开展了解放思想学教活动、"三个代表"重要思想、深入开展实践科学发展观和创先争优等多项活动，推进了全镇各行各业的文明之风，提高了全镇党员干部的整体素质。同时，农民因为实实在在地感受到了精神文明创建活动带来的物质利益，参与文明村镇创建工作的热情更加高涨，他们的广泛参与更为文明村镇创建工作提供了强大的动力。

开展文明创建　服务发展大局

鄂州市鄂城区花湖镇

近年来，我们镇党委、政府坚持以党的十七大精神和科学发展观为指导，紧紧围绕创建鄂州一流文明乡镇这一目标，狠抓精神文明建设各项工作任务落实，促进了全镇经济社会又好又快发展。2011年，全镇国民生产总值达到

镇党委书记李文胜向联系的孤儿学生送温暖

5.26亿元，共完成财政收入7050.89万元，占年初下达任务数的141.88%，加上过渡账户2313万元，合计9363.89万元。农民人均纯收入达到7580元，增长13.5%，实现了"十二五"的良好开局。我镇先后被授予"全国环境优美乡镇"、"全省统计工作先进乡镇"、"全市优秀基层党组织"、"全市社会治安综合治理先进单位"、"全区三个文明建设先进单位"、"全区招商引资先进单位"、"全区安全生产先进单位"、"全区2010—2011年度文明乡镇"等荣誉称号，2010年、2011年连续两年荣获全区目标考核第一名。

打牢"三大基础"提高工作水平

近年来，镇党委、政府把文明乡镇创建工作作为促进全镇经济社会

发展的一个重要抓手,强化组织领导,精心安排部署,打牢组织、思想、物质"三个基础",促进文明乡镇创建活动深入开展。一是打牢组织基础,完善工作机制。成立了由党委书记任组长的创建工作领导小组,把创建市级文明乡镇活动纳入经济社会发展总体规划,同部署、同考核,形成了"党委统一领导,镇直机关单位和各村齐抓共管,广大干部群众广泛参与"的工作机制。二是打牢思想基础,提高整体素质。把提高人的素质作为经济发展的基础工程来抓,大力加强公民思想道德建设,提高群众科学文化水平,为经济建设和社会各项事业提供了强有力的精神动力。坚持开展以"崇尚科学文明,倡导文明新风"为主题的移风易俗活动,旗帜鲜明反对封建迷信和"法轮功"等邪教组织。组织开展了农村丧事简办、生育观念转变、妇女疾病普查、乡土文化活动宣传,弘扬新风正气,引领文明风尚。三是打牢物质基础,改善民生事业。立足本土资源条件和交通、区位优势,大力发展产业经济。农业方面,近年来先后投入资金1300万元,通过修复水毁工程,改善灌溉面积3000余亩,实现户平每年增收300元以上;大力发展特色生态农业,新增示范基地27个,每年为黄石地区输送农副产品近万吨。工业方面,已形成以建筑建材、机械制造、特钢模具、服装鞋帽为主要门类的工业体系。2012年截至目前共引进工业项目13个,其中过亿元项目3个,到位资金达3.2亿元。近年来累计培训劳动力5000余人次,帮助农民工实现在家门门口就近就业,每年增加劳务收入7000万元以上。近三年累计投资近5000万元,实施了卫生院、福利院、计生服务站、综合文化站、中小学标准化运动场及汀花公路改扩建等建设项目,初步建成特色优势明显、人居环境优美、群众生活幸福的文明城镇。

打造"三大工程" 强化组织建设

近年来,我们树立精神文明建设与基层组织建设一盘棋的思想,创新工作载体,调整工作思路,推动创建活动纵深发展。一是打造核心工程,强化自身建设。印发了《花湖镇工作章程》,把镇村干部的工作量化、细化,全面落实效能考评制度,通过真奖实罚,促进镇村干部作风转变,形成了"想干事、抢事干、干好事"的浓厚氛围;持续坚持党务、政务、村务公开制度,把财务收支、粮食直补、基础设施建设等重点工作或群众较为关心的"热难点"问题向群众进行公开,接受群众监督,使民主管理更具科学化。二是打造素质工程,强化宣传队伍建设。组建了特色理论体系宣讲组,深入基层宣讲党的十七大精神、科学发展观、和谐社会等理论知识,把广大干部群众的思想和行动统一到十七大和科学发展观上来,把干部群众的智慧和力量凝集到实现全镇三级干部会上提出的各项工作任务上来,推动全镇经济社会事业的全面进步。三是打造平安工程,强化综合治理。围绕"和谐花湖"目标建设,建立了创建"平安花湖"过程跟踪制度、季度通报制度和重大问题警示制度,狠抓信访案件处理,防止群体上访和越级上访人和事的发生,处理信访案件68起。通过抓"平安村"、"平安校园"、"平安单位"等创建活动,形成村企联创、村校齐动等联防共建氛围。多年来,全镇没有发生过一起"黄、赌、毒"案件,人民安居乐业,社会和谐稳定,为全镇经济社会的发展提供了良好的社会环境。

做好"三项工作"促进社会和谐

在开展创建文明乡镇活动中,通过以镇带村,城乡共同发展,开展了文明村、文明单位、文明学校、十星级文明户等创建活动,使创建工作成为全民参与的公益活动。累计建成文明标兵村18个、单位23个,评选表彰"十星级文明农户"1200余户,"五好文明家庭"2650户,"诚信商店"20个,"诚信农户"186户。一是大力开展文化体育活动,活跃群众精神文化生活。镇政府新建了综合文化站,绝大多数村、组都建起了灯光球场、党员多媒体活动室和群众文化活动中心,篮球队、农民健身舞蹈队和文艺演出队覆盖每个村民小组,每逢节庆日和农闲季节,经常组织开展各类文体比赛,农民文艺队将政策法规、公民道德、社会新风、先进科技等自编成歌谣、小品、顺口溜广泛进行宣传,起到了宣传政策、凝聚人心、树立新风的效果。二是做好科技服务工作,拓宽群众致富渠道。聘请林业、水产等专业技术人员,培训农民技术员1800余名,建办千亩以上的优质水果规范化定植示范园2处,建成八庙、阮湾等优质莲藕种植示范村4个,造就水产科普示范户36个,示范面积2.5万多亩,群众学科技、用科技已蔚然成风。三是做好教育卫生工作,提高群众文明品位。近年累计投入资金2000万元,新建了花湖中学公寓楼、中心小学教学楼、华山和新建小学运动场,完成了8所小学的排危工程,更换课桌凳1200套,添置教学设备680(台)件,学前幼儿入园率达91.4%,学龄儿童入学率达100%。已动工建设卫生院门诊楼、住院部,准备购置救护车1辆,仪器5(台)件,提升卫生服务能力。投入17.8万元为248户二女结扎户办理了养老保险,建成了全省"计生优质服务镇"。全面落实了农村低保、新型农村合作医疗制度,实现了"四个全覆盖"目标。成立了城管监察中队,聘请卫生清洁工,落实了卫生"三包"制度,改变了镇区"脏、乱、差"现象。组织机关、学校、企事业单位、居民新区进行绿化,农村建造垃圾坑、沼气池,建立卫生长效机制,村容村貌得到整治,人居环境得到改善,生态环境走向良性循环。

洁美碧石照眼明

鄂州市鄂城区碧石渡镇

近年来,在市、区两级的正确领导下,我镇精神文明工作以"三个代表"重要思想为指导,深入贯彻落实科学发展观和构建社会主义和谐社会的重大战略思想,坚持"三个文明一起抓"的方针,以争创文明乡镇为目标,广泛深入地

靓丽新村

开展群众性精神文明创建活动,不断提高群众文明素质,塑造农村文明新形象,实现了全镇经济建设和精神文明建设的双赢互动、协调和谐发展,为构建和谐城镇奠定了良好基础。先后被中央文明委评为"全国创建文明村镇工作先进集体",被国家环保总局评为"国家级环境优美乡镇创建单位",被省委、省政府授予"省级文明乡镇"、"省级平安乡镇",并荣获"鄂州市特色镇"称号。

明确中心,加强领导,建立健全创建机制

精神文明创建工作是加强社会主义先进文化建设的有效形式,镇党委、政府高度重视,把创建工作摆上重要议事日程,作为精神文明建设的重点工作来抓。按照上下联动、整体配合、协调运作、共同推进的工作思路,建立健全创建工作机制,狠抓工作落实。一是成立领导小组。成立由镇党委书记任组长,镇长任副组长,副书记、各部门负责人

为成员的创建工作领导小组。建立了党政"一把手"亲自抓、分管领导具体抓、班子成员共同抓的领导责任制。二是制定考核目标。量化细化考核指标,层层落实目标管理责任制,做到创建工作"四纳入",即纳入镇村经济和社会发展总体规划;纳入党政干部一把手的重要议事日程;纳入目标管理责任书;纳入党政干部政绩考核内容。三是加大考评力度。做到月督查,季考评,半年初评,年终总评。四是建立表彰机制。制定奖惩标准,奖优罚劣,及时兑现奖惩。五是落实保障机制。镇里在财力有限的情况下,不断加大资金投入,为创建工作提供坚实的物质基础。六是完善监督机制。建立完善组织监督、舆论监督、群众监督各项工作机制。

强化教育,夯实基础,营造文明创建浓厚氛围

精神文明创建的目的,就是要提高群众的文明素质,我们从对群众的教育着手,把提高农民文明素质贯穿到各种创建活动中。一是加强培训。以党员群众活动中心为阵地,有针对性地举办各种科技培训班,并组织科技、卫生、文化、法律部门深入全镇10个行政村,把科学技术送到田间地头,知识文化送到千家万户,强化农民的科学素质和文明意识,不断提高农民的整体素质。二是理事会引导。充分发挥湾组理事会的作用,加强教育引导。积极开展"十星级文明户"、"五好文明家庭"、"好婆婆、好媳妇"等评比活动,倡导健康文明新风尚,让农民由客观上的被动转变为主观上的自愿,进一步增强了村民的文明意识。三是开展文娱活动。巩固和建好村级图书室、阅览室,以丰富多彩的文化娱乐活动,保证文化入户。坚持把农民教育的内容和要求寓于生动活泼的活动中,增强教育的吸引力和感染力,把教育与管理、内在约束与外在约束结合起来,增强全镇农民的自律意识,提高了全镇农民的文明素质。

突出重点,综合整治,打造"干净碧石"人居环境

以农民群众为主体,以"清洁乡村、美化家园"活动为载体,从改善农民生活条件抓起,在全镇范围内开展大规模的群众性精神文明建设活动。一是加强集镇卫生管理。成立了由镇长任组长的集镇环境综合整治工作领导小组,设立了三个工作专班,实行工作任务"三定包干"(定人、定路、定时包干),各路线"三全管理"(全方位、全天候、全督办管理),切实解决乱倒垃圾、乱搭乱建、乱停乱靠、乱设广告、乱堆乱放和出店经营等方面的突出问题。二是加强村庄环境整治。以改善农村生活环境质量为重点,结合"清洁乡村、美化家园"活动,着力治理柴草乱垛、粪土乱堆、禽畜乱跑、污水乱泼、垃圾乱倒的农村"五乱"现象,同时在农村大力推广沼气建设与使用,使农村实现了三改(改厕、改圈、改厨),进一步净化了农村环境。三是建立长效保洁机制。在集镇配备卫生保洁员20名,实行全天候保洁,同时,依托邻里互助组,对村庄环境维护进行维护,全镇106个自然湾共建邻里互助组140个。目前,已形成"户打扫、组分类、村集中、镇清运",从上到下,环环紧扣的一条龙垃圾处理体系。同时,不断强化村、组、户督查评比制度,从而形成"村村比村貌,户户搞卫生,人人讲文明"的良好格局,有效地改善农村生活环境质量和投资环境,为我镇文明创建增添了遒劲有力的一笔。

加大投入,完善功能,提升群众幸福指数

按照"拉开框架、完善功能、提高品味、改善民生"的总体思路,不断改善镇村环境,努力树立宜居宜业新形象。一是改善集镇交通,拓展集镇格局。近年来,累计投入400余万元,完成了通村组公路17条32公里,率先在全区实现"水泥公路湾湾通"。投资130万元完成了106国道世纪新峰至军峰水泥厂段的路灯工程;引资2600余万元对我镇境

内106国道路段进行了刷黑,对碧汀线全线进行大修;筹资2000余万元建成了碧石大道、万家垴新街延伸线、黄咀大道、世纪新峰外环路等四条集镇主干道,使中心集镇由"T"字型建成"井"字型棋盘式格局。二是美化集镇环境。千方百计筹集资金,以大手笔投入,实施集镇靓化工程。累计投入500余万元,对万家垴新街立面进行了整体维修与装饰,对"106"国道两旁绿化带补栽树木,对集镇两旁进行亮化;制订了村庄环境整治投入、工作、激励和督查四大机制,每月对全镇10村的村庄整治点开展村庄环境整治评比活动,对工作投入大、效果好的村进行奖励,提高了各村开展村庄环境整治工作的积极性。今年全镇已投入200多万元用于村庄整治,目前黄咀村、李边村、虹桥村、樟树岭村、金盆村推进效果明显,在全镇产生了示范效应。三是推进社区建设。碧石中心社区6栋楼的主体建设已完成,目前正在进行水、电、管网等基础配套设施建设。虹桥、卢湾新社区建设已经启动,卢湾九组、虹桥11组整体搬迁评估工作进展顺利。

打造载体,丰富活动,提高群众文化生活品味

为大力发展先进文化,巩固农村思想阵地,我们一是积极开展集民智促发展活动。在全市开展了"我为碧石渡转型跨越发展建言献策"主题征文活动,并织全镇各村、各部门主要负责人召开了"我为碧石渡转型跨越发展建言献策"座谈会,两项活动均取得圆满成功,进一步理清了全镇发展的思路,有效地把全镇干部的思想统一到了谋发展、思发展上来。二是加大资金投入,在全镇建成1000平方以上文体活动中心15处,3个村级文体活动广场。今年还将计划投资500万元,兴建碧石文化广场;投资200万元,兴建虹桥中心文化广场,完成万家垴新街道路两旁下水道工程和彩砖铺设工程,完成4号路勘测、设计、征地和路基夯实工作。三是开展积极向上、群众喜闻乐见的文化活动,满足群众精神生活需要。全镇10个村、100多个村民湾组,成立了腰鼓、排镰枪、秧歌队等40余支各具特色的民间艺术队伍,近年来共组织排子锣比赛等各类大型文体活动10余场,参与群众达5000余人次。同时,还依托镇纪委、团委、妇联等组织,利用"三八"、"五一"、"五四"、"七一"、"十一"等纪念日开展丰富多彩的文化活动,提高了广大农民群众的文化生活品位,有力地推动了文明创建工作的开展。

市级最佳文明单位

市政管理文明建设

内化于心　外化于行

鄂州市人口和计划生育委员会

近年来,我们紧紧围绕市委、市文明委的统一部署,牢牢把握社会主义精神文明建设的核心和实质,坚持立足本职、自觉融入、有机结合,以机关建设、队伍建设为出发点,以生育文明建设为切入点,创新载体,完善机制,打造品

国家人口计生委主任王侠视察峒山新社区生育文明建设和阳光计生工作

牌,实现了人口计生工作与文明创建的双丰收。我们连续五届荣获市级最佳文明单位,我市被省委、省政府授予2011年度全省党政线人口计生目标管理三等奖、部门线目标管理创新奖。

统一思想,落实责任,文明创建工作做到"软硬兼修"

我们始终认为抓好精神文明建设,思想认识是起点,组织落实是过程,群众满意是目标,必须强认识,硬落实,做到"两手抓"。

一是明确思路。把精神文明创建作为引导和动员干部职工自我完善、自我提高的重要举措,作为增强系统凝聚力、向心力和战斗力的重要手段,作为推进人口计生工作的有效途径,全员参与,形成共识,努力形成"团结奋进、昂扬向上、求真务实、开拓创新"的工作氛围,树立"以

人为本、勤政为民、廉洁高效、文明执法"的部门形象。

二是加强领导。成立以委主任为组长的创建领导小组,坚持一把手亲自抓、分管领导具体抓、相关科室主动抓、工青妇组织齐抓共管。定期研究文明创建工作,针对问题,落实整改,整体推进。

三是周密安排。制定了《市人口计生委2011—2012年度精神文明创建规划》,在创建重点上认真抓好干部职工队伍的学习教育、机关作风、反腐倡廉、依法行政、环境秩序整治;积极开展"文明窗口"、"文明科室"、"文明家庭"创建;抓好市民学校建设,积极开展"百万市民文明素质提升工程"、未成年人思想道德教育、文明交通和文明礼仪知识宣传等活动。

四是落实责任。把文明创建工作纳入机关年度目标考核范围。将平时检查与年终考评结合起来,使检查考评工作公开、公正、公平。坚持周检查、月评比、季总结与日常抽查相结合,公布排名,实行奖惩。

强化措施,带好队伍,文明创建工作做到动静结合

一是加强学习培训。坚持每星期一机关集中学习日制度。深入学习党的基本知识、现代科技、市场经济、法律法规和人口计生业务知识。以建设科学、文明、进步的新型生育文化为目标,把开展"婚育新风进万家"活动与《公民道德建设实施纲要》宣传教育结合起来,与"五好家庭"、"十星文明户"、"文明社区"、"小康村"等创建活动结合起来。

二是加强思想道德建设。我们认真贯彻公民道德建设实施纲要,弘扬爱国主义精神,以为人民服务为核心,以集体主义为原则,以诚实守信为重点,以爱祖国、爱人民、爱劳动、爱科学、爱社会主义为基本要求,加强社会公德、职业道德、家庭美德教育。利用重要节日、纪念日、党和国家政治生活中的重要大事,组织知识竞赛、演讲比赛、图片展览、文体活动,进行生动活泼的思想、道德、法制、纪律宣传教育。

三是加强党风廉政和机关作风建设。进一步完善党风廉政建设责任制，明确了班子成员抓党风廉政建设的具体任务，层层签订党风廉政建设责任书。积极探索腐败风险预警防控的有效途径，实行计划生育行政审批、行政执法、目标考评流程再造，确保"一岗两责"落到实处。深化行业作风建设，认真落实"十个坚持十个决不"的承诺，深入开展"三评"活动（请农民兄弟姐妹评计生、请流动人口农民工评计生、请各级计生部门负责人下评上），人口计生行业作风明显好转。

四是加强核心价值观教育。我们着眼于推进核心价值观深入人心，开展"学雷锋、讲文明、树新风"活动，组织全体干部职工认真学习雷锋的先进事迹和为人民服务的崇高精神，利用制作横幅、宣传栏、展板、印发宣传资料等多种形式，倡导文明新风；组建"苏柳英小组"、"幸福家庭服务小分队"、阳光计生宣导组、青年志愿者队伍，深入开展"志愿服务、关爱社会"活动，通过走访慰问、排忧解难、精神慰藉、帮扶救助等形式，关爱空巢老人、留守儿童、农村女孩家庭、失独家庭；开展机关干部"比、学、赶、超"和乡村计生工作人员"六互"学习观摩活动，开展文明科室和文明窗口创建活动，将人口计生核心价值观的实践引向深入。

履行职能，创新特色，文明创建工作做到虚实相济

我们将精神文明建设融入人口计生部门职能中，充分发挥精神文明建设对人口计生工作的助推作用，实现人口计生事业发展与精神文明建设互动并进。

1. 实施生育文明"明天计划"，打造文明创建品牌。全面推进以"今天倡导婚育新风，明天享有美妙人生；今天建设生育文明，明天共有美好家园"为主题，以"春风化雨行动、健康关怀行动、惠农助力行动、阳光关爱行动、文明示范行动"为内容的鄂州市生育文明"明天计划"，切实转变婚育观念、规范生育行为、提高人口素质。我市"明天计划"被省委宣传部、省文明委等11个部门联合评选为全省生育文明创建十大品牌。

2. 深化人口计生优质服务,创建文明服务"窗口"。坚持以环境优美、技术优良、服务优质、管理优秀、群众满意为工作目标,以文明窗口创建活动为载体,在全市人口计生系统进一步完善为民便民措施,优化服务环境,促进作风转变,提升人口计生服务质量和水平。市计生服务站被评为全市"文明诚信窗口"单位。

3. 加快新型生育文化建设,延伸文明创建触角。积极探索生育文化宣传的新形式、新途径和新方法。办好一早一晚"小广播",编好一问一答"小册子",搞好一周一次"小随访",抓好一月一次"小例会",推进生育文明建设向村组、社区延伸。实施"家庭文明"工程,全面实施新社区新家庭新居民"三新"人口文化宣传计划,打造家庭人口文化系列宣传品牌。巧借全市300个村(居)文化书屋传播婚育新风,满足了育龄群众的需求。

4. 开展"关爱女孩"活动,培育文明生育观念。我委通过营造宣传氛围、完善利导政策、深化"春风化雨行动"、严厉打击"两非"等措施,转变群众重男轻女的传统思想,提倡男女平等的生育观念。相关部门在制定实施公益性岗位安置、公共租赁住房分配、生育津贴、中考加分奖励、医保升档等一系列经济社会政策时明确体现对计生女儿户的优先优惠和照顾。

完善机制,长效管理,文明创建工作做到标本兼治

建立思想保障机制。全面推进生育文明"明天计划"、积极实施"关爱女孩行动",深入开展对广大干部和育龄群众的人口计生知识教育培训,各级党政领导干部的人口意识进一步增加,育龄群众的婚育观念初步转变。

建立组织保障机制。加强精神文明建设,推进干部队伍职业化建设,逐步建立一支特别能吃苦、特别能奉献、特别能战斗、善于做群众工作的计划生育干部队伍,为全市人口计生工作的顺利开展,提供坚强的组织保障。

建立法制保障机制。深入开展人口计生系统基层文明执法教育活动,组织计生干部集中开展人口计生"一法三规"、省《条例》的学习培训;狠抓计划生育行政执法责任制、执法过错责任追究制、公示制、督查制的落实,进一步规范计划生育行政行为。

建立廉政保障机制。将党风廉政建设纳入人口计生系统目标管理体系,通过层层签订责任状,召开民主生活会,干部述职述廉、群众测评等形式,进行自查、他查、互查,确保党风廉政建设各项责任目标得到严格执行和认真落实。

内化于心、外化于行。我们将"三特一善于"的新时期人口计生精神内化为全系统上下认同的价值取向,外化为立足岗位、创先争优的行动,内练素质、外塑形象,达成文明创建工作与本职工作有机融合的至高境界,不断推动中心工作创新发展。

文明质监之花耀吴都

鄂州市质量技术监督局

我们质监局按照以人为本、执法为民、服务经济、促进发展的工作理念,以提升能力、拓展实力、激发活力为目标,以"抓质量、保安全、促发展、强质监"为主线,以服务"四个跨越"、"五

经常奉献爱心的局志愿服务队

个鄂州"为着力点,着力打造文明质监、法制质监、诚信质监、和谐质监、信息质监、廉洁质监,奋力创先争优,文明创建亮点工作精彩纷呈。

加强领导,科学规划,落实责任谋创建

为了使创建工作各项任务落到实处,我们局成立了文明创建工作领导小组,党组书记、局长任组长,分管领导任副组长,局属各单位、科室负责人为成员。在抓好市局机关自身创建工作的同时,市局党组和文明创建领导小组全面指导协调各二级单位文明创建工作,把创建目标任务列入各二级单位工作目标责任书,与业务工作同安排、同检查、同考核、同奖罚。做到了思想到位,形成共识;领导到位,狠抓落实;工作到位,不走过场;措施到位,有章可循;资金到位,硬件达标等五个"到位"。真正做到了以文明建设为载体,以提高队伍素质为重点,以提升部门形象为关键,丰富创建载体,把精神文明建设工作融入了服务经济

发展大局，融入了质量技术监督各项具体业务工作之中。

以人为本，提升素质，带好队伍促创建

凝心聚力抓班子。我们局各级领导班子时刻牢记在权力上自重、思想上自省、纪律上自警、行为上自律、工作上自勉，党风作表率，廉政作楷模，充分发挥核心作用和示范带头作用，从仪表风纪、言行举止等点滴小事做起，时时处处以良好的人格魅力感染和带动身边的干部职工，在潜移默化的熏陶中凝聚人心、积聚活力，把文明创建有机地融入质量技术监督工作的各个环节，在全局形成了处处抓文明、时时讲文明、人人参与文明创建的良好局面。

创新机制带队伍。我们局全面引入激励竞争机制，通过竞争上岗和双向选择一批有能力、有水平的同志脱颖而出，走上了中层领导岗位。积极开展"三个代表"学习教育、保持共产党员先进性教育、社会主义荣辱观教育、学习新党章主题教育、权力观教育、典型示范教育、警示教育等一系列教育活动。以德育人，以情感人，以理服人，把思想政治工作渗透到干部工作、学习、生活的方方面面，干部职工责任意识、大局意识和服务意识进一步增强，执政为民、依法行政的管理理念进一步确立。通过下基层体验生活、进企业换位思考，干部职工由过去的"要我学、要我干"，变为了"我要学、我要干"，工作热情不断高涨。

注重培训强素质。我们局分层次、多渠道、多形式地组织干部职工认真学习市场经济知识、法律法规知识、计算机应用、办案技能等各种新知识。以案释法，以法评案，举办法规知识竞赛等学习培训和岗位练兵活动，使每个质监干部基本达到了"五会"：会登记受理、会监督管理、会执法办案、会受理投诉、会微机操作。知识水平、业务技能不断提高，队伍素质明显改善。

改进作风树形象。全局系统全面实施阳光政务工程，设立质量技术监督服务大厅，敞开办证"绿色通道"，推行"一次性告知"、"限时办结"、"一对一"责任包干、违规责任追究、首问首办、预约上门、挂项督办、多部门协办等制度。采取一站式办公、一条龙服务、一张票据收费、限时服务承诺、"一次说清、一次办结"等措施,使办事群众感到了亲切和便利。党员示范岗、文明服务示范岗,拉近了管理者与服务对象的距离。机关、基层环境优美、服务亲切、文明和谐,得到了社会各界广泛好评。

夯实基础,巩固阵地,软硬齐抓保创建

狠抓硬件建设。我们局投入10多万元,按照质检总局标准规定,精心设计新办公楼视觉识别系统和文化墙,进一步营造了浓郁的质监文化氛围;投入20余万元,精心打造职工书屋,成为全系统干部职工学习休闲的精神家园。

重视环境育人。我们局在全省质监系统率先提出以"崇尚科学文化、追求高雅先进、激发创新精神、弘扬传统美德、培养复合人才"为目标的质监文化,深入开展以"以质为道,积量致远"为主题的文化建设活动,内涵不断丰富、形式精彩纷呈。加强规范科学管理,按照"所容所貌园林化、信息传输网络化、行政执法规范化、内务管理标准化、服务工作一体化"的要求,全面推行分等分类达标竞赛活动,将广大干部职工的工作绩效与待遇挂钩,激发了广大基层干部的积极性和工作主动性。认真开展廉政文化宣传教育活动,掀起《廉政准则》学习热潮;精心编排节目,积极参加全省质监系统文艺汇演;召开文化建设研讨会,编写《鄂州市质监系统首届文化建设研讨会论文集》;以岗位培训为重点,实施业务素质提升工程,开设两个课堂,质监大讲堂和周末小课堂。质监大讲堂每季度一次,主要讲授政治经济、传统文化、军事科技、养生保健等共性知识,陶冶情操,修身养性。周末小课堂每周五举行,以各条线为单位组织学习业务新知识、工作新方法、文明新风尚,增强干部职工的业务素质和服务本领。

注重载体创新。我们局成立了书法、绘画、羽毛球、乒乓球等10个业余俱乐部，保证全局系统大部分干部职工发挥自己的长处，丰富业余生活；积极开展"三优一满意"、"双优一文明"、"巾帼建功岗"和"严格执法在市场、文明服务在窗口"等创建活动。一是以"爱国守法、明礼诚信、团结友善、勤俭自强、敬业奉献"为基本内容，加强全局干部职工的社会公德、家庭美德和职业道德教育。二是在广大干部职工中广泛开展改陋习、树新风活动，大力倡导"五讲"、"十不准"、"讲文明话，做文明人"，队伍作风明显改善。三是利用"三八"、"五四"、"七一"、"八一"、"十一"、元旦春节等假节日，广泛开展文艺汇演、歌咏比赛、各类知识竞赛、健身长跑、职工运动会等丰富多彩、健康向上的文体活动。四是开展"我为质监做什么"主题征文活动以及"如何构建和谐机关"为主题的大讨论，通过在全局干部职工中倡导"搭建六个平台，树立六种精神，打造六型机关"，使干部职工的政治意识、大局意识和责任意识显著增强。五是在市局网站上开辟了文明创建专栏，设置了光荣榜、活动动态等栏目，综合反映了全系统文明建设风采，全力打造人民信赖的队伍形象，收到了凝聚人心、积聚活力、增进团结、激励干劲、宣传质监、弘扬正气、展示风采的实际效果。

通过丰富多彩的文明创建活动，全市质监系统人员政治素质和业务素质明显提高，执法人员的工作责任心和主动性显著增强，依法行政、秉公执法的水平得到了提高，思想作风、工作作风有了明显的改善，行业风气得到了进一步改变，服务能力和服务水平进一步凸显，社会满意率明显上升。为此，市长韩进批示："规模以上企业是我市产业主体，质监局主动服务做法值得相关部门学习。"

以文明创建促进散装水泥发展

鄂州市散装水泥办公室

近年来,我办文明创建工作按照"重在建设、贵在坚持、注重实效"的原则,全面动员,人人参与,以人为本,精心组织,开展了扎实有效的创建活动,有力推进了文明建设的协调发展,提升了职工队伍的文明素质和机关的文明形象,促进了各项工作目标任务的完成。因工作成绩突出,连年被市住建委评为"先进单位",2003—2006年,连续两次获得"市级文明单位"荣誉称号;2007—2010年,连续两次获得"最佳文明单位"的荣誉称号。

"女子散花队"在进行节能减排宣传

组织有力,凝心聚力抓创建

近年来,我们把精神文明建设工作始终摆在重要议事日程,及时制定创建规划和实施方案,把散装水泥工作同精神文明建设一起抓,同规划、同部署、同检查,将文明创建工作贯穿于散装水泥工作始终。一是及时调整补充创建工作领导小组,使创建工作形成了"一把手"负总责,分管领导具体抓,其他领导配合抓,党、政、工、青、妇齐抓共创的机制,确保了组织领导到位。坚持做到每年召开两次创建工作形势分析研究会,并做到年初有计划,年中有检查,年终有总结,使创建工作步入了规范化、制度化的良性发展轨道。

切实抓好业务工作,力求散装水泥推广工作迈上新台阶

近年来,我市散装水泥推广工作业绩不断得到提高。至2011年底,我市全年共完成散装水泥供应量290万吨,折合节约煤碳2.2万吨,节约木材9.6万方,节约电力2088万度,节水348万立方米。减少粉尘排放1.2万吨,减少二氧化碳排放17.6万吨,创综合经济效益1.3亿元,占年计划的116%,比上年同期增加62万吨,增长27%,全市水泥散装率为69%,高于全国全省平均水平。推广散装水泥不但节约了可观数量的资源和能源,同时减少污染、消除噪音,节能降耗成效显著,取得了显著的环境效益和较大综合经济效益。

随着散装水泥推广量显著提高,我市预拌混凝土量继续增长。截止2011年底,我市共有预拌混泥土生产企业12个;年生产预拌混凝土78万立方米,较上年增加27万立方米,增长71%。使用散装水泥15万吨,废弃物综合利用量1.2万吨。全市城区禁现率达95%以上。

同时,我们加强了对全市农村散装水泥推广的力度。至2011年,我市农村散装水泥销售点已达到45个,有散装水泥罐50个,容量达到1450吨;销售散装水泥32万吨,同比增加7.1万吨,增长30.9%,农村散装水泥使用率达到43%。

亮点突出,凸显特色树形象

为开展好农村散装水泥推广工作,我们成立了一支"女子散花队",在交通便利、居民集中的乡村设点,以水泥预制生产企业为点进行布网,以"三不要"的经营模式推广。"三不要":农村建材经销商和水泥预制企业为散装水泥销售的代理人,由市散办免费提供散装水泥流动罐,并负责协调水泥供给配送关系,以达到不要专业散装水泥销售人员、不要堆放水泥的场地和仓库、不要店铺门面的效果,它使水泥综合成本每吨降低30元左右,用户和代理人从中都受益。

我们深入贯彻"内强素质,外树形象,文明服务、争创一流"的服务宗旨,不断在强化自身素质、在提高服务水平上下功夫,通过不懈努力,圆满地完成了各项工作任务,使我市城区"禁现"率一直保持在95%以上。"禁现"工作的顺利开展,给我市散装水泥事业带来大发展。

积极为企业服务。(1)我们每年都要重新启用、调拨、调剂散装水泥罐,现场解决工地散装水泥的储存问题,2012年上半年共调剂散装水泥罐60余个,现场解决30年工地的散装水泥储存问题;(2)帮助水泥生产企业寻找市场,重新规范调整了散装水泥运输市场;(3)每年对全市的散装水泥罐进行了安全检查工作,确保不出安全事故;(4)动员企业利用粉煤灰生产水泥,为企业降低生产成本。通过切实加强作风建设,提高了执政能力,得到了基层群众和服务企业的高度评价。

广泛开展以"我为节能减排做贡献"为主题的宣传教育活动,叫响"节能我也能"、"环保连着你和我"、"节能减排人人有责"等口号,开展上街宣传、征文评选、签名倡议等活动,在全社会形成"推广散装水泥、实现节能减排,为建设两型社会作贡献"的氛围,激发职工为节能减排做贡献的积极性、主动性和创造性。

丰富创建活动,打造活力四射的散装队伍

加强和提高干部职工的文化水平和身体素质。一是设立了市民学校、人口学校等教育科室,配备了必要的学习书籍和投影仪等学习用具。每年组织开展执法教育培训、普法培训及其它专业知识培训,撰写理论调研文章等,单位干部职工年均参加培训3次以上,全面提升了散装水泥工作人员业务素质和理论水平。二是以重大节日为载体,开展群众性文体活动。积极组织职工参与篮球、乒乓球、羽毛球、跳绳、象棋比赛和业务知识竞赛、演讲比赛、征文比赛、歌咏比赛、书法展示等,把

精神文明建设融入到各项活动之中,提升了队伍的向心力和凝聚力。

积极开展文明礼仪教育活动,开设文明礼仪知识专题讲座,提高文明意识,规范文明礼仪;成立了散装水泥办公室志愿服务队,通过在干部职工中开展社会服务活动,如义务植树、义务献血、义务劳动、义务宣传、义务当马路劝导员等等,使文明服务体现在散装水泥推广工作的方方面面。

积极开展行风评议活动。采取公布监督电话和意见箱,召开座谈会、走访、上门征求意见、发放征求意见表的形式,对依法行政和文明执法情况进行检查,发现问题及时纠正。且积极参与民主评议政风行风大接访活动,在2012年的活动中,以行风评议为主题,面向社会各界人士宣传开展民主评议政风行风活动情况,并接受政策咨询,当天共接受群众来访、咨询50余人次。

积极开展各项争创活动。在科室开展了创建文明科室活动;在党员中开展了争做"党员示范岗"活动,充分发挥党员先锋模范作用;在妇女中配合市住建委、妇联开展了"巾帼建功"和"文明家庭"活动。丰富的活动极大促进了全办精神文明建设活动的健康开展。2011年,我办获得了市住建委系统优秀"党员示范岗"、"巾帼建功示范岗"、"五好文明家庭"等荣誉称号。

深入开展"双联双促,结对帮扶"和关爱留守妇女、留守儿童活动。我办与滨港村结成对子,开展帮扶工作,今年6月底,主任方运驰等干部到长港镇滨港村实地调研慰问,为滨港村的群众"送政策、送信息、送文化、送科技,增感情";我办的妇女干部在"六一"前夕看望了滨港村的胡雨和胡雨琪两位小朋友,为小朋友们送去了礼品和慰问金,受到了当地政府和村民的好评。我办还把扶持弱势群体作为己任,积极参与社会公益事业和各种捐助活动。近年来,通过个人及单位捐赠资金近万元,用于灾区恢复重建、爱心捐款、困难救助、"爱心包裹"捐赠等等,为构建和谐鄂州贡献出了散装人的一份力量。在单位内部坚持开展送温暖活动,关心帮助退休老同志和困难职工,解决他们生活中的实际困难。

关爱职工生活,彰显组织关怀。定期组织全员体检,关爱干部职工身心健康。对于生病住院的同志,党组一班人都亲自探望。每逢中秋节、重阳节、春节,党组都会亲自去看望退休老同志,展现组织的关爱。通过一系列"人性化"工作的开展,使每名同志都能感受到"大家庭"的温暖,全身心的投入到工作中去。

我们始终本着精神文明、物质文明、社会文明共同进步的原则,以实际行动打造了散装人的新形象。昨天的辉煌是今天的起点,今后,我们将立足更高的起点,以更高的标准谋划文明单位建设,努力提高文明单位建设工作水平。

抓好政务公开　规范窗口运行

鄂州市房地产交易所

按照我市推进行政审批制度改革,优化经济发展软环境,服务我市综改示范区建设的要求,我们所以打造全市一流服务窗口为目标,坚持"公开是原则,不公开是例外",大力推行政务公开;突出"全、快、

规范有序、办事快捷的服务大厅

优、诺、廉",着力推进窗口建设,规范窗口运行,取得较好成效。所交易中心先后被省源头治理腐败工作领导小组评为"全省政务公开先进单位",被团省委评为"全省青年文明号",被省妇联评为"全省三八红旗集体",同时连年被市文明委等部门评为"全市十佳文明示范单位"和"最佳文明单位"、"市行政服务中心红旗窗口"。

突出一个"全"字,着力打造阳光窗口

公开就象阳光,是最好的消毒剂和防腐剂。在窗口建设中,我们始终把握这一原则,突出一个"全"字,大力推行政务公开,做到"办事项目全公开、办事过程全公开、办事人员全公开"。对所有项目的办事机构、办事程序、办理时限、收费项目、标准、依据、办事结果和投诉举报电话等一一公示。同时,要求所有窗口工作人员挂牌上岗,亮证服务,其

姓名、职务、工号一目了然。

在公开形式上做到全方位、多样化。一是充分利用报纸、广播、电视等信息传递快、覆盖广的特点,进行政务公开。二是在交易大厅、进出通道和醒目位置建立公开栏、公示牌,将所要公开的内容上墙、上栏公开;设立意见箱,公布举报电话。三是设立电子显示屏、触摸屏进行公示,同时开辟网上公开、网上办事途径。四是印刷工作手册、服务指南、宣传单等资料,无偿提供给群众。五是开展群众喜闻乐见的公开方式。通过亲民热线、网络面对面与群众直接交流,互相沟通。不少前来办事的群众感叹,到房产部门办事真是清楚明白,不用到处"撞",也不用找关系托熟人,该办的一定会办,不该办的找熟人也没用。

突出一个"快"字,着力打造效率窗口

一是整合大厅资源,提供"一站式"服务。在房地产交易分中心集合房地产交易、银行、税务等所有业务于一厅,建立一体化流程,实行一个窗口收件、一体化办公、一条龙服务。只要当事人资料齐备,不出大厅就可办完全部手续。二是简化办事程序,缩短办事环节。按照"手续从简、把关从严、时效从快"的原则,进一步减化办事程序。根据《房屋登记办法》规定,办理房地产转让时限为30—60个工作日,抵押为10个工作日,减化后分别只需10个和7个工作日,原需填写十多份表格,现在只需填写一份申报表,大大缩减了交易环节和办事时间。三是创新业务模式,提高工作效率。由分类收件实行"平行收件",即不分业务种类,在前台设立六个办事窗口,任一窗口均能受理各项登记业务,大大提高了办事效率和服务质量。

突出一个"优"字,着力打造文明窗口

在我们服务窗口有一种理念可以说深入每名员工心中,那就是"不言不能办、只言怎么办",可以有不能解决的问题,但不可以有不能解

释的事情，"一事无二趟"。为进一步优化服务，切实做到为民、便民、利民，在工作中，我们还结合实际开展了上门、延时、预约等特色服务。上门服务，即在办理业务过程中，需要当事人当面办理，但当事人由于病痛、行动不方便等原因，不能前来办理的情况下，我们窗口工作人员会主动上门服务；延时服务，即当企业或个人在办理相关手续时，上班时间无法办完的，窗口工作人员会视情况加班加点为其办理相关手续，力争当天办毕或将办事时限缩减至最短；预约服务，即针对长期在外地生活和工作，在工作日时间不能前来办理业务的当事人，可提前电话预约在非工作日办理。同时坚持项目优先，基层优先，园区优先，为我市重点项目、重点企业和"两改"企业以及区、乡、镇，开辟绿化通道专项服务窗口，急事急办、特事特办、难事巧办。先后为鄂钢、武昌鱼等近百家国企改革和顾地公司、大通集团等公司股份制改造和上市，以及锦绣香江等50多个招商引资项目，共计750多万平米的房屋，高效、快捷地办理房屋交易和权属登记8500余起。截至目前，中心实现年办件4万件无差错、年接待15万人次无事端、年交易20亿元无失误，为我市经济建设和社会发展作出了积极贡献。

突出一个"诺"字，着力打造诚信窗口

一是推行社会服务承诺，根据业务特点，制订承诺内容，承诺标准和违诺处罚，公开办事事项、办事事限、服务标准，公布投诉受理部门和电话，面向社会和广大市民公布，坚决做到承诺一项，兑现一项。二是开展组团承诺，根据各业务窗口工作实际，制定以提高服务水平、改进工作作风、简化办事手续、优化服务环境、帮扶困难群众为主要内容的公开承诺，以窗口办事部门或科室为单位制作公开承诺牌，组织党员干部进行联名承诺，接受服务对象的监督。三是签订书面承诺，组织干部职工围绕履行岗位职责、工作目标考核、过错责任追究等签订书面服务承诺书，承诺书在全局范围内讨论，并提交局党委审核通过。为确保承

诺到位,做到言必信,行必果。我们开通了业务办理实时监控系统,对办理过程进行全程监控,如果某件业务即将超时,系统就会自动进行预警,提醒工作人员尽快办毕,确保各项业务在规定的时限内完成,兑现承诺。

突出一个"廉"字,着力打造廉洁窗口

廉洁从政,干净做事、做人,既是一名党员干部基本党性要求,也是我们加强窗口建设、规范窗口运作的一个重要内容。我们房产各级各部门和窗口工作人员或多或少均握有一定的行政资源和职权,加强廉政建设一刻也不能松懈。按照廉洁窗口建设要求,我们一是加强制度建设,以制度管廉洁。层层签订廉政目标责任书,落实党风廉政建设责任制,以制度管权、管事、管人。二是开展预警防控,以预防生廉。在全局上下,特别是窗口单位,我们结合行业要求和岗位特点,认真查找易发腐败风险点,有针对性采取措施进行预警防控。三是加强群众监督,以督查促廉洁。只有让群众享有充分的知情权和监督权,干部职工才能自我约束。对此,我们通过设立意见箱,公布举报电话,畅通投诉渠道,加强群众监督,做到有诉必应,以监督促廉洁。

随着我市综合改革示范区建设的进一步推进,政府依法行政力度的进一步加大,和人民群众法律意识的不断增强,政务公开、事务公开将越来越重要。新的形势对我们提出了新的要求,我们将坚持与时俱进,以科学发展观为指导,继续抓好政务公开,规范窗口运作,以促进我市房地产市场健康稳定发展,为建设"五个鄂州"和宜居宜业组群式大城市作出我们房产人应有的贡献。

履职尽责　创先争优

鄂州供电公司客户服务中心

近年来，我们供电公司客户服务中心全面贯彻落实科学发展观，紧紧围绕构建和谐企业总体目标，不断实践"努力超越、追求卓越"的企业精神，大力加强企业文化建设，内强素质、外塑形象，组织动员广大

客服中心成立共产党员服务队

党员立足岗位、创先争优，为企业文明建设作出了积极的贡献。我们中心连续三届被鄂州市委授予"最佳文明单位"称号，领导班子被省公司授予"廉洁先锋班子"荣誉称号，两个营业窗口荣获"五星级营业窗口"。

突出工作创新，着力抓好队伍建设

我们不断建立健全各项工作制度，着力提高员工队伍的职业素养和专业能力，着力培养适应改革发展需要的各类人才队伍。

开展全员军训，提升员工工作执行力。2012年2月，我们开展了为期六天的"向解放军学习"全员军事化训练营活动。

开展"明星员工"评选，提升员工服务能力。以国家电网公司"塑文化、强队伍、铸品质"供电服务提升工程为载体，加强服务技能培训，

推进岗位练兵与技能比武,开展月度"明星员工"评选活动,树立优质服务典型,加强宣传,引导员工学习先进,塑造优秀服务文化。

开展"读书、评书、品书"学习活动,提高员工队伍素质。为争创学习型企业、争做知识型员工,从 2010 年起,我们每年开展"读书、评书、品书"活动,动员全体干部职工读好书,结合工作实际撰写心得体会,2011 年还将这些心得体会中的优秀作品出版成书《心随悟动》。

建设"职工减压中心",塑造员工阳光心态。我们注重职工思想动态分析,加强人文关怀和心理疏导,通过领导下基层慰问、交流谈心、爱心帮扶等方式,保持了职工队伍稳定。通过建设"职工减压中心"有利缓解了职工长期面对客户产生的精神压力,以更好的精神面貌投入工作,为客户提供更加优质的服务。

突出文化引领,提升企业文化软实力

认真贯彻国家电网公司关于企业文化建设的统一部署,按照企业文化"四统一"要求,健全了安全文化、廉洁文化、执行文化、服务文化建设的领导体制和工作机制。

加强安全文化建设,提高职工安全意识。举办了"安全生产我来讲"主题演讲比赛,开展了"安全活动进校园"和两次"家庭助安"活动,组织干部职工子女参观作业现场,让职工子女当好父母的"安全小卫士",夯实安全生产基础。

加强反腐倡廉教育,稳固党员思想基础。支部书记坚持为全体党员讲廉政党课,组织党员收看反腐倡廉教育专题片,动员全体员工通过多种方式向吕清森、江小金、左光满等先进典型学习,发挥了党员干部的先锋模范作用。

开展"工作梳理日"活动,提高工作执行力。我们以解决问题为突破口,每月开展"工作梳理日"活动,针对组织结构调整后工作中存在的问题和矛盾,对内部各单位的职责范围进行了调整,使各单位之间的

工作流程清晰明了,有力促进了工作。

党员服务进社区,提升企业服务形象。我们组织30余名党员、入党积极分子、青年团员进社区,向社区居民提供用电咨询、签订银行批扣协议、检修供电线路等服务,在社区悬挂供电服务信息公告栏、党员身份公示牌,向居民发放党员联系卡,并不定期在社区开展现场服务活动,为群众解决用电难题,受到了社区居民的欢迎。

突出优质服务,积极履行社会责任

优质服务围绕"一体两翼"工作思路,"一体"即:"为民服务创先争优","两翼"即:"争创群众满意的基层窗口"、"打造95598光明服务工程",开展了一系列工作。

规范报装服务管理,着力解决客户报装难问题。实施报装项目节点管理,对每一报装项目实行"客户经理制",每周在公司网页公告栏发布《业扩报装周报》,使每一项目、每一工作环节的工作时限和工作质量可控、在控,进一步提高了报装工作质效。稳步推进新建住宅小区供电配套工程实施,坚持高起点规划、高标准建设、高质量运行,做到宣传到位、服务到位。积极为全市重点招商引资项目开辟"绿色通道",加大跟踪协调力度,缩短报装接电时间。

强化为民服务意识,着力解决客户报修难问题。我们恪守"始于客户需求,终于客户满意"的服务承诺,强化员工的服务意识,中心负控运行班及95598实行24小时值班制度,制定各类应急预案,延伸优质服务承诺,着力提升故障抢修服务效率,并制定优质服务应急预案,为城区客户排忧解难,塑造了中心电力抢修"110"品牌。

创新服务方式,着力解决客户缴费难问题。为方便客户交费,满足不同客户群的个性化服务需求,我们在公司的指导下,积极与五大银行、邮政局、大型超市等商业机构进行沟通与合作,先后开通了银行批扣电费、遍布城区的67个邮政便民服务站代收电费等社会化代收业务，并与武商量贩签订电费代收协议，开通超市代收电费业务，进一步拓宽客户交纳电费的渠道，让客户享受便捷服务。营业窗口还开展"星级创优"、争创"群众满意基层窗口"等活动，开展了爱心服务带给孤寡老人，"早夜市"方便休闲人、双休日服务忙碌人、增值服务引导"后来人"、95598服务送给所需人等活动，提升了服务质量。

突出党群建设，积极开展党的主题实践活动

以创先争优活动为载体，加强党支部基础管理，创建学习型党组织。加强党风廉政建设，严格落实党风廉政责任制，认真执行"三重一大"民主决策制度。强化效能监察，弘扬"干事、干净"的理念，完善廉政风险防控机制。

深入开展创先争优"九比九争"活动。我们先后制定了创先争优"九比九争"和"为民服务创先争优"活动实施方案，深入开展了营业窗口"星级创优"、早训早查、收费早夜市、无周休营业、爱心服务等活动。结合支部中心组学习、党员责任区、党员服务示范社区、党员示范岗、党员服务队等载体，组织党员进社区推广银行代扣电费业务，走访慰问城区特殊客户，免费为困难客户、社会公益机构维护室内线路、排除用电安全隐患，赢得客户高度赞誉。

开展"服务四进"和"供电开放日"活动。开展安全知识进校园、用电咨询进社区、爱心服务进家庭、流动收费到单位，提升了服务品牌价值。邀请社会监督员和部分客户到中心参观指导工作，加强与客户之间的沟通联系，增进了解，改进服务举措，提高了优质服务水平。

扶贫济困志愿服务活动持续开展。为了将爱心播洒到需要帮助的人身边，我们开展了系列扶助活动。连续10年组织青年团员看望全国战斗英雄赵怡忠烈士的母亲钟瑞英老人。将鄂州残疾人康复中心聋儿甘美研作为客户服务中心党支部长期帮扶对象，每年组织党员、入党积极分子、青年志愿者对她进行捐助，帮助她进行康复训练，完成学业。

积极开展"百日岗位大练兵"各类技能比武活动。举办营销服务技能竞赛、汽车驾驶员技能竞赛、安全演讲比赛等各类竞赛活动。深入开展群众性经济技术创新活动，促进班组建设水平全面提升，开展"安全班组行"、"QC"、"巾帼文明岗"创建活动。

巩固文明创建成果积极拓展创建空间。以荣获鄂州市最佳文明单位和文明诚信示范单位为新起点，大力整合中心文明创建资源，丰富文明创建工作内涵，完善文明创建体系，积极思考争创"省级文明单位"的新举措。将文明创建工作的重心下移、关口前移，以班组和一线为重点，使文明建设工作进班组、进家庭，积极营造浓厚的创建氛围，将文明创建工作向纵深推进。

在今后的工作中，我们还将继续努力，逐步实现"工作流程化、管理精细化、服务规范化、队伍专业化、抄表自动化、收费社会化、培训多元化、考核人性化、安全生产军事化、概念利润可视化"的工作目标，为建设一强三优现代公司作出新的更大的贡献！

以务实的作风提升服务水平

鄂州供电公司电能计量中心

我们中心在各级领导的长期关心、支持下,始终把创建文明单位作为提升管理水平、促进管理规范化、完成各项工作目标的助推器,广泛动员,分步推进,真抓实干。多年来通过狠抓创建,取得了较好成绩,

义务为市光荣院进行线路改造

各项工作得到了上级的充分肯定,切实提高了管理水平和优质服务标准,转变了工作作风,树立了良好企业形象。

中心自2001年成立以来,连续被鄂州供电公司评为"文明单位"和"安全生产先进单位";2004年被鄂州市总工会授予市级"模范职工之家"称号;2005—2006被鄂州市委、市人民政府评为文明单位,2007—2008、2008—2009、2009—2010年连续三届被评为市级"最佳文明单位"。

持之以恒,夯实文明单位创建基础

我中心深刻认识加强精神文明建设和创建文明单位的重要性,文明创建自中心成立至今常抓不懈。将文明创建融入到我中心工作各个方面,将其作为推动我中心全面、快速、可持续发展的重要动力。文明创建一届接一届持续推进,文明单位建设一轮接一轮深化拓展。坚持把创建工作与优化环境、提升职工素质结合起来,切实加大机制、手段、

载体、途径创新力度,有效鼓舞干部群众创建斗志,激发创建热情,克服懈怠、厌战心理,从而形成一个又一个创建热潮。

共建共享,形成全民参与创建格局

坚持共建共享,齐抓共建,全员参与,着力构建纵向到底、横向到边的创建网络,文明单位创建顺着职工—岗位—班组—单位深入拓展,点线面交织,全面覆盖。一是在"面"上无缝覆盖。制订详细创建计划,评比办法,协调推进文明创建、学习型创建、和谐创建,号召全员参与创建。二是在"线"上多头并进。加大文明班组,文明科室,文明个人创建力度,树标兵建典型,激励职工创建热情。三是在"点"上活跃创建细胞。广泛开展巾帼示范岗、青年文明号、和谐家庭、学习型职工等文明细胞创建活动。积极倡导职工"将文明带回家",让职工家属参与共同创建。

丰富载体,增强文明单位创建实效

开展各类活动,坚持以文"化"人,以文治企。开展"九比九争"活动,在我中心逐渐形成比信念、比安全、比质量、比技术、比廉洁、比品质、比素质的良好局面。在全体职工中开展了"学、比、树、创"、"讲职业道德、优质服务"活动、争"青年岗位能手"活动、"巾帼示范岗"、"讲文明、树新风"活动和普法教育活动等;在党员中开展了"重温入党誓词"、"佩党徽亮身份树榜样"、红色教育行、观看爱国爱党影片活动;在职工家庭中开展"文明家庭"、"文明宣传员"活动等。通过活动的开展使创建大众化,集体参与化,使我中心每一个成员都成为创建的责任者和受益者。

以德育人,加强政治理论学习

加强道德教育,以德育人。落实《国家电网公司员工道德规范》,

广泛开展职业理想、职业责任、职业技能和职业纪律教育,完善职业道德规范,提高职工思想道德觉悟,培育敬业乐业精神,形成爱岗敬业、服务客户的良好职业道德。同时,在职工中坚持开展社会公德和家庭美德教育,积极倡导科学、文明、健康、向上的生活方式,倡导"爱国守法、明礼诚信、团结友善、勤俭自强、敬业奉献"的基本道德规范,教育职工在社会做一个好公民,在企业做一个好职工,在家庭做一个好成员。在良好的文化氛围中,职工工作积极性高,职工队伍稳定,生产秩序良好。

彰显特色,打造文明单位创建品牌

一是强化服务意识,提高服务水平,创服务品牌。践行"四个服务"企业宗旨,实施"塑文化、强队伍、铸品质"供电服务提升工程,深化文明窗口建设,巩固行评成果,进一步提高行风建设和优质服务水平。积极参与和支持社会公益事业,推进志愿服务工作,发展良好的社会公共关系。强化文明共建,积极参加"讲文明、树新风"、城乡结对共建等活动。开展"计量进社区"、"计量进三院"、"电能表免费检测"等系列公益活动。

二是狠抓廉政建设创廉洁品牌。我中心始终把党风廉政建设和反腐败工作作为一件大事来抓。根据公司的工作部署,制定了党风廉政建设和反腐败工作任务责任分解和考核办法,将责任层层落实到科室、班组和个人。通过学习各类制度法律法规,增强依法制企的意识和能力。在工作中,坚决做到公平、公正、公开,杜绝了"吃、拿、卡、要"行为。全面落实《鄂州供电公司关于廉洁文化建设实施意见》,大力倡导"干事、干净"的廉洁文化建设。积极组织开展"讲党性修养、树良好作风、促科学发展"、"廉(莲)香和(荷)美"廉洁文化教育活动。深入贯彻领导干部"一岗双责",全面开展反腐倡廉建设"反违章"活动,加强"三重一大"决策的监督,不断完善监督制约的常态机制。

三是"真心为民、真情关爱"的志愿服务品牌。推行优质规范服务,认真贯彻"人民电业为人民"的宗旨和"优质、方便、规范、真诚"的服务方针,把增强服务意识和能力列为企业核心竞争力的重要内容,实施服务品牌建设。广泛参与"三关爱"活动,提升职工境界,增进道德修养,号召职工参加公司志愿服务队,学雷锋做好事,开展各项公益活动。参与市团委组织的"城乡青年手拉手,新农村建设一起走"城乡共建活动、开展"5·20"爱心捐赠和捐助困难学校的爱心帮扶活动、号召职工参与"献血救人献爱心"无偿献血活动。开展节前看望困难职工活动、"快乐六一节"关爱下一代活动、"我为女职工做一顿早餐"关爱女职工活动、重视家园文化建设,开办职工食堂关心职工生活。

四是加强培训教育,创素质提升品牌。为提高员工的专业理论水平和实际工作能力,中心采用组织人员到上级对口单位和部门进行培训,采取内外部交流相结合的方式,邀请厂家技术人员进行集中授课,以科室、班组为单位组织开展技术授课、技术问答活动;积极开展岗位练兵、技术比武和"一帮一"、"师带徒"、"班组人人讲"等活动,让职工在学中干、干中学,不断提高职工职业技术素质;开办写作兴趣小组,邀请专业老师传授写作技巧,互相交流学习,借以提高职工写作水平;建立阅读室,购买图书,开展读书讲坛、读书月活动,鼓励职工每月看一本好书,提升个人素质。

着眼长效,完善文明单位创建机制

一是建立健全统一协调的领导机制。多年来,我中心始终坚持党政一把手亲自抓创建,成立了领导班子为主要成员的文明创建领导小组,将精神文明创建与物质文明建设一起抓。为保障创建工作的顺利开展,我中心设立专项创建资金,在年初制定具体的工作计划,具体工作均明确了责任领导、责任部门和责任人,对照创建目标、标准和责任,细化分解,把责任落实到人,切实促进精神文明建设再上新台阶。

二是融入日常工作,统抓共管。我中心将文明创建与生产经营工作统一部署、统一计划、统一落实、统一考核。始终坚持"两手抓,两手都要硬"的方针,把文明单位建设与企业发展有机整合,形成互为依托,互相促进,协调发展的态势。为营造良好的创建氛围,充分发挥工会、共青团等群团组织在文明单位创建工作中的重要作用,调动中心职工参与创建的积极性,形成党政工团齐抓共管,职工积极参与的创建格局。

三是建立健全奖惩机制,奖惩分明。根据精神文明创建具体要求,建立各项奖惩机制,每年对年度文明班组、科室、个人进行激励,对落后班组、科室、个人进行批评处罚,勒令整改。

四是建立健全文明建设宣传机制。通过制作文明创建标语、板报、宣传栏等宣传方式,在中心内外营造浓厚的道德文化氛围,引导职工从身边小事做起,从一点一滴做起,崇尚道德,践行文明;注重文明文化传播,开展文明传播活动。发动干部职工,运用微博、QQ群、中心网页、短信等多种平台,采取各种温馨提示方式,传播文明风尚。

精心编织最后一道安全网

鄂州市最低生活保障管理办公室

近年来,我们主动服务于"保增长、保民生、保稳定"的大局,秉承"以人为本、为民解困、为民服务"的工作理念,以文明创建为重要抓手,进一步整合救助资源、创新救助机制、规范救助行为,不断提升

低保工作人员为低保户送去救助证和存折

社会救助能力,为全市城乡贫困居民编织了一道牢不可摧的"安全网"。城市低保进入全省首批"城市低保规范管理AA级单位"行列,并在全国低保系统和全市行政机关中首家通过ISO9001质量管理体系认证,被国家民政部和省民政厅誉为"鄂州模式";农村低保在全省率先启动,管理工作模式在全省推广;5所农村福利院被省民政厅评为省级模范福利院,占全省93所模范福利院的二十分之一强;医疗救助被省民政厅授予"全省医疗救助示范单位"称号;我办先后获得"全国民政系统先进单位"、"全市先进基层党组织"等荣誉称号,并连续两次被命名为"全市十佳文明诚信示范窗口"、市级"最佳文明单位"。

加强领导,狠抓落实,努力构建和谐文明低保机构

完善工作机制,全面落实职责任务。及时成立文明单位创建工作领导小组,制定了两年创建规划和年度工作计划,并把创建任务细化分

解,同年度工作目标责任一起部署、一起落实、一起检查,把责任落到实处,有效推动了创建文明单位基础性工作的落实。

加强宣传教育,营造良好的创建氛围。我们结合低保工作特点,深入动员,形成了"人人重视,个个参与,全面受益"的创建局面。通过党支部集中学习和组织各种活动,大力实施"百万市民文明素质提升工程",大力宣传创建活动中涌现出的新人新事新风尚,尤其是深入开展创先争优活动,进一步激发了广大干部职工立足本职、敬业爱岗、无私奉献、团结拼搏、争创一流的高昂斗志。

提高机关效能,努力提供优质高效服务。一是进一步完善服务承诺制、限时办结制、一次性告知制等行之有效的制度,用制度管人管事。二是实行持证上岗、挂牌服务,设立服务投诉电话,接受群众监督。三是大力推行低保公示公开制度。在中心城区和各乡镇、建制村设置了统一规范的低保公示栏,在市低保办设立了电子显示屏、触摸屏,设置了鄂州社会救助信息网,将相关的低保政策法规、申请审批程序、享受低保对象等事项公之于众。

内强素质,外树形象,着力建设高素质低保工作队伍

加强班子自身建设,进一步增强创造力、凝聚力和战斗力。以创建学习型先进领导班子为目标,着力提升领导干部的整体素质和能力,增强领导班子的创造力、凝聚力和战斗力。始终坚持以科学发展观为指导,讲学习、讲政治、讲正气,增强团结,保持了奋发有为的良好精神状态,提高了履职能力。坚持和健全民主集中制,增强班子的团结和活力,有关重要工作计划、人事安排、经费使用等问题,都经党支部集体研究决定,使低保办班子真正成为一个求真务实、开拓创新、勤政廉政的坚强集体。

加强干部学习培训,提高综合素质。去年7—9月,对全市低保工作者开展了以"创先争优"为主要内容的政治理论、法律法规、业务知

识三个专题教育培训,并将学习活动效果纳入年度考核范围。今年还在培训的基础上,组织全市低保业务知识考试。每年开展"低保工作先进单位"和"低保工作先进个人"评选活动,表彰先进,鞭策后进。在低保管理员中树立了一名"低保员标兵",弘扬先进事迹。全市社会救助系统已经形成了"比、学、赶、帮"的良好风气和学模范、赶模范、做模范的热潮,干部队伍的综合素质明显增强。

大力加强党风廉政建设,进一步转变工作作风。严格执行《党风廉政建设责任制》和中央制止奢侈浪费"八项规定"及市委、政府关于廉洁自律的各项规定,抓好领导班子的廉政建设。在重要物资采购、分配、人事安排等方面都按规定办事,从源头上防止腐败的滋生。在救助资金的管理上,始终坚持"管事与管钱、发钱相分离"的原则,城乡低保户的低保金、医疗救助金等全部通过银行发放,有效地避免了层层截留、克扣等违规违纪问题的发生。

丰富载体,夯实基础,扎实推进精神文明建设

加强全体人员思想道德和文明素养建设。一是通过上党课、看电教片、参加专题讲座、图片展示等多种形式开展形势教育和社会主义民主法制教育。二是加强职业道德教育。在低保系统积极倡导爱岗敬业、诚实守信、办事公道、服务群众、奉献社会的职业风范。

广泛开展低保工作人员与低保对象交朋友活动。办领导带头垂范,与困难群众"结对子",带动低保系统其他党员干部群众与城区212名低保对象结成了"帮扶对子"。对鳏寡孤独老人每月至少上门2次,陪他们聊天、散步,帮他们洗衣、做饭;对重病对象每周上门探望,鼓励他们战胜病魔,树立生活的信心;对下岗失业对象主动与有关部门联系,推荐就业。

精心组织做好共建村工作。办领导多次人村驻点指导督促各项工作,帮助制定和完善新村发展规划,协助解决建设中的突出问题,协调争取项目、落实惠民政策,帮助困难群众理清致富思路,提高致富技能,解决生产生活中的具体困难,倡导文明乡风,为该村两个文明的建设起了积极的推进作用。

积极支持和参与志愿服务活动。2009年元月,我们组织人员参加了鄂州市志愿者协会扶残助残分会,经常到福利院、残疾人家庭特别是贫困残疾人家庭,和残疾人朋友交心谈心,为他们排忧解难。

高度重视未成年人思想道德建设。对因学致贫的低保家庭实行重点救助,大学生每人每月增发100—150元的低保金,高中生每人每月增发60—90元的低保金,对全市范围内所有孤儿给予特别关爱,为他们健康成长创造良好条件。

进一步丰富干部职工业余文化生活。组织干部职工经常性开展各项群众性文体活动,如读书会、羽毛球比赛、象棋比赛、秋游等。

以人为本,为民解困,不断健全社会救助体系

低保规范化管理水平不断提高。几年来,我市低保工作一直在全省有地位,在全国有影响。但我们仍不敢有所懈怠,在运行制度上精雕细琢,使城乡低保制度更加完善、合理、规范,在工作方式上努力创新,变管理为主为管理与服务并重,使城乡低保更具人性化。从今年元月份起,城区城镇低保标准提高到360元/月,各区城镇低保保障标准提高到330元/月,农村低保保障标准提高到180元/月,农村低保保障面扩大到4%。全市城乡低保工作实现了"有进有出"的动态管理机制下的"应保尽保"。

五保供养正在形成自身特色。一方面全面推行分散供养五保对象协议制度、监护人制度,另一方面积极开展农村福利院提升活动,先后筹资两百万元,资助10余所福利院进行了新建改造。从今年起,集中供养的五保老人保障标准提高到300元/月,分散供养的五保对象提高到180元/月。

医疗救助初步实现全覆盖,有效缓解困难群众看病难问题。在资助城乡低保对象、三无对象参加居民基本医疗保险的同时,逐步取消了病种、起付线限制,上调救助比例,提高封顶线,扩大了救助范围。

临时救助制度有效缓解了城乡低收入群体突发性困难。为帮助部分不够低保条件但实际生活又非常困难的"边缘户"解决突发性、临时性困难,市政府出台文件,对收入在低保标准2倍以内的生活困难家庭实施临时救助。在临时救助程序上,明确规定审核审批时限,适当赋予乡镇(街道)小额救助的审批权,做到规范与快捷相统一。

城乡困难群众专项救助全面实施。近年来,我们积极协调有关部门,进一步加大专项救助工作力度,实施了针对贫困家庭的教育、住房、灾害、供水、供电、燃气、有线电视、就业、法律、殡葬等多项救助,大大减轻了城乡困难群众的生活困难。

精心打造"文明之师" 大力建设"文化鄂州"

鄂州市文化体育局

近年来,在市委、市政府和市委宣传部的正确领导下,我市文化体育新闻出版工作以党的十七大精神为指导,坚持先进文化的前进方向,以科学发展为主题,以建设"文

创作编排的大型舞蹈诗《吴都风华》在鄂州大剧院上演

化鄂州"为主线,抢抓机遇,克难奋进,开拓创新,锐意进取,各项工作迈上了新台阶、开创了新局面。

文体公益设施项目建设掀起热潮,城乡文化体育一体化工作走在全省前列

全省最大的市级博物馆新馆(三国吴都博物馆)主体建设已经完成。市图书馆自主筹资 200 多万元新建市少儿图书馆并对外开放;占地 1600 亩的市文化体育公园已完成概念性设计。市体育产业培训中心等一批重点项目建设开始启动。大梁子湖、红莲湖、梧桐湖体育运动休闲基地建设如火如荼。投入 1000 多万元建成 355 个"农家书屋"。投入资金 2000 余万元兴建农民体育健身工程 360 个。兴建全民健身路径 120 条。在农村新社区建设农家书屋、体育健身工程、信息共享工

程,城乡文化一体化工作走在全省前列,文体项目成为全省城乡一体化现场会的新亮点。市有场(文化广场)、区有馆(文化馆)、镇有站(文化站)、村有屋(农家书屋)、组有户(文化中心户)的五级公共文化基础设施体系基本形成。

群众文体活动丰富多彩,文化惠民工程蓬勃开展

以迎奥运、纪念改革开放30周年、庆祝建国60周年、庆祝建党90周年、纪念辛亥革命100周年、国庆节、新春佳节等主题为契机,广泛开展有声势、有影响、有特色的群众文化体育活动400多场次。举办了系列鄂州建市以来规模最大、阵容最强、节目最多的文艺展演周和文化展演月活动。创办公共文化品牌"吴都讲坛",成为我市党建工作三大品牌之一。在公共广场每星期开展"周周乐"文艺演出活动,丰富市民的文化娱乐生活。开展京剧"周周演"和"送戏下乡"活动,让人民群众欣赏国粹艺术。在全市开展农家书屋农民读书活动,激发农民群众的读书热情。在乡镇综合文化站设立娱乐室、棋牌室、图书阅览室,全部向群众免费开放。巩固农民体育健身工程建设成果,不断向自然湾和社区延伸。每年成功举办一届全民健身运动会,发展群众体育事业,促进"健康鄂州"建设。面向社会义务推广大众排舞和健身气功,提高市民的健康素质和艺术素质。在鄂州大剧院举办建市以来最大规模、最大影响的"城市美容师之夜"、"民生之夜"、"园丁之夜"、"金融之夜"、"明星企业之夜"等专场慰问演出。在鄂州日报、鄂州电视台分别开辟《文化体育广场》、《鄂州文化长廊》栏目,为广大市民扩大文化视野,提升文化底蕴。在全省创新实施职工体育健身工程,提高机关干部职工的健康素质,已完成34家机关单位的工程建设。邀请湖北省京剧院原创京剧《建安轶事》等来鄂州进行文化惠民交流演出共32场。

精品创作实现历史突破,竞技体育比赛屡创新高

我市第一台反映历史文化、现代文化、山水文化、地域文化的大型舞蹈诗《吴都风华》成功创作排演，连演12场，好评如潮。中篇小说《油菜花香》,剧本《在蓝天上放一群羊》、《上塘》、《桥殇》等一批文学艺术作品荣获国家、省级大奖。我市一批京剧演员分别荣获第八、九届湖北戏剧牡丹花奖。一批美术书画作品荣获国家、省级大奖。推出鄂州革命历史纪录片《红色之路》,"周周乐"广场文化活动、歌曲《采莲船歌》分别获湖北省第七届"屈原文艺奖"文艺活动品牌奖和优秀奖。民间歌曲《摘黄瓜》、创作歌曲《山那边》,入围"湖北名歌大家唱"百首歌曲。《摘黄瓜》排民歌组第一名，《山那边》排创作歌曲组第一名。创作歌曲《永恒的旗帜》荣获"2011全国新红歌唱作大赛"一等奖。指导市京剧票友参加中央电视台第四届全国京剧戏迷票友电视大赛获铜奖。指导盲人歌手程前参加"星光大道"获得周冠军。在湖北省第十三届运动会上，我市取得历史最好成绩，市委市政府给予市文体局荣记三等功。我市组队代表湖北省参加第四届和第五届全国健身气功交流比赛大会，均获得健身气功集体项目一等奖。由鄂州籍小将梁子宇领桨的中国女子龙舟队包揽了第十六届亚运会女子龙舟比赛的3枚金牌，是鄂州籍运动员首次在国际大赛上夺金。鄂州籍运动员纪静在2011年全国女子举重锦标赛、世界大学生运动会、巴黎举重世界锦标赛53公斤级比赛上，一举夺得六块金牌、两块铜牌，实现我市运动员参加世界三大赛（奥运会、世锦赛、世界杯）资格并获得奖牌的历史性双突破。

非物质文化遗产保护成绩斐然，文博事业如火如荼

鄂州雕花剪纸和牌子锣分别成为国家级非物质文化遗产名录项目，鄂州雕花剪纸入选联合国教科文组织非物质文化遗产保护名录。玉莲环、嵩山百节龙被确定为省级保护项目。圆满完成非物质文化遗产普查，并建立市级非物质文化遗产数据库，内容涵盖非物质文化遗产15大类159个种类，记录在册艺人达600多名。市博物馆成为我省第

一家正式免费开放的地市级博物馆。中央电视台在日本举办的"大三国文物展"活动中,我市文物展出件数占当次我省输送展出文物的85%、占全国的12%;圆满完成第三次全国文物普查任务,我市新增文物点455处,极大地丰富了我市历史文化资源。

文化市场综合执法规范有力,文化产业稳步发展

我局报送的文化执法案卷获得省文化市场综合执法案卷评比一等奖,并代表湖北省参加了全国文化市场综合执法优秀案件评比活动,荣膺一等奖。在全省首届文化市场综合执法技能竞赛中,市文化市场综合执法支队荣获一等奖。在全省率先推出了网吧分级管理机制和"文明网吧"评比制度。每年均开展春季和暑期网吧专项整治大行动,查处案件100余件。在城乡范围内广泛开展"扫黄打非"集中行动,取缔从事非法经营出版物地摊40个,收缴非法出版物2万余册,收缴盗版计算机软件2万余盘。在全市范围内开展建党90周年文化市场专项保障行动,共检查各类经营单位3260家次,查处各类违法经营单位100余家。配合工商部门取缔黑网吧40余家。文化市场门类比较齐全,全市各类文化市场经营单位发展到696家,体育健身俱乐部等社会体育经营单位发展到20余家,全市共有5报、8刊和4家出版物印刷企业,包装装潢和其它印刷品印刷企业发展到40余家。

文体系统自身建设全面加强,干部队伍素质明显提升

加强思想政治工作。局负责人多次为局系统党员干部上党课,经常召开班子成员和党员干部思想恳谈会,交心谈心化解思想矛盾。抓和谐机关建设,每月集中为机关干部举行"生命礼赞"生日茶话会,积极开展"树荣辱观、唱正气歌"大合唱等丰富多彩的职工文体活动。加强干部学习教育,组织全系统干部参加市法制办组织的普法培训和市委组织部、市委党校、市人事局组织的政治理论培训及专业技术培训,坚持周四政治学习日和周六业务学习日制度。加强干部作风建设，在健全完善各种规章制度的同时，从民主管理机制入手，制定了一系列干部作风评估办法，扎实推进"加强作风建设与提高行政执行力大讨论"、"作风建设年"、"服务年"、治庸问责、创先争优等活动。加强干部廉政建设，编辑发放《廉政文化系列读本》，制作廉洁从政文化墙，开展文化系统廉政审计，开展"廉政歌曲"大家唱等活动。创造文化单位新环境，鄂州市文化体育新闻出版网站点击率排在全市前列。为了提升文体窗口单位形象，局机关环境改造一新，并荣获市级最佳文明单位，各文化建设单位均扎实开展文明创建活动，多个单位已获得市级文明单位，整个文化系统正在向最佳文明系统目标阔步迈进。我局还荣获"2006—2010年全省法制宣传教育和法治建设先进集体"称号，这是全省地市文化部门唯一一个获此殊荣的部门。

文明花开和谐校园

鄂州市第一中学

"我是一名普通工人,名叫刘辉。上周五,我不慎将钱包弄丢,内有身份证和一张存有1万多元的银行卡及若干现金,经多处寻找仍然是失望而归。没想到,在我焦急万分时,接到了市一中老师打到公司

文艺展演精彩纷呈

的电话,得知市一中九年级五班的王瑞同学捡到钱包后交给了老师,老师又根据身份证的信息找到了公司。在我接过钱包的那一刻又惊又喜。王瑞同学拾金不昧的高尚品行令我非常感动,不知道怎样用文字来表达心中的感激之情。非常感谢你们培养出这么优秀的学生。"这是今年3月5日,我们市一中收到的一封感谢信,表扬雷锋式的好学生王瑞,感谢学校对学生的德育培养。这也是我们学校创建文明单位发生在学生身上的一个镜头。

近年来,我们学校高度重视文明单位创建工作,从"营造平安、和谐校园,创建实力、魅力学校"的战略高度来认识创建市级文明单位的重要意义,不断加大加强工作力度,按照"以评促建、重在建设"的原则,唱响主旋律,打好主动仗,积极开展创建活动,全面促进了师生文明素质的提高,促进了学校各项事业的发展。

组建文明建设领导小组,把精神文明建设工作落到实处。我们学校在反复讨论、征求意见的基础上,制定了《市一中关于开展创建"文明校园"活动的决定》、《市一中校园文明建设奖惩办法》等规章制度,使精神文明创建活动有章可循、有法可依。学校在教职工大会上把以"三个代表"重要思想、科学发展观为指导,坚持社会主义办学方向,加强精神文明建设,促进校园文化健康繁荣作为一条重要经验进行总结。同时,又对精神文明建设提出了更高更具体的要求,明确提出了进一步推进学校文化建设,营造浓厚育人氛围的奋斗目标。为此,校党总支要求把精神文明建设落实到教学教研及各项工作的过程之中,把思想道德建设放在首位,大力推进群众性精神文明创建活动,努力营造健康向上的舆论环境、文明和谐的校园氛围,开展丰富多彩的校园文化活动。学校还根据上级部门的要求,成立了综合治理小组、普法工作领导小组、计划生育小组、爱国卫生小组、安全治安小组等专门机构。学校各部门都有自己的职责和任务。在认识统一、目标明确、组织机构健全的基础上,各负其责、各司其职,做到事事有人抓、件件有落实。

坚持把弘扬先进思想文化、提高师生综合素质,作为创建文明单位的核心,贯穿于创建活动的整个过程之中。在全校党员、团员和职工中坚持不懈地进行理想信念教育,以邓小平理论和"三个代表"重要思想、科学发展观武装头脑。积极开展素质教育拓展工程,坚持以人为本,积极落实科学发展观,使广大师生员工的政治思想素质不断提高。坚持广泛深入地开展"建文明校园,树文明新风,做文明师生"活动。在学生中广泛开展"学习道德模范,争当美德少年"和"三创一争"活动(创文明教室、文明年级、文明责任区,争做文明学生)。坚持开展"十佳师德标兵、十佳师德建设先进集体"评选活动,"十佳文明学生、十佳文明新事"评选活动,并大力表彰先进典型,从而激发了全校师生员工参与校园文明建设的热情。

大力开展群众性公民道德建设实践活动。通过活动,拾金不昧、助人为乐的好人好事层出不穷,关爱弱势、捐资助贫、奉献爱心的自发善举频现校园,服务社区、学习苏柳英的志愿者活动十分活跃,尊师爱生、平等共处、共谋发展的和谐氛围凝聚人心。据近两年的不完全统计,全校教工帮扶留守儿童就达200多人次。青年志愿者活动和暑期社会实践活动表现突出,学校先后被评为全市优秀组织单位。

校园文明建设优化了育人环境,振奋了师生精神,提升了学校形象,增强了办学实力。受益匪浅、尝到甜头的我们一中人达成这样一种共识:必须深入持久地把校园文明建设抓下去,不断总结新的经验,不断创造新的成果。为此,学校把开展文明单位创建活动同和谐校园创建活动有机结合起来,用更高的精神文明建设目标,进一步激发广大师生员工自觉投身校园文明建设的积极性,坚持把创建文明单位和校园文明建设与学校改革发展紧密结合起来,把创建文明单位和校园文明建设与教学工作紧密结合起来,把创建文明单位和校园文明建设与德育工程建设紧密结合起来,把创建文明单位和校园文明建设与建设"平安校园"活动紧密结合起来。我们在四个结合上大作深化文章,使学校规模进一步扩大,教学质量进一步提高,教研水平进一步提升,师资队伍进一步加强,德育工作进一步增强。

我们学校的文明单位创建活动在全校师生的共同努力下,取得了显著成绩。近两年,学校先后获得"鄂州市最佳文明单位"、"鄂州市教育系统关心下一代先进集体"、"全市教育工会先进单位"、"鄂州市科普示范学校"、"鄂州市法制宣传教育十佳单位"、"鄂州市消防安全教育示范学校"等荣誉称号。今年,我们学校汪宇维同学获得"湖北省美德少年"称号。

让每一朵花儿都鲜艳

鄂州市明塘小学

"明塘小学采用熏陶法、渗透法、示范法、体验法,缔造幸福校园,培养学生良好行为习惯,提升学生文明素养。他们的这些作法,值得借鉴和推广。"近日,市文明办负责人在我校检查指导工作时如是说。

熏陶法:打造文明长廊
——提示学生养成良好行为习惯

走进我们明塘小学,你就会感受到浓厚的文明氛围扑面而来。

在学校教学楼门厅内,富有童趣的"优雅·幸福"四个字,展示了学校文化的精髓:东西边墙壁上两幅具有意象派风格的画:"融/师生对话"和"升起中国朝气蓬勃的太阳",使学校"创幸福校园,做文雅学生"的育人目标得到彰显。

创导文明上网,创建校园绿色网吧

都说孩子的笑脸上是这个世界上最美的画面,学校科教楼门厅内,有一幅我校2011年第十七届学生运动会中的一个精彩瞬间:一群学生手握国旗,仰望天空,灿烂的笑脸定格于科教楼门厅墙壁上。孩子们那真实的童趣、美好,与鲜艳的国旗,构成了文明幸福的主题。

"不学礼,无以立"。在学校教学楼三楼与四楼的中间走廊墙壁上,悬挂着《弟子规》和《三字经》内容。这种文化版块的设计,旨在用中华传统文化和美德引导感染学生,使学生在潜移默化中接受我国传统的文明礼仪的熏陶。学生们在书香文化中规范着自己的行为,文明素质也在此提升!

学校葡萄架下的橱窗里,展示了由学生搜集的礼仪知识、警句、公益广告语、学生参与活动的体验作文、图片。更引人注意的是,围绕文明主题,还布置了文明礼仪特色橱窗,向学生展示了在各种场合的文明做法,并配上儿歌,便于记忆,还用本校讲文明的优秀同学照片作为榜样引领。文明特色橱窗的设置,效果显著,许多同学争相观看,从他们的眼神中流露出羡慕之情,他们暗下决心向这些榜样学习。

每个教室的墙面,都张贴了《小学生守则》、《小学生一日常规》、《校园文明礼仪》及各具特色的《班级文明公约》,使学生时时刻刻受到文明感染和文明熏陶。

学校红领巾广播站开设专题广播,每天定时向全校同学介绍文明礼仪的知识,宣传文明礼仪的名言警句,讲述名人讲文明、重礼仪的事迹和故事。

就在这一个又一个精心构建的文明特色长廊中,文明教育于细节中如影相随,无时无刻提示学生要养成良好的文明行为习惯。

渗透法:让每个特色标识都有"家"
——引领学生养成良好行为习惯

我们学校充分利用校园、教室的环境资源,力争做到让每一面墙壁都说话,让每一棵小草都含情,让每一个角落都有所启示,使学生时时都在无声语言中提升自己的文明修养,养成良好的行为习惯。

在我们学校每间教室的固定角落,都贴有物品摆放的标识,让每件物品都有属于自己的家。如:"劳动工具摆放处"、"班牌存放处"、"图书角"等等。这样规范化的标识,不仅使教室的物品摆放井井有条,而且使学生在一次又一次规范地将物品"归其原位"的过程中,形成一种"物以类聚"的意识,养成自主的文明行为,使文明摆放成为一种自觉,进而引领学生养成良好的行为习惯。

我们还用温馨提示、无声语言传递着文明。在校园、教室的每一个适当的位置,都张贴富有儿童年龄特点的提示语,如在教室里,饮水机旁贴有:"文明从喝水开始"、"相互谦让,亲如一家";墙壁上的开关旁贴有:"我不想与日月争辉"、"随手关灯,随时有灯"、"节能降耗,从我做起";垃圾桶旁贴有:"卫生监督员提醒你,请将垃圾扔入桶中"、"我很爱干净哦";图书角旁贴有:"图书宝贝,你疼我爱"、"书也需要一份关爱"……

在草坪花坛中点缀着一个个精致的"格言牌",在红花绿叶的簇拥下显得格外醒目:"青青小草,踏之何忍"、"人人爱花草,空气环境好","护我,别踩我"……

在每一层的上下楼梯间,墙壁上的提示语更让人感觉温馨:"上下楼梯靠右行,你谦我让脚步轻"、"排队大雁齐齐的,走路学小猫轻轻的"、"一步一文明,上下靠右行"、"文明用语从我说起,文明举止从我做起"……

在厕所里,温馨的提示语也没有被遗忘:"关注点滴"、"不要让它孤独地流泪"。

这些亲切不失童趣的提示语,在强化了孩子们安全的同时,较好地提升了孩子们的文明修养,让每一颗善良、文明的种子在孩子们心中发芽。

示范法:人人都当德育工作者
——教育学生养成良好行为习惯

文明为径,学养为本,德育为魂。教育,要通过"德"性的培养来提升学生的精神世界。我们学校以德育魂,人人都当德育工作者,引导学生追求真善美,培养学生良好行为习惯。

在我们学校,时常可以看到这样的情景:班主任带领学生大扫除,保持室内卫生,节约使用粉笔;锻炼时,与学生一同做游戏;升国旗时首先自己严肃认真,站在队伍里端端正正……通过以身作则,规范孩子们的言谈举止,使其在潜移默化中成为儒雅博学、情趣高雅的人。

老师们在课堂中的板书设计、语言的表达、教师的仪表等方面,尽量做到在无形中给学生美的感染,陶冶学生的情操。为了上好一堂课,老师们做好大量的准备,备好课,做好课件,采取灵活多样的教学手段,使学生不仅学得很愉快,而且在心中还会产生一种对教师的敬佩之情,并从老师身上体会到一种责任感。

各科教师在文明习惯渗透方面积极探索、努力实践,根据各学科特点、学生年龄特点,各自形成了一套渗透文明习惯养成的行之有效的教堂方法。如:语文教师结合教学的思想内涵,挖掘教材的德育因素,激发学生情感,用创设情境等方法感染和教育学生,培养学生自信心,教会学生做人;信息技术课中,培养学生爱护机房设备,遵守机房规则的良好习惯,培养学生良好的计算机使用道德以及相互间的协作精神。

我们学校的文明习惯养成教育不仅仅局限在教学内容上,而是抓任何适当事件、时机去进行,并且每个人都投入进去,形成教育的合力。有这样一个事例:有一名平时学习习惯不是很好的学生,认为老师经常要他背课文、听写词语,是故意针对他、故意整他,因此产生了抵触情绪,继而发展到上课故意不守纪律,顶撞老师。为了教育好这名学生,无论是班主任、任课老师,还是年级组长,大家并没有简单地训斥他,而是坐下来一起商量办法,耐心细致地与他进行了一番长谈,最后这名学生承认了自己的错误,成为了"三好学生"。

如今,在我们学校,老师们人人争做一个富有智慧与人格的老师、一个用生命及人格精神浸润学生的老师、一个能留在学生心中的老师。

体验法：在活动中锻造美好心灵
——帮扶学生养成良好行为习惯

三月，开学雷锋小志愿者活动；四月，开展环保创意活动；五月，开展革命传统教育月活动；六月，开展快乐节日中队主题活动；九月，开展感恩教育月活动；十月，开展城乡结对帮扶活动；十一月，开展安全教育模拟演习活动；十二月，开展民俗收集、爱家乡等迎新板报活动……我们学校每月都要开展丰富多彩的校内外主题活动，通过活动，让孩子们体会到自身价值，同时在活动中锻造优秀行为品质。

利用"三五"学雷锋日，开展全校"学习雷锋月"活动，每班办一期学雷锋主题黑板报，每班评出10名"学雷锋好少年"。少先队大队部组织优秀少先队员到市光荣院参加慰问演出、打扫卫生，为抗日、抗美援朝和解放战争时期的老军人、老革命带去欢乐；

利用"三八"国际妇女节，开展感恩教育活动，班会有感恩教育的主题，国旗下的讲话有感恩教育的演讲，课堂渗透着感恩教育，高年级学生写出的作文内容更是健康充实，生动感人：有感激母爱如海的养育之恩；有感激老师无怨无悔的奉献精神；还有感激"留守儿童的妈妈"无微不至的关爱情怀。

利用"五四"青年节，组织团员和少先队大队委干部到城市福利院看望残疾儿童。

通过这一系列主题鲜明、内容丰富、形式多样的主题教育活动，培养了学生良好道德品质，彰显了学生个性，促进了学生全面发展。

勇立潮头竞风流　和谐发展谱华章

鄂州市东方红小学

当你走进我们校园,仿佛置身于缤纷绚丽的"花园",图文并茂的橱窗、精美典雅的国学壁画、催人奋进的励志长廊,与学校现代化的建筑交相辉映,浑然一体,时时处处彰显浓郁的传统文化特色和书香气息。教学楼、实验

为山区贫困儿童捐款

大楼、综合楼构成的主建筑群错落有致,雕塑盆景点缀其间,相映成趣,树影婆娑、绿草茵茵、花香四季……这里,传统与现代融合,经典与文明同行。

强管理,聚人心,形成育人合力

"作为校长,让每一位教师幸福地工作是我最大的心愿。"校长秦永西谈到学校管理工作时说。上任伊始,新一届校领导班子进一步明确了"以人为本,和谐发展"的办学宗旨。从师德师风建设入手,制定《东方红小学教师师德规范"十不准"》,与教职工签订师德师风承诺书,实行"师德问题一票否决"制度。积极倡导教师讲职业道德,尽职业职责,守职业纪律,努力营造教育新环境,树立学校良好形象。坚持

用制度管理人,用制度约束人,先后健全《教师考核制度》、《校园管理制度》等20多项制度。

尊重教师人格,推行情感管理。要求教师做到的领导要先做到,不断增强自身人格魅力和人际感召力。提倡换位思考,遇到问题敢于承担主要责任,对教师多指点少说教,多激励少指责。关心每一位教师的心理需求,时刻把教师的冷暖挂在心头,以情感人,以理服人。开通网络干群交流平台、校长电子信箱,认真听取师生、家长对学校管理提出的意见和建议,加强沟通与交流。

推行校务公开制。凡涉及职务晋升、年度考核、绩效工资考核和分配、基本建设、维修改造、大宗购置等重大事情,均由教师充分讨论,形成决议,并向教职工公开,避免决策失误,真正做到"公平、公正、公开",提高治校透明度。

以"治庸问责"为抓手,着力解决部分教师、党员干部责任心不强、工作作风不实、履行能力不强、遵守纪律不严等问题,切实转变工作作风,提高工作效率。实行多劳多得、奖优罚劣的绩效分配原则,激发教职工的工作热情,缩短领导与教师的"角色距离",减少管理过程中的抵触情绪,形成良好的工作局面。

兴科研,铸强校,推进课改进程

我校积极推进"科研兴校、科研兴教"战略,坚持"以研铸师,以研促教",全面实施素质教育,提高教育教学质量。

以"课内比教学"活动为契机,开展推门听课,教师备好每一次课,上好每一节课,使课内比教学常态化。深入开展"同课异构",教师全员参与,同年级同学科教师选定同一课题进行教学比武,校领导深入教学一线,带头听课、评课、议课。通过"学、讲、思、评",打造高效课堂,向课堂四十分钟要质量,切实减轻学生课业负担。每学期开展一次信息技术进课堂暨师徒结对子活动,让教师在互动中取长补短,共同进步,共同提高。

　　"走出去,请进来",让教师开阔眼界,增长见识,提高教育教学水平。开展"骨干教师工程"和"学科带头人工程",组织骨干教师、学科带头人为全校教师讲示范课,充分发挥引领、示范作用,促进骨干教师、学科带头人迅速成长,至目前有7名教师分别被评为省、市级骨干教师,5名教师被评为市级学科带头人。近两年来,有10名教师执教的优质课获省、市一等奖,获奖论文达80余人次,发表论文20余篇。大力开展课题研究,向教育科研要质量。我校先后承担国家、省、市级课题研究8项,内容涉及课堂教法学法探究、信息技术与学科课程整合、班级文化建设、校本课程开发等各个领域,共有60余名教师参与课题研究。目前,中央教科所"九五"规划课题"小学语文学法指导研究"、教育部"十五"规划课题"小学语文学会学习研究"和"十一五"规划课题"创新智能教育理论与实验研究"已结题,成果丰硕,出版论著3本,发表论文100余篇,6名教师获国家级研究课奖。

创特色,育英才,打造办学品牌

　　我校坚持"让每个学生快乐成长"办学理念,打破传统的课堂教学模式,开发活动性课程、隐性课程和校本课程,满足每个学生的成长需要,努力探究适合学生成长的教育,把学校建成学生喜爱的场所和成长的乐园。

　　构建"关照个性、多元发展"教育体系,全面实施素质教育。开设书法、绘画、舞蹈、器乐等课外活动小组,开展"大家唱,大家跳"和"阳光一小时体育锻炼活动",使学生得到全面发展。搭建"校园文化艺术节"平台,以点带面,张扬学生个性,丰富学习内涵,努力打造"以乒乓球为品牌、以书画为特色、以武术为传统项目"的一品一特一传统品牌学校,提升办学品位。

　　创新学生管理方法,构建"自我教育,自我发展,快乐成长"德育体系。以"礼、义、仁、智、信、忠、孝、廉、耻、勇"十德教育和日常行为养成教育为切入点,着力培育和谐发展、人格健康、文明向上的现代人才。深入开展"感恩——我们在行动"活动,让学生学会感恩,在家做些力所能及的家务事,成为爸妈的小帮手;建立小主人日制度,推行"三级联动"管理模式,即值周中队检查、校级巡逻队督查、行政值周巡查,让学生自我管理、自我教育。开展远足活动,参观我市历史文物,让学生感受家乡今昔的变化,加强学生爱国主义教育。强力推进"课外访万家"活动,延伸家访触角,多渠道、多方位、多途径实现校内校外全对接,形成育人合力。推行"多元评价",把学生心理健康水平纳入学生综合素质评价,践行"赏识"教育,让每个学生都抬起头走路。

通过以上举措,学生整体素质明显提高,有1名学生被评为市雷锋式好少年,各级各类比赛中学生获奖逾300余人次。

抓机遇,促发展,创办精品学校

我校建校早,校舍陈旧,设备老化,教育资源匮乏,由于地理环境限制,无法扩大办学规模,学校面临发展"瓶颈"。面对激烈的竞争,我们集思广益,结合实际制定了《东方红小学教育改革与发展三年规划》。强化管理,开源节流,多方筹措资金,加大学校环境和硬件建设投入力度,着力打造"小而精、精而特"的精品书香校园。

塑造优美育人环境。对学校功能室、办公室、操场及绿化区进行重新规划和布局,将教室、办公室及厕所装修一新。依托十德教育理念,注重校园文化的影响力和渗透力,让每一块墙壁说话,培养有品德、有品位的人。制作具有传统文化特色的精美壁画,传承民族精神,努力探索传统道德与现代文明有机结合的校园文化。教室、走廊悬挂了名人名言,每个班、每个年级组根据学生年龄特点分别进行了精心设计与布置,展现班级特色和年级特色,形成别具一格的班级文化和"年级名片"。主教学楼上镌刻着"诚实、守信、勤奋、创新"的校训,时时刻刻对学生的精神世界、价值观念和行为方式起着潜移默化的引导作用。高品位的校园文化,诠释丰富的教育内涵,构建全新的教育场景,促进了学校浓厚学风、严谨教风、纯朴校风的形成。

加强学校硬件建设。建立闭路电视系统、多媒体制作系统和计算机网络教学系统,扩建多功能电教室,添置电子白板、摄录机和编辑机等现代教学技术设备。以校本培训为契机,组织教师进行现代信息技术培训,使教师人人会做课件、个个会用现代化教育技术手段进行教学,加快了信息技术与学科课程的整合,促进了课堂教学质量的大幅度提高。

新时期的东方红小学秉承历史优良传统,抢抓机遇,开拓创新,团结奋进,形成了鲜明的办学风格。学校先后被命名为全国"小学语文学法指导"实验基地、全国"小语四结合"教学改革试验研究项目学校、全国书画教育示范学校、全国"五四"红旗团支部、省市群众满意学校、省少先队工作示范学校、省现代教育技术实验学校、省体育传统项目示范学校、省绿色学校、省消防安全教育先进单位、市最佳文明单位、市中小学管理30强学校等。

强化文明创建力度　推动物流产业发展

鄂州市物流发展局

我局以增强干部职工文明素质,提高物流部门文明程度,构建和谐文明行业为目标,扎实开展精神文明建设工作,努力打造和谐、诚信、高效、创新的物流发展机构,服务物流企业、服务从业人员、服务行

扎实开展双联双创,访民情、促发展

业发展,取得了较好效果,各项工作呈现出积极向上、健康发展的良好态势,为推进鄂州物流业健康发展、科学发展作出了积极贡献。2011年,我局被市委、市政府授予2009—2010年市级最佳文明单位,这也是我们连续第6次获此荣誉(包括原征稽处)。

坚持以人为本,提高队伍素质

我们通过加强专业知识学习、到企业挂职学习、走出去考察学习三种方式,扎实开展教育培训,并通过定期集中学习、组织知识竞赛、部署调研任务等方式,激发干部职工的学习热情和积极性,检验学习成果。

建立物流业务知识定期集中学习制度,并从去年开始,每月印发一期物流专业知识的学习资料,全局干部职工人手一册,并进行检查与考试。为提高物流业务水平,组织干部职工报考全国物流职业经理(中

级)资格证书,对考试合格拿到证书的,全额报销学习费用,在今后评先评优、考核任用中优先考虑。举办培训班、专家讲座。两年来,举办了四期物流知识培训班,全局干部职工培训率达到100%。分期分批选派工作人员,到我市重点物流企业进行1个月的挂职学习。联合大通公司共20名工作人员赴成都考察学习物流园区建设的先进经验,联合市运管处赴山东考察学习农村物流建设模式。

加强内部管理,打造和谐物流

我们始终把抓好班子带好队伍作为提升服务发展效能的主要工作,提高班子的引领能力、中层干部的协调能力、岗位人员的执行能力,确保政令畅通和机关和谐。结合班子和队伍现状,向全局干部职工郑重作出加强自身建设"八个表率",打造"六个一流水平"队伍,提升班子感召力和队伍凝聚力,努力营造团结友爱、宽容信任的人际氛围,提供人人成才、机遇平等的发展空间。

坚持民主集中制,加强班子建设。完善局长办公会议、党总支会议制度,凡有关单位改革、稳定、发展的重要事项、大额资金使用都经民主决策、集体研究,保持了各项决策的科学性和可行性。领导班子能交心通气,真诚对待,团结融洽,形成了把作风抓正、把工作抓实的良好氛围。

公平公正选拔任用干部。严格遵守《干部任用条例》,做好干部提拔使用工作。通过竞争上岗选拔干部,坚持全程公平、公正、公开,在单位建立起了有利于优秀人才脱颖而出的竞争激励机制,既解决了一些长期工作在基层一线的中层干部的待遇问题,又把有才华、能吃苦、肯干事的年轻人提拔到领导岗位,有效地激发了干部队伍的活力,形成了人心思干、人心思进、团结拼搏、努力工作的良好氛围。

加强职工队伍管理。梳理完善各项制度40余项,编印成册,人手一本,通过制度建设,促进行为规范;切实明确岗位职责,建立工作监督、评判、问责机制,对中心工作实行百分制考核,奖勤罚懒,激励上进,在全局大力弘扬爱岗敬业、迎难而上、求真务实、争创一流的工作作风,切实改变萎靡不振、不思进取的精神状态和不守纪律、松松垮垮的工作作风。

切实转变作风,提升服务质量

我们坚持以作风建设为抓手,强化服务意识,真心诚意为企业排忧解难。

深入企业挂职开展学习服务。自2010年10月份起,坚持分期分批选派党员干部,到全市各重点物流企业进行挂职学习服务。党员干部在干中学、学中干,在学习中服务、在服务中提高。一方面及时向物流企业传达相关政策,帮助企业出谋划策,学习企业管理知识,增强自身服务本领。另一方面,让挂职党员干部从管理者转变为被管理者的"碰撞"中转型,锤炼成真正适应市场经济本质要求的服务者。

沉到基层开展驻站式服务。为更好地服务企业发展和项目建设,积极开展驻站式服务,实行企业(项目)挂点服务制度。对全市大的物流企业和重点物流项目,确定责任领导和责任人,实行领导包片、干部挂点,做好上门服务,对物流项目实行全程跟踪。企业或项目建设有需求,随叫随到,每月主动上门服务至少2次,了解企业需求,帮助解决问题。通过争取政策扶持,大通公司被省交通运输厅评为全省重点示范物流企业。

强化部门联合开展服务。我们筹备成立了物流协会,注重和有关部门加强合作,进一步强化服务功能。联合市发改委开展了重点物流企业认证工作;联合市商务局、工商局开展了物流专题调研;与统计局联合发文,建立了物流统计调查制度,积极开展物流企业典型统计调查,建立科学合理的物流指标体系,力争全面反映鄂州市物流业的规模、结构、运行情况和发展水平,为加强行业管理和科学决策提供依据。

以活动为载体,推进行业创建力度

我们以"创先争优、建功立业"为主题,积极开展各项创建活动。

大力推进物流立功竞赛活动。从2011年8月份开始,围绕《物流产业调整和振兴规划》的实施,结合物流行业实际,在物流企业及物流发展机构中开展以"五好"、"三提升"为主要内容的竞赛活动,发动全市近30家重要物流企业参加,加强物流业的宣传推广,实现全行业联动。

深入开展"学、创、建"活动。深入开展以文明示范科室(处)、"一站式"服务示范窗口、"王静式"标兵等"六个一"创建为主要内容的"学王静工作法、创王静式标兵、建节约效益型行业"主题实践活动,深入开展文明行业建设。积极实践"到一线了解实情,到一线解决难题,到一线学习交流,到一线培育典型,到一线推广经验"的"交通一线工作法",改进工作作风,努力形成"人人学习先进、人人注重质量、人人创新创效"的生动局面。

扎实开展"五好"文明和谐单位创建活动。积极开展政治素质好、服务能力强、办事效率高、工作作风优、基层和群众满意的"五好"文明和谐处(科室)建设。不断加强物流服务窗口建设,营造人性化服务环境,规范行政执法和办事程序,加大科技含量,提高管理服务能力。积极推进窗口建设"四个统一"(统一窗口布局、统一服务设施、统一办事流程、统一服务规范),提高了服务质量和办事效率。大力开展"讲文明树新风"活动、"六型"机关等创建活动,深入开展文明礼仪普及活动,树立物流部门良好社会形象。

加强服务引导,促进产业发展

针对我市现代物流业实际,我们紧紧抓住物流业发展的良好机遇,加强服务引导,创新思路攻难点,积极推进重大物流项目,力促现代物流业成为鄂州综改示范、跨越发展的支柱产业。我们努力争取省厅、省局支持,向交通部申报大通集团甩挂运输项目纳入国家第一批试点,通过努力,最终使该项目纳入了国家第一批试点,并争取到中央预算内投资补助1000万元。城东综合物流园由大通投资,项目前期工作进展顺利,该项目占地230亩,总投资约5个亿。目前,已经完成了市发改委的规划备案,并向省运管物流局上报了项目建议书,项目工可报告基本完成,落实了土地征用,即将开工建设。

通过招商,武汉大道物流公司落户鄂州,在五里墩村投资建设商贸物流大市场,该项目占地面积约80亩,规划建设商铺及仓储面积3万平方米,总投资约8000万元,2011年8月正式签订投资协议书,目前已经完成三通一平等建设,正在办理开工许可等相关手续,主体工程即将开工建设,今年有望建成投产。与此同时,我们还加强农村物流建设。与邮政快递部门合作,成立了鄂州市周㡳村邮政物流服务中心,并对燕矶镇五级客运站进行了农村综合运输功能改造,正着手在城乡一体化建设的百里长港示范区,包括杜山、东沟、长港、蒲团、泽林等五个乡镇农业主产区,进行农村物流建设试点。

唱响精神文明新凯歌

鄂州市中医医院

与省人民医院教授联合开展义诊

我们医院是一所集医疗、教学、科研、保健等功能于一体的三级甲等中医医院,也是全省知名中医院和全省示范中医院。我们把开展创先争优活动与基层单位精神文明建设相结合,带领广大员工在实现该院发展战略的过程中当先锋、做表率,推动职工整体素质和服务水平的不断提升。

近几年来,我们把医院文化建设作为诚信服务的源动力,确立了人性化诚信服务作为新形势下医院两个效益增长点的战略构想,把传统文化同现代精神文明有机融合,树立诚信服务的新观念,创造诚信服务的新手段,坚持不懈地开展文明行业创建活动。我们做到了想在病人心里,做在病人前面,患者满意度达到99%以上,住院人数持续增长,床位使用率达百分之百,有力地推动了医院的改革和发展。医院先后多次被评为"市级最佳文明单位"、"全省卫生文化建设先进单位"和"全省安全文明单位",在2001—2011年间连续三次被省委、省政府授予"全省创建文明行业工作先进单位"称号。

以诚信服务创新为重点改善服务形象，努力让患者"顺心"

在开展文明行业创建活动中，医院文化建设为诚信服务提供了新的手段，我们大力推行"人性化服务"，坚持倡导"以人为本"、"人文关怀"等服务理念。

在服务措施上反映诚信：患者来到医院，从门诊检查、住院治疗到出院，每一个环节无不体现了诚信服务，改变了过去直呼其名、叫床号的生硬叫法，拉近了医护人员与患者之间的距离。

在治疗护理上做到诚信：实施"爱患一往情深、承诺一言九鼎、解答一清二楚、治疗一丝不苟、抢救一秒必争"等诚信服务"十个一"，严格规范了医护人员的医疗服务行为。

在公开承诺上保证诚信：在鄂州日报上公布了医院医疗服务承诺书，收费做到不多收、不乱收，让患者明明白白看病，设立院长总值班电话，在门诊大厅和住院病区公示，24小时随时接受患者监督投诉。

在环境文化上渲染诚信：环境文化给人一种人性化的抚慰，让病人有宾至如归的感觉。

以强化素质为基础提高诚信服务能力，努力让患者"放心"

努力营造优秀人才脱颖而出的良好环境。我们先后推行了以"病人选医生"为核心的医疗运行机制改革、以"按业绩定酬劳"为核心的分配制度改革，真正做到"能者上、庸者下"、"高职低聘、低职高聘"和推行"一流人才、一流业绩、一流报酬"、院级首届"名中医"评选等改革，这些举措为优秀人才的引进和脱颖而出创造了良好的条件。目前，医院脑病科、肝病科、针灸科等国家和省级重点专科的科主任大都是年龄在45岁左右、年富力强的中青年医生。他们在医院业务发展过程中发挥了骨干作用，在社会上也拥有很高的信誉度。

经常性地组织专题教育活动,提高队伍素质。近两年来,医院先后组织了"三好一满意"、"政风行风评议"等学习教育活动,坚持不懈地对职工进行思想政治、道德纪律法规、专业知识教育,不断提高他们的思想素质和业务素质。近期,又在全院上下深入开展了"诚信在我身边"活动,组织了"三德知识竞赛"、"中医特色护理服务指南创意比赛"和"诚信在我身边演讲比赛",使职工的职业道德意识和诚信服务意识明显增强,都能主动地将服务规范和要求融入自己的一言一行之中,自觉地去尊重和满足病人的治疗要求和心理需求。

注意用典型引路,倡导"尊才、重才、用才"的良好风气。医院充分发挥老、中、青三代名中医,如省级名中医朱祥麟、全国首批中医优秀临床研修人才洪茂林、省百佳医生陈新胜等的传帮带作用,给他们配备具有一定素质的年轻医生作为助手,并采取"师带徒"的方法,带动年轻一代中医师的成长。院党委还注意发现和培养先进典型,充分利用新闻媒体、医院的《医德医风简讯》、《院讯》等宣传他们在业务建设、医疗服务、科技创新等方面的先进事迹,促进全院医务人员守行业规范、树良好形象。

以严格的管理为手段规范诚信服务行为,努力让患者"舒心"

建立有效的管理机制。我们成立了由纪委、政工科、办公室、医务科、护理部、财务科、审计科等科室组成的医德医风建设领导小组和创建文明行业工作领导小组。领导小组下设办公室,并把创建办作为一个常设机构,不断地组织全院医护人员开展文明行业创建管理工作,使诚信服务成为医院特色优势品牌。每周五,医院领导亲自带领领导小组成员进行检查,及时研究解决服务质量问题。另外,医院还大力推行行政挂点工作制,明确要求行政科室负责人每天早晨参加一线科室的交接班,每周参加一线科室的例会,以加大对诚信服务各项工作的检查督办力度。这样就在医院管理方面形成了党政领导亲自抓、科室负责人具体抓、院科两级共同负责、职能科室中间协调的管理格局。

建立健全严格的诚信服务管理制度。为了使文明行业创建工作能够健康有序地进行,我们先后制定了一整套严格的工作制度,如:公开医疗服务承诺书、医德医风奖惩规定、药品集中采购、物价审计、医用物资招标采购等制度,定期参加或开展药品和医用物资的招标采购活动,切实减轻医疗消费者的负担。据统计,近两年来,通过开展招标采购共降低经营成本150多万元,通过开展物价审计审减各项支出190多万元。

开展经常性的检查活动。我们制定了《医德医风规范》和《考评办法》,并由院纪委牵头,政工科、办公室、医务科、护理部、总务科配合,每周进行一次检查;每月汇总,全院通报,奖惩兑现;每季度评比,对优胜科室颁发流动红旗和奖金。另外,医院医务科、护理部等业务管理科室还坚持从"三级"医师查房、会诊、病例讨论、病历书写、医生交接班、护理质量、护理常规操作等入手,定期不定期地组织稽查考核,有效防范和及时处理医疗运行过程中出现的各种问题。这些举措较好地起到了激励先进、鞭策后进的作用,使医院各科室形成了比、学、赶、超的良好竞争局面。近两年来,医院通过开展经常性的稽查活动,共颁发精神文明贡献奖100多人次,奖金65000多元,处罚医德医风违规行为20多起,处罚金5000多元,医院也没有发生一例医疗事故及严重的医疗差错。

把文明创建与创先争优活动相结合。一是以开展创先争优活动为抓手,提升全体职工的精神文明素质与文明素养,进一步激发职工爱岗敬业的工作热情,鼓舞士气,凝聚力量,共同完成医院各项任务,以此来不断改善全社会对卫生服务的满意度。通过开展持续性的创建活动,医院内外环境有了明显的改善,不文明的现象少了,为各项工作的顺利进行创造了良好环境。二是把开展创先争优活动转变为深化员工思想、解决突出问题、转变工作作风的过程,进一步提高医疗队伍的整体技能与素质。安排有丰富临床经验医护人员对低年资的医疗技术人员进行一对一帮扶,尽快提升业务能力和服务水平。医院广大党员和业务骨干已走在医院发展改革及各项工作的前列。

坚持不懈地开展文明创建工作,促进了医院的建设和发展,职工的文明素质和服务水平也不断得到提高。2008年以来,医院的业务收入以每年20%的速度递增,实现了"两个文明"同步、协调、快速发展。

今后在文明行业创建活动中,我们将以机制创新为切入点、以诚信服务为立足点、以教育引导为着力点、以内涵建设为着眼点,努力做到"三个同步四个一",即精神文明建设与业务建设同步规划、同步建设、同步发展,文明创建工作有一套常设的领导机构、有一套严格的管理制度、有一套健全的宣教手段、有一个稳定的投入机制,使医院文明行业创建工作持之以恒,不断向深层次发展。

创和谐文明单位　　展基层国税风采

鄂州市国家税务局西城区税务分局

长江之滨,洋澜湖畔,活跃着一支充满生机和活力的国税队伍:他们作风过硬、敢于拼搏、乐于奉献、勇于创新,这支队伍就是我们国家税务局西城税务分局。我们分局成立于1998年4月,负责辖区内增值税、消费税、企业

接受革命传统教育,树立西城国税形象

所得税等税收的征收管理工作,下设6个科室,现有在职干部职工56人。多年来,我们始终坚持"聚财为国、执法为民"的税收工作宗旨,以"服务纳税人、奉献社会"为己任,以精神文明创建为动力,开展了创建文明单位、文明行业、文明窗口等活动,精神文明创建硕果累累,曾先后获得省、市20多项荣誉。

1. 以党的建设凝聚人。一是加强班子"四个建设",即思想政治建设、创新能力建设、作风学风建设和勤政廉政建设。二是体现班子建设的"三力"。变压力为动力,以动力激发活力,用活力实现创造力。三是实现了班子建设的目标。坚持以人为本的核心,抓住"依法行政深化年"的主线,认真做好干部队伍和党风廉政建设工作,为努力实现各项国税工作的全面、协调、可持续发展奠定了坚实基础。

2. 以先进人物鼓舞人。我们分局在全局范围内开展了"学标杆、赶标杆、超标杆"、"三观教育"(世界观、人生观、价值观)、"三德教育"(家庭美德、职业道德、社会公德)等活动。通过这些活动的开展使干部职工在坚定政治信念、提高业务能力的同时,也增长了才干、锻炼了胆识、提高了综合素质。目前全局干部人人会操作计算机,实现了无纸化办公,共有20多人(次)获市级以上能手称号,1人获得市"青年文明号"先进个人,10多名干部在上级局和市委、政府组织的各项活动中脱颖而出,受到不同层次表彰和奖励。

3. 以积极进取激励人。一是用科学发展观的思想指导国税工作实践,向社会各界广泛征求关于队伍建设、文明执法、纳税服务、政务公开和勤政廉政等五个方面的意见和建议12条,有力地推动了国税事业的发展。二是积极支持地方经济发展。两年来,我们分局落实结构性减免税政策,共办理减免税1170万元,办理出口退税7150万元,为地方经济提供了强有力的财力保障。三是优化纳税服务。我们分局从纳税人的满意和需要出发,整合12366服务热线、短信服务平台等纳税服务资源,优化办税服务流程,丰富纳税服务内容,进一步提高了办税服务水平。四是全面推进信息化建设,实现了所有涉税事宜的网络化,通过银税、财税网络建设,建立起财税库银横向联网,目前纳入网络申报的一般纳税人和小规模纳税人分别为96.2%和65.36%,使纳税人的税款征收实现了网络化管理。五是通过整合资源,同地税部门建立起了税收宣传协作制度、税务稽查联席制度、税源管理交流制度,开创了国地税工作协作新局面。

4. 以文体活动感染人。一是开展丰富多彩的文体活动。我们分局多年来连续每年组织1次税企联谊活动,通过活动的开展,既锻炼了干部的体魄,陶冶了情操,凝聚了团队,又增进了税务机关和纳税人的友谊,拉近了税企的距离。二是献爱心、资助社会公益活动。我们分局多次组织干部职工到幼儿园为孩子们捐献各种学习用品;到市开发区联系点月河村和薛沟村访贫问苦,捐送各种扶贫物质,并先后向沙窝乡牌楼村捐赠现金15000余元、电脑10多台,帮助修建了一条"富民路"。据不完全统计,我们分局在"献爱心"活动中,共向汶川、玉树等地震灾区捐献现金、物质价值达2万余元。三是开展走访慰问老干部活动。我们分局每年的"七一"和"重阳"都会组织退休的老干部召开座谈会,对一些行动不便的老干部,我们分局领导班子还亲自上门慰问,让老同志们能时刻感觉到党的关怀,从而进一步增进了和谐。

5. 以廉洁自律约束人。我们分局按照《廉政准则》的要求,始终坚持标本兼治、综合治理、惩防并举、注重预防的方针。一是把廉政教育纳入"三会一课"、政治学习等各项教育活动中,以报告会、知识测试、读书思廉等形式,有重点地解决党员干部思想上存在的问题,经常开展警示教育,播放剖析违纪违法案件的警示教育片,组织广大党员干部观看,同时购置在全国有一定影响的廉政图书,作为党员干部廉政教育的教材。二是在工作中注重强化组织领导,重大廉政文化活动由党支部集中力量统一协调组织开展,拿出一定的资金用于廉政文化建设费用,在经费上予以大力保障。注重把廉政文化建设贯穿于廉洁自律、案件查处、效能监察等工作中,把廉政教育作为党风廉政建设责任制目标管理的重要内容,进行检查考核,形成党支部统一领导,有关科室密切配合,广大干部群众积极参与的廉政文化建设"大合唱"格局。三是加强政风行风建设,我们分局面向社会聘请特邀监察员8名、不定期收集广大纳税人和社会各界的意见和建议,强化以"两权"监督为内容的各项监督制度的落实,有效杜绝了人情税、关系税的现象。

精神文明重在建设。面对新的税收形势,我们干事创业的西城国税人已初步建成政治过硬、业务熟练、纪律严明、作风优良、执法规范、业绩一流的执法队伍,一支文明之花正在税海中绽放。

校苑遍开文明花

鄂州市第四中学

我们第四中学地处官柳北路,是市直副县级教育事业单位、市级示范学校,曾两次被市委、市政府授予"文明单位"称号,获2009—2010年度"市级最佳文明单位"称号。市教育局党组、市直机关工委先后授予我校"先进基层党组织"称号。

开展"红歌"比赛,强化德育教育

近三年高考中,2010年过本科线267人,其中,文综、英语、数学最高分分别排名全市第一、第五、第六。2011年过本科线285人,一本上线率居全市第二,各批次上线率居全市同类学校前列,其中,理科最高621分,文科最高564分,艺术生文化最高527分,省美术联考全市第一名。2012年再创辉煌,过本科线265人,其中,理科应届生最高633分,全市第35名;文科应届生最高592分,全市第17名。均为市直示范高中第一名。

多年来,我们学校以"全面贯彻教育方针,全面提高教育质量,坚持以人为本,办人民满意的学校"为宗旨,确立了"严格管理、狠抓质量、稳中求进、重铸辉煌"的工作思路,制定了以"责任"为核心的一整套操作性强的责任考核制度,形成了具有鲜明特色的做法和经验,并将积极为创建优质教育品牌而努力。

师德师风良好

　　我们始终坚持"德育为首、教学为主、育人为本"的管理原则,实施"科研兴师、名师强校"的发展战略。全体师生积极参与"三个文明"建设,建设成果不断发展、不断巩固、不断深化。领导班子精诚合作,以"四好"(好思想、好能力、好作风、好形象)为目标,得到了全校教师的信任。全体教师认真学习新课程理念和依法治校系列法规,主动提高自身素质和管理水平。实施以文明创建为主题的系列活动,努力打造健康向上、文明和谐的校园。人文与规范并存,营造出心齐、气顺、风正、和谐的良好育人氛围。

　　积极开展创先争优活动,切实把党的指导思想与文明创建、教育教学改革、新课标培训紧密结合起来,使所有活动富有教育性、高效性和创造性。党建经验在全市市直单位进行交流,交流文章《发挥党员教师先锋模范作用,努力培养合格人才》纳入市直机关党建创新工作经验交流会资料汇编。发挥工会、教代会、共青团的作用,合理规划和制定学校的重大决策,有力保障教职员工当家作主的主人翁地位。利用校务公开栏,对学校各项工作及时公开、接受监督,切实提高学校管理的效益和透明度。

　　开展法制教育,规范教学行为活动,不断强化师德建设。要求教师热爱学习,努力做一个学习型教师;具有强烈的民主意识和依法执教的意识,努力做一个民主、平等型的教师;具有为人民服务、为学生服务的思想,做一个服务、指导型的教师;具有独立人格和高超教学能力,做一个探索、独立型的教师;具有创新意识和创新能力,做一个创新、发展型的教师。开展"做学生喜欢的老师"征文、演讲比赛活动,开展师德问卷调查、师德师风大讨论和做学生德育导师活动。

　　"比教学,访万家"活动也取得了优异成绩。可以概括为"四个结合、三个强化、一个注重",即:班子带头和制定方案相结合,强化校长责任;全员参与和合理安排相结合,强化工作落实;评价制度和结果量化相结合,强化制度建设;专业素质和合作育人相结合,注重工作特色。

教学管理突出

扎实贯彻教学规范,狠抓教学常规管理,教学环节管理趋于制度化、规范化、科学化。教研组成立常规教学检查领导小组,从"计划、阶段性任务、备课、上课、作业、听课、考试、辅导"等八个方面对任课教师进行严格考核评估,做到细化、量化、科学化、公开化、合理化。主管副校长直接抓毕业班工作,定期召开教师会议,每月对教师的计划、教案、作业进行检查和抽查。科学的奖励办法,极大地调动了广大教师的工作热情。

把"开启学生智力,培养学生能力,发展学生潜力"作为目标,积极深化教学改革。培养学生自主学习意识和能力,鼓励学生主动探索知识和发展能力;改进课堂教学,突出学生主体地位,切实提高课堂教学质量和效率;完善各学科课程整合研究,切实减轻学生过重的课业负担;贯彻"减负"规定和实施意见,开展丰富多彩的综合实践活动。

不断加大教研力度,积极开展以"主体、探究、整合"为主题的教研活动。成功构建"教研活动专题化,教学研究课题化"的教研模式,形成了"教育教学理论学习常规化、教科研过程管理规范化、课题研究管理层级化、教科研与教学管理一体化、教科研成果管理信息化"的教科研工作管理特色。

德育特色鲜明

坚持学生自主管理。各班根据学校常规管理工作的要求分别设置纪律、学习、宣传、劳动卫生、校产、自行车、控烟等管理小组,自定职责、自定措施,学生在各管理小组中自觉履行职责和义务,做到班级管理全员参与,人人有目标、个个有责任。学生会每天独立对各班级管理小组工作进行考核打分、排名、公布和提出整改措施,及时向班级反馈,形成学生个人、管理小组、学生会共同管理的"自主管理体系"。坚持新生入学教育、仪容仪表检查、身边文明行为调查、中学生心理素质测试,配备专职心理教师,开设心理健康教育的"阳光心情小屋",加强学生心理健康教育,培养学生学会宽容、学会关心、学会感恩的心理品质,以及敢于面对挫折、勇于克服困难的意志品质,打造了自己的德育品牌。

始终坚持爱国主义、集体主义、社会主义和民族精神教育。以《中学生日常行为规范》、《鄂州四中学生守则》、《公民道德建设实施纲要》和"八荣八耻"等基础道德教育为重点,以"我为母校添光彩"、"情系灾区"、"文明交通行动计划"、"远离毒品,珍爱生命"、"提高学生自我防护能力"为主题,用伟人生平简介、校训和有益于学生成长的标语激励学生,用优秀影视片、优秀作品感染学生,用富有学生生活气息的名人名言、格言警句提示学生。学校"校园之声"广播站、橱窗、手抄报、《春泥》校刊、国旗下的讲话、"行为规范教育月"、"社会实践活动月"、"法制教育活动月"、"心理健康教育活动月"、"弘扬和培育民族精神月"等载体和形式,对优化校园德育环境起到了带动和辐射作用。

针对学生不同阶段的思想工作侧重点,坚持开展德育创新研究。各班主任根据教学实践,从学校实际出发,精心编辑《班级成长手册》,在三个年级分别开展"立足新起点,创造新辉煌"、"提升自我,团结进步"、"挑战自我,超越梦想"为主题的班级成长创建活动,还分别以"我的起跑线"、"我为班级添光彩"、"班级为我而骄傲"为励志劝学的教室铭。《班级成长手册》、《学生自主管理》等德育创新案例分获市首届未成年人思想道德建设工作创新案例一、二等奖,并在鄂州日报上刊登交流。《班级成长手册》案例被市文明办、市教育局作为首届未成年人思想道德建设工作创新案例进行了推广。

校园平安和谐

我们全面落实综合治理各项措施，不断净化校园周边治安环境。实施《安全工作规定》，执行每月一次的食堂、宿舍、实验室及其他安全事项的检查制度，切实做好消防安全自查和整改工作。以"岗位职责"为核心的一整套操作性强的责任考核制度，涵盖了学校管理的各个领域，涉及方方面面。在实施教育、教学、后勤三线横向管理和三个年级组纵向管理的同时，一手抓责任的明确分工，一手抓实施的协调配合；一手抓自上而下的层级管理，一手抓由此及彼的全程管理，形成了"一人主抓，多方配合"、"事事有人做，人人有事做"的良好工作态势。

我们有针对性地对教职员工进行多方位、深层次的普法和安全防范教育。常敲安全防范警钟，增强干部职工的法制观念和安全防范意识，加强对学生珍爱生命教育，强化道路交通安全、食品安全等法律法规教育，不断增强师生守法用法观念，促进校园平安和谐。

文明风吹满六中

鄂州市第六中学

提起鄂州市六中文明创建工作,了解六中的家长都说:把孩子交给六中,不仅学到了知识,更学会了做人,不是做一般的人,而是做一个文明守纪的新人,我们放心!

六中,以市民的赞誉鞭策激励自己。乘文

举办心理讲座

明的春风播撒爱的种子,让文明的春风吹遍校园的每个角落。继2011年被市文明委评为"最佳文明单位"后,六中为巩固文明单位创建成果,于2012年5月,举行了为期两周的"鄂州市六中第三届校园文化节"。这次活动极大地促进了学校师生文明素质的提高,校园内到处洋溢着"讲文明,树新风,喜迎十八大"的可喜场面。让我们一起沿着"校园文化节"坚实的足迹,追寻那潇洒的身影;踏着激昂的节拍,去感知回味了那一串串文明祥和的音符吧。

诗歌朗诵,演绎文化精髓

用朗诵诗歌的形式激发学生热爱祖国五千年传统文化是本次"校园文化节"的亮点之一,本次"校园文化节"有十四支由班级组成的代表队参加诗歌朗诵比赛,经过初赛、复赛,有二十名学生闯进了决赛,最后有一名学生获得了一等奖,五名学生获得二等奖,七名学生获得三等奖,二个班获集体组织奖。

本次诗歌朗诵比赛活动,由校政教处、团委、学生会组织,评委小组组长由主抓教学的校领导杨雪君担任,行政成员和语文教师担任评委。在赛场上,一个个选手各自朗诵了自己选定的得意诗篇。高一(3)班鲁虹辰同学朗诵的《妈妈,我等了你二十年》,用饱含深情的呼唤,感染了在场所有的人,得到评委一致打出的最高分,获高一年级组第一名。高一(4)班刘溜同学一首《我是青年》,说出了青年学生的心声,他铿锵有力的声音,拨动了听众和评委的心弦,荣获高二年级组第一名。还有高一(6)班游佳朗诵的《激扬青春,放飞梦想》、高一(3)班尤安琪朗诵的《拒绝冷漠,温暖你我》、高二(1)班乐瑶朗诵的《妈妈的背影》、高二(4)班张金朗诵的《祖国啊,我亲爱的祖国》、高二(8)班章政朗诵的《中国龙》,无不浸透了朗诵者的情思。他们声情并茂的朗诵激发了师生传承五千年文化精髓的热情,将"校园文化节"引向深入。

棋类比赛,点燃智慧火花

谁说学生生活枯燥无味,学生生活同样丰富多彩。"校园文化节"期间,参加"棋类"比赛的学生按组委会的安排,利用课外活动时间进行了多场比赛。学生们踊跃报名参加象棋、围棋比赛。赛场上,选手思维缜密、反应机敏,折服了一个个在场的观众和评委。

高一(5)班曾诚同学从小就爱下象棋,书包里除了课本外,经常放一副小象棋,这次比赛过五关斩六将一举夺得高一年级组冠军,还有高二(6)班魏吉,高二(5)班唐琦也表现不凡,分获亚军和季军。高一(2)班周恒被同学们戏称"围棋小子",这次比赛也不负众望,夺得高一年级组围棋比赛冠军,还有周标、陈莹也表现出色,发挥了自己的水平。

高二年级组象棋比赛中,高二(5)班余浩战胜所有对手,拿下第一名,高二年级组围棋比赛第一名被高二(8)班高文夺得。

一场场惊心动魄的较量,一阵阵斗智斗勇的搏杀,一次次智慧火花的绽放,充分展现六中学生不仅会学习,还有自己的一技之长。

篮球比赛,彰显青春活力

提起篮球,这里不得不说一说我校荣获国家级"篮球传统学校优胜单位"奖励,我校篮球队,多次代表市教育系统参加省中学生运动会,并多次获大奖。学生们的球技在鄂州市堪称一流。这次"校园文化节"篮球比赛将此次活动推向高潮。

参加篮球比赛的有六支代表队,采用循环淘汰赛决出冠军,校党总支副书记余兴亲自担任裁判,负责全程的裁判工作。

赛场上,六支代表队各自展现自己高超的球技,高一(5)班代表队,身着红色球衣彰显青春活力。在场上左突右闪、带球过人、跨步上篮,尽显球技之美;经过五轮打拼,一举夺得冠军。高一(1)班代表队采用协同作战,前锋拼力向前,后卫机智应对,接、传、抢球不断让对手措手不及,并赢得赛场周围观众的阵阵掌声,经全力拼搏,夺得亚军。

篮球比赛活动的开展,对引导学生在课外时间开展健康有益活动起到了促进作用,如今更多的学生课外时间奔向球场练球,每天一小时阳光活动时间得到了充分的保证。

书画比赛,涌动艺术豪情

我校艺术特长生成绩在全市乃至鄂东南地区都首屈一指。多年来,学校作为特色艺术高中在全市艺术特长活动中不断开拓进取,超越自己。多名艺术生在国家级省级书画比赛中多次获奖。这次"校园文化节"艺术生更是跃跃欲试,一展身手。

绘画比赛在两个大画室同时进行,高一(1)班叶倩沉着应对,构思、构图、上色一气呵成,整个画面清新亮丽,色彩层次分明,表现了良好的画技,勇夺高一年级组绘画一等奖。高一(6)班黄致益以一幅洒脱飘逸的"宁静致远"条幅,夺得高一年级组书法第一名。

高二(4)班魏歆逸被同学们认为是绘画奇才,在本次绘画比赛中不负众望,夺得高二年级组绘画比赛第一名。高二(8)班王鹏程获高二年级组书法比赛第一名。

书画比赛活动的开展,为学生充实课余时间提供了又一个活动平台。如今,一些学生在课余时间拿起了画笔,构图作画,拿起字帖,提笔练字。

歌声嘹亮,放飞青春梦想

听,那一曲曲美妙动听的乐曲,那一阵阵感人肺腑的歌声,从排练室传出,飘荡在校园的上空,这是师生在为参加"校园文化节"所进行的紧张排练。

学校"校园文化节"上,校党总支书记、校长王冬林同志带头参加"大家唱,大家跳"活动,每天利用下班后的时间和双休日带领校级领导余兴、杨雪君、鲁小平、李义先练唱歌曲《我和我的祖国》,并抽时间指导校合唱队队员唱好歌曲,经过"校园文化节"活动的演练,在市教育局组织的"大家唱,大家跳"活动中,五位校级领导登台演唱,博得阵阵掌声。

如今,"校园文化节"的歌声在校园绵延传递。课余时间,师生们唱唱歌、跳跳舞已成为一种自觉习惯,校园里既有紧张的学习气氛,又有活泼愉快的氛围。

社会实践,引领时代文明

学校"校园文化节"期间,校团委、学生会组织学生深入"万联"门前十字路口、国贸大楼门前十字路口,当文明劝导员。学生们手拿小红旗,头戴小红帽,按照绿灯行、红灯停的交通规则指挥行人穿行马路,对违反交通规则的市民进行文明劝导。这项活动的开展,让学生深刻体会到遵守交通法规的重要,同学们用自己的行动,自觉维护交通法规。

团委、学生会还组织学生到市城市福利中心为老人和小孩服务,学生们来到老人房间为老人叠被子、擦窗户、摆放物品、扫地。为福利中心的儿童喂饭,陪儿童做游戏。到场的学生无不以自己的行动,为老人儿童献爱心。

校政教处还请来"吴都讲坛"宣讲员来校为学生作《阳光心态,美丽青春》报告。市司法局领导范玉姣生动的演讲,引起了师生的共鸣。她用一个个具体的事例感染着全校的师生,使师生受到了一次深刻的思想教育和前途理想教育。

我们一直在文明的园地里耕耘,我们一直在文明的旗帜下前行,我们一直在文明的道路上飞奔。文明在我心中,文明伴我成长,文明引领方向,这是六中人永恒的动力源泉。我们全体师生正以实际行动迎接党的"十八大"召开。学生们用自己的实际行动践行"在校是个文明学生,在家是个文明子女,在社会上是文明市民"的诺言。相信有全校师生的努力,六中的明天会更美好。

一年更比一年艳

中国联合网络通信有限公司鄂州分公司

公司是每个员工
——发展自我
展现自我的一个舞台
不断为我们提供了生存的资本
还提供了我们成长和发展的空间
作为公司——
确实要为员工着想
对员工负责
作为员工——
也要为公司的发展着想
对公司负责
公司发展了——
员工就能得到很好的成长
才能拥有更好的发展前途
……

这是新年第一天每个员工收到了公司总经理《给全体员工的一封信》中的话语。字里行间洋溢着真情，催人奋进。正如公司总经理姚民军在2012年工作会暨一届三次职代会上所说："2012年的鄂州分公司，将是一个投入与产出过亿元的公司，是一个团结向上、士气高昂的公司。"

规则至上的制度文化、闭环管理的执行文化、结果导向的绩效文化、有序授权的信任文化、以企为家的感恩文化、以人为本的和谐文化，这是湖北联通大力创建的"六个文化"。几年来，鄂州联通推行竞争、协商、契约的精神，形成公开、公正、公平的环境，营造简单信任、业绩至上、和谐向上的氛围，形成了以"高效、创新、诚信、和谐"为核心价值观的企业文化，使湖北联通的"六个文化"在鄂州落地、生根、开花、结果，营造促进鄂州联通发展的强大气场。公司干部员工的思想、行动全面统一到新的企业发展战略目标上来，一心一意谋发展，从而实现三年规划，在"三分天下必有联通"的市场格局有所作为。

建设一流队伍

以"好"为核心，努力打造人本文化是企业立业之基。一个优秀的企业背后必定会有一大批优秀的员工。几年来，鄂州联通一直关注职工队伍建设，通过各种培训和行之有效的措施选拔优秀人才、提高员工队伍素质，实现了员工队伍整体素质的不断提升，促进了公司用户规模和收入规模的双重扩大。

公司改革体制，适应市场发展。在用人机制创新方面，鄂州联通积极推行"干部聘任制"、"职务任期制"和"任前公示制"，通过公开招聘和竞争上岗，将干部的年度绩效考核与其任用紧密结合，并坚持从基层选拔一些有成功经验，敢于承担责任的员工，通过后备队的培养、筛选，走上各级管理岗位，实行"优胜劣汰"机制，使公司员工队伍的年龄结构、专业结构和素质结构更趋合理。同时改革薪酬体制，实现同岗同酬，为广大员工营造竞争向上的良好工作氛围。

公司倡导劳逸结合，快乐工作，健康生活，开展 CCP 培训，让大家深切感受到联通的企业文化。CCP 培训是一种挑战，不仅是对体能，更是对人的意志品质的锻炼，让人们更勇敢、更坚强；挑战的不仅是个人的能力，更是团队的凝聚力。通过 CCP 培训，员工对团队合作有了更深刻的认识：集体的协作精神非常重要，一个人的力量是有限的，大家齐心协力才能共渡难关。通过培训,回到公司后,员工们更是把这种激情带到岗位,紧张投入到公司的生产经营工作中。

公司领导把对员工的关爱体现在点点滴滴的行动中。定期组织员工参加体检,做好疾病防治。公司为员工过生日,加强公司与员工之间的感情交流。员工家庭有困难、员工伤病住院,公司都要进行慰问,送来温暖。在职工之家,员工利用休息时间在这里打乒乓球、看电视,娱乐、休闲。公司成立了羽毛球、乒乓球、篮球、足球、摄影和文艺等六个团队,并经常组织比赛、交流;开展了"联通杯"卡拉OK、"乒乓球"、"足球"、"周周乐——联通之夜文艺汇演"等文体活动,丰富了员工的文化生活,陶冶了情操,增进了队伍的团结。

创造一流业绩

为强化执行力,紧紧抓住"落实"不放松,2012年公司制定了《各经营单位及办事处、团队负责人执行力积分制管理办法》。公司干部员工通过流程再造,营销组织,强调执行力。同时,公司强化政治意识、市场和服务意识、管理意识、技术进步意识、全局意识、团队意识、责任意识、创新意识、团结意识、危机意识,营造出人人争先进,个个创一流的良好氛围。

公司标兵刘惠莹是城区营销中心负责人,在她的带领下,城区中心全面超额完成公司各项经营任务,综合绩效考评指标在公司排名第一。大学迎新,她带领团队用较低的成本获得了较高的收益;渠道攻坚,她用真情打破了老邮局通信商圈竞争对手一统门面的格局;渠道帮扶,她用一双腿实现了渠道整体销售业绩近30%的提升。营销能手水静坚持并始终贯彻"业精于勤荒于嬉,行成于思毁于随"的思想信念,做到勤思考、勤动脑、勤跑腿。正是拥有这个信念和行动,她的团队,保质保量地完成了团队的收入任务。激情先进个人夏晗,源源不断的激情,使她坚守在核心岗位上。一波又一波的市场冲击波压着她柔弱的肩膀,但她依然是市场策划与执行工作中来得最早、走得最晚的那个人。她服从组织安排,克服困难,只身来到华容营销中心第一线,工作之余,用充满柔情的话语安慰几天不见的女儿。

提供一流服务

鄂州联通坚持用管理创新、技术创新、业务创新来指导一切工作,打破思维定式,不断提出新思路、研究新技术、推出新业务、实施新方法,有力地推动了企业在管理、技术、业务、服务等方面的全面进步,铺就了一条从实现超越到迈向卓越的有效规模发展之路。

鄂州联通在网络建设方面不断实现创新,基础传输平台从无到有,组建了具有完备环路保护的网络体系,满足了综合业务快速发展的需求,网络建设不仅投产快、质量优,而且节约了投入和成本。鄂州联通十分注重新业务、新技术的开发,仅2011年,公司先后与广电局、教育局、环卫局、供电局、农机局等行业和单位联手,通过行业应用创新手段,为鄂州经济发展做出了应有的贡献。

对于通信企业来说,优质客户、优良网络、优质服务、优秀员工都是公司核心竞争力的重要组成部分,因此鄂州联通不论是对外服务还是对内管理都时刻狠抓一个"好"字。先有"好",才能在好的基础上求"快"。在基础网络建设上,鄂州联通以为广大用户提供优质服务为出发点和终极目标,坚持"精品网络、精品服务",克服重重困难用几年时间完成了他人需十几年才能完成的工程项目。网络覆盖率在城市达到99.9%,乡镇达到99%,电话接通率高达99%,形成了优质而强势的网络覆盖。网络是服务的基础,而服务质量的不断提升则源于"想用户所想,急用户所急"。鄂州联通在服务体制和服务理念上进行了诸多的创新和改革。开通10010客户服务热线,365天24小时受理用户咨询投诉,严格做到三个100%,即100%处理,100%回复,100%满意。

以"好、快、新"为核心的企业文化根植于企业经营管理、对内对外的所有流程和环节,形成了强大的核心竞争力。公司先后荣获市级"消费者满意单位"、"安全生产先进单位"、"卫生单位"、"园林单位"称号。莲花山自有营业厅被评为"十佳营业厅"、省级"青年文明号"、市级"最佳文明单位"。鄂州联通公司党委也被中国联通总部评为"先进基层党组织"。

灿烂的精神文明之花、优质服务之花,结出了丰硕的经济之果。近几年来,鄂州联通经济效益持续稳步增长,创全省市州同行业最好水平。2011年实现通服收入目标任务,同比增长26%,大大高于鄂州通信行业增长水平和鄂州市工业增长水平,是近五年来增长最快的一年,完成年度预算的102%。2011年首次完成省分下达的赶先超越的目标,受到表彰。最近,鄂州联通公司被湖北省总工会授予创先争优"红旗单位"和"湖北省五一劳动奖状"等荣誉,并荣获"青年文明号"等称号。真可谓,花儿一年比一年更鲜艳,成果一年比一年更丰硕。

大学迎新忙促销

树文明形象　　创服务品牌

新华书店鄂州市分公司

鄂州市新华书店属湖北省新华书店(集团)有限公司鄂州市分公司,现有员工77人,固定资产1000万元,建有古城路崇文图书连锁发行部,年销售各类图书码洋2600万元,实现利税80万元。长期以来,我们始终将文明创建作为工作中的第一要务,

组织党员参观红色根据地,接受传统教育

以抓创建带动各项工作开展,取得显著成绩。2004年被省委、省政府授予"省级文明单位"称号,被共青团中央授予"青年文明号"称号,2006—2011年被市委、市政府授予"市级文明单位"、"市级最佳文明单位"称号。

一是成立了一把手挂帅、副书记具体负责的文明创建工作专班,制定了争创市级文明单位实施方案。2009年,在全省市州率先落实专项资金150万元,将古城路门市部建成新华崇文图书连锁店,实现图书销售全智能化管理,图书品牌由连锁前的8000个品种增加到15000多个品种,受到全市广大读者一致好评。

二是进一步完善《党风廉政建设制度》、《民主生活会制度》、《三公开一监督制度》等制度,让工会、职代会参与经营管理、民主决策,规范

领导班子成员行为。对基建、晋级、干部选拔、绩效考核等重大事项实行公开,自觉接受职工监督。领导班子成员彼此间分工负责不越权,形成讲团结、顾大局、讲学习、讲奉献、讲正气的良好氛围,在职工中树立了较高的威信。我店先后被省集团公司、市文体系统评为"先进单位"。

三是抓好支部组织建设,不断提高支部的凝聚力和战斗力。首先以创建"五个好"即"领导班子好、党员队伍好、工作机制好、工作业绩好、群众反映好"先进基层党组织为目标,做好工作。领导和党员干部要以实现"五带头"即"带头学习提高、带头争创佳绩、带头服务群众、带头遵纪守法、带头弘扬正气"为要求,做好表率作用,全面推进企业党建工作上台阶。其次是完善党支部工作机制。建立和完善支部党员干部的学习教育机制,把党员干部的教育、理论学习放在首位,以此来保持党员队伍的纯洁性和先进性,提高党员干部的思想觉悟和理论水平;建立和完善支部工作的监督机制,把支部工作放在党员群众的监督之下,有力地促进了支部各项工作的顺利开展;实行严格的党员管理机制,把好新党员的"入口"关,坚持标准、选准对象、搞好评议、多方考察,广泛征求群众意见,在充分考虑发展对象的工作表现和实际情况下,严格按照程序办事,做到成熟一个发展一个,合格一个培养一个。再次是加强团结、协调和沟通。在党组织建设中,首先做到思想上、组织上、工作中的团结。做到支部工作与部门工作的协调,个人要求与组织原则的协调,大局与局部的协调,并在支委之间做到大事沟通、小事商量,齐心协力,共担风险,为党建、企业的发展稳步推进带好头。

四是深入扎实开展文明创建工作。按照省级文明单位标准,经常性开展创建优秀门市部、文明楼栋、文明家庭活动,在全店形成领导重视抓创建、职工积极参与创建的热潮。市新华书店率先在全省完成"农家书屋"全市全覆盖的发行工作,2012年,积极参与"薄弱学校图书室"建设工作,完成36所中小学校290多万元图书的发行。为配合鄂州市2012"书香吴都·文化鄂州"全民阅读活动,我们组织发行省委书记李鸿忠推荐的"四本好书"1100多套。同时,还组织开展了第十届全市青少爱国主义"爱我荆楚,健康成长"读书教育活动主题征文、演讲比赛,组织我市优秀选手参加全省"爱我荆楚,健康成长"读书教育活动主题征文、演讲比赛,获三个一等奖、六个三等奖。积极与蒲团乡何桥村开展"城乡互联、结队共建",2009—2011年,我们先后筹措资金6000余元购买大米、面粉、食用油对何桥村困难党员和困难村民进行慰问。向省文化厅争取70000元用于村水渠建设和金秋助学活动。向何桥村9名困难学生发放了助学金,向151位中小学生发放了新书包,捐赠款物达15000元。2012年,响应市委、市政府号召,积极参加"万名干部进万村挖万塘"活动,深入鄂城区汀祖镇王边村,帮助该村推进塘堰改造工作,为服务"三农"作贡献。在第二十二个"全国助残日"到来之际,我们精心挑选学生喜爱的书籍2000多册,以及电子点读笔等学习用具,专程送往鄂州智障培育中心学校,为丰富该校师生的精神文化学习生活,献上一片爱心。我们每年组织开展60余次送书下乡活动,为我市文明建设作出了积极贡献。

五是树立崇文理念,规范连锁经营。首先是树立崇尚文明、追求卓越的理念,规范连锁经营。严格按照《新华崇文连锁标准化管理手册》、《新华崇文星级门店评比暂行办法》和经营目标任务签订《合同书》,全员参加星级门店的考评,营业员个人经营业绩与绩效挂钩,奖惩兑现,有力地调动员工的工作积极性、主动性,为全面完成全年目标任务打下了基础。其次是走出店堂,扩大岗位销售。连锁经营部不仅做好日常店内的营销管理工作,而且十分注重个人的岗外推销工作。连锁部负责人率先垂范自加岗外推销任务,带领部门员工走出店门,服务读者。通过共同努力,全年实现岗外推销80多万元,为完成连锁部全年目标任务夯实了基础。第三是提升服务质量,注重开展促销活动。在分公司深入开展"治庸问责"工作,大力开展优质服务,努力提高服务质量和服务水平。连锁部设置了"文明服务监督岗"、"党员示范岗"、读者意见箱、投诉电话,员工实行挂牌服务。实行"首问负责制"和站立服务、微笑服务。从一个小板凳、一声"谢谢"、一声"欢迎再来"

等小细节,让读者感觉到亲切,愿意来书店看书、购书。每一个节假日,有针对性组织相应图书开展促销活动。如开展"全民阅读我参与"活动,"请你每天多读一小时的书"主题读书送书活动,建立读者读书卡,记录读书时间,推荐家庭阅读书目,开展优惠售书、奖励优秀读者等多种促销活动,实现门市销售150多万元。

六是认真抓好职工思想道德教育,在全店形成了团结友爱、乐于助人的良好风气。由党支部牵头,组织干部职工广泛开展思想道德理论学习,发扬新华奉献精神。在创建活动中,党员站在创建工作的前列,率先垂范。在扶贫救困以及向云南干旱灾区、玉树地震灾区、本店身患白血病职工喻康平同志捐款活动中,全店干部员工踊跃捐款,共计17000多元。

七是打造企业文化,创建文明单位。近年来,广泛开展理论、业务学习。组织党员、干部学习《廉政准则》、制定新华书店鄂州市分公司"创先争优"、"三抓一促"实施方案。经理室号召全体党员干部职工集体学习了《公司的力量》,并开展了学习心得讨论。通过学习,让全体干部职工凝聚了人心,鼓舞了士气,树立了信心,增强了责任感。组织全体员工开展"三八"、"五一"文娱体育活动,本着节俭实效的原则,利用单位场地,有针对性地开展了读书演讲、男女乒乓球、羽毛球、女子跳绳比赛等活动。通过各项活动的开展,加强了员工之间的了解、沟通与信任,培强了团队的活力和凝聚力。

八是经常性地开展民主与法制教育。制定了"六五"普法方案,明确了普法内容及要求、教育方法和步骤。利用宣传栏等形式宣传法制,教育职工遵纪守法。继续开展治庸问责活动,组织召开民主生活会,大力推行"店务公开",发挥职代会对分公司重大事项民主决策作用,自觉接受群众监督,促进各项工作顺利开展。

一分耕耘,一分收获。良好的服务、真诚的奉献不但推动了新华书店整体工作又好又快发展,也赢得了社会和广大读者的认可和好评。

奏响文明曲　绽放文明花

鄂州市国土资源局城区直属分局

近年来,我们国土资源局城区直属分局坚持"两手抓、两手都要硬"的方针,大力开展文明创建工作,为国土资源事业发展提供强有力的思想保证、精神动力和智力支持,创造了一个又一个不平凡的业绩。我们分局先后被授予"湖北省先进基层党组织"、"省级青年文明号"、"全省国土资源系统先进集体"、"市级最佳文明单位"、"女职工建功立业标兵岗"、"五四红旗团支部"、"维护妇女儿童权益信访工作先进集体"、"控违拆违工作先进单位"等称号,连续5年被授予全市国土资源系统"国土资源管理工作先进单位"、"先进基层党组织"、"信访工作先进单位"、"宣传工作先进单位"等称号,局长肖辉家庭还被评为"湖北省文明家庭"。

领导重视,组织有力,营造良好创建氛围

我们城区直属分局自开展创建市级最佳文明单位以来,始终把争创文明单位作为一项重要工程来抓,从夯实创建基础入手,科学规划,精心组织,稳步推进。将创建目标锁定在"建一流班子、带一流队伍、创一流业绩"上,局长肖辉亲任创建领导小组组长,分管机关的副局长为副组长,各科室负责人为成员组成创建领导小组,并下设办公室,形成了一把手负总责,分管领导具体负责,党、政、工、团、妇各负其责、齐抓共管的领导体制联动机制,全方位推进。

结合工作实际,我们制定了详细的创建活动规划和方案,分解了创建任务,将学习、工作、组织等创建内容细化、量化,并纳入全年各科室

的目标考核中,与奖惩制度挂钩,使"软任务"变成了"硬指标",做到有计划、有部署、有考核,实现"全员创建、全年创建、日常创建"相结合,确保了创建活动"和谐、顺利、有效"开展。在创建活动中,我们还先后制定了政治学习制度、考勤和卫生管理等制度,通过健全各项制度,促进了创建文明机关活动的开展。

优化服务,强化执法,创造一流工作业绩

我们始终把"服务"和"执法"作为工作的两个基本点,通过强化服务理念和加大执法管理,不断推进分局各项工作再上新台阶。

强化服务理念,创岗位业绩。一是为企业排忧。为更好地服务企业发展,我们全面推行"六零"服务承诺制,为重点项目建设开通"绿色通道",实行"一对一"专人负责,跟踪服务,做到"即受、即办、即报"。近三年来,完成项目用地报批20个批次,为30个项目建设和企业发展供地668亩,其中有10个项目从签订征地协议、听证、公告公示、上报省厅批准、组织报批、挂牌出让到供地登记发证,提前3个月办结。二是下基层解难。这几年鄂州市汉鄂快速、城际铁路、武钢中厚板等一大批重点项目陆续开工建设,为圆满完成征地拆迁任务,我们实行一个专班抓到底、一条龙的服务,专班人员白天走村串户做宣传,晚上进村入户"扯家常",做到以理服人、以情感人。三是重信访维稳。为将信访关口前移,三年来,我们共培训村、社区干部280余人次,发放书籍1000余本,并与各村联合建立村级信访室,做到土地案件小事不出组,大事不出村,辖区内没有发生一起越级访、群体访案件。

严格执法管理,树部门形象。一是规范宅基地管理。我们对宅基地管理严格实行"三到场"制度,对个人建房审批、放线、验线建立工作台账,出现问题实现责任倒查。二是"二调"成果丰硕。为加快"二调"进度,我们采取"白加黑"、"五加二"工作模式,城镇权属调查只用了4个月,使用正分幅1:500图纸600幅,完成规划现状图500幅,短短

8个月就完成了18个农业行政村2195图斑,新增35个,线状地物262个,零星地物51个,核对权属界线29个村,全面系统地掌握了鄂州城市建成区、城镇土地状况,查清了城郊基本农田状况,建立了翔实的土地调查数据库。三是加大控违拆违力度。实行网格式定人、定岗、定责管理,定期对违法建设进行"无缝隙、全覆盖"的拉网式排查。三年来,查处率和发现制止率都达到100%,遏制了违法用地行为。

以人为本,加强教育,切实提升全员素质

为不断提高广大干部群众的专业素质、业务能力和办事效率,我们建立健全了学习制度,每年制定学习培训计划,中心小组带头学,全体干部"学习日"集中学,做到一周一个主题,一月一个课题,学习调研撰文蔚然成风,近两年广大干部职工在各级报刊上共发表文章206篇,人均达7.9篇,在市局系统事业单位中连续5年排名第一。局长肖辉带头发表了16篇,其中《"四为"走活一盘棋》和《激浊扬清树新风》被《中国土地》刊发。

为切实做到廉洁从政,我们构建腐败风险预警防控体系,每年结合各自岗位特点,以自查和互查相结合的方式查找腐败风险点,并提出防控措施。明确班子成员党风廉政建设"一岗双责",签订廉政建设责任状,严守"四大纪律,八大要求"和"五条禁令"。通过开展一系列的廉政教育活动,筑牢思想道德防线,不断健全完善财务集中收付、公务费管理等制度,从制权、管钱、用人入手,规范收支管理。定期公示分局和办事处经费运行情况,接受干部群众的监督,努力形成干净、干事的良好氛围,我们分局成立9年来,没有发生一起违纪违法事件。

加大投入,开展活动,全面提高创建水平

我们按照"高起点、高标准、高质量"的要求,加强窗口建设,完善服务机制,打造最佳文明单位。

为优化服务,方便群众,我们为每名职工添置了电脑,优化了干部职工办公、学习的环境,实现信息化电脑办公,大大提高了办事效率。在各科室、办事处开展争创"最佳服务科室"、"青年文明号"、"青年岗位能手"等活动,广泛开展一张笑脸相迎,一声问候请坐,一杯热茶暖心,一片热心办事的"四个一"活动,全面推行"一窗式"办公和"一站式"服务。坚持为低保户、困难户提供预约上门服务,送准建证和土地证上门,免收工本费。同时,还聘请十位政风行风监督员对我们局工作人员工作生活作风进行监督评议。三年来,共收到群众的感谢信21封、锦旗16面。

　　为让文明创建活动有载体,我们动员辖区开展争创文明村组、文明湾落活动,很多兄弟单位竞相来学习观摩。每年"五一"、"十一"、元旦等重大节日,我们积极组织干部职工举行羽毛球、跳绳、乒乓球、歌咏等文娱活动,并踊跃参加市局组织的各项活动。在庆"七一"歌咏比赛和"廉政歌曲大家唱"活动中,我们分局连续拔得头筹。我们还跟踪资助明塘小学学生郑庆萍同学,把她作为长期帮扶对象之一,多次为结对帮扶的泽林镇翁垴村小学捐赠学习用品,在社会上树立良好口碑。

深入村组宣讲国土资源法律法规

八项协调促发展　文明创建谱新篇

鄂州市鄂城区人民检察院

近年来,鄂城区人民检察院坚持以科学发展观为指导,把创建文明单位作为机关建设的重要抓手,以创建活动推动各项检察工作科学发展,队伍素质、机关活力、执法形象、工作业绩显著提升,为建设幸福鄂州、幸福鄂城提供强有力的法治保障。

2007年以来,我院共有3个集体和26名个人受到省、市、区级表彰,我院先后两次被省院评为"全省先进基层检察院",被省委政法委评为"2007—2008年度全省政法系统先进集体",被市委授予"先进基层党组织"等荣誉称号,连续6年被评为全区"三个文明"建设红旗单位,2010年公诉科被评为"全省检察机关先进科局室",2011年侦查监督科被评为"全省政法系统青少年维权岗先进集体"。

2007年,我院被授予鄂城区"最佳文明单位"称号,2008年又迈入鄂州市"最佳文明单位"行列。在成绩面前,院党组立足长远,确立了"巩固成果,争创省级文明单位"的工作思路,开展了文明单位再创建活动。

突出思想武装,凝聚精神力量

狠抓班子建设,发挥示范带动作用。把文明建设作为班子的第一责任,精心部署,狠抓落实,不断深化创建活动的内容和形式。以班子自身的团结协作、民主作风、开拓创新、勤政廉政,带头树立文明新风,为全体干警积极参与创建活动发挥示范表率作用。

狠抓思想教育,坚定队伍理想信念。通过开展社会主义法治理念教育、检察职业道德教育和政法干警核心价值观教育,把"忠诚、公正、清廉、文明"的核心价值融入到文明建设全过程,成为干警的主导意识和精神支柱。

狠抓机制建设,推动事业创新发展。2006年初,院党组在充分调研的基础上,结合本院实际,研究确立了建设"团结和谐、公正司法、协调发展检察院"的机关建设目标,制定了"八项协调发展"工作机制,即:狠抓内部和谐与外部和谐的协调发展;狠抓独立行使检察权与服务鄂城大局的协调发展;狠抓贯彻严打方针与落实宽严相济刑事政策的协调发展;狠抓加强法律监督与加强诉讼配合的协调发展;狠抓加大反腐力度与预防职务犯罪的协调发展;狠抓思想队伍建设与业务建设的协调发展;狠抓全面发展与重点突破的协调发展;狠抓规范化建设与行为建设的协调发展,强势推进创建工作,使检察工作亮点迭出。

突出执法为民,展示文明新风

严厉打击刑事犯罪,强化诉讼监督,增进群众安全感。着眼于维护社会治安大局稳定,严惩黑恶势力以及杀人、抢劫、盗窃等刑事犯罪,2007年以来,我院共批捕各类刑事犯罪嫌疑人2120人,提起公诉2464人。着眼于维护社会公平正义,全面强化诉讼活动监督,坚决纠正执法不严、司法不公,开展立案监督39件;决定不批准逮捕76人、不起诉54人;提出刑事抗诉11件、民事抗诉4件。

依法惩治和预防职务犯罪,增进群众信任感。2007年以来,共受理、初查涉嫌贪污贿赂、渎职侵权等职务犯罪线索111件,立案侦查51件51人,通过办案为国家和集体挽回经济损失500多万元。

在查办案件的同时,我院坚持惩防并举、标本兼治,近年来,先后成立检察工作队、宣讲团、工作专班,通过开展"检察进农村、检察进社区"、流动检察服务、"远离犯罪巡回法制宣传校园行"等形式多样的检察宣传活动,深入到辖区街办、各乡镇村、开发区及学校、企业,共计开展预防宣传教育200余场次,编发宣传手册1万多份,有力地促进了全区反腐倡廉建设。

大力推进文明窗口建设,增进群众亲切感。积极开展文明接待室创建活动,健全群众诉求表达机制,畅通群众控告申诉渠道,完善检察长接待日制度。2007年以来,共处理群众来信来访261件,做到件件有着落、事事有回音。切实抓好创先争优活动,近年,我院先后筹资12万余元帮助结对帮扶的燕矶镇杜湾、坝角、沙塘三个村完成多项民心工程;积极帮助村民开展灾后重建工作;每年春节前夕,组织党员干警给困难村民、党员送去粮油等物资进行慰问。

突出清正廉洁,树立公正形象

加强纪律作风建设,构建自身反腐倡廉体系。通过近年实践摸索,我院已建立了具有鄂城检察特色的"四查(察)"工作机制,即"检务督察、案件评查、廉政检查、违纪调查",有力地推动了纪检监察工作的深入开展。

畅通监督渠道,自觉接受外部监督。制定出台加强与人大代表、政协委员联系工作的意见,通过建立领导联系代表委员制度、向代表委员通报情况制度,邀请代表委员参与检察机关重大活动和执法办案等途径,自觉接受人大代表和政协委员的监督。

不断深化人民监督员试点工作,对自侦案件中犯罪嫌疑人不服逮捕决定、拟撤案、拟不起诉的案件全部进入人民监督员监督程序,并得到有效监督。

推进"阳光检务",树立群众满意的检察形象。通过开展"公众开放日"、流动检察服务、检察官进农村、进社区走访活动,将检察宣传和服务窗口移至最基层,密切检群关系,不断提高群众工作能力。

强化制度建设,改善工作环境

重视制度建设。近年来，不断增加新的工作规范，已形成一整套规范的内部工作流程，2010年，编印了《机关管理指南》一书，发放到每名干警手中，使干警心中有标准，行动有指南。加强检察基础建设。近年，在区委区政府的支持下，我院已初步理顺财政保障体制，实现了人员经费、公用经费、专项经费由本级财政按照一定标准足额拨付的目标。同时，不断加强科技强检体系建设，提高科技装备建设水平，以不断适应新形势下检察工作新需要。高度重视科技强检，积极推进数字化、信息化、网络化、智能化建设的步伐，先后投入资金60余万元，建成了本院局域网、检察机关内部三级网和视频会议室，购置了便携式摄录机、打印机、笔记本电脑、流动检察服务专用车辆等办案设备，使办案、办公自动化迈上新台阶。确保工作环境整洁。按照"绿化、美化、亮化、现代化"的要求，进一步加强环境的清洁，制定《卫生管理办法》，详细划分包干区，明确职责，责任到人，切实抓好工作环境、宿舍环境卫生工作。

完善考核机制，加强队伍管理

突出以人为本，充分发挥检察文化独特的教育、引导、规范、凝聚、激励等功能，努力打造一支文明的高素质检察官队伍。2009年来，我院根据自侦部门、刑检部门的工作特点与实际，先后在自侦部门、刑检部门制定了分值考评模式的《关于开展职务罪案侦查工作绩效管理的若干意见（试行）》和星级考评模式的《关于开展刑事检察工作绩效管理的若干意见（试行）》，在绩效考核管理办法中，明确绩效考核的方法与步骤，对部门及个人实行分类绩效管理，并将考评结果与干警物质奖励、年终考核等次、评先评优挂钩，不断激发检察干警创优争先的积极性和创造性，进一步提高工作效率和办案质量。

加强教育培训，提升队伍文明素质。积极鼓励干警参加在职高学历教育，制定了物质奖励和学费报销制度。大力开展业务培训和岗位练兵，2007年以来共组织各类教育培训800多人次。在全省业务竞赛中,我院有1名干警荣获"湖北省检察机关司法警察技能比武电脑操作"二等奖,1名干警荣获"湖北省检察机关信息化应用竞赛"优秀个人荣誉称号,1名干警荣获"湖北省侦查监督业务能手"提名奖。

培育树立典型,弘扬队伍正气。不断加大干部的培养使用力度,根据干警自身条件、表现情况,主动铺路搭桥,注重在各个部门培养有代表性的先进典型,带动全院干警创先争优,形成你追我赶、奋力拼搏、敢于争先的良好工作氛围。

送法到基层

树文明单位形象　办人民满意教育

鄂州市鄂城区教育局

市长韩进检查指导我区中小学建设

我局一直高度重视文明单位创建工作,已连续3届被评为市级最佳文明单位。我们始终以围绕创建省级文明单位奋斗目标,以科学发展观统领教育工作大局,以创办人民满意教育为宗旨,坚持依法治教,依法执教,依法行政,强化责任,坚持走开拓创新、和谐发展、均衡发展之路。近两年,我们获得的荣誉有:全国关心下一代工作先进集体、全国亿万学生冬季长跑运动优秀组织奖、湖北省义务教育均衡发展试点区、湖北省教育技术装备工作先进区、危房校舍改造工作先进区、湖北省教研创新先进单位、湖北省学校后勤保障工作先进县市、湖北省生育文明建设先进单位、湖北省农村教师远程培训项目先进组织单位、鄂州市最佳文明单位、鄂州市学习型机关、鄂州市普法依法治理十佳先进单位、鄂州市安全生产工作先进单位、鄂州市规范办学年先进单位、鄂城区"三个文明"建设红旗单位、鄂城区先进基层党组织、鄂城区目标考核先进单位、鄂城区社会治安综合治理先进单位等。

目标明确，责任明晰

局领导班子围绕保市级最佳文明单位、争创省级最佳文明单位为目标，坚持做到创建有新思路、新目标，工作有创新、有发展。成立了以局长为组长、副局长为副组长，各股室负责人为成员的文明单位建设领导小组。在年初的教育工作要点中，制定了详细的文明单位创建计划安排，完善了相应的创建工作机制，明确各自分管职责，提出了"全局动员，人人参与"的要求。形成了局长负总责，分管领导具体抓，全体干部职工密切配合、齐抓共管的创建工作格局。班子成员分工明确，密切配合，作风民主，重视文明建设的投入，通过扎实有效地开展群众性精神文明创建活动，增强机关凝聚力、战斗力，为机关工作跃上新台阶提供了有力保障。

方式创新，创建深化

一是加强政治学习，提高政治素养。坚持机关干部周一集中学习制度。通过听报告会、专题讲座、观看电教片、宣传栏、简报等形式，促使全体干部职工文明创建思想认识进一步提高，服务基层意识进一步增强。进一步完善机关干部考勤、机关财务管理等工作制度，组织学习了机关干部"七禁止"、"教师十不准"、"禁酒令"等工作纪律，进一步提升机关干部政治素养。

二是开展实践活动，创新文明理念。组织全体机关干部参加我市志愿者服务组织。积极开展"三万"活动，向驻点村定向资助3万余元，帮助该村造林植树800余株；参与公益活动，向结对帮扶村捐赠衣被和钱物达8000元；在机关开展文明家庭、文明个人评选活动，倡导机关干部做文明人、办文明事，全面提升机关干部文明素质，先后有2个家庭被评为"文明家庭"；组织机关干部参加全区"全民阅读"演讲比赛，并荣获第一名；联合相关部门开展未成年人思想道德建设"暑期集中行动",开展网吧、网络、校园周边环境及出版物市场整治行动,取得了阶段性成果。为加强未成年人思想道德建设,探索德育教育新模式,开展"吴都美德少年"评选,新庙镇文塘小学王晚鹏同学被评为"吴都美德少年",燕矶镇车湖中学严格同学、杨叶镇杨叶小学李想同学获"吴都美德少年"提名奖。在全区中小学举行"六个一"活动(讲一个雷锋的故事、背一句雷锋的名言、读一本雷锋的书、出一期有关雷锋的板报、写一篇学雷锋的日记或作文、开展一系列践行雷锋精神活动),在中小学生中形成学雷锋活动的热潮。开展"阳光体育"运动和"大家唱、大家跳"艺术教育活动。举办了"唱红歌·颂党恩"师生歌咏比赛,举办了鄂城区中小学"湖北版校园集体舞"比赛。泽林中学等4所学校《"百佳星级文明学生"评选》的案例在全省未成年人思想道德建设工作创新案例评选活动中获奖。

三是改进德育工作,提升道德素质。坚持"育人为本、德育为先"理念,建设好"三支队伍":班主任队伍,德育副校长、法制副校长、政教(教导)主任、少先队辅导员等德育干部队伍,学生干部队伍。发挥"三主"作用:发挥中小学思想、品德课程的主渠道、主阵地、主课堂作用。推进学校教育与社会教育、家庭教育"三位一体"教育模式。加强"三个方面"的教育:爱国主义教育、文明行为教育、心理健康教育。建好"三个阵地":班、团队活动阵地,校园文化宣传阵地,校外德育基地。推进三个创新:创新德育载体、创新德育方法、创新德育评价。

四是加强队伍建设,塑造良好形象。推行党务政务公开制度,制作公开栏,将有关单位权限、办事项目向社会公开,并公开作出承诺,自觉接受监督。汀祖镇石桥小学李桔兰老师被评为全区"十大道德模范"。严格推行"禁酒令",不允许机关干部和教师午间饮酒,不允许酒后进教室等。积极开展廉政文化进校园活动,将预防腐败工作向基层延伸,杜绝基层学校腐败问题。

五是服务意识增强,文明形象树立。以治庸问责活动为契机,公开局机关工作权限和办事流程,全面推行政务公开,广泛接受群众和社会各界的监督,促进机关干部廉洁从政,提升服务质量和工作效率。积极开展大接访活动,接待群众来访,为群众解决难题。以深入开展创先争优活动为契机,大力开展党员干部亮牌上岗、"比教学、访万家"等活动,形成爱岗敬业、诚信公道、服务热情、务实高效的良好工作作风和道德风尚。

管理促规范,工作创高效

一是狠抓内部管理,规范工作行为。继续完善机关内部事务管理制度,健全工作机制,转变工作作风,提高工作效能。对局机关干部实行责任目标年度考核制,坚定一个目标:"各项工作确保全市一流,争取全省一流";树立两种意识:"有为才有位,无功便是过"意识、"服务意识(公仆意识)";发扬三种精神:"爱岗敬业、艰苦奋斗的奉献精神"、"团结拼搏、抢前争先的拼搏精神"、"求真务实、开拓进取的创新精神";落实四个制度:"目标责任制、包点负责制、办事承诺制、检查督办制";落实"五个一":"负责一项工作、蹲一个乡镇、联系一所学校、救助一个贫困学生、创造一个工作亮点",推动了机关效能建设迈上新水平。

二是转变机关作风,增强服务意识。以治庸问责活动和作风建设年活动为契机,加大机关干部服务基层的工作力度,实行机关干部蹲点负责制,每个机关干部联系一个乡镇、一所学校,帮助基层学校解决实际困难。实行局长接待日制度,受理群众和基层来访,设立服务电话,实行谁接待谁负责的制度,热情接待来访来客,做到事事有记录,事事有回音,事事有结果。

三是推行政务公开,增强透明度。重视和加强政务公开工作,开设教育局网站,设立了政务公开栏,有关信息实行网上公开,公开办事程序和办事流程,机关重大事务和财务开支情况等定期进行公布,使机关工作的公开和监督得到落实。同时,通过对外公布举报电话、设立举报信箱和投诉中心等措施,进一步增强了教育管理、教育协调和教育服务工作的透明度,使教育管理工作得到群众的支持和拥护。

改善办公环境,加强安全保障

一是抓好硬件建设。重视精神文明建设工作的硬件建设和经费投入,健全和完善图书阅览室和文娱活动室等干部职工文体活动场所,购置大批内容健康的书籍报刊,配备电脑、更换办公柜、桌椅等,装备了电子监控和报警装置,改善办公条件;为每位干部职工订阅了《湖北日报》、《鄂州日报》等党报党刊,为大家学习和了解党的方针政策提供方便。

二是规范机关管理。强化机关环境的管理工作,促使整洁优美的机关环境逐步形成。实施每周一次卫生大扫除制度,利用周五下午组织机关干部职工对科室办公环境进行整治;公共卫生责任区范围则指定专人负责打扫;全面抓好内部办公环境的日常维护和清洁工作,定期不定期组织股室开展自查和互查,促进工作开展。

营造文明团结警营　构建平安和谐鄂城

鄂州市鄂城区公安分局

2011年以来，鄂城区公安分局在区委、区政府的正确领导和区文明委的具体指导下，坚持以科学发展观统领公安工作，扎实开展全警性文明创建活动，队伍建设和文明创建工作均取得

集中销毁赌博机

了明显成效。我们再次实现了命案必破的总体目标，刑事发案下降23个百分点，危爆物品连续多年未出任何事故。维稳工作未出大事，打击处理大幅上升，命案必破渐成品牌，信息警务领跑全省，执法质量稳居前列，党建工作卓有成效，"治庸问责"行动效果明显，"四进四访"访出治安效益，"千人问卷大测评"评出好形象。2011年以来分局被评为市级综合治理先进单位，区级最佳文明单位，区目标考核先进单位，高辉荣获全市青年岗位能手，古楼"6·25"命案《今日说法》有报道，一大批先进人物立功受奖，为文明创建工作融入了警察新风。

突出领导抓责任，建立健全文明行业创建网络

一是加强创建领导。我们把创建精神文明单位摆在公安工作的重

要位置,成立了精神文明建设领导小组,局长孟昭茂任组长,政委王灵光任副组长,其他党组成员任小组成员,小组下设办公室,由指挥中心主任徐瑞鹏任办公室主任。并将文明行业创建和公安业务、队伍建设同步部署、同步要求、同步检查。二是明确创建目标。我们结合实际制定了2011—2012年全区公安机关创建文明行业总体规划,提出了在两年内文明行业创建在巩固、提高、延伸、辐射上下功夫,建设一支诚信、团结、务实、高效公安队伍的目标。三是落实创建责任。每年初,将文明行业创建纳入各单位年度综合考核,实行文明行业创建、队伍建设、业务工作"一岗三责"制度,文明行业创建不合格的单位及负责人年终取消评先创优资格。自创建活动开展以来,局直各单位结合实际纷纷开展了一系列形式多样的文明创建活动,把文明创建各项措施落到实处。

围绕文明抓教育,不断提高公安民警整体素质

一是开展政治理论练兵。开展了深入建党90周年、辛亥革命100周年学习、全警开展学习等专项活动,通过在分局机关开展深入重温入党誓词活动,使全局党员树立了科学发展观念,进一步提升了理论水平,加强了党性观念,找准了公安工作的症结,改进了公安工作。二是开展了作风练兵。2011年以来,在全局先后开展了纪律作风教育活动,以及党风廉政建设教育活动。今年我们适时推出了《全区公安机关纪律作风整改活动实施方案》,推出了十条具体强硬整改举措,使民警面貌焕然一新,内务秩序明显好转,服务水平明显提升。三是开展业务大练兵。2011年来,我们将着力警务信息平台建设,将提高民警的业务素质放在大练兵的首要环节。组织民警参加了省公安统一执法资格认证考试,有效提高了民警计算机和法律水平。同时,组织民警参加警衔培训、听取事迹报告会来提高民警素质。特别是在市局的统一部署安排下,分局通过每月一训活动,取得了显著成绩。四是开展技能练兵。基层各所通过射击、长跑等不同形式的警事技能练兵活动，提高民警擒敌制胜的实战本领，强健民警身体素质。2011年，分局实现了全年命案必破的奋斗目标。干警龙中良、林海波同志在2011年全市秋季运动会比赛中喜获好名次。五是开展文化育警练兵。我们高度重视公安文化建设，以积极健康向上的文化占领民警的业余阵地。刑警大队副教导员李冬青获得"奥运书法风云人物"殊荣。在建党90周年文艺活动中，荣获团体第二名，参赛的三名干警都获得个人二等奖。市局组织的迎新年长跑比赛，分局一名选手获得了个人第一名。同时，全局道德文化建设成效显著。在全区公安机关开展"学雷锋"活动中，涌现了一批"雷锋"式的好警察，西山派出所东坡亭社区民警胡敏帮助弱智姐妹俩的感人事迹在东湖论坛好评如潮。治安大队女民警许彩霞、新庙派出所女民警胡珍经常到福利院、贫困家庭帮扶孤儿和贫困子女，为他们送去温暖。在由中宣部等部门主办的"我推荐、我评议身边好人"活动中，在黄冈街头英勇擒凶的新庙派出所民警李文治入选"中国好人榜"。荣获"荆楚十大爱民警察"、"鄂州市二届道德模范"荣誉，现已退休的老民警吴丰炳依然战斗在公安岗位上，显示了一名老公安的深厚的警察情结和百姓情愫。

履行职能抓治安，全面营造构建和谐社会的发展环境

一是加强隐蔽战线斗争，营造稳定的政治环境。我们始终将维护政治大局稳定放在公安工作首位，以深入开展矛盾纠纷排查为切入点，广泛收集情报信息，掌握工作主动权。实行重大矛盾纠纷和不稳定因素定期排查上报制。去年以来，共超前排查重大矛盾纠纷和不稳定因素215起；及时办结各类信访案件162起，信访案件办结率达98%，今年以来涉法涉诉上访数同比下降96%。二是深入开展严打整治斗争，营造安宁的治安环境。去年以来，我们按照主动进攻、积极治安的思路，坚持命案必破，及时破获了万联"6·25"命案等现行命案，保持了命案全破的良好势头。坚持黑恶必除,打掉了沙窝吕某、周某等6个恶势力团伙,破获了汀祖"7·22"雇凶伤害等涉恶案件30余起。坚持盗抢必打,先后打掉了湖南新化籍、黄石大冶籍等18个职业性、流窜性盗抢骗团伙,成功破获了城区系列蒙面持刀抢劫游戏机室案、凤凰系列抢劫出租车司机案、城区系列夜间抢劫单身女性案等一大批重特大案件。坚持逃犯必追,共追获部督逃犯肖祖柱、命案逃犯谢家云、王超等各类逃犯。全局破案绝对数同比上升5.6%;执法四率达到了全省优秀档次,社会治安秩序进一步好转。坚持深化传销治理,会同工商等部门,共捣毁传销窝点154个,刑事拘留47人,力度前所未有。深化清网行动,共抓获网上逃犯151人。深化乱点整治,组织开展了球团矿、程潮铁矿、汉鄂高速等企业项目周边环境专项整治。持续开展了游戏机赌博问题专项治理,共收缴、销毁赌博游戏机500余台。三是加强治安防范,营造和谐的治安环境。加强案件高发部位的巡逻,确保实效。开展了为期两个月的安全防范知识宣传活动,营造了良好的自防自治氛围。争取综治部门的重视,将探头工程纳入各单位综治工作目标考核内容,强力推进。组织开展了娱乐服务场所治安秩序专项整治,督导落实实名登记、查验证件、交易备案等长效管理机制。深入排查各类安全隐患,对排查出来的安全隐患,定责任人、定措施、定时间,及时督促整改。认真开展户口整顿,夯实人口管理信息。扎实开展宾馆旅店业实名登记专项整治,夯实场所管理信息。

实践宗旨抓服务,努力增进警民之间血肉联系

第一,优化窗口服务。对治安、派出所警种服务窗口,设置警务公开栏、饮水机、笔墨纸张等便民服务,推行承诺服务、公示服务、首问服务、上门服务、预约服务、延时服务、一站式服务等服务举措,提高了服务质量。特别是在今年推行城区户籍窗口节假日上班制,大大方便了人民群众办理证照及户口异动手续。第二,坚持开展定向服务。长期与汀祖李坳村、花湖居委会开展定向服务，为花湖贫困生定期送去生活及学习用品，为贫困村送去扶贫扶助款。第三，优化经济发展服务。继续坚持优化发展环境五项承诺，进一步完善领导挂点、民警驻勤工作机制，对重点企业和项目工程，组织专班进驻，开展集中整治，确保了重点工程的顺利进行，我们列出55家重点企业，要求分局党组成员主动上门开展"四进四访"活动，严打经济犯罪。破获各类经济犯罪案件8起，挽回经济损失700余万元。

市级文明单位

强力推进生态文明 助力建设文明鄂州

鄂州市林业局

市委副书记叶贤林调研国有林场建设

我局按照省、市文明委关于文明单位创建工作的新要求,以"三个代表"重要思想为指导,认真贯彻落实科学发展观,坚持"物质文明、精神文明、政治文明、社会文明和生态文明一起抓"的工作方针,以突出"五抓"全面推进林业系统文明创建工作,助力鄂州文明城市建设。

抓学教,切实加强思想道德建设

我们始终坚持"两手抓,两手都要硬"的方针,把员工思想道德建设工作放在创建工作的突出位置。一是加强对邓小平理论、"三个代表"重要思想和科学发展观的理论学习,用科学理论武装头脑,激励广大林业干部职工积极向上,大胆追求真善美,真实展现时代的林业精神。二是加强社会公德、职业道德、家庭美德教育,积极引导干部职工树立正确的世界观、人生观和价值观,培育"艰苦奋斗、开拓进取、求真务实、敬业爱林"的精神。三是开展"讲文明树新风"为主题的文明创建活动,开展争"人民满意公务员"、"争先创优"等有益活动,通过活动载体,积极倡导艰苦奋斗、励精图治、勤俭办事,进一步增强文明意识。

四是从干部职工的文明礼貌、助人为乐、爱护公物、保护环境、节能减排、遵纪守法等方面入手,加强社会公德建设,激发干部职工创建文明单位、文明行业的积极性、主动性和创造性。五是突出爱岗敬业、诚实守信、办事公道、服务群众、奉献社会,加强干部职工的职业道德建设,通过开展创建、评选"文明科室"活动,推动机关效能建设和"两个文明"建设,强化作风建设,提高机关干部职业道德素质。六是大力倡导尊老爱幼、男女平等、夫妻和睦、勤俭持家、邻里团结的新风尚,认真做好计划生育和优生优育工作,倡导科学、文明、向上的生活方式。

抓科技,不断强化林业经济生态建设

以中央1号文件精神为指导,全面落实"科学技术是第一生产力"的思想,扎实推进林业科技建设。一是加强林业宣传,积极营造尊重知识、尊重人才、尊重科学的浓厚氛围。二是积极组织开展科学文化知识和业务知识培训,营造浓厚学习风气,2012年就先后组织8批次56人次参加国家林业局和省林业厅的业务培训,举办了全市森林防火知识培训班,较好地推进科教兴林工作。三是加强科技教育文化设施建设,建立完善文体活动场所,充分利用电脑联网实现资源共享,以适应干部深层次学习的需要。四是组织专业服务队大力开展林业科技服务,通过林业技术培训和技术指导,培养农村林业科技致富能手。五是在造林绿化中,主推南林895杨树、长林和湘林系列良种油茶等林木良种造林,大力提高良种化率。六是依托林业科技项目,积极推广胡柚标准化生产,并以此带动其他经济林的标准化生产。七是重点加强鄂州杂柑、88红枣、中华猕猴桃等优势良种的选育工作,积极为全市造园储备先锋种质资源。通过林业科技应用、推广和创新,巩固生态建设,提高林产品产量和质量,促进林业增效、林农增收。

抓法制,积极推进林业法制文明建设

按照发展社会主义市场经济的新形势和"依法治国、以德治国"对民主法制建设提出了新的要求,结合林业行业特征,全面加强民主法治建设。一是加大法制宣传教育力度,组织干部职工集中学习《宪法》、《土地承包法》、《森林法》、《森林防火条例》、《野生动植物保护法》等一系列法律法规以及与社会主义市场经济有关的法律法规,切实增强林业工作人员的法制意识,不断提高依法行政、依法治林的管理水平。二是不断深化林业行政审批制度改革,成立了市林业局森林资源行政审批许可委员会,在林业行政执法自由裁量权方面,进一步明确流程、细化标准,科学规范权力运行机制,全面提高林业行业的执法水平。三是认真贯彻《森林防火条例》,全面落实森林防火行政首长负责制,取得了冬春森林防火的全面胜利,得到省森防指和省林业厅的充分肯定。四是按照国家和省生态公益林管理的有关规定,建立长效工作机制,落实看管责任合同书,全市17万亩的国家和省级生态公益林纳入科学、规范的法制管理轨道。五是牢牢把握森林限额采伐和林地征占用"两条红线",依法依规加强山林、山体和林地管理,确保全市森林资源生态安全。六是严格执法、严厉打击涉林违法犯罪,营造良好的林业法制环境。2012年1—6月共查处林业行政案件48起、行政处罚48人,立刑事案件1起、逮捕起诉1人。七是加强野生动物疫源疫病监测和湿地保护工作,有效控制林业有害生物入侵,切实加强生物多样性保护,努力开创生态保护工作新局面。八是认真贯彻实施《湖北省社会治安综合治理条例》。狠抓综治领导责任制和单位内部社会治安综合治理工作责任追究制度的落实,单位内部的综治工作达标率达95%,全系统安定团结、和谐稳定,连续3年被评为全市社会治安综合治理先进单位。

抓党建，大力推进精神文明建设

认真学习贯彻《中共中央关于加强和改进新形势下党的建设若干重大问题的决定》，不断创新党建工作思路，切实加强新形势下的精神文明建设。一是明确局党组书记为本部门党建工作的第一责任人，分管领导为直接责任人，各支部书记为各单位直接责任人，通过强化责任体系，细化责任内容、硬化责任考核、强化责任追究，保证党的建设工作顺利开展。二是严格执行党员干部学习制度，采取自学和集中轮训办法，加强党支部书记、班子成员以及党员干部的学习培训，讲党课、学政治、学政策、学党史、学科技，切实提高党员队伍的综合素质。三是狠抓组织建设，从完善功能入手加强党组织阵地建设，合理整合现有资源，设立党员活动室，建立党员管理档案，购置学习书籍，设立宣传栏、公示栏，有效发挥机关党组织的战斗堡垒作用，转变工作作风，提高办事效率。四是狠抓党风廉政建设，加强腐败风险预警防控，防微杜渐，确保林业系统干部成长安全；同时，坚持廉洁从政，推行阳光政务，形成了风清气正的良好工作局面。五是有序深化创先争优活动，通过开展党员公开承诺、业务练兵、技能竞赛和党员志愿者服务活动，推进党员先锋岗、巾帼示范岗、青年文明号的创建，立足岗位，创先争优，力争以一流的工作业绩迎接党的十八大胜利召开。截至6月底，全市林业工作取得了完成造林3.4万亩、争取资金1637万元、林业总产值8.7亿元的优异成绩；在全市"七一"表彰大会上，我局获得一个"先进基层党组织"、一名"优秀党务工作者"和一名"优秀共产党员"的荣誉；党员干部中还涌现了一批劳动模范，李振文、柯启发、万德松分别获得国家、省、市的"劳动模范"称号。

抓生态，强力推进生态文明建设

在创建文明单位活动中，我们坚持突出林业生态文明建设这一特色，通过强化林业宣传和实施林业工程项目建设，强力推进生态文明建设。一是有序实施城乡绿化一体化工程、生态公益林保护工程、森林防灾减灾工程、生物多样性保护等林业工程，稳步推进造林绿化和资源保护工作，着力构建完备的林业生态体系，为建设两区一市和灵秀鄂州夯实生态基础。二是加强林业宣传力度，强化林业宣传工作举措，大力开展林业法律法规、工作动态、生态建设、环境保护、生态文化等宣传，在提高林业社会地位和影响的同时，进一步增强全社会的绿化意识、环境保护意识和生态文明意识。三是积极推进省级生态文明教育基地创建工作，积极引导市民自觉参与生态文明建设。2012年初，我局成立创建省级生态文明教育基地工作专班，积极申报和创建市国有麻羊垴林场为省级生态文明教育基地，全面加强该场道路、房屋、电力和通讯设施建设，设立了宣传展牌，制作宣传画册，建设生态文明教育综合展示厅，成功通过了检查验收，6月底已被省林业厅命名为省级文明教育基地。四是主动发挥麻羊垴林场生态文明教育基地、湖北省爱国主义教育基地、全国宗教圣地的阵地作用，广泛开展生态文化教育。

水美鱼跃唱丰年

鄂州市水产局

近年来,我局按照市委、市政府的总体部署,紧紧围绕水产中心工作,抓好"五个加强",连续两届被评为市级文明单位,为促进全市水产业又好又快发展奠定了基础。

切实加强班子建设

坚持党组中心组学习制度。局领导班子始终坚持以邓小平理论、三个代表重要思想为指导,深入贯彻落实科学发展观和党的十七届四中、五中全会精神,认真执行党的路线方针政策,局党组成员不断加强学习实践,带头遵守国家的法律法规,深入基层开展调

市水产局技术人员深入基层开展技术服务

研,提高科学决策、民主决策的能力,特别是对市委、市政府的重大决策,创造性地予以贯彻落实。近年来,局党组紧紧围绕市委、市政府建设水产强市的战略部署,认真搞好百里长港水产发展规划,积极推进60万亩水产生态健康养殖板块基地建设,同时加大向上争取项目资金的力度,到目前,我市已连续三年每年争取到中央财政现代农业生产发展项目资金1000万元,为发展现代渔业、建设水产强市奠定了基础。

重视精神文明建设。把文明单位创建活动列入党组重要议事议

程,成立了领导小组,实行"一岗两责",有效做到了三个文明同部署、同落实、同检查、同考核;结合实际,坚持广泛深入地开展了五好文明家庭、门栋庭院、先进科室活动,有效促进了文明创建活动的扎实推进。

坚持民主集中制。实行集体领导、分工负责,正确行使党和人民赋予的权力,严格规范个人行为。在重大事项的决策上,搞好调查研究,充分听取班子成员的意见,集思广益,科学决策,尽可能减少决策的失误和偏差。对人民群众普遍关注和反映的问题、渔业发展的重大问题、重大决策,推行政务公开制度、事前公示制度、听证制度,增强透明度,并主动接受群众的监督,取信于民。局党组不定期地召开民主生活会,党组成员之间拿起批评和自我批评的武器,开诚布公,互相交流,取长补短,促进了各项工作的有效开展。

带头落实党风廉政建设的各项规定。局主要领导做到"三个必讲党风廉政建设":在系统召开的各类会议上必讲党风廉政建设,在基层调研必讲党风廉政建设,在考核评先时必讲党风廉政建设。班子成员身体力行,严格自律,上级要求禁止的,带头坚决不做;要求下级禁止的,带头禁止,努力做干部群众的表率。在干部任用上坚持公开、公平、公正原则,扩大群众参与权、知情权、监督权、选择权。积极开展规范执法、文明执法,从源头上杜绝吃拿卡要等不良风气。

加强机关党建工作。在局机关深入开展创先争优活动,制定了活动实施方案。加强党的基层组织建设以及群团组织建设,今年对机关党总支进行了改选。做到各类组织健全,目标明确,发展有序,活动经常,充分发挥基层党组织的战斗堡垒作用和先锋模范作用。

切实加强思想道德建设

认真贯彻落实《公民道德建设实施纲要》,大力实施"百万市民文明素质提升工程",加强社会主义核心价值体系教育、理想信念教育、形势任务教育与经常性的道德教育,组织学习社会主义荣辱观、文明礼仪读本，进一步提升了干部职工的文明意识。重视未成年人思想道德建设，建立相关工作制度，责任落实到位。开展四川汶川大地震、云南旱灾赈灾捐款活动和党员交纳"特殊党费"活动，，提高了干部职工"爱国、爱党、爱岗"的思想素质。广泛开展文明交通行动计划，教育和敦促干部职工遵守交通规则，无严重违反交通规则行为、无酒后驾车行为。

切实加强机关文化建设

开展学习型党组织创建活动，制定规划，建立机制。有针对性地开展读书学习活动，切实培育读书学习之风。积极参加全市性的文体活动，群众性文化娱乐及体育健身活动丰富多彩。经常性地开展业务知识、科技文化知识培训，努力满足干部职工的精神文化需求，不断提高干部群众的业务素质和科学文化素质。开展廉政文化进机关活动。在机关党员干部中开展"三个一"读书思廉活动，即阅读一本廉政书籍，撰写一篇廉政心得，提出一条廉政建议，既陶冶了党员干部的道德情操，同时增强了党员干部的廉政意识。在局办公楼走廊、楼梯等醒目位置悬挂廉政警句宣传牌16块，着力营造"以廉为荣、以贪为耻"的良好氛围。加强政风行风建设。从"两代表一委员"和服务对象中聘请了7名政风行风监督员，广泛听取社会各界对水产工作的意见、建议和要求。局党组成员还深入基层和民营企业进行实地调研，现场听取服务对象的意见。在报纸电台公开了八条服务承诺，公开举报电话，接受社会监督。

切实加强机关民主管理

建立局党组成员与干部职工交心谈心机制，注重人文关怀，单位文明和谐；关心职工生活，积极解决干部职工和离退休人员的实际困难，为干部群众办好事、办实事；干部职工之间形成团结互助、平等友爱、共同进步的和谐人际关系。严格工作纪律，落实安全生产措施，局机关无交通、质量等方面的安全责任事故。加强综治、维稳和信访工作,做到责任落实、组织健全、专兼职人员落实,局机关未发生重大治安事件。重视人口与计划生育工作,落实工作责任,推行生育文明,杜绝性别歧视,局机关未发生违反计划生育情况。民主法制教育落实,并做到经常化、制度化,广大干部职工有较强的法治意识,依法办事,规范有序。

切实营造优美工作环境

积极参加四城创建活动。开展爱国卫生运动,严格执行卫生管理制度,卫生防疫和群众保健工作成绩显著,落实清洁卫生责任制,单位环境卫生好,今年被评为省级卫生单位。环卫设施有保障,垃圾日产日清,无散露垃圾,无乱贴乱画。重视绿化工作,绿化工作达标,职工生活环境好。无乱停乱靠、乱泼乱倒、乱搭乱建、乱堆乱放现象。注重生态环境建设,环保工作制度健全,措施落实,环境质量指标、环境污染控制指标达到国家环保标准。

通过抓好"五个加强"促进了各项中心工作的完成和全市水产业又好又快发展,水产业已成为我市农业经济的支柱产业和农民增收的主渠道,进入全省先进行列。2012年,全市水产业各项主要指标预计完成情况为:水产品总量35.1万吨;渔业产值45.3亿元;渔业产值占一产业比重42.5%;全市渔民人均纯收入首次超过万元;争取项目资金1500万元。全市渔业产值占一产业比重、水产品人均占有量、渔民人均纯收入、年均增幅等四项指标连续多年位居全省第一。鄂州市已成为全省水产大县创建推进市和水产项目建设示范市。"鄂州武昌鱼"继获得原产地证明商标、湖北省十大名牌农产品、湖北省著名商标、全国消费者最喜爱的绿色商标、最具竞争力的地理标志商标之后,今年又被认定为中国驰名商标。在农业部组织的水产品质量检查中,鄂州水产品合格率为100%。鄂州市水产局连续两年被省农业厅表彰为全省农业工作先进单位,被市委市政府评为目标考核先进单位、综合治理先进单位。

优化行业服务 打造"五型"房产

鄂州市房产管理局

优化服务讲文明

我局充分利用各种宣传阵地和窗口,以"一个促进、三大活动、四个创建"为主线,开展房产系统精神文明创建活动,提高干部职工思想道德素质和工作能力,提高文明单位、文明窗口、文明科室的创建质量,为未成年人营造健

市长韩进在市房地产交易中心检查指导工作

康向上的社会文化环境,为建设"两型社会"先行区、城乡一体化示范区和宜居宜业组群式大城市,提供强大精神动力,营造良好社会环境。

一个促进。以行业管理为抓手,促进"文明"开发,明确推行文明开发模式,严禁暴力拆迁、暴力开发等违法行为。今年,我们将树立两至三个文明开发典型,并在全市进行推广。

三大活动。一是运动会。"五一"组织开展以"提高体能、促进团结、共创和谐"的房产系统职工运动会,通过团结文明的体育活动,展现房产人的风采。二是红歌赛。结合"三八"和"七一",组织系统干部职工开展"红歌赛"纪念活动,唱响共产党好、社会主义好、伟大祖国好、各族人民好的时代主旋律。三是书画比赛。广泛开展"全民阅读我参

与"活动,举办"每天读书一小时"的主题读书活动,并结合读书活动在"七一"期间组织开展房产系统书画比赛活动。

四个创建。一是创建节约型机关。广泛开展"资源节约我带头"活动。开展创节约型机关活动,结合本单位实际,在全局干部职工中开展勤俭节约教育,在全社会开展低碳经济低碳生活宣传教育。二是创建文明窗口。结合本行业实际,继续深入开展"创建文明窗口、做人民满意公仆"活动,推动转变职能,提高效能,改进作风,推动以"敬业、创新、奉献"为主题的创先争优活动不断深入。以倡导文明言行、改善城乡环境、维护公共秩序、提高服务质量为重点,组织开展"讲文明树新风"活动。三是创建志愿者服务新机制。我局各文明创建单位按照"一个组织、一支队伍、一面旗帜"的要求,建立志愿者服务队,在原有注册志愿者的基础上,完善组织网络,健全管理机制。以各单位志愿服务队为主体,在春节、元宵节期间开展以"送温暖、送文化、送卫生、送平安、送健康"为主要内容的"红红火火过大年"主题志愿服务活动。每年每单位开展3次以上卫生、环保、助残、送温暖献爱心和关爱空巢老人、留守儿童等志愿服务活动,将工作情况纳入文明单位考核范围。四是创建文明小区。开展创建文明小区活动,以改善居住环境,推进小区人文建设为宗旨,以创建文明城市为契机,以评选带发展,以点带面,提升小区品质,给居民创造良好的居住环境。

打造"五型"房产促文明

2012年是我市推进综合改革示范、实现跨越发展的关键一年,也是推进房地产市场健康稳定发展关键一年。我们深入贯彻落实市六次党代会、市七届人大一次会议精神,紧紧围绕建设宜居宜业组群式大城市战略目标,坚持调整房地产业发展思路,强化政策调控和市场监管,抓好住房保障、拆迁安置、物业管理等各项工作,着力打造"五型"房产,促进房地产市场健康稳定发展,促进文明建设向纵深发展。

——打造和谐房产。坚持惩治与预防并举,规范房地产市场秩序和企业经营行为,减少暴力拆迁、野蛮开发和违规交易行为。依法取缔黑中介,大力清除"恶物业"。进一步加强市区房产部门之间、房产部门与各职能部门、社区之间的沟通、协调,建设和谐房产。

——打造宜居房产。稳定商品房价格,将涨幅控制在全市GDP和城镇居民人均可支配收入增长速度之内。加大普通商品住房和保障性住房建设,调整住房供应结构。推广建筑节能新材料、新技术的应用,优化户型结构和设计。不断提高物业企业的服务质量和水平,推进老旧城区物业管理全覆盖,营造良好人居环境,建设宜居房产。

——打造数字房产。按照统筹规划、全面推进、分步实施的原则,推进房产系统信息化建设。完善商品房买卖合同网上备案和物业维修基金信息查询系统。加快房屋产权产籍数据库建设。基本完成我市个人住房信息系统和房地产市场基础信息数据平台建设,逐步构建统一的房地产交易与权属登记网上签约、交易过户、产权登记、信息查询的综合信息平台,实现"以图管房"。

——打造服务房产。对房产部门而言,第一要务是服务,即服务园区、服务项目、服务基层、服务群众。我们在全系统内培育重商文化,打造亲商、重商、留商、暖商的投资环境。坚持"最快、最优、最简"的原则,按照职权法定,流程再造的要求,进一步加强窗口建设,提高服务质量和水平,建设服务型房产。

——打造廉洁房产。坚持民主集中制,坚持"三重一大"事项科学决策、民主决策。坚持公平、公正、公开,阳光操作,做好保障性住房和拆迁安置房的建设和管理。坚持和完善财经制度,抓好各种专项资金的管理和使用。严控"三公"经费支出,认真开展廉政督查和工程建设领域专项治理和腐败风险预警防控,建设廉洁房产。

文明创建真如铁　而今迈步从头越

鄂州市房屋产权登记发证办公室

近年来,我办坚持党的基本路线,以"三个代表"重要思想为指导,紧紧围绕"科学、规范、和谐、发展"主题,一手抓房屋登记业务工作,一手抓精神文明建设,开拓创新、锐意进取,扎实推进了各项文明建设稳步协调发展。我办先

市产权办产权产籍实现规范化管理

后被授予全市房地产行业先进单位、"女职工双文明建功立业先进单位"、湖北省房地产交易与权属登记规范化管理单位、"十佳文明诚信窗口";2002—2006年、2010—2011年被授予"市级文明单位"称号;2008—2009年被授予"全市最佳文明单位"称号,受到了各级领导及办事群众的充分肯定和广泛好评。

加强软硬件建设　完善便民措施

随着我市房地产市场的飞跃发展,产权办原有的交易大厅已经不能满足工作需要。2006年,我办与其他部门共同筹资建成了全省一流的房地产交易服务大厅,大厅建筑面积约2000多平方米,同时还与武汉大学联合开发房地产信息管理软件,实现了房屋交易办证"网络化"和"一站式"服务,及时为群众提供各种信息服务。大厅内各类标识清

楚醒目、干净整洁,为服务对象提供了便利的条件和清新、典雅的环境。

规范办事程序　提高工作效率

为了方便群众,提高办事效率和服务质量,2010年我办按照《房屋登记办法》相关规定,进一步规范了房产交易与权属登记审核程序,缩短了办事时限,并将办事程序、收费项目和标准及有关政策规定,在LED显示屏连续滚动播出或制作成宣传牌,增加了工作的公开性和透明度。还将办事必收要件印制成办事指南手册发放给前来办事的群众。在窗口设立了"党员示范岗"和"文明示范岗",工作人员坚持统一着装,挂牌上岗,明确岗位职责,实行了首问负责制、限时办结制等便民措施。今年市住建委全系统在观音阁公园开展的"政风行风宣传"活动中,我办结合实际向全市市民郑重承诺了各种房屋登记的办事流程和办事时限,并制作成公示牌,要求工作人员严格遵守,努力提高办事效率。近五年来,我办共受理全市各类房屋产权登记总面积3018.15万平方米,产权登记发证121528本,房屋产权产籍档案整理60000余卷,登记面积和发证量,是前十年的总和。

开辟"绿色通道"实行延时服务。自2006年以来,我办在大厅开辟了房产交易与权属登记"绿色通道",对老、弱、病、残和军人实行优先办证。同时还大力提倡"不言不能办,只言怎么办"的人性化工作思路,并规定了迎来送往文明用语。在下班或节假日实行延时服务,避免群众长时间等候。同时,我们积极开展电话预约服务,主动上门为群众解忧排难,杜绝了"群众多跑冤枉路、办证环节多手续难"等问题的发生。

加强党风廉政建设　促进精神文明全面发展

我办始终坚持把贯彻落实党风廉政建设作为一项事关全办的政治任务来抓,做到常讨论、常分析、常检查,围绕纪检监察工作目标,认真履行职能。一是及时召开会议传达学习中央及省、市纪委会议精神,对党风廉政建设和反腐倡廉工作进行安排部署。二是落实完善党风廉政建设责任制,明确要求,把贯彻落实党风廉政建设责任制作为一项严肃的政治纪律来执行。三是严格落实民主集中制及领导班子议事制度,凡属重大决策、重要干部任免、重大项目安排和大额度资金使用,始终坚持党支部集体研究决定。四是强化反腐倡廉宣传教育,采取党支部学习、党小组学习、上专题廉政党课以及开展正反两方面典型教育活动等形式,努力加强干部职工思想素质教育。五是做好反腐抓源头工作,继续加强《关于领导干部报告个人重大事项的规定》的督促、检查,坚持制度落实和收支两条线的规定。

加强制度建设　促进规范化管理

我办在制度化建设和规范化管理方面苦下功夫:一是落实窗口服务承诺制度。倡导"以人为本、以客为尊"的服务理念,把群众是否满意作为衡量窗口工作优劣的唯一标准。二是推行政务公开制。把涉及群众切身利益的各类权力运行过程作为公开的重点,如将岗位职责、服务内容、办事程序、收件与收费标准、办理期限等予以上墙公示,增加工作透明度。三是实行登记审核责任追究制。在工作中,对一些疑难案件,坚持先调查,后写问题报告,然后集体研究决定,各类登记业务采取过错责任追究制,做到谁签字,谁审核,谁负责。由于各项制度完善、责权清晰、登记方法适当、监管措施得力,十多年来,产权登记无一例错案发生。四是建立督查和公示制。我办成立治庸问责领导小组,负责对单位干部职工劳动纪律、办事效率和窗口服务等实行明查暗访,不定期巡查,建立一周一统计、一月一通报和上下班时间工作人员电子考勤与去向登记制度。

文明创建真如铁,而今迈步从头越。在新的征途中,我办全体干部职工将继续加倍努力,以"三个代表"重要思想和科学发展观为指针,按照"政治工作方向化、行政执法工作中心化、思想工作重点化、文明教育经常化、活动形式多样化、创建活动规范化、联系实际特色化、各项工作制度化"的要求,将精神文明建设不断推向前进!

满园盛开文明花

鄂州市卫生局

近年来，全市卫生系统以"三个代表"重要思想和科学发展观为指导，紧紧围绕卫生改革与发展和"保持党的纯洁性、助推卫生新跨越"的目标，把精神文明建设摆在更加突出的位置，文明创建工作在改

全市卫生系统庆祝国际护士节

进中加强，在创新中发展，迈出了新步伐。近几年来，我局先后被省卫生厅、市文明委等部门授予"全省援外医疗工作先进集体"、"全省卫生系统思想政治工作先进单位"、"全省卫生系统目标考核先进单位"、"全省卫生系统行评工作优秀单位"、"市级文明单位"；连续三年被评为全市目标考核先进单位，2012年，荣获了全省卫生系统先进基层党组织、全省卫生系统文明创建先进单位、市直机关党建工作先进单位称号。市卫生局机关逐步建设成为一个政治坚定、作风民主、工作高效、服务优质、秩序井然、环境优美的文明单位。

加强领导，完善机制，统筹布局文明创建工作

精神文明建设是一项系统工程，必须用科学的发展观统领。我们将文明创建与"创优争先"、"作风建设年"、"服务年"、"双争"等活动

载体结合起来,列入年度工作目标,与各项业务工作一起规划,一起部署,一起落实,做到四个到位:一是思想到位。先后数次召开文明创建活动部署会议,对文明创建工作提出具体要求,通过宣传发动,增强了广大干部参与创建活动的自觉性。二是组织到位。为加强创建工作领导,我局成立了以局党组书记、局长为组长,各领导班子成员为副组长,各科室负责人为成员的创建工作领导小组,文明创建工作实行一把手负责制,主要领导亲自抓,责任明确,制度完备。三是目标到位。全局在年初目标责任签订上,把文明创建工作纳入年终百分制考核重点内容,全局文明创建工作做到"年初有计划、平时有活动、半年有总结、全年结硬账",促进文明创建工作达标;在创建过程中,文明创建领导小组坚持一周一检查通报,一月一考核奖惩,一季一评比,一年一表彰使创建活动走上了规范化、制度化、系列化轨道。并引入激励机制,对文明考核结果实行"挂钩"。即文明创建考核结果与职工的使用和干部的任免直接挂钩。在每年一次的干部考评中,把文明创建工作纳入重要考核内容,对抓文明创建工作不力的干部不参与年终评优,推动了创建工作的深入开展。四是制度到位。把创建活动的总体要求渗透到从严管理、规范管理、科学管理之中,用制度建设推进规范化管理。建立健全各项规章制度,实行岗位责任制。加大了对各项规章制度的建设力度,明确领导班子、机关支部和各科室及群团组织的任务和责任,形成文明创建的整体合力。

以人为本,提高素质,激发文明创建自觉性

在文明创建工作中,坚持以人为本,从一点一滴抓起,从"细胞工程"抓起,突出抓好干部职工的学习教育,不断提高干部队伍的整体素质。

结合创学习型机关等活动,认真开展政治理论学习、卫生专业法律法规的学习;深入开展了理想信念和廉洁从政教育、职业道德和艰苦奋斗教育；认真开展党纪、政纪和法纪教育。借鉴各种活动方式，开展警示学习教育。一是结合形势教育，围绕"保持党的先进性、助推卫生新跨越"的主题，在全市卫生系统开展了"解放思想、构筑精神高地"和"核心价值观在我心中"大讨论，从而使卫生系统干部职工明白了肩负的使命。二是结合廉政建设，组织干部职工观看了电影《忠诚与背叛》。把党风廉政建设，延伸到每个机关干部家庭，全方位筑牢拒腐防变的思想道德防线。按照"保持党的纯洁性"的要求，教育系统广大职工逐步形成科学的世界观，坚定对马克思主义的信心。三是结合读书月活动，组织干部职工每月读一至两本经典著作，并定期组织学习交流，提高人文素养。四是通过重温入党誓词，组织党员干部赴延安、麻城等革命根据地学习革命传统。五是组织干部职工学习身边的好人好事。学习人民的好医生顾光球、小处方医生王争艳、我市残疾人知心大姐苏柳英等先进典型，努力保持党员干部"八个纯洁"，发挥党员的先锋模范作用。

丰富内涵，不断创新，拓展文明创建活动空间

文明创建是一个不断推进、不断深化、不断完善的过程。为推进创建活动不断深化，我们坚持把文明创建与推进社会的文明进步结合起来，努力完成肩负的责任。一是在奉献社会中体现文明素质。围绕服务发展、服务社会、服务群众，针对人民群众关心的热点难点问题进行公开承诺，广泛开展"苏柳英小组"志愿服务活动，创建"王争艳工作室"，市疾控中心等2个单位相关科室被评为省级王争艳工作室。二是在创先争优中体现文明示范。结合纪念国际5·12护士节100周年和庆祝建党91周年活动，在全市卫生系统开展优秀共产党员、优秀党务工作者和先进基层党组织、优秀护士评选活动和开展"我身边的优秀共产党员"群众推荐活动，激励广大党员立足岗位，奋发向上，创造新业绩。三是在关爱青少年成长活动中体现文明素养。我局成立了关心下一代工作委员会,组建了未成年人生理及心理咨询专家组,组织开展对口帮扶农村学校卫生及学生状况调研、少年儿童心理及生理卫生咨询、革命传统教育报告会等活动。四是开展"三好一满意"活动。全力打造"冬梅护理"和"和谐高效"品牌,努力做到医德好、服务好、质量好和群众满意,受到省卫生厅的好评。五是开展志愿服务活动,树立卫生行业文明新风。以迎创活动为主线,把创先争优、"三抓一促"、双联双促等多项活动结合起来,积极引导医疗卫生基层党支部和党员干部亮身份、守承诺、作表率,推行卫生24小时应急服务、便民服务、志愿服务,帮助群众解决实际困难,进一步密切了干群关系,营造了卫生新风。

强化措施,突出重点,以文明创建助推卫生工作上台阶

文明创建是载体,不是目的,关键是促进工作。我们以文明创建为主线,强化工作措施,突出工作重点,实行"两手抓,两手硬"的工作思路,以文明创建助推各项卫生工作上台阶。

公立医院改革试点工作取得新突破。一是进一步理顺工作机制。重新调整市公立医院改革试点工作领导小组和市公立医院管理委员会,并在市卫生局内部充实了医管中心力量。二是加快推进公立医院建设。市中医医院住院大楼装修工程基本完成。市中心医院门急诊综合大楼桩基工程大部分已经完成。三是积极推进分工协作机制。结合行政层级改革工作,将葛店卫生院整体上划,与市中心医院建立医疗联合体,实行分工协作,双向转诊。四是加强医疗卫生信息化建设。完成区域医疗卫生信息中心建设,实现网络互联互通,该系统正式投入使用。五是探索破除"以药养医"机制。在市妇幼保健院试行取消药品加成政策。在二级医院试行优质护理新价格,并将大型检查费用下调10%。六是加强人才队伍建设。市中心医院与武汉大学省人民医院联合主办生物医学工程硕士班。

基层医疗服务能力不断提升,基本公共卫生服务项目全面落实。

局党组始终站在"逐步实现人人享有基本医疗卫生服务"的高度,加强了基层医疗卫生服务体系建设。近三年来,共计投入9745万元对全市村卫生室、乡镇卫生院和社区卫生服务机构进行改扩建,改善基层医疗卫生机构的基础设施。筹资1800万元,在全市社区卫生服务机构和乡镇卫生院实施国家基本药物制度,统一实行零差率销售,减少患者药品费用负担2000万元。筹资2000万元免费为群众提供建立居民健康档案、预防保健、健康教育、慢性病管理、老年人保健、妇女保健、儿童保健、重性精神病管理和传染病防治等9项公共卫生服务。

重大疾病防控和应急处理工作有序开展。今年以来,市手足口病疫情较为严重,防控形势十分严峻。按照"村级巡查、乡镇留观、定点救治"的原则,全面加强手足口病防控工作,手足口病疫情得到有效控制。与全省比较,我市疫情仍处较低水平。艾滋病防治工作扎实有效。结核病防控策略全面落实。加强医疗卫生应急规范化和卫生应急管理"五个一"工程,重新修订各种医疗卫生应急预案,并开展演练,突发公共卫生事件应对有序。

此外,卫生监督执法工作成效明显,爱国卫生运动深入开展,医疗质量管理水平进一步提高。

我局文明创建工作虽然取得一些成绩,但离上级部门的要求还有差距,我们将以这次创建工作为契机,以"争优创先"活动为抓手,进一步解放思想,开拓创新,狠抓落实,促进我市卫生工作又好又快发展。

用心擦亮文明"窗口"

鄂州市光明大酒店

鄂州市广源资产管理中心光明大酒店是一个有100余名职工，100余间客房，集餐饮、住宿为一体的二星级酒店。近年来，我们坚持以党的十七大精神和科学发展观为指导，以职工思想道德教育为突破口，

开展职业道德教育

以强化管理为抓手，以提升职工综合素质和经营管理质效为目标，全方位开展精神文明创建工作，提升了窗口服务形象，促进了酒店各项工作的开展。

强化领导班子建设，打造和谐管理团队

"火车跑得快，全靠头来带。"我们以"四好领导班子"建设为平台，不断促进领导班子的思想政治建设、治企能力建设、作风建设，增强班子及成员的政治意识、大局意识、责任意识和忧患意识，着力打造"政治素质好、经营业绩好、团结协作好、作风形象好"职工群众信得过的"四好"坚强领导集体。

一是加强理论学习。以中心组为学习平台，以中国特色社会主义理论体系、党和国家大政方针等为主要学习内容，结合实际，每个季度

确立一至两个学习专题进行重点学习。通过不断学习,努力提高领导班子政治理论水平和业务水平,提高处理大事的能力。

二是完善民主集中制的领导机制。认真贯彻执行民主集中制的原则,完善班子集体议事规则和程序,坚持"三重一大"问题集体研究决定,做到集体领导和个人分工负责相结合,充分发挥班子集体智慧,形成班子整体合力。在班子内部努力营造"大事讲原则,小事讲团结,遇事有沟通"的管理氛围。通过班子成员的共同努力,酒店管理团队的整体功能发挥良好,酒店的凝聚力进一步提高,执行力进一步加强。

三是加强党风廉政建设。认真落实党风廉政建设责任制的有关规定,将党风廉政建设目标进行层层分解,使班子成员切实履行"一岗双责"责任制,确保党风廉政建设责任制的全面落实,确保了不发生违反党风廉政建设的人和事。

加强员工教育培训,不断提升酒店形象

我们认为,员工业务水平的好坏,决定了企业的竞争力,员工思想素质的高低决定了企业精神文明建设的成果。为此,我们进一步加强了员工的政治思想教育和业务技能的培训,努力提高企业的内质外形。

一是将员工思想教育作为酒店管理的重要一环,不断提高员工的思想政治素质。针对近年来社会上少数人思想道德滑坡,职业道德缺失的实际,我们在酒店内部持续开展了以"八荣八耻"为主要内容的员工思想道德教育,以"职业道德提升工程"为主要内容的职工职业道德教育,教育职工在单位做个好员工,在社会做个好公民,在家庭做个好成员。

通过持续不断思想教育,酒店员工的政治思想觉悟有了深刻的变化,好人好事层出不穷。客房部员工范晓红在收拾客房时,发现一个钱包,里面有六千元现金和八张银行卡,他马上交给总台,通过多方联系,还给了失主,受到了客户的高度赞扬。

其实像这种"拾金不昧"的行为在我们光明大酒店还有很多,他从一个侧面展示了员工的良好职业道德,代表了一个群体,彰显了社会的文明与祥和,传递了中华民族的传统美德。

二是加强员工的业务培训,不断提高员工的专业素养。我们每年都要制订员工业务培训计划,通过自训、外训和聘请酒店管理公司进行专业培训等多种形式,对员工进行技能理论、实际操作、礼仪、礼貌、服务意识等多方面内容进行培训,提升员工的优质服务意识和服务技能。我们还针对员工流动性大的特点,及时抓好部门内部的岗位培训,确保日常工作不断档,服务水平不滑坡。

健全安全保障体系,确保人财物安全

酒店作为一个易燃物品多、客人流动性大的公共场合,不仅是社会文明的窗口,也是安全工作的重点。我们光明大酒店始终将安全工作作为各项工作的重点之一,常抓不懈,保证了人财物的安全。

一是根据上级有关安全工作的要求,结合酒店具体实际,每年都要进行两次安全工作重点整治,找出酒店安全工作危险点,逐一落实整改,收到了良好的效果,从未发生酒店安全事故。

二是将消防安全作为安全工作的重点,组建了义务消防队伍,定期检查消防设施,并邀请消防支队专责人员进行了消防知识理论培训及防火实际操作培训,使全体员工正确掌握了使用消防设施设备,从消防组织上、业务技能上保证了酒店的防火安全。对酒店电气设备实行定期维护保养,改变了过去重使用轻维护的习惯,确保了设备的安全运行。

三是从强化管理入手,严防食物中毒。严格落实食品卫生制度,对所有进入酒店的食物全部实行定点采购,使其产地可以得到追索;严格验收、出入库制度,做到腐烂变质的食物坚决不用;严格清洗、消毒程序,保证厨具、餐具干净卫生;严格厨师的管理,做到无健康证、厨师等

级证不上岗,坚决不允许使用违规添加剂。

四是通过配置红外线防盗装置,加强保安队伍教育管理等措施,做好防盗工作,确保了住房客人的财产安全。

强化内部考核,不断提升经营业绩

我们在广泛征求员工意见的基础上,出台了内部业绩考核办法,对营业额、利润率、成本、应收账款余额等核心指标进行了日常考核。使酒店的营业额每年以20%的速度提升,经营理念得到加强,经济效益得到提高。

以人为本,丰富员工物质和精神生活

我们坚持员工为客人服务、酒店为员工服务的理念,坚持人性化管理,增强员工的主人翁意识和归宿感。

一是从关心员工的生活入手,改善员工住宿条件,提高员工工作餐质量,解决好员工生活上的后顾之忧,让大家在酒店找到"家"的感觉。

二是根据酒店的经营状况,适时提高员工的工资待遇,使他们干得安心。

三是积极支持酒店工会的工作,及时做好"送温暖"工作,特别是在员工遇到难事、麻烦事时,酒店在力所能及的范围内,都要尽可能帮助解决。

四是建立了职工书屋,成立了职工摄影、文学、体育等兴趣小组,努力丰富职工业余文化生活。

我店在市旅游服务行业中,虽然说算不上龙头老大,做不了第一,但是我们决心在文明创建工作上争做第一,在服务社会、服务人民上热情上争当第一,努力为鄂州经济建设增砖添瓦,努力擦亮鄂州对外服务的"窗口"形象。

文明创建结硕果　物价工作上台阶

鄂州市物价系统

近两年来,市物价部门精神文明建设工作以科学发展观为指导,以科学发展跨越发展为主题,以稳定市场价格总水平为基础,以政风行风评议活动为契机,加大部门作风建设的力度。为加快促进我市城乡一体化、综合试验改革提供了良好的价格环境。目前,市物价系统各单位都被评为市级文明单位;市物价局被评为全省物价系统先进集体,市价格监督检查局被国家发改委评为"国家级规范化物价检查所(局)",市价格认证中心被省物价局评为"省级规范化认证中心",全系统精神文明建设跃上了新台阶。

加强组织领导,明确创建目标任务

首先,我们及时成立了文明创建工作领导小组,制定了文明创建工作实施方案,明确局领导班子成员在各自分管范围内的精神文明建设任务,年初,各科室负责人就文明创建、社会治安、计划生育、廉政建设等内容与局分管领导签订目标责任状,各科室同时将责任内容分解到每位干部,形成了"一把手"负总责,谁主管谁负责,一级抓一级,层层抓落实的文明建设责任制落实体系;其次,我们创建领导小组年初对全局的精神文明建设活动进行集中布置,年中进行督促检查,年尾结合目标任务一并进行考核。每个月,在局办公会上,各科室及二级单位负责人就业务工作、精神文明建设情况等向机关干部作全面的报告,局创建领导小组就汇报情况不定期进行检查和督促;最后,还积极开展了转变机关工作作风、重塑部门形象等活动,在全局范围大兴调查研究之风,运用科学的理论解决群众生活中的价费热点、难点问题,努力做到办实事、求实效。

加强队伍建设,不断提高干部综合素养

一是加强学习。我们多年来坚持学习日制度,采取灵活多样的形式,全面深入地学习"三个代表"重要思想和科学发展观理论,学习市场经济、物价专业知识,不断更新观念、更新知识,提高干部的思想水平、政治素质、业务能力和执法水平;分科室就各自的业务工作轮流进行主体发言,共同学习、共同探讨、相互提高;聘请专业人员对执法干部集中培训物价、行政法律、法规,增强干部依法办事、依法行政、依法治价的意识,教育干部乐于奉献、诚实守信。二是教育干部廉洁从政、文明执法。教育全局党员干部要坚持以人为本,把维护好人民群众的利益作为物价工作的出发点和落脚点,着力解决政府和社会关注、人民群众关心的价格热点和难点问题。深入基层、深入实际,调查了解实情,勇于创新、积极探索新的工作思路,坚持做到公正执法、文明执法。三是加强作风建设,提高机关文明程度。我们围绕依法治价、科学定价、廉洁管价,不断健全和完善工作监管机制。进一步完善了价格决策审议和价格违法案件审理制度,实行执法责任制和行政问责制度,严格履行价格决策公开、集体审议(理)和成本监审程序,认真执行价格听证、收费公示、公开服务承诺和明码标价制度。把作风建设与提高机关文明程度紧密结合起来,使机关精神文明建设逐步走上经常化、制度化轨道。

丰富创建形式,不断陶冶干部情操

一是积极参加了花园社区组织的安全无盗社区创建活动,在花园广场制作了文明创建宣传栏。二是开展了健康有益的文化活动。组织价格法律知识竞赛,参加了"四城"创建办组织的全省卫生城创建活

动,利用"七一"建党节之机,组织全局党员干部开展形式多样的文娱活动等,此外,还举办了学习园地,要求干部通过社会实践活动,写出深刻的心得体会,提升文化活动的成效。三是加强和谐机关建设。全局系统通过积极开展形式多样、内容丰富的爱国主义、集体主义及形势教育,干部能正确处理国家、集体、个人三者的利益关系;干群之间团结友爱、相互帮助、相互提高,机关的和谐程度进一步提高。

两年来,我们通过抓精神文明建设,不但促进了机关作风的进一步转变,还促进了全局各单位廉政建设、计划生育和社会治安综合治理及业务等项工作的全面提高,全系统的精神文明建设工作取得了新的成效。

检查市场物价

为流浪者营造温馨港湾

鄂州市救助管理站

"把流浪乞讨者当亲人,真情关心他们,真心帮助他们。"在文明单位创建活动中,我们救助管理站以"强化为民服务"为原则,为那些需要救助者营造温情温馨的港湾。管理站自2006年5月建成投入使用以来,共救助流浪乞讨人员3000余人次,其中未成年人350人次,实现了城市街头基本无流浪儿童的目标。我站连续两届被评为"市级文明单位"。

寒冬里,点燃"温暖"之火

在文明单位创建工作中,我们不断增强服务意识,大力提升服务能力,着力转变服务作风,通过亲情化的照料、精细化的服务,让流浪者及乞讨人员感受到党和政府的关怀。

从2009年开始,我们每年开展"冬季救助行动"。对街头流浪乞讨人员、迷失老人、未成年人及其他困难群体给予救助。

在"冬季救助行动"期间,将视天气恶劣的情况,分批次安排工作人员,带班带车上街巡逻,主动开展巡回救助活动,积极劝导、劝返街头流浪乞讨人员,保障被救助人员的人身安全,帮助被救助对象及时返乡。

针对街上不愿意接受救助而又露宿街头的人员,工作人员也采取了相应措施——发放棉衣、棉被和食品给予及时救助。向流浪乞讨儿童进行保护性的救助,给求助对象及时提供住宿、食品、乘车凭证,并24小时保持通讯联系。同时,积极协助其他部门做好街头危重病人、精神病人的救助工作。专门制定了应对紧急、突发事件的处置预案,保证做到及时到场、及时报告、及时处置。

2011年的"冬季救助行动",我们先后为108名困难群众提供了紧急救助。去年12月6日,工作人员沿街寻找需要救助的流浪者时,在江边蟠龙集贸市场的出口旁边,发现了一位睡在地上的婆婆。通过与该婆婆交谈得知,婆婆姓佟,辽宁人,已经83岁了,为学习气功治疗失眠而来到我市。工作人员极力劝其回家,可佟婆婆表示不愿意回去。我们将佟婆婆送回家两次,但不久后她又独自一人来到鄂州。对于佟婆婆这种不愿意接受救助的流浪者,我们没有弃之不管,而是关怀备至,为她提供食物和御寒衣服,让她在异乡感到处处有亲人。

在站办公楼二楼,写了一条标语:"您来了,就等于到了家!"救助管理站,就是流浪者、乞讨人员的"家"。为了让他们感受到"家"的温暖、温馨,我们制订了工作人员守则,规定"九不准":不准拘禁或者变相拘禁受助人员;不准打骂、体罚或者虐待受助人员;不准敲诈、勒索、侵吞受助人员的财物;不准克扣受助人员的生活供应品;不准扣压受助人员的证件、申诉控告材料;不准任用受助人员担任管理工作;不准使用受助人员为工作人员干私活;不准在工作期间饮酒;不准调戏妇女。

为了更好做好"冬季救助行动",我们还制订了"首问责任人"制度,要求全站干部职工增强服务意识,确定第一个对受助人询问(包括电话等其他方式询问)的工作人员为"首问责任人"。首问责任人必须热情、文明、认真地接待受助人。首问责任人应该帮助受助人了解有关政策、制度及程序,保证受助人顺利在本站得到救助。进站人员不符合救助条件,不能得到救助的,首问责任人要说明原因,耐心解答。首问责任人对所做的接待工作负责。如发现有不负责任、办事推诿等行为者,将根据情况做严肃处理。

把关爱献给最需要的人

在救助工作中,我站坚持"以人为本",严格执行"应救尽救、当助必助、该拒非拒、当罚必惩"的工作原则,把关爱献给那些最需要帮助的人,让文明之花开遍救助管理站。

我们救助管理站的工作人员不多,只有14人,但任何时候你到救助管理站都会有人热情接待你,因为这里每天有两人24小时值班。自2003年救助管理站挂牌以来,平均每年救助的人数都在七八百左右,救助的对象主要是老、弱、病、残等一些没有能力工作的人,那些因为暂时困难(比如钱被抢了或陷入传销陷阱)而无力返乡回家的人,在这里也会得到帮助。

去年8月,天气炎热,正在值班的救助员姜志文收到泽林派出所送来的一位40多岁的孝感男子。送来的时候,一条腿已经腐烂,很远就能闻到一股臭味。这类人员本来这不属于这里管,但不管他就有可能病死。但救治又是一笔不小的费用,站长廖传红说:"救人要紧,赶快送医院!"姜志文与其他工作人员迅速把他送到优抚医院。挂好号,要背病人上楼,面对身上脏兮兮又散发出臭味的求助人,姜志文二话没说,背起来就往楼上走。这个病人住院的那段时间,站里每天都派人去照护,出院后又开车将他送回家。临走的时候,站里还买了很多药给他带了回去。"其实后来我们才知道他的腿是被车撞的,肇事人逃了,他当时也没去医院,直到脚溃烂发臭,不能行走才被好心人送到派出所,再送到救助管理站。要是当时能及时送到医院就不会这样了。"廖传红遗憾地说。

在这里,这样的事不只这一件,而是太多了。2011年11月,派出所送来一位78岁的老人,送来的时候老人已经身患肾病和癌症。在填完登记表后,经询问才知道,他是北京人,在上个世纪50年代因为感情问题跑了出来,最后留在了鄂州。他原来在八一钢铁厂工作,后来工厂倒闭了,他就在附近搭了个棚,靠捡破烂度日。站里派专人把他送到了北京救助管理站,使老人"叶落归根"。面对需要救助的人,救助人员不敢有丝毫的懈怠。2010年,救助管理站来了一位山东老人,74岁,患肾病,非常严重,送来的时候奄奄一息,在医院住了7天后,工作人员用担架把他抬上火车,一路精心照顾,将老人送回家。

在重大节日、恶劣天气期间,我们会派出巡回救助车到城区繁华地段开展对流浪乞讨人员的主动救助活动,但可惜的是大部分乞讨人员都拒绝救助。一次,市民打电话反映:鄂钢附近有一精神病人,人称"武疯子",在路旁睡了很长时间没人管。救助人员马上上街寻找,可是他根本不让人靠近,还拿砖头砸救助人员,救助人员只好把带去的饼干、矿泉水放在一边悄悄地走了。虽然这位"武疯子"并不属于救助对象,可是看到天气一天比一天冷时,站长廖传红还是担心大雪天他会不会冻着,总会让救助人员适时送去棉被和食品。第五次去看望"武疯子"时,站长廖传红带去精神病治疗医生,全站出动,总算把他送到了医院,让他得到了很好治疗。

每年过年的时候,救助管理站里会有一些没来得及送回家的人,站长廖传红都会和受助者一起吃团圆饭,会理发的廖传红还自己动手给他们理发,让他们换上一套干净的衣服,迎接新年。

"自愿受助,无偿救助"是救助管理站的原则。俗话说,授人玫瑰,手留余香。可是在这里听到的不光是感谢,还有不理解和谩骂的声音。

有一天,公安部门送来了一个10岁的聋哑儿童,是山西运城的。据公安部门介绍是因为偷东西被抓的,由于年龄太小,户籍又不在本地,就把他送到了救助管理站。救助人员迅速与孩子家取得联系,可是就在他家人开车赶过来的前一天,他扳开铁门从救助管理站跑了。他父母来了,大声责怪我们救助人员,甚至谩骂。我们默默承受,四处派人寻找,最终找到了孩子。

一些精神病人,你把他们留在救助管理站住吧,说不定他们什么时候就会做出破坏性的事来。有一天晚上,一个20岁左右的男性精神病人住在这里,凌晨4点钟他突然用火机把盖的被子点着了,满屋子的烟,要不是发现得及时,后果就严重了。你把他们送到精神病医院吧,这中间的费用又由谁出？很多市民不理解，觉得救助管理站就应该救助所有的人。其实不是这样的，救助管理站有自己的救助范围，而且经费也有限。但在范围之外，我们也会全力救助。在这里，全体救助人员的信念就是：把关爱献给最需要的人，让救助管理站成为我们这个城市最充满人文关怀的温馨港湾。

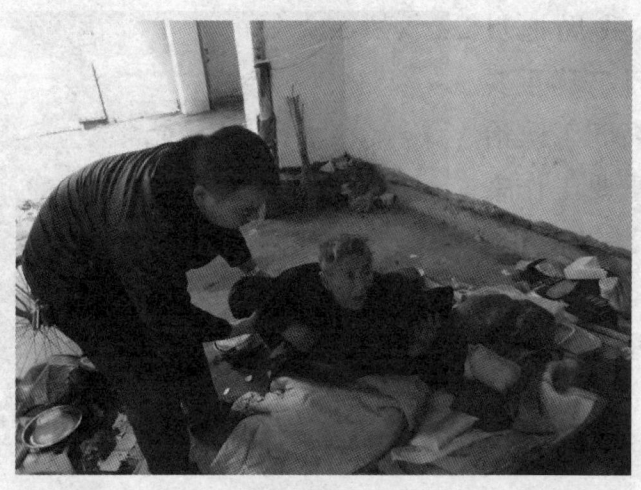

救助流浪老人

强化精神文明建设　促进公共就业服务

鄂州市劳动就业管理局

近年来，我局把贯彻落实"三个代表"重要思想作为提高职工政治思想素质的重要工作来抓，用科学发展观指导全局工作，紧密围绕经济建设、文明创建和就业工作大局，扎实开展文明单位创建活动，全面提升了干部职工的文明素质和单位的文明形象。先后多次被省、市评为"先进单位"，2006—2010年连续被评为"市级文明单位"。

加强科学发展观学习，提升干部队伍素质

领导重视、狠抓落实，争创市级文明单位

思想认识高。早在2005年，局党总支就将文明单位创建活动摆到重要议事日程。党总支一班人充分认识到创建文明单位是一个单位精神面貌的综合反映，是践行"三个代表"重要思想和科学发展观的有力表现，提出了"巩固提高，提档升位，全面创建市级文明单位"的思路。并在全局提出了争创市级最佳文明单位的目标，以利于全市劳动就业工作的发展，维护社会稳定，促进我市经济发展。

组织体系全。在局总支领导下，成立了创建文明单位领导小组，并制定下发了《鄂州市就业局关于创建市级文明单位的工作方案》、《鄂州市就业局关于创建市级文明单位实施细则》,明确了指导思想、总体目标、建设内容和要求。对照创建目标进行细化分解,把责任落实到科室、个人。每年制定目标责任书,将精神文明建设的各项内容列入目标考核的公共考核内容。形成一级抓一级、层层抓落实的目标责任制,每年年初各科室与局领导签订工作目标责任书,季度考核、半年总结、年终总结。

内强素质、外树形象,建设高素质干部队伍

抓思想教育。坚持周五下午政治业务学习制度,及时学习党的各项方针政策,学习先进人物的模范事迹,撰写心得体会,并张榜公布。要求干部职工在工作之余坚持自学,使学习活动内化于心、外化于行,做到学习常态化。

抓业务培训。每年不定期组织业务技能、法律法规知识的学习培训,通过请专家讲课、局领导及科室负责人授课等形式,提高全体人员综合素质,收到较好效果。通过多层次、多渠道的学习培训,提高了全局干部职工的理论、业务水平,全局上下比学习、比能力、比业绩、比奉献的风气更加浓厚,也带动了队伍整体素质的提高。

抓宣传教育。深入动员,提高创建共识,让大家自觉投身到创建活动中去,结合工作实际,以局容局貌的不断改善和职工素质的全面提高为目标,精心打造就业局形象,营造良好的创建氛围,形成了"人人重视,人人参与,全面受益"的创建局面。

抓服务质量。一方面,把局机关规章制度、工作职责、业务办理流程及局领导、工作人员的姓名、职务、办公电话等内容在公示栏、网站等渠道进行公开,方便群众办事,接受群众监督。另一方面,健全各项服务制度,实行首问负责制、一次性告知制、限时办结制、岗位责任制、服务承诺制、沟通联系制和跟踪回访制,坚决杜绝门难进、脸难看、事难办现象。把工作人员的行政行为置于群众的监督之下,实行文明服务、阳

光服务,有力推动了全局的精神文明建设及文明创建工作。

丰富载体、夯实基础,树立就业系统干部职工文明新风

扎实推进"百万市民文明素质提升工程"。一是加强学习提升素质。坚持每周一次理论学习、每月一次党课、每半年一次讨论交流、每年一次总结表彰的学习制度,强化干部职工对《鄂州市民文明礼仪手册》等内容的学习宣传和教育,形成全局干部职工学礼仪、讲文明、树新风的良好氛围。二是宣传典型提升素质。组织开展"学习雷锋"活动及"我推荐、我评议身边好人"活动,扩大典型引导效果,激励干部职工自觉提高自身文明素养,增强为民服务意识。三是营造文明服务的良好环境。通过创建"优质服务窗口"、设立党员示范岗等,大力倡导文明用语,热情服务,以"三优"环境(优美环境、优质服务、优良秩序)要求干部职工,感染群众,共同提高文明素质。

深入开展治庸问责、创先争优活动。将开展治庸问责活动同创建"优质服务窗口"活动相结合,以治庸问责促进"优质服务窗口"创建,以创建"优质服务窗口"提高干部席位意识、责任意识、服务意识和创新意识。突出抓好自查自纠、问题整改、公开承诺等工作,全面排查存在的"庸、懒、散、软"行为,并制定切实有效的措施加以改进。在窗口单位推行零距离、零差错、零诉求的"三零"服务,为重点企业进行一对一服务。通过治庸问责和创建"优质服务窗口"活动切实解决干部职工精神之庸、能力之庸、责任之庸的"三庸"现象和不负责、不尽责、不担当的"三不"问题,努力促进全局精神面貌大改观、干部作风大转变、服务效能大提升、发展环境大改善,为推动我市劳动就业事业全面发展提供了坚实保障。

积极开展丰富多彩的文化娱乐活动。在加强干部职工思想道德和文明素养建设的同时,也注重丰富职工业余文化生活,我们经常利用春节、"五一"、"八一"、"十一"等节日开展丰富多彩的职工文化活动,先后组织了乒乓球、羽毛球、跳绳、拔河比赛,新春文艺会演以及外出学习考察等活动,使大家在繁忙的工作之余放松了神经,营造了一个欢乐和谐的氛围。

履行职责、强化服务,将文明创建工作融入就业工作

鼓励创业,拓宽就业。近年来,我市通过创建创业型城市、强化创业贷款、创业培训、落实优惠政策等措施鼓励城乡劳动者自主创业。动员各级各部门开展创建创业型街道、创业型乡镇、创业型社区活动,营造创业氛围;在全市推行创业贷款联合审批制,为创业者提供融资服务;分期开设SYB、SIYB等多种形式的创业培训班提高创业者的创业能力;落实创业优惠政策,为创业者创业提供全程帮扶。在市委市政府领导的指导下制订了《全民创业工程实施方案》。目前正积极创建国家级创业型城市,我市全民创业氛围浓厚,创业服务平台不断完善,全民创业效果明显。

突出重点,扶持就业。通过开展"春风行动"、"再就业援助月"、"民营企业招聘周"、"武汉富士康专场招聘会"、"大学生就业服务月"等活动,以及大力开发公益性岗位、加大技能培训力度等方式,着力解决高校毕业生、大龄失业人员和农村劳动力就业难的问题,为城乡劳动者提供更多的就业岗位,帮助其实现充分就业。截至7月,今年我市城镇新增就业20292人,下岗失业人员再就业4851人,城镇登记失业率为4.2%,低于全省目标控制数。

强化培训,素质就业。在全省开展职业技能培训工作面临巨大压力的情况下,我们严格规范职业培训机构的培训行为,广泛开展"订单式"、"对接式"、"储备式"职业技能培训,将培训办进乡镇、办进社区、办进园区、办进校区,全力提高劳动者的就业能力。1—7月份,全市共培训下岗失业人员4097人,培训农村劳动力7170人,分别完成年度目标任务的68.3%和71.7%。

服务企业,稳定就业。结合我市企业发展实际,着力解决"招工难"问题,稳定就业形势,我们组织多个调查队深入全市百家规模较大的企业展开调查,结合实际为其用工提供服务。并为十家重点企业开通"就业服务直通车",市就业局、市公共就业服务中心与全市10家重点企业之间形成了"合作三加十,服务百分百"的工作机制。

通过开展精神文明建设,我们的局风局貌、服务水平、工作质量都有了新的提高。今后全局干部职工们将一如既往,开拓创新,狠抓精神文明建设工作,为建设文明幸福鄂州而努力奋斗。

创新四项体系 实现五个提高

鄂州市道路运输管理处

近年来,我处以科学发展观为统领,以综改示范市建设为动力,以加强基础设施建设和提高从业人员的素质为根本,以规范行业秩序和提高科技水平为手段,以实现可持续发展和创建文明行业为目标,积极推进道路运输一体化,创新四项体系,实现五个提高,推动了我市道路运输业全面、协调、快速、健康发展。近年来,我处连续多次被市委、市政府评为"市级文明单位";被省运管局评为"先进集体";被市安委会评为"安全生产工作先进单位";被团市委授予"青年文明号"。

强化道路运输市场监管能力,行业管理实现新提高

近年来,我处重点加强了安全生产管理体系、服务质量信誉考评体系、客运站场监控体系、投诉快速处理体系的建设,强化了道路运输的监管能力,实现了道路运输行业管理的新提高。

完善安全生产管理体系。通过对不同单位、不同岗位安全责任的细化、量化,逐步建立健全科学配套的安全责任体系。在定期和不定期对重点单位、重点部位、重点人员进行检查的同时,积极推行"一线工作法",处党委成员带队,带领机关分管科室及运管所主要负责人,挂点各重点客运、危货运输企业,负责督查督办挂点企业进一步完善和落实安全生产管理制度并督促企业对照制度进行自查自纠,及时整改;各队对整改落实情况进行严格验收并及时反馈企业,切实督办整改到位;各运管所对辖区内道路运输企业安全生产工作负责,完善和落实安全生产责任制,对主要负责人履职情况、内设安全机构、安全责任状签订、应急预案、安全生产例会记录、隐患排查及整改落实、从业人员资质、GPS安装使用以及监控记录、车辆技术状况、企业及应急器材等情况进行深入细致的检查,在路检路查中对被检查的车辆进行安全检查并做好记录。积极推行长途卧铺客车安装视频监控系统,在凌晨2点至5点实行强制停车休息的措施,保证旅客生命财产安全。

完善服务质量信誉考核体系。我们在客、货运输、驾驶员培训、维修行业建立了相应的质量信誉考核标准、考核程度和考核办法,并将考核结果及时通过媒体向社会公开,并实行"黑名单"制度,对不讲信誉的企业和从业人员,在档案中注明,严重的将取消经营许可证和从业资格。对讲信誉的企业,在线路审批、扩大经营上进行重点扶持。

完善重点线路站场监控体系。在全市推行了重点站场客流调查制度、重点线路评估制度和违章经营情况通报制度。针对一些"热点"线路中隐藏的矛盾,及时进行调查摸底,妥善处理业户反映强烈的问题,将矛盾化解在萌芽状态,避免发生群体性上访事件。对违规经营的企业,在全市进行通报批评,并下达整改通知书。在重点站场实行运管员驻站制度,加强信息联络,合理调配客运高峰和应急处置。

完善投诉快速处理体系。加强热线管理,提高快速投诉处理能力。一是实行双休日值班制度,保证节假日有人24时值班,接受投诉。二是不断扩大"96595"投诉电话的社会影响力,提高群众的认知度。三是通过市民热线,建起"连心桥",宣传道路运输知识,解答道路运输中的热点、难点问题。在投诉工作中,建立受理、催办、反馈、回复一条龙的规范动作程序,限时办结,及时反馈。

规范道路运输市场行为,服务质量实现新提高

为规范道路运输市场秩序,我处加大了道路运输市场的治理整顿,对违规行为进行重点打击,注重解决道路运输市场中出现的热点、难点问题,建立和完善应急运输保障机制,促进道路运输经营环境进一步改

善,行业的服务质量进一步提高。

加强部门联动,严厉打击违规行为。针对高速公路上客运车辆非法营运、不按规定站点停靠等违法现象十分突出的问题,我处联合高管四大队,成立由两部门负责人挂帅的整治专班。通过部门联动,将高管民警的发现查处优势与运管部门的管理处罚优势进行互补,重点打击在高速公路沿途上下乘客的违法客运车辆。我们还加强了与公安、安监、旅游、路政联合执法,负责全市专项整治工作的协调调度和统一执法工作。通过部门联动机制,加强了沟通协作,形成了整治合力,实现了公路无"三乱"的目标。

加强节日期间的运输市场管理。节日期间,从重点部位和重点环节入手,深入运输企业、客运站等运输单位,开展安全隐患大排查,严把营运车辆技术状况关,凡不符合国家标准的车辆一律不得进入道路运输市场,凡技术条件达不到要求的车辆一律终止其从事道路运输经营;综合性能检测站凡出具虚假检测报告、检测漏项的一律严肃处理;严把从业资格关,对严重违规的从业人员依法取缔其从业资格。

加大旅游客运市场专项整治。成立了工作专班,组织了3个稽查队,派出30多名稽查人员和4台稽查车,在城区各旅客集散地对旅游客车进行重点检查。排查旅游运输安全隐患,取缔挂靠经营,查处违法经营、更新老旧车辆,落实"人、车、路、运"安全责任制,提升了我市旅游客运安全管理和运输服务水平。

加大"打非治违"专项整治。坚持疏堵结合的方针,加大力度对非法营运猖獗的客货集散地实施整治,打击"非法营运"工作确保不留死角。我处"打非"专项行动领导小组从各所抽调一线执法人员成立7个稽查队对全市3个大片区7个小片区开展专项整治,另专门成立一支流动稽查队对"非法营运"车辆活动猖獗的地区实施重点打击并配合其他稽查队应对突发事件。

提升应急处理能力,提供运输保障。在春运、"十一"、"五一"等重大节日期间,着力提高道路运输保障能力,合理安排运力,适应市场需要,认真落实各项安全管理和服务措施,制订应急预案,加强市场监管。

加强道路运输法制建设,执法队伍实现新提高

加强队伍建设,提升业务和综合素质。着力加强执法培训工作,每年对执法人员进行轮训,聘请法律专家授课,并选派业务尖子参加各种培训。同时建立执法人员考核机制,完善各所执法年度目标考核标准和考核办法,大大提高了全处整体素质和执法水平。

着力提升运管人员形象。自全省"大培训、大比武"活动开展以来,组织全处干部职工对《行政处罚法》、《道路运输条例》等20余部法律法规、道路运输和出租汽车客运业务知识进行全面学习、全员轮训、全员考试、全员比武,经过几轮严格的淘汰赛,挑选10名队员组成的参赛队参加了大比武。通过"大培训、大比武"活动,充分展示了鄂州运管人积极进取、勇于拼搏、敢于争先、团结协作的精神风貌。

加强道路运输信息化建设,管理手段实现新提高

加强高科技管理应用。为规范营运车辆按规定线路行驶、禁止站外经营、打击非法营运车辆,纠正客车长线短跑、串线、站外带客、乱停乱靠、随意上下客等违章经营行为,我处投入40万元,在高速公路鄂州站(进出口)、路口站、鄂黄大桥转盘、西山车站等重点地段安装了视频信息监控系统,大大提高了监管能力,提高了安全系数。

完善视频会议系统。2011年,省运管局开通了视频会议系统后,我处认真做好设备的安装调试工作,布置会场,及时接收传达省局的会议精神。视频会议系统的开通,节省了时间,节省了成本,实现了远距离办公。

深入开展行业文明建设,创建成果实现新提高

近年来,我处通过开展"创先争优"、"喜迎十八大、争创新业绩"、"作风建设年"、"三抓一促"、"保持党的纯洁性"等活动,积极推进行业文明建设。坚持以人为本,在提高人的素质上下功夫;建立长效机制,提高文明创建工作水平;规范基层所站建设,不断深化创建成果;加强监督管理,促进全行业的规范服务。

我们强化为民意识和服务意识,优化办事程序,将办事流程、服务承诺向社会公示。行政办事大厅每星期由值班领导现场指导,牢固树立了工作人员的大局观和服务意识。在天气最炎热的审验及质量信誉考核期,在服务大厅设立办事人员休息区,提供茶水和防暑药品,中午不休息。为方便一些正常工作时间不能来办事或远道而来的车主、司机,周末还安排人员值班,受理投诉和业务申请。

我处积极响应省市号召,努力推进城乡道路运输一体化和同城化发展目标,改革现有城乡客运管理模式,打破城市公交与农村客运二元分割的局面,构筑主城区与周边城区、城区至乡镇村及乡镇至建制村的三级客运网络。到目前为此,全市所有的乡镇已通客车,乡镇客运通达率100%,全市315个行政村,通客车行政村306个,行政村通车率达96%。

在今后工作中,我处将认真贯彻落实省运管局制定的"十二五"道路运输发展规划,强化行业文明建设,提高行业服务质量,深化各项活动的开展,变压力为动力,变被动为主动,牢记使命,落实责任,攻坚破难,扎实工作,努力实现道路运输管理的新跨越。

加强部门联动,规范道路运输市场行为

树精神文明新风　　创行业管理佳绩

鄂州市公共交通客运管理处

近年来,我处在市委、市政府和市交通运输局的正确领导下,全面贯彻落实科学发展观,倡导精神文明新风尚,务实开展好文明创建工作,取得了良好的效果。

提高一个认识,不断完善制度建设

面对新时期存在的新问题、新情况、新挑战,处党总支一班人,认真总结经验,积极调整工作思路,以抓制度建设为切入口,成立创建领导小组,由处长任组长,责任到人。为了在文明创建上有所突破,近两年,我处组织干部职工认真学习邓小平理论、"三个代表"重要思想及"十七大"会议精神,并结合工作实际进行讨论,谈学习体会,写心得体会。平时工作繁忙没时间,就利用节假日休息时间学习,使"四个文明"即语言文明、仪表文明、车容文明、行车文明的服务理念牢牢扎根在每个干群当中。通过进科室、下基层、访民情、办实事和广泛进行宣传教育,完善创建精神文明措施,从而增强了同志之间、干群之间的向心力、凝聚力和战斗力,提高了创建工作的思想认识,制定了总体工作目标,明确了工作计划,为文明创建打下了良好的基础。

突出一个方向,努力做好创建工作

我处为进一步树立精神文明形象,以开展精神文明创建活动为契机,着重开展了以下活动:

"星级"服务活动。今年5月,我处隆重举行了"喜迎十八大、争创新业绩"文明创建星级服务活动启动仪式。市领导出席了启动仪式,并作了重要讲话。会上表彰了30名荣获"三十佳"的驾驶员和3名"见义勇为先进个人",并为首批25辆"党员星级服务车"和"三星级服务出租车"授牌。

志愿服务活动。我处青年志愿者积极开展"弘扬雷锋精神、参与志愿服务"活动。两年来,引导市民文明乘坐公交车2000余台次,接待市民咨询线路文明乘坐136人次;对全市51座公交站台、428块公交站牌进行了定期和不定期卫生清洗;组织10家企业400余辆公交车、出租车义务接送高考学生,接送考生达36000人次;在出租车行业组建"雷锋志愿者服务车队",首批雷锋志愿者服务车达40多辆。

免费义诊服务活动。今年6月,我处首次开展"你健康,我安全"为主题的关爱公交行业驾驶员大型健康免费义诊活动,现场对1200多名公交车、出租车驾驶员进行了免费健康咨询服务,对连续三年荣获"三十佳"的驾驶员进行了免费体检。此次活动极大地促发了广大驾驶员争先创优的热情。

拉开了"公车公营"变革的序幕。随着经济社会的发展,针对"服务质量不到位,社会公益性不强,特殊人群免费或优惠乘车的惠民政策难以落实"等弊端,我们通过外地学习考察,深入公交企业进行调研,走访市民,大胆对原来的挂靠经营和承包经营的旧模式,实行彻底改革,至目前,共有5条线路、72台车辆实现了"公车公营"。这充分地体现了"服务为本,公益至上"的宗旨,坚持了国有化、公益化的原则,展现了公交客运行业精神文明的风貌。

开展"无车日"活动。去年9月,我市除在城区设立无小汽车区外,还通过公交车的视频和出租车的LED显示屏上播放"绿色交通、城市未来,低碳生活、始于足下"等"无车日"宣传口号。多次组织自行车运动爱好者开展"绿色骑行"比赛活动和青年志愿者拉横幅宣传活动,倡导人们自觉选择公共交通、自行车、步行等绿色交通出行方式,为鄂州市精神文明建设添加一道靓丽的风景线。

文化走进车厢活动。围绕"文明进公交"活动,大力打造公交"文明市民学校",把城市公交的十米车厢作为精神文明创建活动的重要载体和有效途径,在公交车车厢内张贴不同主题的特色文化。目前已完成2路、3路、8路、13路、15路、16路等多条公交线路的车厢文化建设。其他线路车厢文化建设也在积极筹划推广中,逐步做到"车车有文化、线线皆不同"。

通过开展以上服务活动,极大地增强了行业驾驶员的荣誉感和责任心,营造了人人争当文明模范的良好氛围,使好人好事、拾金不昧、见义勇为等文明事迹不断发生,仅今年上半年公交行业涌现出拾金不昧、见义勇为、好人好事多达300余起,为我市精神文明建设工作增添了光彩。

抓住一个根本,全面提高队伍素质

人的素质高低,决定着创建工作的成败。我处把提高干部职工的素质放在重要的位置上,着重抓了以下几点:

加强业务学习和全员素质教育。去年,我处以省局"大培训、大比武"为契机,认真组织学习了法律、专业知识、稽查行为规范和如何提高稽查处置能力为主要内容的知识。在全省比赛中,我处经过激烈角逐脱颖而出,获得优秀组织奖和一名优秀选手奖的好成绩。

开展执法培训,规范行政执法。今年初,我处在时间紧、人员少、任务重的情况下,举办了春季行政执法知识培训班。邀请了市局法规科干部、法律顾问、摄影专家授课,组织全体执法人员就行政法开展"大教育、大讨论"的专题会议,并举行执法考试。真正做到了查处违法事实清楚,语气确凿,适用法律法规准确,卷宗文书整理符合法定程序的要求,并在每季度进行一次案卷评查,形成制度。

加强行业驾驶员素质教育。今年6月,我市举行2012年度公交行业星级服务知识专题讲座,首次邀请文化界名人、医学界专家、鄂州大学导师、公安刑侦专家就鄂州风景名胜、公交驾驶员心理疏导、文明礼仪、治安事件应急处理与防范等方面的知识进行讲解。5家客运公司的1300余名公交行业驾驶员分5场参加培训,并将讲座设在文化底蕴丰厚的"吴都讲坛"。这次行业培训针对性、可操作性强,效果良好。

注重一个班子,充分发挥领导表率作用

"没有一个好班子,就不能搞好争创文明单位活动"。这是我处党总支从实践中得出的体会。因此,党总支始终把搞好"班子"的自身建设当成头等大事。只要有一个团结有力的"班子",就能带好一支"全能型"的队伍。

认真贯彻党的路线、方针、政策和上级决定,坚持以邓小平理论和"三个代表"重要思想、科学发展观为指导,坚持树立"廉政、务实、高效"的工作理念,大力推行"重心下移,加强管理"的工作方法,使党总支不仅成为模范执行党的路线、方针、政策和上级决定的带头人,而且形成了全处干部职工强有力的领导集体。

发挥领导班子表率作用。"要想火车跑得快,全靠车头带"。我处党总支一班人,不管是在执行制度上,还是在组织生活上,从不搞特殊化,要求群众做到的,领导要带头做到。不搞以权谋私,自觉抵制不正之风。对待问题不庇护、不纵容,做到赏罚分明,从而大大激励了全处干部群众的工作积极性。特别是今年我处工作任务重、时间紧的情况下,一把手坚持带头加班加点,狠抓各项工作落实,使今年全处工作有条不紊、初见成效。

狠抓党风廉政建设。我处今年将党风廉政建设与政风行风建设相结合,推行"一岗双责"和领导干部述职述廉制度,研究制定了《2012年党风廉政建设责任制工作意见和责任目标》。签订了《党风廉政责任状》,并狠抓了三个环节,即责任分解环节、责任考核环节、责任追究环节。两年以来,我处党总支成员拒礼拒请100余人次,拒收钱物折合人民币1万余元。

组建雷锋服务车队

城建文明花似锦

鄂州市住房和城乡规划建设委员会

近年来,我们住建委坚持以"坚定理想信念,为民务实清廉,城乡科学发展,建设美好家园"为核心价值理念,深入开展群众性精神文明创建活动,不断提高职工队伍整体素质和行业文明程度,为促进全市住房和城乡规划建设事业又好又快发展,提供了精神动力和思想保证。

举办职工书法比赛陶冶情操

明晰主线:倾力开展文明创建活动

强化理想信念教育。我们充分利用各种宣传阵地和窗口,向广大干部职工深入宣传中国特色社会主义理论,广泛开展中国革命史和中共党史学习教育,大力宣传党的光辉历史和丰功伟绩,宣传新中国成立以来经济建设、政治建设、文化建设、社会建设、生态文明建设和党的建设取得的重大成就。举办"庆祝中国共产党成立90周年'党在我心中'"演唱会,唱响共产党好、社会主义好、伟大祖国好、各族人民好的时代主旋律。利用红色旅游场所和爱国主义教育基地,深入开展爱党爱国爱社会主义教育,坚定广大干部职工建设中国特色社会主义理想。

推动思想道德教育。我们不断加强社会公德、职业道德、家庭美德和个人品德教育。通过组织推荐全国、全省、全市道德模范评选活动，面向基层，使评选推荐过程成为了广大干部群众开展道德实践、促进道德养成、树立文明新风的过程。通过开展学习苏柳英、陈刚毅等同志先进事迹，开展住建系统劳模事迹基层单位巡回宣讲等活动，在全系统营造了讲道德、做好人的浓厚氛围。通过举办"讲身边人、讲身边事"演讲比赛、"我身边的先进典型人物事迹"征集活动，在干部职工中大力倡导了修身律己、尊老爱幼、勤勉做事、踏实作人的良好道德风尚。

加强文明行为养成教育。我们以"百万市民文明素质提升工程"为抓手，倡导职工讲文明话、行文明路、办文明事、做文明人；以创建文明单位、文明小区、文明庭院、文明楼栋、文明家庭为平台，号召广大职工在单位做个好职工，在家庭做个好成员，在社会做个好公民。

凸显意识：全面深化精神文明创建工作

树立大局意识，形成创建合力。在争创文明单位的过程中，我们住建委党委书记、主任亲自抓，主管领导具体抓，其他班子成员协助抓，形成了齐抓共进的争创局面。为做到思想到位、工作到位、参与到位、责任到位，我们把文明单位创建工作目标进一步细化，落实到每个机关科室、每个基层单位，列入年度目标管理中。为使创建工作规范化、制度化，按照以人为本、重在建设的原则，在机制、体制创新上下工夫，搞探索，形成了领导挂帅、规划指导、制度约束、全员参与、齐抓共管的良好创建格局。

树立责任意识，关注民生问题。城建工作涉及千家万户，关系到每个老百姓的切身利益。多年来，针对群众普遍关注的焦点、热点问题，我们多措并举，加大投入，大力实施主城区路、桥等市政设施改扩建工程；加强园林绿化、城市污水处理设施、城乡供水管网、城区天然气管网等城市基础设施项目建设；实施背街小巷改造、住房保障、农民安全饮水等项目工程；积极扶持10个特色镇的基础设施建设，充分体现了民生建设是鄂州建设人的初衷和责任。

　　树立服务意识,提高服务效能。我们首先抓制度建设,在系统内全面推行政务公开、首问负责制和使用文明礼貌用语等一系列规范化服务措施,从一言一行、一举一动抓起,树立良好的文明服务形象。其次抓窗口建设,开展"一张笑脸、一句你好、一张椅子、一杯热水和一声再见"等"五个一"活动,使来办事的群众感到了温暖。第三抓"阳光政务"建设,窗口单位服务上实施"三统一、六公开",即"统一收件、统一收费、统一管理;公开依据、公开程序、公开时限、公开职责、公开条件、公开标准;一站式办结";管理上实行"四制式"约束:对即办件实行直接办理制,对联办件实行首办负责制,对报批件实行指定负责制,对退回件实行明确答复制。

　　树立关爱意识,倡导文明之风。一是关爱他人。我们组织开展向一线职工赠送"关爱箱"、慰问滨港村"空巢老人、留守儿童、留守妇女",与困难群体结对帮扶、金秋助学、未成年人爱国主义教育、向东方红小学赠送《未成年人安全预防与自救》书籍,组织系统未成年人参加网上祭英烈、提高农民工安全素质活动、岁末年终农民工工资清欠等活动。二是关爱社会。我们系统80%以上的干部职工都申请加入了志愿者组织,积极参加"学雷锋、树新风"志愿服务月、无偿献血、义务植树、无车日宣传、环境整治、法律咨询等活动,王林、黎彦蓬等志愿者近20次无偿献血,受到了省政府表彰。三是关爱自然。坚持不懈地抓好滨港村环境整治工作,组建"女子散花队"在城乡范围内巡回开展"散装水泥宣传周"系列宣传活动,深入推动绿色建筑示范应用,全力推进墙材革新等活动,大力倡导市民保护生态环境、清洁环境卫生,培育市民崇尚自然、善待环境的理念。

锁定目标:全方位推进精神文明建设工作

　　实现了造就精干队伍的目标。我们大力开展"实干型、学习型、廉政型、和谐型、创新型"等"五型"领导班子争创活动,切实增强了各级领导班子的凝聚力和战斗力。坚持"四化"标准和德才兼备的原则,选拔任用干部,逐步形成了以群众公认为基础,以德才表现为尺度,以工作实绩定升迁,以干事创业为导向的干部选任机制,营造了风清气正的选人用人环境,促进了选人用人公信度的提高。"全民阅读我参与"活动等主题读书活动,"学政治、学业务"的"双学"活动,"强素质、创业绩"业务知识培训和知识竞赛活动,"五个鄂州"建设和"构筑精神高地"大讨论活动,使广大职工读书学习蔚然成风,综合素质明显加强。

实现了塑造精练作风的目标。我们以加强思想作风、工作作风建设为重点,从健全制度、加强监督管理入手,全面构建教育、制度、监督并重的惩防体系;深入开展党员示范、"三抓一促"活动,推行政务公开和服务承诺制,精简会议和行政审批事项,简化办事程序,方便了基层和群众,得到了社会各界的认可和好评;大力倡导干部深入基层、深入群众,开展调查研究,密切了党群干群关系;扎实推进文明执法教育活动,使行政执法单位、人员在执法实践中接受了洗礼、经受了历练、提高了水平,市住建委在社会上树立起了依法行政、廉洁自律、朝气蓬勃、敬业奉献的行业形象。

实现了打造文明团队的目标。近年来,我们系统先后涌现出省级"青年文明号"1家,市级"青年文明号"5家;市级最佳文明单位6家,市级文明单位22家;住建委连续三年被评为"湖北省住建系统先进集体",先后有5人被评为市级劳动模范,13家单位、40余人次受到部、省、厅市级表彰。

努力浇灌:精神文明之花结出丰硕之果

长江的波浪和湖水的涟漪造就了鄂州江边有山、山下有城、城中有湖、湖中有山、城在水中、人在画中的美景,我们睿智的鄂州建设人充分利用这一得天独厚的地理优势,紧紧围绕建设"五个鄂州"和宜居宜业组群式大城市的总体战略目标,团结一心,主动作为,敢于担当,勇于拼搏,克难攻坚,切实担负起了鄂州城乡建设跨越发展的重任。

2009—2011年,我们坚持"全域鄂州"的理念,编制了城乡总体规划、建立了"一主三新十特百新社区"空间布局体系,完成了《鄂州市综合改革示范区规划纲要》等一系列规划,全面服务综合改革示范建设。3年完成城市基础设施投资约19亿元,建成区面积达到50.6平方公里,城镇化率达到60.38%;城市道路面积达182万平方米;城市绿化覆盖率达42.87%,建成区绿地率达39.38%,人均公园绿地面积达11.69平方米;污水集中处理率达89.6%;全市累计建成燃气管道180公里,安全供气合格率达100%;100余个背街小巷按照"路平、水畅、灯亮、洁美"的要求改造完毕。3年新建廉租住房2600套,城市低收入住房困难家庭"应保尽保"。3年来,鄂州市先后荣获"国家园林城市"荣誉称号、湖北省第五届城镇规划建设管理"楚天杯",洋澜湖综合治理工程被国家住建部授予"人居环境范例奖"。

在文明单位创建路上,鄂州建设人用激情和创新、用智慧和汗水,精心培育永不凋谢的文明之花。面对新时代的要求,我们永不满足的建设人,正以高昂的斗志和持之以恒、锲而不舍的精神,为建设鄂州更美好的明天而做出新的更大的贡献!

构筑安居屏障 共建和谐家园

鄂州市白蚁防治研究所、鄂州市房屋安全鉴定所

我们市白蚁防治研究所、市房屋安全鉴定所自2009年开展文明单位创建工作以来,始终坚持两个文明一起抓,不断巩固和扩大创建成果,提升职工文明素质和单位文明程度,继续争创市级文明单位,在发展白蚁防治和

积极参与"两进"活动

房屋安全鉴定事业的同时,加强精神文明建设,推动了单位和谐发展。

克难攻坚,开拓创新,确保全市房屋住用安全

白蚁防治管理持续健康发展。我所不断加强白蚁防治管理工作。近年来,不断拓展白蚁防治业务范围,目前白蚁预防已覆盖到全市"一主三新"区域,部分乡镇也纳入了管理范围。加强与各区联系,确保全市白蚁防治面积达90%,全力推进白蚁防治工作实行城乡网格化管理,力争地域全覆盖。在宣传上,通过不同的载体,不断加大宣传力度,在白蚁分飞期、繁殖季节,对来电来访认真记录答复,在户外安装提示牌,在施工工地发放宣传资料。今年4月20日,省房协白蚁防治专委会年会暨2012年工作会在我市召开,以此为契机,我所在鄂州日报上

连续开展16期白蚁防治专题宣传,对白蚁防治的相关政策法规、白蚁习性、危害情况等知识进行介绍,进一步提高了市民对白蚁防治工作的关注度和认知度。在天气最炎热的白蚁分飞季节,我所结合白蚁防治工作特点,不分节假日,加班加点,技术人员随叫随到,战斗在白蚁防治第一线。特别是近年对西山松风阁、银山会所、鄂州高中等文保单位和企业开展了有效的白蚁灭治工作,社会反响较好。

长期以来,传统的白蚁防治主要采用以化学防治为主的手段,在高密度的人居环境中残留的化学药剂,给生态环境和人体健康带来了潜在的威胁。我所在管理不断加强的同时,积极探讨使用环境友好型的白蚁防治替代技术和产品,加强白蚁监测控制系统替代化学药剂,进行白蚁预防处理的前期准备工作,多渠道开展白蚁科普宣传、履约宣传和新技术新产品的宣传工作,加大科技创新力度,以创造和谐的人居环境。

房屋安全鉴定职能不断得到强化。多年来,我所在市房产局的领导下,依据国家法律、法规和房屋安全鉴定等强制性标准,认真履行房屋安全鉴定职责,确保房屋住用安全。从过去单一的危房鉴定,向行业宣传教育、检查督促、危房治理、应急抢险、弱势群体危房整改等诸多内容的房屋安全使用方面的监管转变。

特别是近年来,随着我市城市建设的加快,房屋安全鉴定项目逐年增多。我所立足于行业管理需要,满足市场需求,先后对城际铁路、汉鄂高速、大广高速等国家、省、市重点工程和地质灾害塌陷区的民房开展了房屋安全鉴定工作,鉴定及时率达100%,全市没有发生一起因鉴定引起的塌房伤人事件。为了更好地做好房屋安全使用监管工作,我所组建了专家库,并根据鉴定项目的实际情况,从专家库中遴选所需专家参加实地勘察及鉴定报告的审查,确保鉴定质量和鉴定水平,从而有力地做好了应急维稳工作,化解了矛盾,为政府排了忧,为市民解了难,为我市的经济发展和城市建设,作出了应有的贡献。

开展丰富多彩的文明单位创建活动

打造服务型窗口。在办事和服务环节实行"一站式"服务,在交易大厅窗口实行"七公开"和"五项制度"。"七公开"即:办事流程公开、岗位人员公开、办理时限公开、收费标准公开、政策法规公开、工作职责公开、监督电话公开;"五项制度"即:首问负责制度、一次性告知制度、限时办结制度、监督检查制度、治庸问责责任追究制度。

按照市文明办的要求,结合我所实际继续开展"核心价值观在我心中"文明单位主题创建活动。

深入开展"喜迎十八大、争创新业绩"主题活动。按市房产局安排,制定了主题活动实施方案,积极开展"作风建设年"、"治庸问责"、"民主评议政风行风"等活动,积极参加"两进"、"万名干部进万村挖万塘"活动,组织开展"喜迎十八大、巾帼展风采"歌唱比赛、青年演讲比赛、"丹青抒情怀,喜迎十八大"书画展,为燕矶和沙窝中心小学捐资助学、献爱心包裹,结对帮扶泽林楼下村,为本所的重大疾病患者捐款,组织党员去革命老区学党史、瞻仰党史遗址、重温入党誓词等一系列活动,进一步转变工作作风,激发干部斗志,增添队伍活力。

继续深入开展"三抓一促"活动,认真落实以创优发展环境为主要内容的服务活动。认真落实市委市政府招商引资优惠办法和实施意见,以及扩权强区推动县域经济跨越发展的若干规定,进一步畅通和完善支持新办生产性企业和重点企业,精简办事流程。同时,认真落实收费减免管理制度,将各项服务措施落实到各责任科室,端正服务态度,不断提升服务质量和服务水平。

几年来,通过开展一系列的文明单位创建活动,我所广大干部职工的集体荣誉感和凝聚力进一步提高,责任意识、创新意识和服务意识明显增强,各项工作有了突破性进展。今后,我所还将不断丰富创建活动的工作载体和内容,加大创新力度,使文明创建工作迈上一个新台阶。

倡导行业文明新风　打造和谐民生交通

鄂州市交通运输局

启动星级服务、表彰"双十佳"

鄂州,素有"楚东门户、吴晋重镇"之称。"江湖海直通、水铁公联运"的优势,使鄂州得以成为鄂东南地区的水陆交通枢纽。近年来,我局始终坚持把文明创建作为促进交通运输事业发展的主抓手,以建立现代综合运输体系、构建和谐民生交通为着力点,坚持为民办事、共建共享,文明创建工作取得了丰硕成果。两年来,我局先后被湖北省委授予"先进基层党组织"称号、全省交通运输系统先进集体称号,被市文明委评为市级最佳文明单位。全系统9家单位中,1家获评省级文明单位,7家获评市级文明单位,文明单位创建率达到89%,文明创建面达100%。

建机制,聚合力

健全组织领导机制。我们成立文明创建工作领导小组,出台《全市交通运输系统争创省级文明单位实施方案》,坚持党组书记带头抓,领导班子定期研究创建工作,把创建工作有机融入我市交通科学发展的大格局中进行统一布置、统一落实、统一检查、统一考评。

健全工作运行机制。制定全系统精神文明创建工作要点和开展"文明单位"竞赛活动计划。细化考评项目,明确部门职责,层层签订责任书。建立并完善全系统文明创建工作"联建联创"工作制度,定期交流、讨论和布置工作。

健全考核奖惩机制。每年年初与系统内各单位签订《精神文明创建责任状》,量化工作目标,在对局属单位实行年度目标考核中,把文明创建工作列为重要考核内容之一,严格兑现奖惩。

健全监督落实机制。成立"文明创建工作督导小组",逐级对文明创建工作实行全方位、全过程的内部监督,结合每年开展的民主评议政风行风活动,采取情况反映、问卷调查、上门走访等多种形式,广泛收集群众意见,主动接受社会监督和舆论监督,不断改进工作作风。

建立整体联动机制。坚持把党建工作与中心工作有机结合,一建带三建(党建带工会、妇联、共青团),整体联动、相互促进。

通过积极探索行之有效的工作机制,形成了主要领导牵头抓,分管领导具体抓,党、政、工、团齐抓共管、职工群众热情参与的创建工作格局。

塑队伍,凝共识

我们充分发挥文化建设的导向功能、凝聚功能、激励功能,从培育和丰富交通精神文化入手,深入开展社会主义核心价值观教育,充分调动和激发全体干部职工积极向上的精神风貌,在实践中不断丰富"艰苦奋斗,勇于创新,不畏风险,默默奉献"的交通精神内涵。

以德立身。省级劳动模范江明建,"见义勇为好的哥"周超、夏华刚、徐凯桥,全市道德模范徐建明、王必祥,"鄂州十大杰出青年"翟芳敏,一个个耳熟能详的名字,犹如一面面的生动鲜活的旗帜。2011年以来,我们开展职业道德讲座、道德讲堂31次,培树道德模范12人(次),组织召开先进事迹报告会18场(次)。通过大力推进思想道德建设,在全系统形成了学习道德模范、关爱道德模范、崇尚道德模范、争当道德模范的良好氛围。

以廉为本。围绕"廉政交通三做起"主题实践活动,我们以推进腐败风险预警防控为重点,大力开展了创建"交通廉政阳光示范工程"活动。严格实行领导干部"一岗双责",在全市交通项目建设的管理、施工和监理人员中层层推行工程质量、安全、廉政三项承诺。同时编制《交通腐败风险预警防控工作手册》,从思想道德、岗位职责、制度机制等五个方面采取多种方式,极大地促进了交通腐败风险预警防控的开展,得到了省、市领导的充分肯定。省道汽李线沼山至樊口段改造工程项目还被省纪委、监察厅授予"全省优秀效能监察项目二等奖",并被确定为省市二级"腐败风险预警防控示范点"。

以学强能。我们坚持以人为本,全方位提高交通运输干部职工队伍能力素质。以理论中心组学习为主要形式,强化领导干部理论武装;以集中培训、网络自学等方式提升党员干部理论水平;通过开展岗位培训、全封闭式"大培训、大比武"活动,不断提升干部职工业务技能。2011年全年共举办党政培训班30余场次,上党课20余场次,培训党员干部千余人次,党员轮训率达到98%以上。开展岗位培训班15期培训,1541人次;举办了10期231名交通行政执法人员岗位培训;组织4期1210名出租车、公交车从业人员聆听了公交文明创建、交通法规和文明诚信服务的讲座。通过现场模拟、知识问答等方式开展业务技能大比武,充分展现了新时期交通人的风采。

拓渠道,树品牌

交通建设创品牌。以国省干线公路和城市出口路提等升级为重点,全面开展"迎国检、当标兵、创亮点"、百日大会战、创先争优百日劳动竞赛等主题活动,市境汽李线、樊口大桥、葛湖线等一批交通精品工程项目先后完工,工程质量合格率、优良率达100%,群众出行环境明显改善。以创建省级、市级文明样板路为载体,全面提升公路通行环境,保障出行安全。汽李线被评为省级生态文明样板路,106国道鄂黄长江大桥南岸连接线等路段文明样板路创建成果不断扩大。

交通服务创品牌。加大文明示范线创建力度,推行运输服务质量精细化管理,健全提升服务质量"四大机制",建立"交通运输服务质量黑名单",确保客货运输高质量。同时,加大文明示范窗口创建力度。在交通基层服务窗口实行"四统一"(统一窗口布局、统一服务设施、统一办事流程、统一规范服务),规范行政执法和办事程序,推行24小时服务、"一站式"服务、限时办结、电话预约、短信提醒等便民措施,营造人性化服务环境,受到了服务对象的一致好评。2011年,五丈港港航管理所获厅级文明示范窗口称号,市路政支队碧石超限检测站荣获全省公路系统文明示范窗口称号,1路、11路公交车、市经纬公路设计研究院等5家窗口单位获得市级"青年文明号"称号。

交通文化创品牌。我们创新思路,把10米公交车厢打造成文化走廊,建成具有鄂州特色的"市民文明学校",把公交站台建成传播吴都文化的平台,为流动窗口文明创建注入活力;坚持"双十佳"、"星级服务车"、"星级驾驶员"授牌表彰,4年来,共表彰十佳驾驶员80人次,星级出租车45台。2011年,以"当好交通先行官"的责任感和荣誉感,编排大型节目《奋力跨越》,获得全省交通运输系统建党90周年先行颂文艺调演一等奖。2012年,积极参与省交通运输厅"十行百佳"评选,全局系统共有12人提名。

志愿活动创品牌。我们健全了志愿服务领导机制、组织管理机制、激励机制,不断弘扬"奉献、友爱、互助、进步"的志愿服务理念,组建以"温馨服务、传播文明"为目标的40台出租车参加的"雷锋车"队,坚持每年免费接送高考考生和家长约3000人次,受到了社会广泛好评。截止今年7月份,出租车行业涌现出的见义勇为、拾金不昧等好人好事共计186件,涉及资金达40000余元。全系统566名志愿者坚持定期深入社区、村组开展交通安全知识宣讲,建立孤寡残弱"一对一"帮扶,开展"清洁乡村"义务劳动;交通青年工作之余走上街头开展"文明交通小红帽"志愿活动,为创建文明城市贡献力量。

文明无句号,创建无止境。鄂州交通运输人与时俱进,正步入多元化市场、多元化主体的新时期,鄂州交通在改革中谋发展,在发展中求创新,谱写着交通经济更加美妙的乐章。我们将继续用心血和汗水在吴都这片土地上描绘四通八达的交通蓝图,用青春和生命支撑起交通运输事业发展的坐标,用饱满热情和实际行动开创文明创建工作新局面。

"四抓四促"展形象 文明芳香飘城投

鄂州市城市建设投资公司

鄂州市城市建设投资公司文明单位创建工作,坚持以求真务实、开拓创新、勤政高效、清正廉洁为宗旨,以培养一支思想过硬、作风优良、业务精湛、团结和谐、服务一流的干部职工队伍为目标,着力"四抓四促",即抓组织领导,促创建氛围;抓队伍建设,促创建基础;抓载体建设,促创建活力;抓业务发展,促创建成效。通过"四抓四促",取得了丰硕的创建成果,实现了业务工作新跨越、队伍素质新提高、公司形象新提升,被市委命名为"市级文明单位"。

抓组织领导,促创建氛围

为推动文明创建工作有序开展,公司成立了以总经理刘厚文同志为组长,班子成员和各部门负责人为成员的文明创建工作领导小组,把公司争创"市级文明单位"作为"一把手工程",实行"一岗双责",建立了"一把手"亲自抓、班子成员分工抓、综合部门具体抓、党工妇一齐抓的组织领导体系。

我们在公司内部深入开展"为文明创建献计策、为鄂州城投添光彩"大讨论,开展文明创建知识测试活动,既广泛地宣传灌输文明创建知识,又充分调动全员参与的热情,从而集中民智、群策群力,共同营造了良好的文明创建氛围。

为扩大文明创建的辐射示范作用,公司将全系统文明创建工作纳入年度工作目标管理,于年初下达文明创建任务,要求各部门分解落实到人,使文明创建活动有组织、有领导、有规划、有活动、有成果地深入开展下去。

抓队伍建设,促创建基础

我们坚持以人为本,始终按照"抓班子、带队伍、促发展"的思路,促进队伍建设向纵深发展,从而打牢了文明创建的基础。

切实强化班子建设。我们切实抓好公司班子的自身建设。"一把手"善于集中正确意见,充分发挥民主,调动和激发班子成员的积极性、创造性。班子其他成员坚持"补台不拆台、到位不越位、帮忙不添乱"的原则,自觉摆正位置,自觉维护班子的团结和领导集体的权威。同时,公司党委按照"四化"标准,坚持从有实干精神、工作阅历丰富的干部中选拔中层干部,注重专业搭配、优势互补,尤其是不断深化干部人事制度改革,促进了干部队伍思想观念的深刻变革,形成了合理梯次,为公司的持续快速健康发展注入了新的活力。

切实强化素质建设。公司始终坚持以科学的理论武装人、以高尚的精神塑造人、以新的知识体系充实人,不断打造一支思想过硬、业务熟练、纪律严明、作风顽强的干部队伍。2012年,公司以打造"学习型公司"为载体,狠抓能力培训工程,促进了干部职工思想观念由"官本位"向"能力本位"转变,着力解决"写作能力、协调能力、抓落实能力、依法办事能力"等"四个能力不足"的问题。今年以来,公司认真学习借鉴外地的先进管理经验,在学习的内容和形式上紧扣公司实际,明确要求各部门领导班子成员和干部职工以自身工作为出发点,提升业务能力和政策水平,练好计算机操作、口头表达、文字表达、调查研究和分析问题等5个基本功。通过这些措施,公司队伍建设向纵深发展,能力培训如火如荼,学习型公司逐步形成,干部学习观念有了极大转变,学习激情空前高涨,全公司学习形式活泼,学习载体丰富,学习内容扩大,学习空间延伸,队伍呈现出一派新气象。

切实强化作风建设。公司紧密结合"结对帮扶"活动开展作风教育,出资5万元和1.5万元物资,帮助燕矶镇映山村清理塘堰;同村委会列出困难党员和贫困户帮扶名单,采取一对一帮扶的形式,解决生活困难;组织干部职工捐款3000多元,帮助他们解决难题、助其发展。同时,列出专项资金,对困难党员、贫困户进行慰问。通过开展"机关联基层、干部联群众,促科学发展、促社会和谐"活动,增强了党员干部的公仆意识,切实转变了干部的工作作风。

切实强化廉政建设。公司通过自学和"走出去"、"请进来"等方式,邀请党建专家、纪委领导到公司讲课,组织干部职工认真上好时事政治课、党风廉政建设课,确定每月的第一个星期五下午为"廉政学习日"活动时间,组织全体干部职工观看廉政党课音像教材,要求每名职工谈感受、写心得,把党风廉政教育活动落到实处,以提高广大党员干部反腐倡廉和拒腐防变的自觉性,公司近几年来未发生任何不廉洁行为。

抓载体建设,促创建活力

公司按照量力而行、勤俭节约、保证重点、照顾基层的原则,因地制宜地开展了丰富多彩的创建活动,使全公司文明创建工作的层次和水平得到不断提升。

加强形象建设。近年来,公司在经费十分紧张的情况下,精打细算,把钱用在刀刃上,进一步加快了机关办公和职工生活环境的改善步伐。

积极参加"共建"和各类社会公益活动。公司与燕矶镇映山村结成为共建对子,对口涂家垴镇张远村扶贫,近两年共捐助15万余元,有力地支持了映山村和张远村的经济建设。

大力开展各项健康向上的活动。近年来,公司开展了"文明部门"、"文明职工"、"五好家庭"等评选活动,有力地促进了公司文明习惯的养成,做到了无车辆事故、无公用物品和职工财产丢失,确保了公司安全和各项工作的正常运转。

抓业务发展，促创建成效

我们将文明创建工作融入业务工作，通过文明创建，促业务发展。

将土地收储工作作为工作的重中之重。在相关部门支持下，公司今年上半年拿到500亩储备土地建设用地指标。目前，正在向市国土局申请分配储备土地建设用地指标2000亩。今年计划出让土地1707亩，目前已成功出让2宗地54.44亩，出让总价7135万元，亩均131万元。此外，公司今年加强存量地的管理，严格控违，取缔小选场，努力招租经营，创收近百万元。

切实抓好债券发行工作。今年4月中旬，我们公司债券正式获得国家发改委核准。公司组织专班研究金融政策变化，牢牢抓住国家降息的有利时机，积极与券商进行谈判，6月18日成功地将债券以7.08%的利率挂网发行，在同期同级别债券中，利率处于较低水平。

加快外国政府贷款项目的推进。公司积极与德国复兴银行、财政部、国家发改委进行沟通，加快推进洋澜湖综合治理3000万欧元外国政府贷款项目进程。6月中旬，外贷项目《资金申请报告》已递交至国家发改委，目前正在组织招标文件，待国家发改委审批后即可开展招标工作。

全力做好BT融资工作。公司成立了BT项目融资工作专班，专门负责招商和项目推进工作。在市直相关部门的大力支持下，经过多次招商和多轮谈判，吴楚大道西段工程已与中建股份公司达成一致意见，今年7月初已开工。凤凰大桥和鄂州开发区BT项目正在有序开展。鄂州大道南北互通3.8亿元保函的承诺书和首张5000万元保函已开出。

积极推进银行融资工作。公司与农发行衔接，用月河新村项目申报贷款3亿元，目前正在编制可行性研究报告；以土地储备中心为借款主体,向中信银行贷款3亿元,报批资料已准备齐全,正在报中信银行审批;市工商银行8800万贷款到期,借新还旧手续已经完成;鄂城支行新贷款3000万元已到账,贷款期限由一年延长到三年;以鄂州天畅市政公司为载体成功向工行洋澜湖支行新贷款3000万元,贷款期限由一年延长到二年;除银行融资外,公司还在同银行探讨租赁融资的可行性,并尝试以基金的形式进行融资,实现融资渠道的多元化。

快速推进工程建设步伐。公司今年共安排新建项目、续建项目54项、子项目133项、拟储备项目19项,总投资额16.4亿多元。今年上半年公司累计拨付工程建设资金3.109亿元,基本与工程进度相匹配,有力地保障了我市基础设施建设按计划实施。目前,吴楚大道西段工程招标工作已告一段落,正在筹备开工;鄂州大道南北互通BT工程在有序推进;鄂州开发区基础设施建设、滨湖南路、青天湖路等6条道路正在施工;旭光大道北路、创业大道北段正在进行拆迁摸底工作;鄂州大道南段、凤凰路、滨湖西路路灯BT工程,招投标局正在对投标单位进行审定。

公司总经理刘厚文、纪委书记杨之忠在燕矶镇映山村(对口帮扶村)实地察看整修塘堰现场

建设生态文明 打造宜居鄂州

鄂州市环境保护局

近年来,我局坚持以建设生态文明、打造宜居鄂州为主旨,深入开展文明创建活动,有力推动了环保事业的健康发展。

以人为本"主动创",在全系统掀起创建热潮

认清形势,把转变职工思想观念作为创建的关键。市委、市政府把坚持环保优先、落实科学发展摆上了更加突出的位置,提出了"建设两型社会先行区和适宜人居、适宜创业的大城市"的战略目标。为此,市环保局党组提出要以创建市级文明单位为载体,进一步提高干部队伍的整体素质,推动生态文明和精神文明协调发展。并围绕"如何创、怎样创"在全系统多次召开座谈会,凝心聚力,集思广益。通过层层发动,全局干部职工对创建的认识不断深化,创建的主动性、积极性不断提高。

加强领导,把建立健全工作机制作为创建的保障。一是建立领导负责制。成立了由局党组书记、局长任组长,其他局领导为副组长,各科室、二级单位负责人为成员的创建工作领导小组,建立了"党组统一领导、主要领导亲自抓、分管领导抓落实、各部门齐抓共管"的创建领导体制和工作机制。二是建立长效管理保障机制。结合环保实际,制定了精神文明建设工作计划,每年按照计划要求逐项分解任务,纳入年度目标考核。局党组定期召开会议,研究、部署创建工作,真正从组织、制度、资金上为创建活动提供坚强保证。三是建立考核监督机制。把文明创建工作与局中心工作、机关党建和作风建设紧密结合,同部署、同

检查、同考核、同奖惩,局纪检监察部门实施效能监察,保证了创建工作的有序进行。

　　强化宣传教育,把建设一支高素质的环保队伍作为创建的基础。一是深入开展"三律"教育。以强化干部职工自律意识、纪律意识、法律意识为突破口,在全系统广泛开展廉政警示教育等主题宣传活动,深入推进党风廉政建设。开展环保法律法规教育,切实提高干部职工依法行政水平。二是深入开展"三德"教育。以强化家庭美德、职业道德、社会公德教育为切入点,大力倡导爱岗敬业、诚信待人、文明向上、扶贫济困、团结互助的文明风尚,组织广大干部职工在扶贫济困救灾中踊跃捐款捐物,积极参加义务劳动和义务献血活动,努力塑造环保部门风正气顺、心齐劲足的良好社会形象。三是深入开展"三情"教育。即以制度建设为抓手激发全市环保人对环保事业的热情;以改革创新为动力,激发全市环保人的工作激情;以办好信访为突破口激发全市环保人为民办实事的激情。

整体推动"全面创",努力形成丰富多彩的创建局面

　　上下联动,灵活方法抓落实。积极协调市文明委,加强对创建工作的领导和指导,邀请省环保厅具体指导创建工作,实现上下联动。按动员部署、分类指导、全面开展的步骤和方法进行,做到有计划、有分解、有考核、有奖惩,推动全局文明创建工作按照阶段目标逐步实现。将创建工作任务,落实到具体部门,落实到具体责任人,层层签订责任状,整体推进创建工作。

　　条块结合,以点带面抓典型。一是整合力量,做好日常创建工作。抽调专门人员成立文明创建办公室,集中精力组织开展日常工作。二是密切协作,全面创建无"盲点"。局机关各科室落实专人负责跟踪督查本科室文明创建工作任务的完成情况,下属单位也相应成立领导小组,建立工作班子,充实人员,保障经费,真正做到有人管事、有人干事。

三是典型引路,推动创建工作深入开展。结合创先争优活动,鼓励职工在本职岗位上创新、创优,特别是充分发挥党团员在文明创建中的带头作用,在品德修养上争做表率,在业务学习上争做尖兵。

分类指导,注重实效抓特色。着眼于全局"一盘棋",根据各职能科室和下属单位的职责分工,围绕创建主题,进行针对性指导,着重在创建深度和广度上下功夫、创特色。市环境监察支队和各区局在文明执法、理性执法、铁腕执法上抓特色;市环境监测中心站和环保研究所、环境工程院通过开展环境质量监测和环境影响评价、环境工程治理服务,在服务经济发展上见效果;局机关通过广泛组织开展"创建文明和谐机关争创人民满意公务员"等系列主题活动,在创新体制、机制上出成果、求突破。

面向社会"共同创",积极倡导生态文明

普及生态文化,促进环保工作由部门环保向全民环保的转变。一是依托主流媒体,营造公众参与的舆论氛围。坚持在《鄂州日报》、鄂州电视台、广播电台等新闻媒体上有针对性地开展环保宣传,普及环保科普知识,介绍环保工作动态。二是以活动为载体,打造公众参与平台。坚持在每年"六·五"世界环境日期间组织开展丰富多彩的大型纪念宣传活动,在全社会倡导绿色消费行为和环保生活方式,推进社区和居民家庭开展生态环境建设。积极配合市人大组织开展鄂州环保世纪行活动,促进了一批重大环境资源问题的解决。三是开展专题宣传,推动重点工作。编印了创模手册等宣传资料5万多份,开展了一系列专题宣传活动,推动了创模等重点工作的深入开展。

建设生态文明,提升农村环保工作水平。一是加大了生态文明建设工作力度。报请市委、市政府制发了《关于大力加强生态文明建设的实施意见》,全面启动了生态文明建设工作。二是加大了生态示范创建工作力度。在全市全面开展了环境优美乡镇和生态村、生态示范户的

创建活动。目前,我市已有梁子、华容、碧石、花湖四个乡镇被环保部授予国家级生态乡镇称号,燕矶镇的池湖村和涂家垴镇的万秀村被省环保厅授予省级生态村称号,一批乡镇村和农户受到市级表彰。三是积极推进农村环境连片整治示范工作。按照省政府安排,2010—2012年,我市共筹措1.35亿元资金,重点对环梁子湖和城乡一体化长港示范区内的村庄(社区)实施环境连片整治示范工作。经过全市上下的共同努力,我市第一批39个村庄环境整治项目已于去年底全部建成,通过了省政府考核验收;第二批42个农村环境整治项目已全部完工;第三批44个示范项目正在按照全市"清洁乡村"工程统一部署抓紧组织实施。示范工作的有序推进,有力地提升了农村生活垃圾和生活污水处理等环保基础设施建设水平,改善了农村生态环境质量。

紧贴民心"务实创",不断提高服务水平

以创新的思路服务经济,促进环境与经济协调发展。一是把全市开发建设的重点引向工业园区,避免"村村点火、处处冒烟",促进集约开发、集聚开发和可持续开发。二是从科学发展的角度严把项目审批关。科学设定"准入门槛",严把关口,切实防止"招商引污"。对不符合环保审批要求的项目坚决予以否决,努力从决策源头控制和防范环境污染。三是紧贴项目为经济发展提供优质服务。对资源节约型、环境友好型项目,开辟绿色通道,全力高效服务;对环境敏感项目,落实专家预审、公众参与,促进科学决策。

以维护群众环境权益为目标,大力解决突出环境问题。组织开展了规模和力度空前的小选厂专项整治工作,基本解决了全市小选厂整治这一环保工作中的老大难问题。连续多年组织开展了整治违法排污企业保障群众健康环保专项行动,对环保违法行为保持了高压态势。组织开展了全市重点区域、重点行业、重点企业突出环境问题和环境安全隐患大排查活动,对32个突出环境问题和环境安全隐患进行集中整

治。开展了中高考"绿色护考"行动,受到了市民好评。坚持组织开展了环境应急演练、放射源专项清查、危险化学品和危险废物专项检查,消除了一批重大环境安全隐患,确保了全市环境安全。进一步健全了"12369"环保热线值班制度和管理办法,建立了局长接待日制度,开展了"书记大接访"活动,拓展了市民诉求渠道,环境信访投诉处理率为100%,满意率逐年递增。

开展环境应急演练

深入开展文明创建活动
推进国土事业健康发展

鄂州市国土资源局

近年来,我局以"建一流班子队伍、树一流部门形象、创一流工作业绩"为文明创建主题,积极探索新思路、新方法,不断营造活动氛围,丰富活动载体,扎扎实实开展精神文明创建活动,进一步推进了国土事业健康发展。我局荣获"全国国土资源系统先进单位"、"全国国土资源系统'双保行动'先进单位"、"全国国土资源系统信访工作先进单位"、"全国国土资源'两整顿一改革'工作先进单位"、"全国矿业权实地核查工作先进单位"、"全省学习型党组织建设先进单位"、"全省'三万'活动先进单位"等多项荣誉称号。

与横山社区联合举办首届"国土杯"农民运动会

夯实创建基础 锻造素质优良队伍

文明创建,实为树人。我局始终坚持以人为本,狠抓干部队伍建设。一是加强文明知识学习,进一步提高干部职工的社会主义文明意识。每年年初制定学习计划时,我们都把精神文明建设知识作为学习重要内容,与政治理论学习、业务知识学习、廉政建设学习等一起安排、一起部署、一起考核,通过集中学、辅导学、宣传栏学、做答卷学、有奖抢答学、向每个干部家庭发放资料学等形式,把上级的文明建设决定和文明知识、行为规范都宣传到家喻户晓,化为人们的自觉行动,共同遵守、共同创建。二是狠抓干部的理论学习和业务培训,努力提高干部的服务意识和本领。每年选派100余人次参加部、厅业务培训外,还多次组织全市系统干部全员培训,以训带学、以训带练。培训采取领导班子成员带头讲、中层干部重点讲、业务骨干专题讲的办法。

抓文明创建,既要促进干部努力干事,又要保证干部不出事。为建设一支清正廉洁队伍,教育要先行,制度是关键。多年来,局党组采取多种集中教育方式,教育干部常怀律己之心,常修为政之德,常思贪欲之害;构建有效机制,从源头上预防和控制腐败发生。一是注重教育的针对性。根据不同岗位有针对性地进行相关教育,并以党员领导干部为教育重点。廉政宣传月活动期间,由局领导轮流为全局党员干部上廉政党课,定期邀请纪委、检察院等部门领导开展预防职务犯罪、勤政廉政等专题辅导讲座。集中组织观看警示教育片,以正反典型警醒干部依法行政、为政清廉。二是注重形式的多样性。在充分运用"常规教育、典型教育、辅导教育、谈话教育、预警教育、助廉教育、网络教育"等七种教育方式的基础上,编发了《鄂州国土信息》、《国土文化集》等读物,利用廉政文化长廊和宣传栏开展廉政文化建设宣传活动,组织干部到监狱观听活生生的事例受教育等形式,筑牢干部思想拒腐防线。三是注重活动的渗透性。在全系统举办了"大地飞歌"文艺汇演、"国土杯"羽毛球比赛、干部职工技能比赛等一系列活动。通过这些活动,增强了干部职工的主人翁意识、竞争意识、团队意识,进一步树立了"人人为集体、个个树形象、局兴我荣、局衰我耻"的强烈责任感。

在规范严肃党纪措施的同时,一是严格纪律。在严格遵守党纪党规和廉政建设的各项规定的基础上,我局公开承诺"十不准、十不让",严格规范党员干部行政行为。确保党员干部权力安全运作,党员干部安全成长。二是全程监管。加大对行政管理权和国土资源执法权的监督力度,积极开展对人事管理、财务管理、土地征收征用和采矿权审批、土地和矿业权出让等重点环节的监督检查。三是狠抓查处。建立健全了大案要案报告、一案双查、一案双报和督办制度等系列查处制度。重点查处领导干部违反政治纪律、组织人事纪律、滥用职权、贪污贿赂及利用职权为配偶、子女和亲属谋取利益及失职渎职等违纪违法案件。

突出创建宗旨 服务社会经济发展

在创建活动中,我们把文明创建活动与做好本职工作有机结合起来,通过文明创建促进各项业务工作再上新台阶,取得了显著成绩。一是国土整治工作实现了全覆盖。2011年新建、续建国土整治项目16个,建设规模24.5万亩,投资总额5.1亿元。项目个数、整治面积、投资规模创历史新高。建设规模22万亩的2012、2013年国土整治项目已经正式纳入全省国土整治建设规划,率先在全省实现国土整治全覆盖。二是用地报批居全省前列。全年报批建设用地1.44万亩,连续三年在全省前列,确保了重点项目、工业项目、民生项目及时"落地",有力促进了"一主三新十特百社区"和各类园区的快速发展。出台促进鄂州跨越发展的22条意见,减少用地报批环节五分之一,缩短报批时限三分之一,努力打造"零障碍、低成本、高效率"的服务环境。三是土地收益创历史新高。全年挂牌、拍卖国有建设用地使用权207宗、土地总面积6903亩、成交总价款28.4亿元,实现土地出让纯收益9.2亿元。四是塘堰改造工作任务基本完成。积极投身"万名干部进万村挖万塘"活动,我局国土整治项目包含的塘堰改造任务占全市总量的三分之一,规划设计塘堰改造787口,面积2173亩,投资2158万元,目前塘堰改造工作任务基本完成。五是建设用地实现"占一补一"。投资

1579万元完成占补平衡项目54个,建设规模6110亩。净增耕地5959亩,满足了全市建设用地"占一补一"的需要。六是土地矿产卫片执法顺利推进。建立了土地矿产卫片执法检查共同监管机制,明确划分市政府、区政府和国土部门的职责,完善"市、区、乡(镇)、村"四级土地执法动态巡查网络,确保土地卫片执法顺利推进。全年没有因用地违法被问责、被约谈的情况发生。

丰富创建内涵 发展机关文化

我局始终坚持以人为本,热心社会公益,不断丰富创建内涵,激发创建活力,树立了良好社会形象,营造了浓厚文化氛围。我局与蒲团乡横山村开展了"互联共建"活动,让文明走进社区。一是投入了30万元帮助横山社区兴建60亩的蔬菜大棚,帮助横山社区兴建了全市一流的叶湖泵站,其中包括一条长达1200米的硬化水渠及配套泵站工程,工程建成后,将解决1300亩农田长期灌溉用水问题。为加强新社区建设,协助该村设立了党员活动室、电教室、便民超市、农家书屋和村级幼儿园。协助实施4号、9号路沿线"穿衣戴帽工程",修建了景观渠、沼气池、全市一流的文化墙、水泥漆套白房屋80户,改建厕所、猪圈等70多户,移栽树苗4种,硬化水泥路面1公里,该村的脏、乱、差现象基本上得到解决。二是选派了一名优秀党员作为挂点村的党建指导员,指导和帮助建强村级领导班子,制定长远规划,发展主导产业,壮大村级经济,强化村级组织阵地,健全村级组织制度,指导和协助做好维护社会稳定和安全生产工作。针对横山村部分农户生活艰难的实际情况,我们开展了"五访五问"活动。通过了解党的方针政策和当地惠民政策贯彻落实情况、群众生产生活状况以及影响当地经济发展、社会和谐的突出矛盾和问题,掌握社情民意,获取第一手资料。开展"四送一增"活动。通过召开村民会议、发放文件资料、登门入户等方式,利用春耕生产这一机会,与群众心碰心沟通、面对面交流,增进与基层群众的血肉联系。开展服务对象"一帮一"活动。对党员干部服务对象"一帮一"进行登记造册，将每名党员所联系对象即困难党员、留守儿童、单亲家庭、孤寡老人等基本情况、主要问题和困难、工作目标和措施详细记录，对活动实施动态管理，建立电子档案，核实服务对象底数，确保活动落到实处。三是组织开展了"4.22"地球日、"6.25"土地日、"12.4"法制宣传日、"安全生产日"法律法规咨询活动、全民健身以及"爱国歌曲大家唱"歌咏比赛、"创先争优我奉献"演讲比赛、"国土杯"羽毛球比赛等健康向上、形式多样的文体活动，丰富和活跃了干部群众的精神文化生活。四是积极组织30多名干部参加市直机关职工运动会三个项目的比赛，分别荣获了女子乒乓球团体第六名、中国象棋团体第四名。五是积极引导广大党员干部、青年团员组成志愿者服务队，开展了植树、文明倡导及扶贫帮困等活动，积极主动为社会、为群众办好事、办实事。

沃土盛开文明花

鄂州市国土资源有偿使用管理处

近年来,我处以"三个代表"重要思想为指导,深入贯彻落实科学发展观和构建社会主义和谐社会的重大战略思想,坚持"三个文明一起抓"的方针,以争创省级文明单位为目标,广泛深入地开展群众性精神文明创建活动,不断提

荣获"第二届市国土杯羽毛球比赛"一等奖

高干部职工文明素质,塑造国土文明新形象,为国土资源有偿使用管理处的建设和发展提供了强有力的精神动力和智力支持。

健全领导机构 加强民主管理

广泛宣传发动。我们多次召开职工大会进行宣传发动,提高职工对创建工作的认识。文明单位的创建是单位管理能否上水平的重要标志,是一项长期、复杂和艰巨的工作。基于此认识,专门研究制定了关于创市级最佳文明单位的具体措施,根据文明单位的创建标准,高起点、严要求广泛深入开展文明创建工作。

健全领导机构。在处精神文明建设领导小组的统一领导下,处文明创建工作实行分级管理,分类指导、责权明晰的目标责任制,工作目

标分解落实到每个部门,精神文明建设工作纳入各部门和每一个职工的年度考核体系中一起部署、一起实施、一起检查、一起考核、一起奖惩。

加强民主管理。我们认真贯彻民主集中制,坚持集体领导,分工负责,重大事项集体讨论决定,不发生决策失误。管理处将单位年度工作目标、财务预决算和改革发展情况等,以职工大会公示、公示栏公示、局域网公示、处委会公示等方式进行公示,充分发挥职工民主管理和民主监督作用,调动了全体职工的积极性、主动性、创造性。

狠抓行风建设　提升服务水平

签订党风廉政和行风建设责任书。全面落实"阳光工程",规范领导干部的廉洁从政行为,实施领导干部勤政廉政公示,认真落实党风廉政建设责任制。不断探索和完善与国土工作相适应的教育、监督并重的惩治和预防腐败的工作机制。在工作中坚决杜绝吃、拿、卡、要等腐败现象,严守"四大纪律,八项要求"和"五不许"规定,严格执行国土资源部"十项为民措施"、"五条禁令"和有关规章制度。

开展行风评议。根据省国土资源厅和市国土资源局有关文件要求,我们认真开展行风民主评议活动,成立了专班,制定了活动方案,共邀请了行风监督员70余名,广泛听取了行风监督员的意见,制定反馈表,把监督员的意见都带回来,再一一对照,对需要改进的地方要进行整改,以增强素质、提高能力、转变作风、强化服务、廉政勤政来推动国土资源和我处工作不断发展。

加强廉政文化建设。管理处努力培育和倡导有感染力、亲和力、影响力的廉政文化,积极营造"淡如秋菊无妨瘦,清似莲花不染尘"的廉政文化氛围,勇于消除陈旧观念,突破陈规陋习,为广大党员干部克服不良风气、抵制各种各样诱惑腐蚀,创造相适应的环境和条件。近年来,我处没有发生一起党员、领导干部违纪违法案件,没有发生违反党风廉政建设各项规定的问题。

加强政治理论学习　提高职工综合素质

坚持中心组学习制度。坚持三会一课和三册记载,开好民主生活会并提高质量。制定年度学习计划及文明创建专题学习内容,去年集中学习12次。全年上党课不少于6次(不包括书面党课),每周星期四上午坚持学习时事政治或业务知识,有效提高了干部职工的政治理论水平和业务工作能力。

组织学习党史教育活动。组织开展我从身边做起,思想解放大讨论及征文活动,上半年还对党员、职工的政策理论、《公民道德建设实施纲要》、岗位规范等方面进行了3次集中教育轮训,集中轮训时间每人不少于3天,参训率达90%,考试考核合格率达98%。

扎实推进"理论武装工程"。创建学习型、创新型、服务型党组织,提升党组织的创造力、凝聚力和战斗力,开展"两争一树"活动,努力提高职工综合素质。结合业务培训,组织开展至少1项职工技能竞赛。积极为职工办实事,全年不少于3件,职工对实事满意度达90%以上。

强化以人为本　推进和谐文化建设

单位的发展,离不开职工的创造与努力,和谐文化氛围直接影响着员工的身心健康和个人发展。我们按照科学发展观的要求,强化以人为本,为员工各尽所能、充分发挥创造活力提供良好的环境。

我们要求干部职工在处理同事关系过程中,人人以友好和善的态度处理人际关系,做到同事之间彼此友好、关爱,营造同心协力、和睦融洽、友善相待的工作环境。员工在与人交往时,要承认差异,不求全责备,顾全大局,正确对待同事的缺点和不足,通过开展批评与自我批评解决矛盾,共创一个和谐向上的工作氛围。在平时的工作和学习中,全处干部职工大力弘扬集体主义精神和团队精神,正确处理好竞争与协作的关系,建立起团结友善、彼此信任、互相帮助、彼此平等、和谐融洽、亲密无间的同事关系。

实现单位与社会和谐。我们不断加强党的建设、精神文明建设、行业文化建设,在员工中广泛开展社会公德、职业道德、家庭美德教育,倡导爱国守法、明礼诚信、团结友善、勤俭自强、敬业奉献的基本道德规范,形成团结互助、平等友爱、共同前进的氛围,树立了良好的社会形象。

我们管理处还完善图书室、职工之家等活动设施,经常开展健康向上、有益身心的文体活动。参加了局工会组织的庆"三八"趣味运动会活动;组织干部职工到市福利院看望老人,给他们送礼品,义务给他们理发;组织干部职工参加了义务献血活动;深入横山社区,到贫困家庭进行实地考察,并协助解决落实困难。在第二届"国土杯"羽毛球比赛中,管理处代表队荣获第一名。

加强抵押登记 推进办事公开

加大收费力度,确保任务完成。严格实行分片包干,任务到人,工作与任务挂钩,月任务没有完成扣工资200元,平时一月一结,年终结总帐。今年我处加大了矿产资源补偿费的征收力度,邀请省厅领导一同到程潮铁矿进行调研,针对征收矿补费进行座谈,取得了一定的效果,每吨矿按照1.8元收取,大大提高了征收率。在征收有偿使用费方面,取得了一定的突破,特别是省直企业的收费,鄂钢集团的有偿使用费征收工作正在进一步落实中。

加强抵押登记,提高服务质量。为了提高服务质量,我们变管理为服务,工作人员做到了内强素质,外树形象,热情接待每一位来办事的同志,并承诺办事时间,简化办事程序,公开收费标准,工作中彻底杜绝"吃、拿、卡、要"的现象发生,做到警钟长鸣,拒腐防变。今年上半年征收抵押登记代理服务费106.39万元。

推进办事公开。处委会落实了各股室的目标责任,签订了责任书,强化了责任追究制、服务承诺制、首问负责制,公开了办事时间,公开收费标准,公开办事程序,公开岗位职责。在完善各项规章制度的同时,大力推进事务公开,实现办事公开的制度化、规范化,确保群众的知情权。

加大创新力度　推进文明创建工作

引入激励机制,对文明考核结果实行"两挂钩",即文明创建考核结果与职工的使用和干部的任免直接挂钩、与干部职工的收入直接挂钩。在每年一次的干部考评中,把文明创建工作纳入重要考核内容,对抓文明创建工作不力的干部除给予经济处罚外,连续三个季度没有起色的实行诫勉,不予提拔重用。干部职工的奖金收入随文明创建考核结果,每月浮动,奖罚逐月兑现。

不断丰富创建活动的工作载体和内容。在创建过程中,我们利用报纸、网站等多种形式,宣传报道有偿使用管理处在"三个文明"建设中取得的新进展、新成绩。利用重要节日、纪念日、重大事件,通过组织参观学习、举办联欢会、知识竞赛、座谈会等活动,深入开展道德教育。

开展系列文明评选活动。参与《市民文明公约》和《市民文明准则》的学习活动,开展文明科室、文明职工、优秀共产党员、先进工作者的评选活动,树立先进典型,弘扬科学精神。在单位争做一个好职工,在社区争当一个好市民,全处上上下下形成学先进、赶先进、当先进的良好氛围。

开展"喜迎十八大、争创新业绩"主题实践活动。我们成立了专班,制定了活动方案,围绕"讲文明、树新风、促和谐",倡导爱岗、敬业、诚信、友善等道德规范,开展了一系列的活动,迎接党的十八大胜利召开。

节约集约利用土地　助推城乡一体化建设

鄂州市国土整治办公室

鄂州市是湖北省"两型"社会建设试验区中的先行区，也是全省唯一的城乡一体化试点市。近年来，我办以邓小平理论和"三个代表"重要思想为指导，牢固树立科学发展观，以创建为先导，强素质、抓管理、讲服务、树形象，把文明创建融入到各项工作的全过程中，使文明创建工作在创新中不断发展，显示出蓬勃的生机与活力。

近两年鄂州市城乡一体化试点项目共获批9个项目，总投资28969万元，土地整理面积120196.5亩。农村土地整治共获批13个项目，总投资43115.42万元，土地整理面积200327.55亩，对项目区内田、水、路、林、村实施综合整治，成效明显。

完善各项制度　狠抓规范管理

领导重视，精心规划。我们始终把三个文明建设放在各项工作的首位，坚持以文明单位创建带动土地整理工作，形成了良好的工作机制。一是成立了创建文明单位工作领导小组，主任任组长，各副主任为副组长，各科室责任人为成员，把创建文明单位的目标任务分解到各科室以及每个干部职工，保证了文明创建工作的有序开展。二是制定了精神文明建设发展规划，并纳入干部岗位责任制考核内容。三是建立了主任办公会议制度和例会制度，坚持重大问题集体研究决定，激发了干部队伍的团结进取、开拓创新精神，为土地整理事业奠定了良好的基础。

完善各项制度，内强素质，外树形象。规范的内部管理制度是土地整理工作有序开展的保障。我们通过建立健全各项规章制度，规范了工作程序，形成了岗位责任制。项目申报制度、项目实施管理制度、财务管理制度、档案管理制度、信息发送制度、内务管理制度、廉政建设制度等一系列较为完整的约束机制，创造良好环境，树立了廉洁高效的良好形象。

狠抓规范管理，加强党风廉政建设。健全和完善各项规章制度，做到以制度管人，按规矩办事，强化艰苦创业、廉洁自律意识，完善制约防范机制，强化法制意识和依法行政意识。加强财务管理，严格按照资金管理规定，资金用途和拨付程序使用和管理，加大对土地整理项目的公开力度，增加透明度，把政务信息予以及时定期公开。严格按照《鄂州市招投标管理实施办法规定》进行项目招投标，按照项目"立项——规划——预算——设计——施工——验收"的程序进行，规范运作。

强化项目管理　精心组织施工

健全机构，加强领导。为加强对土地整理的领导，各乡镇成立了以镇长为指挥长、分管农业土地的副职为副指挥长、相关单位负责人、项目村党支部书记为成员的"土地整理项目建设项目指挥部"，指挥部下设办公室，确定专人负责日常工作。项目村分别成立了相应的工作专班，具体负责辖区内协调工作，确保项目施工工作始终有人管、有人抓。

统一思想，开好三会。一是开好项目村书记会，提高认识，形成确保项目顺利实施的思想动力；二是项目村开好两委会，研究具体的实施办法及政策宣传工作；三是召开党员、村民代表、湾组理事会成员会，进行政策宣传和思想发动。

严格要求，强化管理。在工程施工管理过程中严格执行三级签字认可制，既强化工程专业管理作用，又充分发挥群众的监管作用，动员各湾组理事会全程参与施工协调和施工监管工作，明确理事会有工程质量第一签字认可权，即每月单体工程必须经过湾组理事会代表、村民委员会代表、镇指挥部三组逐级签字认可后,方能进入施工程序。事实证明,湾组理事会参与项目施工监管后,项目实施真正由"要求群众干"变成了"群众要求干"、"群众愿意干",施工协调难度大大减轻,有力保障了施工进行。

  突出重点,精心施工。项目施工过程中,群众最关心的是水利建设、塘堰改造及道路硬化等,为此,在依据设计方案精心组织施工的同时,力求尊重民意,突出水利建设、突出村庄整治、农业产业结构调整三大重点,组织中标单位精心施工。

  落实责任,严格把关。在组织项目实施中,始终把提高工程质量做为项目实施管理的重中之重来抓,坚持按项目规划设计和项目实施方案组织施工,对土地平整、农田水利、田间道路等工程都按规定进行实施,建立了质量管理责任制,由施工单位保证工程质量,监理部门控制工程质量。监理单位选派优秀的监理驻守工地,实行旁站式监理制度,现场监管项目实施质量,从而避免了隐蔽工程的监理死角,总监负责质量检查监督。并对施工单位和监理人员都按照质量标准落实了责任制。项目领导小组及相关技术人员,每天深入项目区,逐项对施工工程进行检查,并及时进行阶段质量评定,遇到问题及时解决,真正做到人人有责,层层把关,从而确保了工程质量,保证了项目工程顺利实施。

  创新思路,多方支持。一方面采取"渠道不变、管理不乱、各投其资、各计其功"的办法,聚合各项涉农资金捆绑使用,实现了投入集中化、建设效益最大化。另一方面,充分调动起项目区农民的积极性,项目区接受民间捐资投资,用于土地整理、新农村改造、自然湾内的沟、渠、路、塘堰等设施改造,极大地改善了农民生产生活条件。

节约集约利用土地　拓展城乡发展空间

  我市通过土地开发整理项目的实施,促进了农村生态环境建设,降低了农业生产成本,增加了农民收入,并且扩大了就业空间,改善了农村居住环境。同时,还推动了农村精神文明建设,有力地维护了社会稳定。

改善了农村生产生活条件。城乡一体化试点项目和农村土地整治示范项目实施以来,已新修田间道路502.0294千米,铺设水泥路203.864千米,清淤修复渠道12664.95千米,新建桥梁1132座,泵站413座,新建防护林400079株。为农村经济可持续发展奠定了基础。在实现路相通、林成行、春有花、夏有莲、秋有蟹、冬有鱼的目标后,积极引导有实力的民营资本兴建农家乐,投资观光农业,一批休闲农庄迅速兴起。

拓展了城乡建设发展的空间。一方面节约出来的一部分集体建设用地可以直接用于当地发展非农产业,壮大村级集体经济;另外一方面按照总量不增加的原则,将农村节约的土地安排用于城镇建设,优化了城乡用地结构和布局,促进了城乡统筹发展。

增加了农民收入。通过土地整理,调整优化土地利用结构和布局,促进了农用地规模经营和现代农业发展,进一步提升生产力,土地单产效益明显提高,同时给各项目区带来社会效益、生态效益和经济效益。同样是一块地,整治前后的收成却大不相同。据测算,土地整理项目实施后,平均提高单产110斤/亩,单产提高度11.75%,平均每亩每年净增农业产值300元。

解决了农村土地撂荒问题。项目实施前,项目区所在村水利基础设施年久失修,水稻种植基本旱涝不保,水田撂荒严重。渠道修复及塘堰改造完成后,今年的水稻种植面积明显增加,有效解决了水田撂荒问题。

村容村貌大为改观。以村庄道路硬化、当家塘改造等为切入点,确保每个湾组水泥路循环畅通,当家塘便民、安全,通过村庄整治后,村庄面貌焕然一新。整个项目区已经初步形成了"田成方、林成网、路相通、渠相连、村庄美、面貌新"的社会主义新农村雏形。

加快了农业产业结构调整进程。在抓好项目实施的同时,以项目区为核心,积极引进双11号双低油菜品种,创造了单产过400斤、出油率过40%的历史最好记录。

利用国土整治项目修建的塘堰改造工程

汗水浇灌文明花

鄂州市中心血站

2010年11月8日,这是一个令鄂州市中心血站全体职工骄傲和自豪的日子,鄂州市精神文明建设委员会授予鄂州市中心血站为"市级文明单位"。近年来,血站党支部用科学发展观统领全局,求真务实抓创新,创先争优谋发展,实现了全体血站人的梦想,谱写了政治文明、精神文明建设新篇章。

抓民主管理,营造和谐氛围

近年来,我站紧紧围绕建设文明、和谐、健康发展新血站的奋斗目标,坚持民主议事、科学决策原则,重大决策、各项制度作出前,广泛听取各方面的意见和建议,广纳善言,集体决策,充分发扬民主,营造了和谐氛围。

大型设备采购和大量资金运作是职工非常关注的事情之一,为让广大职工放心,我站自2006年起建立了大型设备采购询价议标制,成立了采购议标委员会,实行大量资金运作通报制,凡大量资金运作需站长办公会讨论通过。

2006年7月6日,我站首例议标制采购开始实行。这是一项献血者纪念品的采购,共计采购纪念品5个品种,涉及采购金额2万多元,在前期准备工作中,责成办公室对需求科室的需求条件进行调查研究,提出具体的可行性方案,听取有关方面的意见并收集供应商资料。之后,向供应商发送标书,最后愿意参加议标竞标并回函的公司4家。7月6日下午,在血站4楼会议室,一个由鄂州市卫生局纪检部门、血站班子成员、财务科、办公室、需求科室负责人和2名普通职工组成的采购议标小组,开始了我站的首次民主管理的议标采购。通过集体对所有供应商提供产品和服务进行评分,最后有两家公司分别获得5个品种纪念品的供应资格。

将民主管理引入人事管理工作,增强员工的民主管理意识和主人翁意识,为员工搭建管理血站工作的平台,主动参与到本单位重大问题的关注和对日常事务的管理及监督,则是我站人事制度民主化的又一举措。对于现任中层干部实行聘前谈话,聘中监督,聘终考核,考核前由中层干部对任期进行工作汇报,按照德、能、勤、绩、廉,由职工进行民主评议,合格则予续聘,不称职则予解聘;对于新聘中层干部,则实行自荐与推荐相结合,竞争上岗,由职工民主评议,经支部会讨论,公示通过后产生,努力做到干部工作的公开化、民主化。同时大力推行职工与中层干部双向选择制度,努力促进职工与中层干部工作上的协调与配合,生活上的关心与照顾,学习上的支持与帮助,促进科内团结、协作、和谐。

通过系列民主管理,促进和谐血站建设,实现了采供血各项工作的良性发展。

抓文化建设,促进素质提高

良好的思想素质、道德素质和业务素质是献血者、受血者满意的前提。为此,我站在强调民主管理的同时,把提高全员的思想素质、道德素质和业务素质作为一项重要工作来抓,努力促进全员综合素质的提高。

自建站以来,我站就建立了每周一上午组织学习活动的制度,实行了站、科两级集体培训学习的方式,学习内容从国家大政方针到献血法律、法规和规范,从采、供血各方面知识到无偿献血宣传、招募技巧与方法等等。培训师资一是聘请国内、省内知名专家,二是站内参加国家、省培训或外出学习后的人员,三是站内业务骨干。将每周一的培训学习与科室绩效考核挂钩,与综合目标管理挂钩,通过培训,全员综合素质有了很大的提高。全体员工通过了卫生部统一组织的上岗考试,熟悉采供血法律、法规及基本知识,并能有效处置献血中各种不良反应,部分员工还能现场指导输血过程中的疑难问题。以服务献血者、受血者为中心的意识已形成,在每月、每季献血者、用血医院、内部员工满意度调查中综合满意率达95%以上,服务态度、服务质量、服务水平的投诉率基本为零。

充分发挥工会和共青团组织作用,积极开展形式多样的业余文体活动,充实了职工的业余生活,增强了职工集体荣誉感和凝聚力。

无偿献血志愿者迎新春联欢会是献血志愿者之间、献血志愿者同血站员工之间情感互动交流的舞台。由献血志愿者和血站员工一起组织节目,自编自演。到目前为止已举办7场,献血者、志愿者、血站员工纷纷踊跃上台表演,相声、小品、朗诵,欢歌笑语,一片欢乐祥和;无偿献血宣传小品《时间与生命》,在全市卫生系统"5·12"护士节文艺汇演中,受到广大领导和观众的好评;湖北省输血协会组织的首届"爱心杯"羽毛球赛,我站10名羽毛球选手不畏强手,奋力拼搏,取得了全省第三名、二等奖的好成绩。

抓业务发展,树立良好形象

为进一步加强血液管理,保证我市临床用血安全,我站按照省厅及市卫生局的要求,始终把加强血液管理、依法开展采供血业务作为血站生存前提。认真贯彻落实"一个办法两个规范"等相关法律法规精神,充分发挥血站在发展无偿献血事业、促进安全输血工作中的引导和带动作用,狠抓血液质量,积极引导成分输血工作的开展,推动了传统输血向优质高效科学合理用血迈进。

自我站成立之初,就开始探索建立血液质量管理各项规章制度的管理模式,特别是《献血法》的颁布,为血站的各项规章制度的建立提供了法理依据,至2006年3月"一法两规"颁布之日止,我站建立了一套质量管理体系,为当时规范质量管理,提高血液质量水平起到了很大的推动作用。随着一法两规的颁布实施,我站根据法律、法规、规章要求,认真完善了质量管理体系,到目前为止,已进行了四次改版,质量管理体系的持续改进完善,规范了血站工作人员的服务意识、服务态度,从制度上保障了血液的质量。2005年3月5日我站与武汉血液中心在全国率先开展血液标本的集中检测工作,为全国各地相继开展跨地区血液标本集中检测提供了可资借鉴的模式,为进一步深化集中检测工作,在血液制品调剂、血液质量管理、后勤保障等方面与武汉血液中心进行合作,取得了满意的效果。到目前为止,我站未发生一起因血液质量问题引起的医疗纠纷。

加强信息公开,是血站推进业务发展、树立良好形象的有力举措,为了保证信息公开的及时性、连续性、长期性,经讨论研究后,我站出台了《血站信息公开工作实施方案》,明确了公开程序、公开内容和

每年举办若干次无偿献血大型宣传活动

公开方式。特别是对广大职工、广大市民、广大用血者关心、关注的问题,如绩效考核分配、职工福利、人事调整、献血知识、献血成本、血液价格、献血地点、献血时间、质量投诉等方面首先公开,通过信息公开栏、网站、房车显示屏、有关新闻媒体等,主动接受职工及广大市民的咨询和监督。其次是献血政策、献血流程、服务承诺等公开,通过信息公开增加了血站工作的透明度,树立了血站的良好形象,提高了血站的公

信力。

　　自血站开展文明创建工作以来，在上级有关部门和领导的支持下，以开展文明单位创建活动为契机，以血站规范化建设为重点，以满足临床用血需求、确保输血安全为目的，经过全站干部职工的不懈努力，促进了我站物质文明、精神文明、政治文明的健康发展。

时刻守候在生命的保障线上

鄂州市医疗紧急救援中心

鄂州市医疗紧急救援中心于 2008 年 1 月 20 日零点正式启动运行。中心共有人员 17 名,其中党员 6 名,团员 9 名,中心职能是负责全市医疗急救统一调度指挥,收集处理、储存和分析医疗急救信息,承担突发事件的紧急医疗救援任务,组织全市医务人员进行医疗急救培训,指导开展全市急救医学知识宣传等。我们坚持以"时间就是生命,责任重于泰山"的工作理念,以优质、高效、快捷的服务,为鄂州全市人民时刻守候在生命的保障线上。

近年来,我们以推进社会主义核心价值体系建设,主动承担社会责任,以学习贯彻党的十七大精神、迎接党的十八大为主线,抢抓"基层组织建设年"活动机遇,全面加强卫生系统党组织"五个基本"、"七个体系"建设,积极按照"组织创优秀、干部争先进、党员受教育、群众得实惠"的目标,努力为群众办实事、办好事,切实把党建及调度业务工作打造成为群众满意工程,努力塑造了"120"的良好社会形象。

2009 年 7 月 20 日至 2012 年 7 月 19 日,中心共受理呼入电话 205743 起,其中有效接警 202446 起,其中处理重大交通事故 503 起,重大中毒 10 起,实现调度业务零投诉。调度科于 2009 年被团市委授予"市级青年文明号"荣誉称号,2010 年被授予省级"青年文明号"称号。中心有三人次被评为卫生系统优秀党员,有 12 人次被评为中心先进工作者,12 人次被评为中心优秀调度员。

统一思想认识，推进创建工作

中心党支部以邓小平理论、"三个代表"重要思想和科学发展观为指导，积极投入文明单位创建活动，一手抓物质文明建设，一手抓精神文明建设，以"内强素质，外树形象，依法管理，优质服务"为指导思想，以文明创建活动推进全市医疗紧急救援工作的开展。

积极开展主题实践活动，不断地提高自身素质。围绕"喜迎十八大，争创新业绩"主题实践活动，起草了文明单位总体规划，制定了创建计划。中心领导挂帅，创建工作的每个层次、每个环节都有具体科室和具体人抓，形成了一把手亲自抓，主管领导具体抓，党、政、工、团齐抓共管，职工群众积极参与的创建工作格局。为了使创建活动深入人心，中心积极动员，把创建工作的各项任务落实到各职能科室，从上至下达成共识，使创建工作得以有条不紊开展下去。在获得"市级青年文明号"称号后，中心又以此为契机，开展"创建学习型急救中心，争做知识型职工"主题实践活动，引导职工立足岗位成才，多读书，不断地提高自身素质，在职工中营造一种爱学习、讲学习、学技术的良好氛围。

加大创建宣传力度，促进中心文化建设。利用每季度一期的《急救简讯》，及时反映中心工作动态；充分发挥宣传舆论工具的导向作用，通过报纸、宣传栏进行宣传，不断提高中心服务质量，树立急救新形象，使文明创建活动与急救工作有效结合。

优化服务质量，树立良好形象。中心组织职工到获得省级文明单位的市疾控中心取经学习，使争创市级文明单位活动深入人心；积极发动职工参加四城联创行动，为我市争创省级卫生城贡献一份力量；在对外服务窗口推行岗位责任制，推进了"文明窗口"建设，优化了服务质量；积极参与社区共建，提高了中心知名度，树立了良好社会形象，从而使广大职工自觉地把创建活动作为一项自己必须承担的工作职责，为中心文明单位创建活动奠定了扎实的基础。

加强道德教育,提高综合素质

在支委中坚持集体领导和个人分工负责相结合的制度,先后制订民主评议党员和廉洁自律等制度,健全监督机制,把党风廉政工作当作搞好急救指挥调度和优质服务的保障性工作来抓。组织党员学习邓小平理论、"三个代表"重要思想、科学发展观和党中央各项方针政策,提高党员的政治素质。为了不断提高领导干部和党员的政策理论水平,中心党支部把学习贯彻科学发展观同工作实际相结合,开展了"立学为公,执政为民"教育,并以此为载体,认真开展"求真务实"学习实践活动。

积极参加每年的慈善募捐活动和助残活动,密切与群众的联系。组织全体职工学习王争艳先进事迹,学习她爱岗敬业、恪尽职守的工作态度,学习她服务群众、奉献社会的高尚品质,提高干部、职工的思想道德素质,引导职工把中心发展需要和实现自我价值相结合,进行了职业理想、职业道德、职业纪律教育以及社会公德、职业道德、家庭美德及科普知识等方面的学习。为了搞好中心创建文明单位活动,中心多次组织党员到荆门、荆州、宜昌、孝感等同行业单位学习取经。通过一系列学习和活动,党员整体素质不断得到提高,好人好事不断涌现,在中心遇到急、难、重的关键时刻都有党员的身影及时闪现出来。

开展送温暖工程,每年一次性补贴生活困难职工,坚持慰问生病住院职工,使他们感受到中心的关心和组织的温暖。以创建"青年文明号"活动为契机,引导广大青年学文化、学技术,不断规范服务,在实践中不断提高政治思想素质、业务水平和服务意识。

开展形式多样的文体活动,中心每年节日都要举办庆祝活动,连续主办三届"急救杯"羽毛球比赛,丰富了职工业余生活;多次组织职工参加"5·12"全市文艺演出;每年组织职工参加无偿献血活动。这些活动的开展,不但活跃了中心职工的文化生活,调节了职工精神生活,激发了职工的爱国、爱岗之心,同时也培养了职工的集体荣誉感和责任心,增加了职工的凝聚力,在中心内部营造出和谐奋进的氛围。

强化业务培训,树立急救形象

加强急救管理,保证急救质量。规章制度是规范管理的基础,是标准化管理的开端,是科学化管理的灵魂。因此中心在启动运行之初,制订了一系列的管理制度。有了制度重在落实,中心通过相应的考核方案,强化落实,确保急救质量不断得到提升。

强化业务培训,提高操作技能。中心根据急救调度工作的要求,抓好职工的业务技术教育,利用各种机会,创造条件,有计划地对职工进行各类业务培训,提高职工素质和操作技能。有多位同志参加医护专升本的学习,有二人已毕业。邀请武汉市急救中心急救专家邬丽薇来中心向调度员传授调度技能。通过一系列的学习培训,在中心内形成良好的讲学习、比技术的风气,使中心的整体素质逐年上升,为保证安全调度奠定了基础。

狠抓服务质量,树立急救形象。在调度业务上,通过采取日交接班调度员讲评制度、月特殊案例分析制度、月急救知识的培训制度的实施,调度质量得到了快速提升。在服务质量上,通过定期与网络急救站沟通、交流、收集意见,每隔一周组织调度员深入网络医院病房,向入院急救病人发放问卷调查,收集、了解、掌握调度、急救服务信息,不断改进调度和急救工作,

举行应急救援演练,确保急救质量

服务水平不断得到提升。

鄂州市医疗紧急救援中心借文明单位创建的东风,干部队伍的精神面貌和机关作风有了明显改善,有力地促进了各项工作顺利开展。但文明单位的创建活动是无止境的。在今后的工作中,我们将以科学发展观为指导,认真总结经验,继续发扬良好的工作作风,求真务实,开拓创新,不断巩固,扩大精神文明建设成果,不断将急救服务标准提高到一个新的水平,为我市经济建设发展和人民健康质量的提高做出更多更大的贡献。

狠抓文明创建　打造文明财政

鄂州市鄂城区财政局

近年来,鄂城区财政局遵循"以人为本,重在创建"的原则,树立"高标准、创一流、有新意、无止境"的工作理念,持之以恒,齐抓共管,走出了一条具有鲜明行业特色的文明创建路子。目前,区财政系统创建省级文明单位2

结对共建　送农资下乡

个,局机关和10个乡镇财政所全部建成区级以上文明单位,文明单位建成面和创建率都达到100%,财政局机关2011年被省财政厅评为"先进财政局",连续六年被区委、区政府评为"三个文明"建设红旗单位,连续三届被区委、区政府评为"文明系统",连续多年被评为"目标考核先进单位"。

立足"三个保障",强化文明创建组织领导

文明创建,保障是基础。为了使文明创建在全区财政系统中"热"起来,克服创牌子时热、拿牌子时冷,年终热、平时冷的倾向,我们着眼高起点,采取硬措施,建立起一整套保障机制。

一是认识上有保障。经过多年来的探索和宣传发动,在全局上下

确立了抓好文明创建就是抓好财政工作的观念;确立了抓好文明创建,重在全员参与、重在提高素质的观念。从局长到一般办事人员,从局机关到基层财政所,在思想认识上都能保持高度一致,从而形成了齐抓共管的合力。

二是组织上有保障。局党总支高度重视精神文明建设工作,专门成立了以局长任组长的精神文明建设领导小组,把创建工作纳入重要议事日程。各财政所也分别成立了精神文明建设领导小组,局机关各职能股室做好上传下达、左右协调、督促实施等工作,使精神文明建设工作有了可靠的组织保障。同时,每年初将文明创建工作细化后列入千分目标责任考核,层层签定责任状,做到了一级抓一级,层层抓落实。

三是硬件上有保障。硬件设施是文明创建的载体。近两年来,我们克服资金困难,坚持花小钱办大事,投资了近 10 万元对机关院内花坛、车库、机关食堂等基础设施进行维修改造;争取资金近 15 元,对办公设备、机房、电脑网络等进行更新升级,确保了财政业务高效运转。投资近 5 万元,更换了篮球架、添置了羽毛球网和乒乓球拍等健身器材,大大改善了干部职工的工作、生活环境。通过长期不间断的投入,全局基本面貌发生了根本改观,有效激发了干部职工的工作干劲,提升了干部职工的生活情调。

围绕"三个转变",建立文明创建激励机制

文明创建,永无止境。创建要有强大的生命力,就要不断推陈出新、常抓不懈。为此,我们力求"三个转变",着力建立健全激励机制,为文明创建注入了动力。

一是变"两张皮"为"一盘棋"。为防止只抓业务工作而忽视文明创建,或只抓文明创建而不抓业务工作的现象,我们通过建立健全文明创建工作制度,把文明创建工作渗透到财政业务工作的各个环节,将文明创建的成效凝结于日常工作之中,把"两张皮"变成了"一盘棋"。建

立一把手亲自抓,分管领导专门抓,办公室具体抓,各股室配合抓的文明创建领导网络,形成了一个齐抓共管、成果共享的良好局面。

二是变"独唱"为"大合唱"。局党总支是全局文明创建的策划者、引导者,但文明创建不是单纯的领导行为,而是全体财政工作的"大合唱"。局机关是文明创建的领头雁、排头兵,但文明创建不是小部分人的事,是大家的事。从局领导到一般群众,从机关到基层财政所,形成了上下、左右、内外联动的创建机制,营造了人人有创建目标,个个有创建压力的良好创建氛围。

三是变"满足现状"为"激励鼓励"。文明创建只有起点,没有终点。局机关和乡镇财政所分别从区级文明单位到区级最佳文明单位,从区级最佳文明单位到市级文明单位,历经了多次检阅,部分人认为就目前硬件设施条件来看,创建文明单位到此就为止了,向省级文明单位进军可能性不太可能。为了消除这种心态,我们对局机关和各财政所作出了硬性规定,出台相关考核办法,激励、鼓励各财政所加大文明创建工作力度,对创建成绩突出的单位给予一定的精神和物质奖励,形成了文明创建永无止境、不进则退的理念,促进了文明创建工作的落实。区国库收付中心分别被团市委等六家单位联合授予"青年文明号",被市妇联授予"巾帼示范岗"荣誉称号。

建设"三型机关",突出文明创建行业特色

文明创建的生机重在活动。为了把文明创建"创"出特色,我们围绕薄弱环节抓,从深层次上着力抓好创建"学习型·服务型·廉洁型"机关活动,确保了"示范更优"、"特色更特"。

一是着力建设"学习型机关"。在建设学习型机关活动中,除坚持周四学习日、定期举办业务培训班等学习活动外,紧贴实际不断创新和丰富学习载体,增强机关学习的参与性、吸引性和实效性,开展了"五个有"督学活动,全员集中学习做到有学习计划、有学习笔记、有学习体

会、有讨论交流、有检查考核。近年来,在深入推进"提高政府执行力大讨论"学习活动中,我们"注重三个结合、提高财政执行力"经验作法得到了区委、区政府领导高度赞赏,《湖北日报》也对此先进作法进行采访报导,区有关领导也作出批示,要求全区各单位、各部门学习我们的作法,把全区执行力提高到一个新的水平。

二是着力建设"服务型机关"。以开展"继续解决思想,推进科学发展"活动为主线,从三个方面入手狠抓了服务质量和服务水平的全面提升。第一,配套推进各项财政改革。进一步完善制度,改进操作程序,简化办事流程,使部门预算、国库集中收付、政府采购、非税收入管理、乡镇财政区管、行政事业单位国有资产管理等财政改革有机衔接,形成相互协调、相互促进、相互制衡的整体联动机制。其二,全面推行"三制"管理。即在工作效率上推行"限时办结制",在服务态度上推行"投诉追究制",在工作纪律上推行"现场查处制",并严格制度执行,有效提升了机关服务效能。其三,全面推行优质服务。为方便服务对象,提高服务效率,先后出台了《鄂城区财政拨款操作规程》、《鄂城区政府采购流程图》等规章制度,较好地简化和规范了办事流程,逐步形成了"文明礼貌、主动热情、方便快捷"的服务环境,各服务对象的满意度进一步提升,财政部门的诚信度和公信力得到进一步提升。

三是着力建设"廉洁型"机关。我们坚持把党风廉政建设作为一项重要内容纳入全局的目标管理,立足教育,着眼防范,标本兼治,综合治理,层层抓落实。其一,落实廉政责任。结合财政工作实际情况,研究确定党风廉政建设的主要任务,并把每一项任务具体分解到责任股室、责任领导,做到"人人肩上有担子,个个心中有任务",确保各项任务按规定要求落实到位,有力地推进了党风廉政建设的开展。其二,营造廉政氛围。把廉政文化作为机关文化的重点来培植,充分营造党风廉政建设氛围,树立廉洁奉公形象。通过办公开栏、上党课、学习有关文件等形式,定期或不定期以一种劝谏、提醒的方式,关心干部,爱护干部,达到勤政廉政的教育目的。其三,构筑廉政防线。通过建立廉政档案、进行诫勉谈话、健全廉政建设制度等方式,加大对干部职工"八小时"内外的"社交圈"、"生活圈"的监督力度,发现苗头,及时提醒,构筑起拒腐防变的思想道德防线。

　　几年来,我们文明创建的氛围越来越浓,创建的格调越来越高,创建的环境越来越好。今后,我们还将进一步强化创建意识,量化创建目标,深化创建活动,激化创建活力,以饱满的热情,崭新的姿态,展现在全市最佳精神文明先进单位行列。

倡导文明新风　构建和谐环保

鄂州市鄂城区环境保护局

近年来，鄂城区环保局把创建文明单位作为加强精神文明建设、推进各项工作全面进展的重大举措来抓，在全体干部职工的共同努力下，取得了良好的工作成绩，得到了社会各界的广泛赞誉。

大力整治违法排污企业

我局被省委、省政府评为2007年度全省环境保护专项治理先进单位，被市委、市政府评为2007年度全市环境保护先进单位，自2008年起连年被市环保局评为全市环保系统红旗单位，2010—2011年被省环保厅评为县级目标考核优胜单位，连续几年被评为区级文明单位，2010年鄂城区行政服务中心环保窗口被市委、市政府评为最佳文明诚信窗口。

加强组织领导，营造创建氛围

我们十分重视文明单位创建活动，从创建伊始，就把创建活动摆到重要议事日程上，与全局工作统一部署、统一计划、统一落实。成立文明创建领导小组,局长李能坤担任领导小组的组长,同时组建活动办公室,负责创建活动的具体工作。制发了《鄂城区环保局争创市级文明单位活动实施方案》,发放了《文明创建知识教育读本》等宣传资料,开办了文明创建活动专栏,建造了环保文化长廊,营造文明创建的良好氛围。

强化党建工作,狠抓廉政建设

坚持每季两次支部学习。组织召开民主生活会,认真听取干部职工和企业的意见建议,形成整改方案,并狠抓落实,同时坚持每月一次局支部会和不定期的局长办公会议制度,坚持重大事项召开全体干部职工大会制度。根据区委和市局党组的安排,按照构建腐败风险预防体系和"十个全覆盖"工作要求,确立了单位和个人岗位风险点,落实了岗位风险防控措施,同时,定期上党课,狠抓党风廉政建设。依照区委基本组织、基本队伍、基本活动、基本制度、基本保障等"五个基本"建设的要求,认真组织开展"讲党性、重品行、作表率"主题教育和"结对帮扶"活动。通过开展活动,全面落实了基层党建工作责任制。

加强学习培训,提高队伍素质

首先是突出主题教育。2009年,以深入贯彻开展落实科学发展观活动为重点,2010年以"创先争优"活动为重点,2011年以治庸问责为重点,抓好干部政治思想教育、职业道德教育、人生理想信念教育。其次是继续开展"每日一题、每周一课、每月一考"的岗位练兵和业务知识竞赛活动,开办和积极参与各类培训班。在学习中坚持理论与实际相结合的原则,专门邀请了市局主要领导讲解环境保护和行政法律、法规的相关知识,通过请进来授课和走出去学习等形式,不断提高法制观念,规范执法行为,严格执法程序,以先进人物为榜样强化服务意识,强化职业道德,提高执法水准。做到了学法、懂法,在工作中依法行政,秉公执法、阳光收费,杜绝吃、拿、卡、要,树立了服务周到、廉洁高效的工作作风,在环境执法服务中百姓口碑较好,评为最佳服务单位。全体工作人员的综合素质有了明显的提高。

开展有益活动,丰富创建内涵

首先是组织干部职工积极参加"百万市民素质提升"活动,开展了文明知识大学习、身边陋习大整治、市民教育大宣传、道德规范大实践等活动。其次是开展形式多样、健康向上的文体娱乐活动。积极开展和参与羽毛球比赛、篮球比赛、拔河比赛、演讲比赛、歌咏比赛、读书比赛、兴趣小组活动等,丰富职工文化生活。三是积极开展扶贫帮困、抗震救灾、金秋助学等活动。12年来,全局干部职工共为泽林镇大山村捐衣120多件,为结对帮扶村泽林镇大山村、杨方村和杨叶镇古塘村捐款6万元,为他们兴建了一批基础设施,改善了村里办公条件。捐款1.2万元让泽林镇大山村、寿桥村、杨方村贫困学生圆了大学梦。为汶川大地震和西南干旱灾区捐款近2万元。

加大宣传力度,构建和谐环保

在社区、学校、医院、乡镇广泛开展环保宣传,营造良好的环保工作氛围。一是在辖区8个乡镇主干道和开展环境综合整治的6个村上墙环保宣传标语21条。在池湖新社区主道旁树立了一块不锈钢环保知识宣传牌。二是在开展环境综合整治的18个村树立了环境整治项目和整治资金公示牌。三是在泽林小学、池湖小学积极组织和开展了环保大使进校园活动。四是会同鄂城区妇联扎实开展了以环保进家庭、环保进社区为主题的"6·5"世界环境日宣传活动,参加活动人员达1000余人,发放活动物品500余件。五是积极参与"环保世纪行"和"无车日"宣传活动。六是加强宣传和信息报送工作,共编发鄂城环保信息48期,及时上报信息近150多条,其中部分信息和报道被有关媒体采用。

狠抓规范管理，优化服务环境

一是完善制度建设。建立绩效挂钩制、车辆管理制、工作作息制、岗位责任制、目标考核制、培训制等各项制度，在工作制度、办事程序、收费标准三项同时报批上面向社会，做到了公开化，并设立了公开举报电话，向社会公开承诺服务。二是加强思想道德建设。帮助职工树立三个意识，即中心意识、服务意识、全局意识。全局一盘棋，拧成一股绳，以满意服务为标准，做到敢打硬仗，不畏艰难，建立一支思想道德高尚的环保执法队伍。三是为民服务，切实解决群众关注的环境问题。对群众来信来访的环境污染问题，设专人受理，对每一件来访信件都做到高度重视，及时到达现场。特别是中考期间，为了让考生有个安静环境，环境监察人员在施工现场死看死守，体现出了辛苦我一个、造福所有人的高尚敬业精神。四是深入基层搞服务。为池湖、路口、峒山等村争取资金，兴建了一批垃圾收集和污水处理设施，改善了农村环境，推进了城乡一体化的进程。

借力文明创建　给力和谐发展

鄂州市鄂城区人民法院

举办大接访活动，维护社会稳定

我院以 2010 年被评为"市级文明单位"为新的起点，以创建"全市最佳文明单位"、"省级文明单位"为目标，以"四抓"、"五着力"以及"四个突出"为手段，打基础、强素质、抓审判、树形象，着力在深化上下功夫，在巩固中求提高，在落实上见成效，把文明创建活动融于审判执行工作全过程，全院形成了创先争优、比学赶超、做文明人、说文明话、办文明事，精神饱满、钻研进取、奋发向上的良好氛围，法院各项工作迈上新台阶，赢得了上级机关和法院的肯定以及人民群众的赞誉。近三年来，我院先后荣获了"全省集中清理执行积案工作先进法院"、"全省涉法涉诉信访积案清积评查工作先进法院"、"全国创建无执行积案先进法院"等荣誉称号。

筑牢根基——文明素质展风采

我院始终把抓队伍、强素质，打造一支文明高效的团队作为长期的政治工作来抓，以"建一流班子、带一流队伍、创一流业绩"为目标，几年来，认真开展了深入学习实践科学发展观、"人民法官为人民"、"发扬传统、坚定信念、执法为民"等主题教育实践活动,切实履行审判执行工作职责,为促进辖区经济又好又快发展、社会和谐稳定提供有力的司法保障。

抓班子,带队伍。建立党组中心组学习制度、民主生活会制度,坚持抓好各种理论学习,努力提高领导班子的决策能力、领导能力、司法能力;坚持院领导带头办理疑难复杂案件,做到能审判、善协调、会管理;坚持深入基层调查研究,密切联系群众;坚持民主集中制原则,实行具体责任分工负责,重大事项民主决策,形成团结干事、精心谋事、用心做事、专心办事的良好班子形象,促进班子成员以身作则、率先垂范,引领法院队伍建设,带动干警整体素质不断提高。

抓党风,促廉洁。强化规章制度的完善,实行"一岗双责"、干警年度廉政情况考核制度,任命兼职廉政监察员,与干警家属签订《保廉承诺书》,延伸业外监督责任链,拓宽监督责任区,强化对审判、执行权的规范运作。广泛开展"讲党性、重品行、做表率"及正反面典型警示教育等形式,从基础上筑牢拒腐防变的思想道德防线。近三年来,实现廉政"零违纪"。

抓能力,促业绩。坚持政治理论学习,大力加强教育培训力度,开展庭审竞赛、优秀裁判文书评比、资深法官授课、选送干警到上级法院培训等多种岗位练兵形式,不断提升法官对形势的研判能力、做好群众工作能力、实现案结事了能力和增强法官驾驭庭审、文书制作、法律适用能力。

抓文明,提精神。积极组织开展读书活动、演讲比赛、体育比赛、文艺汇演等各类文艺活动,增强干警的团结意识、集体意识、纪律意识,全面抓好文明建设,提振全院干警干事创业的"精气神"。

敬业奉献——文明履职创佳绩

我院坚持把服务发展作为第一要务、把维护稳定当作第一责任,自觉把法院工作纳入全区发展大局中进行谋划和安排,2010—2012年上半年,共受理各类诉讼案件7382件,审结6865件,审结率93%。受理各类执行案件1220件,执结988件,执结率81%,圆满完成了各项审判工作任务。

着力维护社会稳定。始终坚持"严打"方针不动摇,认真贯彻宽严相济的刑事司法政策,对严重刑事犯罪案件,做到及时立案、及时审理,施以重拳,震慑犯罪。2010年以来共受理刑事案件723件989人,审结703件932人,结案率97.2%。积极推行量刑规范化改革,增强量刑的透明度、公开性,做到罪责刑相适应;坚持惩教结合、寓教于审,教育、感化、挽救的方针审理未成年人犯罪案件;加大对刑事附带民事案件的调解力度,60%的附带民事诉讼案件通过调解结案,为受害人挽回经济损失202.7万余元;坚持判后回访制度,有效预防和减少再次犯罪;加大对刑事被告人财产调查与控制力度,杜绝执行积案。

着力维护社会和谐。在民商事案件审判中,注重"四个调解",即前置调解、庭前调解、庭中调解和庭后调解,将调解贯穿于诉讼的全过程,努力实现案结事了的司法效果,营造和谐的人文环境。2010年以来共受理各类民商事案件6553件,审结6356件,结案率97%,调解3686件,调解率58%,大力推行诉调对接,注重加强对人民调解委员会工作的指导,将大量的矛盾纠纷化解在萌芽状态。

着力加大执行力度。建立了立案、审判、执行相互协调、相互衔接工作机制,通过采取诉讼保全归口管理、立案风险提示、诉讼调解全程运用等措施,夯实了执行基础。探索执行快速反应、分权制约、公开曝光、财产调查、委托评估拍卖以及限制被执行人出境,高消费和投资融资等执行方法,提高了执行效率。2010年,被评为全省清理执行积案先进法院,2011年被最高人民法院授予"创建无执行积案先进法院"荣誉称号。

着力化解行政纠纷。积极探索和创新行政案件协调解决机制,加强与行政机关的良性互动,充分保护行政相对人的合法权益,监督行政机关依法行政,促进社会管理创新。2010年以来共审结行政案件83件,依法审查非诉行政案件162件,准予执行121件。

着力践行司法为民。一是设立"一站式"立案服务窗口,做到案件受理及时、移送审理快捷;二是设立导诉台,推行诉讼指导、风险告知等便民措施;三是为老人、残疾人专门设置立审执"一条龙"服务窗口,为他们方便诉讼建立绿色通道;四是加大巡回审判力度,最大限度方便群众诉讼,三年来开展巡回审理、送法下乡160余次;五是加大简易程序适用范围,完善速裁机制,提高诉讼效率,降低诉讼成本;六是积极稳妥处理民生问题,对涉及劳动争议、医疗、工伤、交通肇事等群众切身利益的案件优先立案,优先审理,优先执行;七是加大法律救助力度,为53名特困申请人发放执行救助金39万余元,为经济确有困难的当事人,依法缓、减、免交诉讼费60万余元;八是扎实有效开展扶贫帮困工作,积极组织干警开展"三万"活动、"四联四助"活动、"百名法官联系企业"活动,投入资金8万余元,切实为扶贫挂钩联系点办实事、办好事。

举措创新——文化建设呈亮点

我院以文明单位创建工作为抓手,从自身工作实际出发,注重"四个突出",积极营造浓厚的、符合法治时代特征的文化氛围,不断提高干警的法治文化素养,丰富干警的文化生活,培育法院团队精神,促进法院文化建设。

突出"法院文化"建设。倡导学习之风,以打造"学习型法院"和"知识型法院"为载体,坚持每周五政治理论学习制度,鼓励干警在职学习,组织开展各种业务培训,加强对新出台的法律法规及司法解释的理解和运用。2010年以来共举办各类培训18期,轮训干警及人民陪审员420余次,选送上级法院培训130人次。

突出"法官文化"建设。立案大厅悬挂电子显示屏,宣传法律知识，在每层楼张贴法治名言警句等文化建设的相关内容，各种硬件设施逐步完备，为每人配备电脑等各种数字化的办公设备，投入180余万元实施了美化、绿化、硬化工程建设，安装安检门、防护网、电子监控设施；积极推进三级联网建设，实现办公现代化；办公环境进一步优化，建成了视频会议室、荣誉陈列室、文化室、食堂，"快乐工作、快乐生活、快乐学习"的氛围愈见浓厚。

突出"管理文化"建设。加强审判流程管理及执行工作的规范管理，强化案件评查监督、"绩效考核"与"岗位目标考核"一岗双管理、双考评机制，进一步促进责权明确、分工合理，确保法院各项工作规范有序运转。近几年来，我院案件质量和效率持续表现为"三高、四低"，即：结案率、调解率、执结率升高，发回重审率、改判率、法律文书瑕疵率、涉诉信访率降低。

工贸新城春色浓

鄂州市花湖开发区

花湖开发区位于鄂州市东大门,东临长江、南靠黄石,武黄高速、大广高速、汉鄂高速、城际铁路穿境而过,区位优势明显。2006年5月经国家发改委审核通过,明确为省级开发区。近年来,在市、区党委政府的正确领导下,我们以

举办公益大讲堂,满足居民文化需求

坚持科学发展观为指导,牢固树立"项目强区、工业兴区、商贸活区"发展理念,以打造宜居宜业工贸新城为奋斗目标,一手抓经济建设,一手抓精神文明建设,经济社会保持健康快速发展,多次被市委、市政府授予"文明单位"称号,被区委、区政府授予"最佳文明单位"称号。

加强领导,突出重点,提高党风行风建设水平

一是加强基层党组织建设。按照"五个基本"、"七个体系"的目标要求,健全组织机构,开展主题活动,加强社区和企业基层党组织建设。在开发区工委的指导下,吴都医药基层党组织通过省级验收,并获得各级领导一致好评。

二是组织模范党员评选。发挥模范党员引导作用,对标定位,不断

查找党组织和党员自身不足,促使全体干部学先争先。通过"五好"党员的带动作用,广大干部的全局思想观念、发展理念在更新,队伍建设得到加强。

三是深入推进干部作风建设。我们通过开展"五项治理"活动,认真落实"十个严禁"、"五个不准",加强各部门责任意识,年初签订目标责任书,将具体责任落实到每个部门和具体责任人。加强值班制度建设,严格落实责任要求,特别是暑期、重大节日等重要时期,加强安全保卫,定期开展安全生产教育和安全生产自查工作,机关效能和工作作风得到明显提升。

四是不断加强精神文明建设。通过组织干部集中学习,定期开展文明礼仪教育,主动践行社会主义荣辱观,不断强化职业道德建设,积极开展党性教育、结对共建和组织创新活动,积极推进科学发展示范机关创建活动,积极弘扬团结友爱、助人为乐、见义勇为和集体主义精神,自觉抵制不正之风。重视智力投资,定期开展科普教育,积极组织干部学习、进修、培训,强化机关文化建设,每年组织丰富多彩的文化、体育活动。

筑优平台,全民参与,树立文明和谐时代新风

我们通过构筑优学习平台和活动平台,引导市民参与,积极开展"百万市民文明素质提升工程"、"四城"创建、文明家庭创建、未成年人思想道德建设、志愿服务相关培训和交流活动,不断提高市民素质,树立文明和谐时代新风。

一是筑优学习平台,不断提高市民素质。

依托新建小学、幼儿园、家长学校、市民课堂等组织机构,为广大市民构筑学习平台,激发市民爱党、爱国热情,提高市民思想道德素质,加强未成年人思想道德建设,规范文明礼仪,增强法律意识,提升自我形象。

通过板报展评、悬挂横幅、发放宣传资料等宣传教育活动,加大对社会主义荣辱观、公民道德素质、城市市容和环境卫生管理相关法规的宣传教育,营造群众关心、支持、参与开发区建设发展的良好氛围。

开展"公益大讲堂"。为满足居民群众在健康、就业、家庭教育、法律援助等方面的生活需求,创办了"公益大讲堂",聘请12位来自学校教师、有资质的志愿者组成宣讲团,走进社区,举办各类知识讲座,受益居民达万余人次。

二是筑优活动平台,增强市民"主人翁"意识。

开展"百万市民文明素质提升工程"活动。开展公共文明道德实践活动。开展文明过马路"天天劝导"活动,坚持在开发区11个交通路口实行"文明过马路"周末劝导,引导市民文明行车、文明走路;开展文明乘车、主动让座活动,通过宣传引导等活动,在公交车上,大力营造为老、幼、病、残、孕让座的社会氛围;开展文明卫生活动,发挥管理人员职能作用,引导市民不乱扔垃圾,爱护环境卫生。开展全民"健身工程"活动。大力开展身心健康、体育健身等知识的普及教育,推进开发区医疗卫生服务体系建设,建立居民健康档案,为开发区居民提供疾病预防、保健、康复服务,加强人文关怀和心理疏导,引导人们正确对待自己、他人和社会,正确对待困难、挫折和荣誉,塑造自尊自信、理性平和、积极向上的社会心态。

开展"志愿服务"活动。大力开展扶老助残帮困志愿服务。组织居民志愿者采取结对帮扶等方式,为孤寡老人、残疾人、贫困家庭等群体提供生活救助、情感陪护、爱心捐赠等服务。倡导老年人开展互帮互助志愿服务活动,由身体健康的低龄老人帮助和照顾行动不便的高龄老人。实施"空巢老人关爱行动",积极为孤老残障家庭排忧解难。大力开展文明礼仪志愿服务。组织志愿者深入基层进行宣讲,推动文明礼仪知识进机关、进企业、进社区、进校园。积极参与礼仪知识竞赛活动,开展形式多样的礼仪活动,树立注重礼仪、热情友善、文明礼貌的良好风尚。大力开展文化进居住区志愿服务。引导志愿者到小区担任文化辅导员,通过票友会、秧歌队、小乐团、曲艺沙龙等群众文艺社团,利用小区广场等阵地,组织群众学唱红色经典歌曲,丰富居民精神生活,弘扬主旋律、唱响正气歌。大力开展维护公共环境秩序和城乡环境志愿服务。组织志愿者积极参加普及环保知识、清洁环境卫生和植绿护绿志愿服务。

开展文明家庭创建活动。开展群众性文体活动,活跃家庭文化生活。举办"家庭-爱心"读书活动、"亲子羽毛球比赛"、社区家庭才艺比赛等群众喜闻乐见的精神文明创建活动,推动三个文明建设协调发展。开展"学习家庭"、"绿色家庭"、"文明家庭"等评选活动,大力弘扬传统美德,宣传健康向上、文明科学的生活方式,抵制"黄、赌、毒、邪教"进家庭。目前,开发区文明家庭创建活动参与面达80%以上,涌现出各级文明家庭5260户,有力地推动了市民文明程度的提升。

开设"社区感恩吧"。以"感动、感激、感恩"为主题,在每个社区设置"感恩吧",联动社区的中小学生、下岗失业人员、社区志愿者、社区公益之星及社区各类居民共同开展"我感恩、我行动"活动,借以感谢父母、感谢生活、感谢一切给予帮助自己的人,并将感恩之行传承下去以局部影响整体,以活动传承文明;通过海报、楼栋长会发布感恩征集令,寻找社区居民身边的感恩故事,在感恩吧共同分享感恩心得;发布感恩物语,将感恩心得、感恩语录公布于众,寻求真情互动;设立"感恩传递棒",要求受恩者通过感恩之行将接力棒传给下一个受益者,并将接力棒运行状况随时公布。

开展"'四城'创建伴我行"活动。我们积极开展爱国卫生运动,建设整洁优美的城市环境。组织居民开展"清洁家园行动",清除卫生死角,整治"脏乱差"现象;开展节能减排、植树护绿、认养绿地等各类主题活动,不断增强居民绿色家园意识。

创先争优,治庸问责,推动经济社会快速发展

　　开发区工委积极开展创先争优和治庸问责,充分发挥政治核心作用,特别是领导班子时时处处发挥前移、下沉的带动作用,结合工作实际,本着科学发展、文明服务、规范运作的工作方针,全面推进基础设施建设、项目建设和精神文明创建,推动花湖开发区经济社会快速发展。

　　花湖开发区现有各类企业136家,其中工业企业94家,商贸及其他企业42家,初步形成以先进制造业、食品医药、制衣制鞋、建材化工、商贸物流、高端商住为重点的产业格局。2011年,全区重要经济指标实现两位数增长,实现国内生产总值21.7亿元,同比增长14%;规模以上工业总产值达22亿元,同比增长20%;工业增加值实现6.6亿元,同比增长35%;完成固定资产投资15.6亿元,同比增长7%。累计完成财政收入6820万元,占全年计划的121.8%,同比增长87.05%。

　　花湖开发区始终以"三个代表"重要思想为指针,坚持物质文明和精神文明一起抓的原则,扎扎实实开展文明单位创建工作,提高了开发区干部群众整体素质,有力地促进了开发区协调健康发展。

文明之心常有　利民之事常为

鄂州市鄂城区花湖镇财政所

近年来,在市文明办的精心指导和镇党委、镇政府的正确领导下,我所以"三个代表"重要思想为指导,全面落实科学发展观,坚持以人为本、重在建设的方针和"两手抓、两手硬"的原则,以建设人民满意的财政机关和新型

职工参加义务植树活动

干部队伍为出发点和落脚点,紧扣"十星"标准,紧密结合我镇财政工作实际,创新思路、创新载体、创新方法,突出重点、注重实效,创建工作取得了显著效果。我所连续多年被评为先进文明单位,2011年被区财政局表彰为综合目标管理考核先进财政所。

明确目标,精心组织,加强创建"十星"工作组织领导

一是健全组织机构,把创建工作列入重要议事日程。成立以所长为组长,所内职工为成员的创建工作领导小组,下设办公室,确定专人办公,制订详尽的《实施方案》,把创建目标、创建内容、保障措施和具体要求分解、细化、落实到各个业务岗位,定期不定期地研究解决创建工作中的实际问题,形成了一把手负总责,各岗位职工具体抓,创建办

牵头实施的工作机制。

二是完善规章制度,把创建工作纳入各个业务岗位考核内容。落实违反创建规定行为登记制度,从小事抓起,从自己做起,营造浓厚的创建氛围。

三是组织干部职工学习《文明工程创建实施意见》,将20字公民道德规范、"八荣八耻"具体内容、"十星"站所评选标准等上墙公示,提高认识,统一思想,把提升文明程度的整体要求变为每个干部职工的自觉行动。

四是自我加压,常抓不懈,对照阶段创建目标和要求,人人参与,月检查,季小结,自查自纠,抓差补缺,保证了创建工作的扎实有效开展。

设计载体,丰富内涵,扎实开展创建活动

以学习教育为载体,不断提高干部职工综合素质。充分发挥党支部的阵地优势和党小组的作用,实行周四学习日制度、点名签到制度和定期检查讲评等制度,坚持集体学与个人自学、学理论与学政策、学业务与学先进"三结合",在提高干部职工综合素质上,做到了"五有四落实",即:有计划,有阵地,有资料,有记录,有心得体会;组织领导落实,学习人员落实,学习时间落实,考勤检查落实。今年开展以《会计法》、《会计职业道德》、《行政事业单位会计制度》以及政府收支分类改革、非税收入管理、基本建设项目资金管理、退耕还林资金兑付、农民补贴管理网络操作等专项业务学习,通过学习培训,干部职工的思想觉悟明显提高,宗旨意识更加牢固,业务能力显著增强,为搞好财政改革和财政工作奠定了人力基础。

以道德实践为载体,努力营造健康向上的良好氛围。我们把学习实践20字公民道德基本规范和以"八荣八耻"为内容的社会主义荣辱观教育放在干部职工道德建设的突出位置。以社会公德、职业道德、家庭美德为主线,结合爱国主义、集体主义、社会主义和世界观、人生观、

价值观教育,开展"入党为什么、在党干什么、给党留什么"大讨论,教育干部职工在单位做个好职工,在家里做个好成员,在社会上做个好公民,干部职工的思想道德素质有了明显提高。

以文体娱乐为载体,丰富干部职工的精神生活。结合重要节日庆典,经常开展丰富多彩的文体娱乐活动,活跃职工业余文化生活,凝聚人心,焕发活力,净化心灵。"三八"妇女节组织女职工开展了文艺演出和游艺活动,展示了广大妇女在本职岗位上的靓丽风采;"五一"国际劳动节开展了职工乒乓球、拔河等小型体育竞赛,以此弘扬团队协作和顽强拼搏精神;我所坚持以公益活动为载体,大力弘扬社会公德,同时通过参与公益性社会性活动,既培养了大家的社会责任意识,又体现了干部职工的思想境界和道德情操。

结合实际,注重实效,全力促进财政工作

"十星"文明单位必须工作业绩一流。我们在创建过程中,始终把促进财政工作上水平上台阶做为立足点和落脚点,有力地促进了各项工作全面发展。

干部职工战斗力不断增强。坚持了每周一次的集体学习制度,弘扬讲学习、讲政治、讲正气的团队精神,提高全所干部职工的本领和能力;实行职工会和有关专题会议相结合的决策机制,并定期召开民主生活会,形成了集体领导、民主决策的领导制度;遵守党风廉政建设制度,认真落实领导干部廉洁从政的政策规定,强化自律意识,规范理财行为;树立勤政务实的作风,出实招、干实事、解难题,赢得了干部职工的拥护和好评;同时,班子成员既明确分工又密切协作,既顾全大局又相互补位,发挥了力量上的凝聚作用和形象上的表率作用,呈现出坚强有力、团结奋进的良好势头。

队伍形象不断提升。认真贯彻执行《预算法》、《会计法》等财政法律法规,推进了财政工作法制化,强化了财政内部监督;在预算编制、资

金安排、财务支出等重大事项的程序运作上公开透明,自觉接受人大、审计和上级部门的监督;开通行风举报电话,设立投诉箱,定期召开行风座谈会,倾听行风意见和建议,做到清白做人,认真做事;落实文明办公制度,实行首问负责制和限时办结制,提倡"热情办、马上办、办得好",树立起知荣辱、守法纪、求上进、创佳绩的财政队伍新形象。

财政管理不断规范。完善了"收入全额上解、工资县级统发、公用经费定额包干、收支全额挂钩、超收比例返还"的财政管理体制,通过建立"预算共编、账户统设、资金统调、集中收付"的管理方式,增强了县级财政的调控能力,强化了收支管理,杜绝了挤占挪用工资现象;严格执行了《财政支出管理暂行规定》、《预算管理暂行办法》、《专项(项目)资金拨付使用管理暂行办法》等多项规章,优化了支出结构,集中财力保障了支农资金、农村合作医疗补助、贫困学生"两免一补"和社会主义新农村建设等重点支出的需要,促进了社会事业与经济的协调发展。

我所精神文明创建活动的具体实践,促进了干部队伍精神面貌的明显改观和工作业绩的显著提高。回顾创建历程,我们有以下几点体会:

第一,目标创新是前提。我们在创建过程中,始终把提高人的综合素质、促进人的全面发展放在首位,并立足财政形势发展和具体工作实际及时调整工作思路,不断设定阶段性创建目标,从而实现了创建工作从一般化到全面提升创建质量的跨越。

第二,思路创新是关键。一方面我们始终注意把握好创建工作与业务工作的关系,坚持围绕中心抓创建、抓好创建促发展的工作思路,实现了财政工作与创建工作的良性互动;另一方面我们坚持选准切入点,抓好结合点,突破落脚点,最大限度地激发人的活力,发挥人的潜能,调动人的积极性,创造了干事创业的良好环境。

第三,载体创新是根本。我们始终坚持以人为本的理念,不断创新和设计载体,丰富创建内容。注重塑造人,多渠道、多形式地开展文明素质教育;一切为了人,从干部职工最关心的热点和难点问题抓起,使创建活动得到了全体干部职工的热情支持和积极参与。

　　第四,方法创新是保证。"群星文明工程"创建活动是一项系统工程,必须在加强领导、建立健全规章制度的同时,注意改进创建方法。我们在创建活动中,不仅坚持做到领导力量到位,机构人员到位,责任落实到位,督促检查到位,而且融单位管理、学习提高、业务工作于一体,保证了创建活动的健康发展。

　　尽管我们在文明创建过程中,做了大量的工作,也取得了较好效果,但按照市级文明单位量化考核标准衡量,还存在不少薄弱环节。我们将在今后的工作中,紧扣形势发展要求,进一步加大力度,巩固成果,为促进"三个文明"建设协调发展,构建和谐社会做出更大的努力。